キリシタン大名

布教・政策・信仰の実相

五野井隆史　監修

宮帯出版社

南蛮屏風（部分・神戸市立博物館蔵）(Photo:Kobe City Museum/DNPartcom)

画面中央、数寄屋（茶室）らしき座敷が描かれており、竹花入が掛けられている。日本イエズス会は修院と住院の全てに数寄屋を具えることを定めていた。その周囲には、宣教師やその他の南蛮人の姿が見える。画面下方で渡来品を前に交渉事にあたっている人物は、南蛮との交易を担当する役人であろう。身なりから、身分のある武士であると分かる。もしかすると、この武士は南蛮貿易に乗り出したキリシタン大名であるのかもしれない。

南蛮屏風（部分・堺市博物館蔵）
画面左方、南蛮傘をさしかけられている人物は、日本に上陸した南蛮船の船長であろう。画面中央の宣教師たちは、出迎えに来たものか。画面右下、商家の前の通りを、駕籠に乗って左方へ向かう高位の武士とその家臣たちは、南蛮船の乗組員を目当てにやって来たのだろうか。その目的は、見物とも交易とも想像される。

南蛮屏風（部分・国立歴史民俗博物館蔵）

画面上方の建物は、屋根に十字架が掲げられており、敷地内の司祭が身に着けている修道服から、イエズス会の教会であると分かる。書院などが描かれており、その中には武士の姿も見られるが、キリシタンなのであろうか。

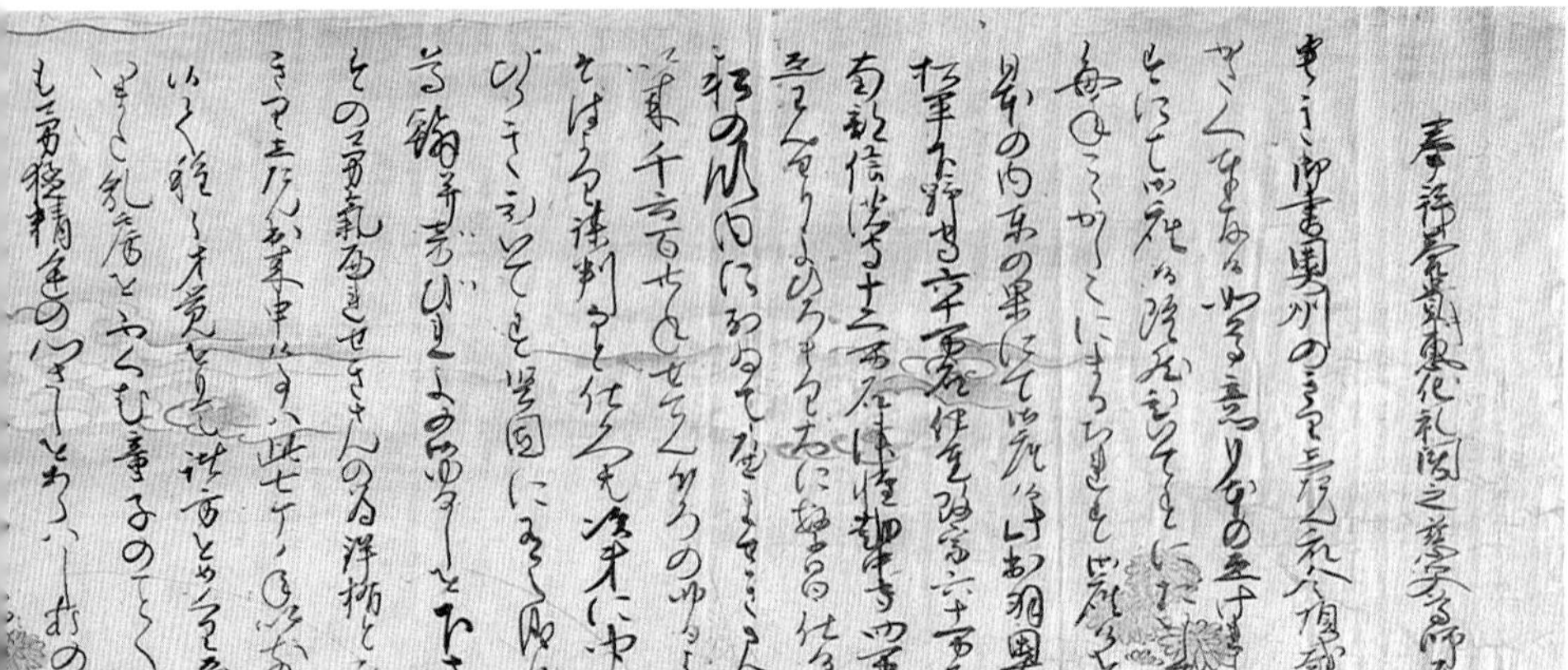

(Barb. or. 152　f.5)、"©Biblioteca Apostolica Vaticana" per concessione della Biblioteca Apostolica Vaticana, ogni diritto riservato

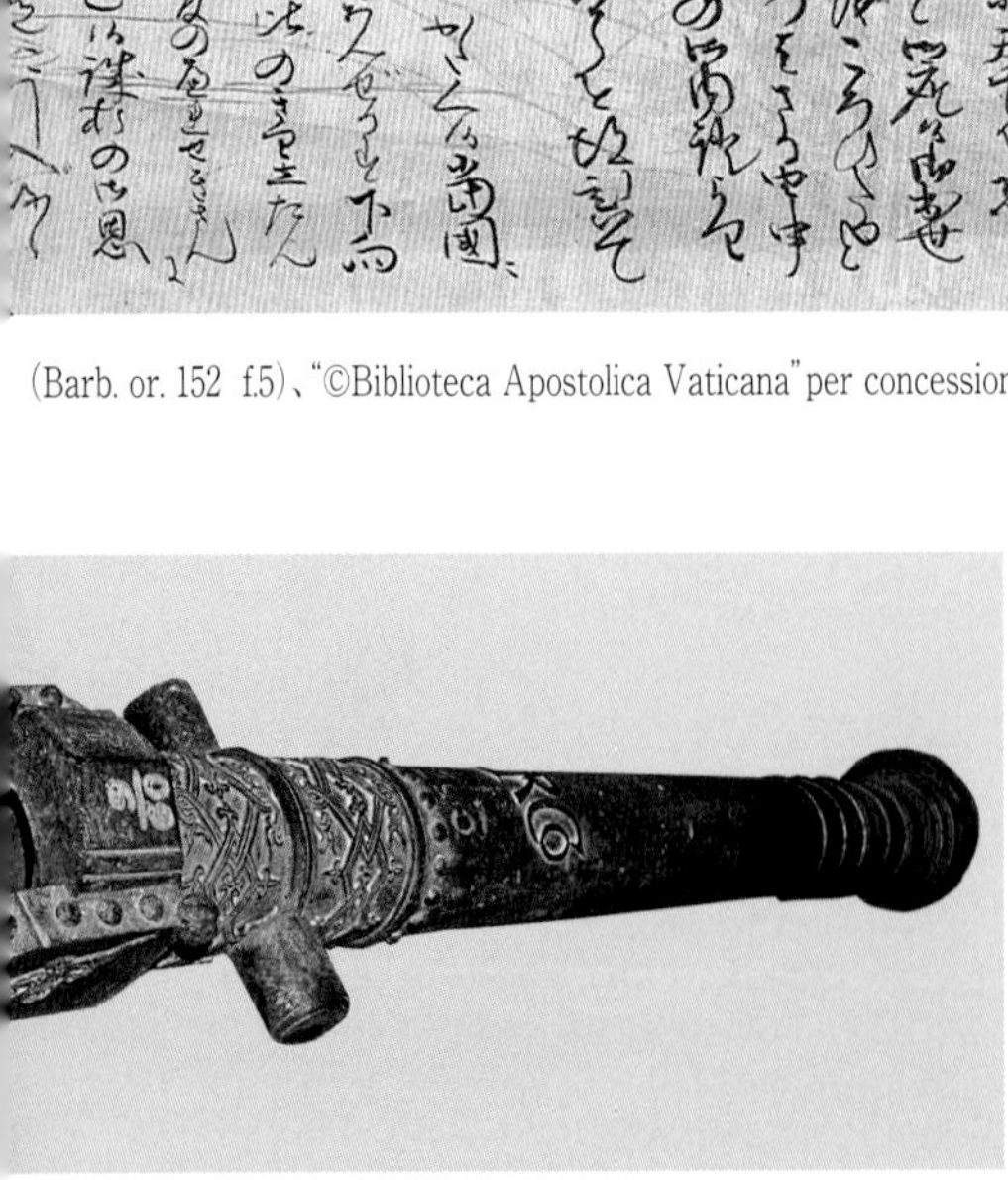

フランキ砲（サンクトペテルブルク ロシア国立軍事史博物館蔵・全長2.6メートル・口径約80ミリ）「FRCO」（フランシスコ）の組み文字が刻まれ、大友宗麟のものと考えられる。19世紀初頭、レザノフの部下らが日本から持ち帰った。

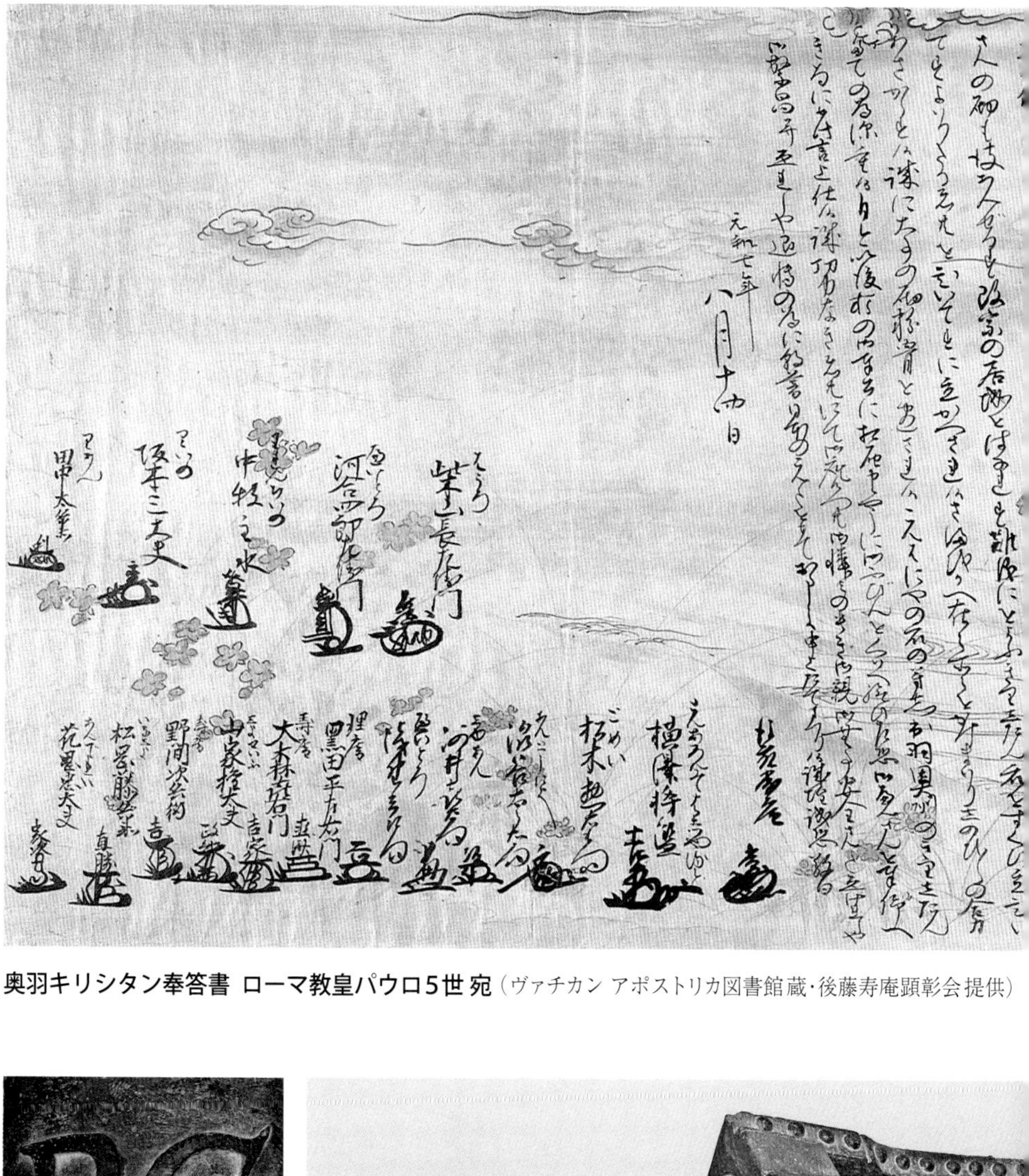

奥羽キリシタン奉答書 ローマ教皇パウロ5世宛（ヴァチカン アポストリカ図書館蔵・後藤寿庵顕彰会提供）

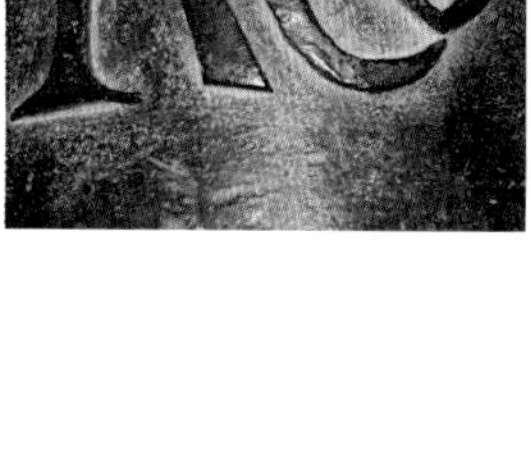

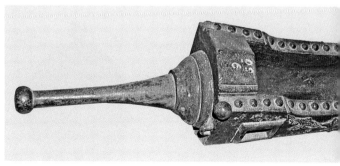

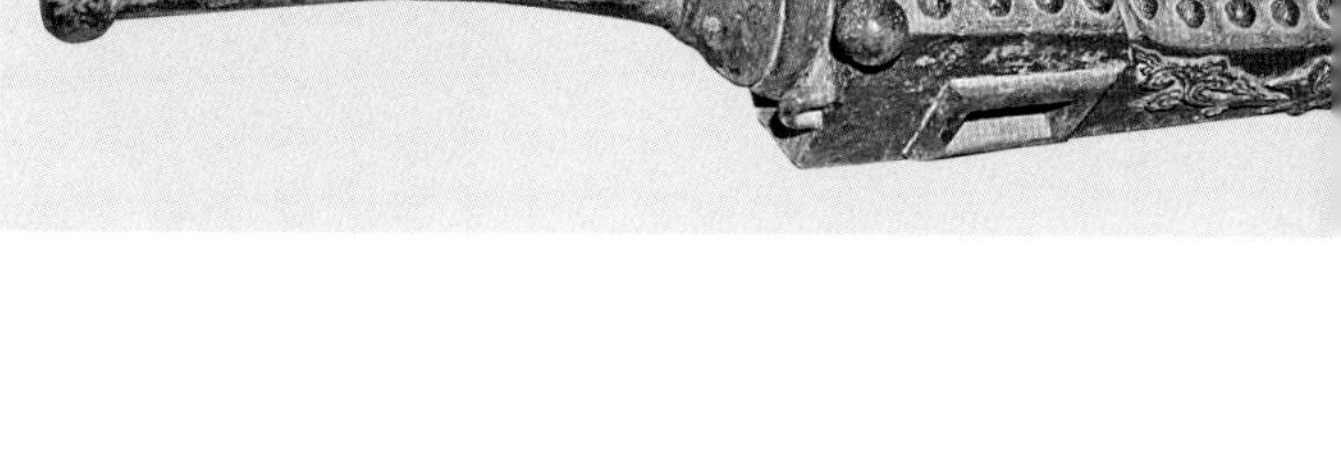

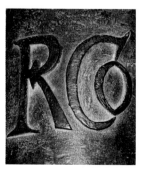

伊東マンショ像（ティントレット筆・イタリア トリヴルツィオ財団蔵）

イグナチオ・ロヨラの肖像が刻まれた白蝶貝のメダイ
（右：﨑津教会蔵・長さ52ミリ・幅54ミリ）
（左：日本二十六聖人記念館蔵・長さ61ミリ・幅45ミリ）

目次

第三章　キリシタン大名

付録

キリシタン大名・領主の受洗当時の所領地および異動地
キリシタン大名・領主・武将 関連年表／参考文献

五野井隆史

序章　総論

キリシタン大名とキリシタン武将

五野井隆史

はじめに

キリスト教が伝えられた頃の日本は戦国争乱の最中にあり、戦国大名・戦国領主が割拠していた。一五六三年（永禄六）肥前横瀬浦でキリスト教に改宗した大村純忠は最初のキリシタン大名といわれる。所領二万石余りの小大名・領主であった。キリシタン宣教師たちがヨーロッパに発信した書翰や報告書、彼らの著述からは、当時の戦国大名・領主らがどのような呼称をもって報じられ、位置づけされていたかが知られる。キリシタン大名の用語等について確認した上で、彼らのありようについて概説する。

一、キリシタン大名の用語

キリシタン史研究において「キリシタン大名」の言葉を最初に用いたのは、パリ外国宣教会宣教師ミカエル・シュタイシェン Michael A. Steichen と思われる。明治二十年（一八八七）に来日し、同三十六年（一九〇三）

に英文 The Christian Daimyos. A Century of Religious and Political History in Japan 1594-1650（『キリシタン大名』、副題『日本政治宗教史』）を著した。[1] 翌年、訂正増補版のフランス語文 Daymyô Chrétiens ou un siècle de l'histoire religieuse et politique du Japon 1549-1650 が香港外国宣教会から出版された。英文同書の日本語訳『切支丹大名史』は昭和四年（一九二九）に同じ宣教会のヴィリオン Aimé Villion によってなされた。翌五年に吉田小五郎が仏文からの訳書『キリシタン大名記』を大岡山書店から出版した。翌年、姉崎正治は『切支丹伝道の興廃』（同文館刊）でキリシタン大名の用語を多用し、シュタイシェン同様、大村純忠を最初のキリシタン大名とした。ここにキリシタン大名の用語は一般的呼称となって定着していった。

吉田小五郎は、Christian Daimyos, Daymyô Chrétiens が用いられるまでは原文のポルトガル語 Fidalgo Christão を訳して、Christian Lord, Signeur Chrétien として用いた、という。[2] 吉田は前記訳書から五十年後の昭和二十九年（一九五四）に至文堂の日本歴史新書として概説書『キリシタン大名』を出版した。さらに二十三年後の同五十二年（一九七七）に岡田章雄が教育社から歴史新書として『キリシタン大名』を上梓した。同書は平成二十七年（二〇一五）に吉川弘文館から再刊された。また昭和六十一年（一九八六）に結城了悟が『キリシタンになった大名』（キリシタン文化研究会）を出している。

二、キリシタン大名・領主の呼称と表記

（一）武家・武士社会の階層について

「大名」については、古くは多くの名田を持った者を指し、鎌倉時代にはすでに有力な武士を表す言葉と

なり、大小名あるいは大名小名と併称され守護に任じられた。室町時代に国持ちなどを守護大名と称し、群雄割拠の時代には戦国大名といわれた。江戸幕府成立以後、元和元年（一六一五）の武家諸法度で大小名・国大名という言葉が用いられ、寛永十二年（一六三五）の武家諸法度では国主・城主・一万石以上といい、万石以上という言葉が大名全体を指すようになった[3]、とされる。なお、ルイス・フロイスは、一五八五年八月二十七日付、長崎発信の書翰において、大名Daimèosについて、次のように説明している。「都の諸地方では、武将fidalgosに三種ある。第一は大名と称し、公爵ないし侯爵の如きものである。第二は馬廻衆Vmauarixusと称し、天下の君Senhor da Tencaに随伴する者たちであり、戦時も平時も彼が外出する時はいつも、騎乗している」[4]。

キリシタン大名の用語の原語Fidalgo Christãoのポルトガル語fidalgo（スペイン語hidalgo）は、貴族・顕官・郷士にあたる。一五四九年に来日したフランシスコ・ザビエルがfidalgoを用いた初例は一五五二年一月二十九日付書翰で、山口の大内氏の武士を指して表記したものである。彼が鹿児島から発信した一五四九年十一月五日付書翰には、el rei, e os maiores senhores do reino「国王や国の有力な領主達」、rei de Iapão, que hé o grande rei de Miáco「都の大なる王である日本の国王」の表記がある。ここに言うrei de Iapãoは天皇を指しているようである。またo duque desta terra「当地の太守（公爵）」は鹿児島の領主島津貴久を指す。なおアンジローからの聴き取りによって一五四八年夏にゴアで「日本報告」を作成したニコラオ・ランチロットは、Ho rey prinçypal que se chama em sua lymguoagem Vo「最高の国王はその言葉で皇と呼ばれている」と報じる。rey（rei）が皇すなわち天皇であることをザビエルも理解していたようである。

ザビエルは前記一五五二年の書翰において武家・武士をduque, senhor, fidalgoをもって表記する。島津氏にはSenhor da terra que hé hum duque de muitas terras「多くの領地の太守である領主」とある。duqueの表記は山口の大内氏、豊後の大友氏にも用いている。平戸の松浦隆信にはsenhor（領主）と表記した。また大内氏の有力家臣陶《すえ》氏にはhum senhor muito grande, vassalo do duque de Amanguche「山口の太守の家臣である甚だ強力な領主」と表記している。(5)

ザビエルから三十年後の一五七九年七月に来日した巡察師アレシャンドロ・ヴァリニャーノは、上洛したのち一五八一年に豊後府内に戻り、在日イエズス会宣教師たちのために「日本の習俗と気質に関する注意と助言ADVERTIMENTOS E AVISOS ACERCA DOS COSTUMES E CATANGUES DE JAPÃO」(『イエズス会士礼法指針』、のち『礼法指針』と略記)を執筆した。(6) 彼がインドからローマの総会長に書き送った一五八六年十二月二十日付書翰で述べるところによると、「同著述tratadoは一日一夜でまとめられ、かつ書かれた」。(7)しかし、その執筆については前年一五八〇年十月に臼杵《うすき》で開かれた協議会においてすでに決定をみていた、とされる。(8)

ヴァリニャーノは『礼法指針』の第三章「パードレおよびイルマンが外部の者に対して守るべき挨拶について」において、当時の日本のありようについて言及し、四つの階層（ordem）があるとして第一階層から第四階層について説明している。

68、第一の階層は、中流以上の屋形Iacatasと公家Qungues（王Reisおよび同じような領主senhores）と、東堂Tondos、長老Chorosまた法印Foinsといった坊主Bomzos（僧侶）である。（下略）

77、第二の階層の人々には、同じ国々の屋形の兄弟や、非嫡子、および国衆Conixu（領主senhores）とコニョスConyosまた宿老Xuquros（政事を司る領主〈家老〉）、および西堂Xeitosと呼ばれる僧侶全員を入れることができる。

81、第三の階層の人々には、奉行（カ）Bonguidovir と称する国で最も富裕で名誉ある馬廻衆 Vinavarixus（特別な領主）や、公家（カ）Congos および非嫡子の国衆 Conixus の息子が入る（下略）

82、第四の階層には、その他のすべての武士 fidalgos、すなわち殿原 Tonobaras（騎士 Cavaleiros）などが入る。(9)

『礼法指針』から知られるヴァリニャーノの武士階層についての理解は、①屋形・王（国主）・王と同格の領主、②国衆（領主）・宿老、③奉行・馬廻衆（領主）、④武士・殿原（騎士）となる。

日本視察を終えたヴァリニャーノは一五八三年十月にインド・コチンで『日本諸事摘要 Sumario de las cosas del Japon』(10)（のちスマリオと記す）を執筆した。その第一章「日本の描写、慣習および特質について」において、日本人を五つの階層 suerte に分類した。武士階層については、第一階層は「殿 tono と称する領主señores」、第三階層は「［武家］と称する兵士たちで、その地の地位の高い騎士 caballeros や武士 hidalgos」(11)とする。

第一階層についてさらに言及して、当時の混乱した政治状況の中で第一の地位を占める者は「屋形」と称する者であるとし、「彼らは日本の法律と慣習に従って統治権と命令権のすべてを有して領国全体の領主であるため国王であり、確かにその名にふさわしい」という。また彼らの配下には「国衆」と称する者たちがおり、「私たち［ヨーロッパ社会］の公爵 duques、侯爵 marqueses、伯爵 condes に対応する」と指摘する。「国（領国）は八、十ないし十二の地方（郡カ）に分かれていて、その領主が国衆であり、彼らの家臣 vasallos の中には一、二またはそれ以上の城や村々を所有する者がいるし、その者たちは私たちの間の男爵 barones に相当し、彼らや彼らの親戚や主要な家臣はその土地の騎士・武士である」(12)と説明する。また「第一の階層は殿 tono と称する諸領主señoresであり領土を支配し領有する者たちである。彼らの中に伯爵、侯爵、公爵がいるように、位階や特権について多くの差違がある」[13]とも述べる。

「スマリオ」に見られるヴァリニャーノの武士社会についての理解は、屋形・領土・王(国主)―国衆・領主―武士・騎士・郷士というものである。「スマリオ」はヨーロッパ社会に説明する必要からヨーロッパの位階社会を念頭において書かれた。『礼法指針』に比べて彼の日本社会についての認識は一段と深まり、また武士の階層社会についての分析も進んでいたように思われる。

(二)武士階層についての呼称と表記

ヴァリニャーノの日本社会の階層に関する理解は、来日以前に日本から送られた諸書翰・報告等を通じてすでにかなり深まっていた。ザビエルの鹿児島発信書翰以降、一五七九年までに送られた書翰で、宣教師たちは武士階層に関してどのように彼らを称し、また表記していたのであろうか。

ザビエルの同行者コスメ・デ・トルレス神父は、山口から一五五一年九月二十九日付で府内滞在中のザビエルに送った書翰において、大内義隆について、「ポルトガル国王Rey de Portugal以上の領地と家臣を有する大領主grande senhorである、その地の領主」[14]と記し、同年十月二十日付の書翰では、義隆を太守duque、あるいは国王(国主)el Reiと称し、彼の有力家臣たちには領主senhoresを宛てている[15]。周防など七ヵ国の守護職を兼ねていた大内義隆は「大領主」「国王」「太守」と表記された。「太守」はザビエルも呼称していた。

トルレスの一五五七年十一月七日付豊後発信書翰では、義隆を継いだ義長についての表記はReiで統一し、その家臣たちにはseñorを宛て、義長の実兄大友義鎮をReiと記す[16]。また一五六一年十月八日付府内発信書翰(A)、一五六六年十月二十四日付口之津発信書翰(B)において、大友義鎮をRei de Bungoと称し[17]、A書翰では señor をも用いている。同書翰では大友家の加判衆朽網鑑康《くたみあきやす》について「伯爵領 condado」の señor と記載する。[18] 朽網氏が o senhor deste condado であるとの表記はすでにバルタザール・ガーゴ神父の一五五九年十一月一日付書翰に見られる。[19] 一五五二年八月に来日したガーゴの同行者であるイルマンのドゥアルテ・ダ・シルヴァは、一五五五年九月十日付書翰で、朽網殿 Queymidono は同地方の領主 senhor で豊後の最大の領主二[ないし三]人の一人、と報じる。[20] 朽網氏は太守 duque 大友氏に次ぐ有力領主の一人として伯爵 conde の如き存在として見られていたようである。

トルレスのA書翰には、平戸の松浦隆信について平戸の領主 señor は豊後の領主に従属しているとあり、[21] B書翰では、平戸の島々に三、四名の重立ったキリスト教徒の領主 senhores principaes christãos がいる、と報じる。[22] 平戸の島々のキリシタン領主とはアントニオ籠手田安経とジョアン一部勘解由《いちぶかげゆ》である。隆信は一五五五年十月十六日付書翰をインドの副管区長ベルシオール・ヌーネス・バレトに送り、自ら Rei de Firando を称したが、[23] これは当時平戸にいたガーゴがポルトガル語文書翰を作成し Rei と記したのであろう。ヌーネス・バレトも隆信の書翰に応じて「平戸の国王 el Rei de Firando」と記している。[24] しかし、ガーゴは一五五五年九月二十三日付書翰では松浦氏を senhor と呼称している。[25] ザビエルと一緒に来日したイルマンのジョアン・フェルナンデスは、一五五九年十月五日付のヌーネス・バレト宛書翰では松浦氏を Rei と称しているが、一五六二年四月十七日付横瀬浦発信書翰では、「島原の senhor は平戸よりも有力である」[26] と報じる。なお、イルマンのルイス・デ・アルメイダは一五六六年十月二十日付書翰で、松浦氏を Rei de Firando と記し、島原氏を senhor と呼ぶ。[27] 一時、平戸領度島にいたルイス・フロイスは松浦氏を Rei と称し、重臣籠手田・一部両氏を senhor と表記し、他の者たちを fidalgos と呼ぶ。[28] 畿内に異動した彼は一五六六年九月十五日付書翰でも、「当島（平戸）の国王」と記し、籠手田・一部両氏を senhores と称し、彼らより下位の者を fidalgo

とする。[29] 松浦家におけるRei—senhor—fidalgoの序列が確認される。

トルレスは前記B書翰において、領主層の中で最初にキリスト教に改宗した大村純忠について「一五六二《(ママ)》年にキリスト教徒になった領主principe」[30]と報じる。principeの用例は初めてである。アルメイダは一五六二年十月二十五日付横瀬浦発信書翰で、純忠を「その地の領主o senhor daquella terra」と表記する。[31] フェルナンデスは前記一五六三年四月十七日付書翰で、「大村の領主で、当港の主である大村殿Vombradono, que he principe de Vombra, e senhor deste porto」[32]と記しているが、アルメイダも一五六三年十一月十七日付書翰において、純忠を「当港の領主」とし、「同地の領主で、有馬の国王の兄弟である殿Tono, que he o senhor da terra, e irmão del Rei de Arima」[33]と記載する。

Tonoの表記は、フロイスの一五六三年十一月十四日付大村発信書翰に次ぐ二例目である。すなわち「ドン・ベルトラメウ（大村純忠）の家臣で、三、四ヵ所の領主であるダミアンと称する一人のキリスト教徒の殿hum Tóno Christão por nome Damião」[34]である。ヴァリニャーノは「殿tonoと称する領主senhor」と規定したが、一六〇三年に印刷された『日葡辞書』によると、「ある土地の主君《(領主)》、または臣下や領地をもっている主君Senhor de alguma terra, ou que tem criados, ou renda」が、Tonoである。[35]

Rei e principeには「王侯」、reiには「国王・国主」、principeには「君主・領主」、senhorには「領主・大身」、fidalgoには「武士・貴人」の訳語が従来から宛てられているが、これらはTonoと総称される。大村氏を「かくも高貴な領主hum principe tão nobre」[36]と称し、一五六五年十月二十五日付福田発信書翰でも純忠をprincipeともsñorとも記載している。[37] 純忠の呼称はprincipeとsenhorが一般的であったようである。

純忠の兄有馬義貞についての表記は一貫してReiである。フェルナンデスの前記書翰には「有馬殿と称する有馬の国王である屋形Iacáta Rei de Arima, que se chama Arimadono」[38]とある。アルメイダは前記一五六三年十一月十七日付書翰において、有馬氏の臣下である島原茂純や安富得円らについてsenhorと表記する。島原氏については「彼の家臣である一領主」、安富氏については「有馬の国王の舅である当領主」と記載される。(39)島原氏の家臣でキリシタンのドン・リアンはfidalgoであり、彼もまたTonoと呼称された。(40)

一五五九年に上洛したガスパール・ヴィレラ神父は一五六三年四月二十七日付堺発信書翰で、「暴虐者で七ヵ国を簒奪《さんだつ》した領主senhor」について報じている。(41)この領主とは畿内において将軍足利義輝を凌ぐほどの勢いがあった実力者、飯盛城主三好長慶である。ヴィレラは翌一五六四年七月十五日付書翰で、諸国と都地方を統治する領主がいる飯盛城にイルマン（ロレンソ）を遣わした、と報じる。(42)なお、ヴィレラは一五六五年九月十五日付堺発信書翰において、日本社会の階層について短く言及する。「この土地には三、四種類の「階層の」人々がいる。第一は武士fidalgosと貴人gente nobreであり、彼らは戦いのために無為でいることはない」。(43)

一五六五年一月末に上洛したアルメイダは同年十月二十五日付福田発信書翰において都地方の政情について若干述べている。「この者たちは、現在、都とその周辺の諸国を領有している国王Reiの家中の武士たちfidalgosである。その者は三好殿といわれる」。(44)この三好殿は、長慶が永禄七年七月四日（一五六四年八月十一日）に死没しているので、その後継者義継である。長慶の没後に権勢を揮《ふる》っていたのは松永弾正久秀であった。アルメイダは彼について、「弾正殿Dajondonoは、日本全国で最も地位が高く絶対的君主sñoresabsolutosである三好殿と公方様Cubócamaの家臣である。現在、彼は七ヵ国を領有するにすぎないが、彼らを臣下のように扱っている」(45)と指摘している。同書翰には「沢の領主ドン・フランシスコdom Franciscosenhor de Sauá」(46)の記載がある。フランシスコはダリオDarioの誤記で、高山友照のことである。高山はこの当時久秀の配下にあった。

久秀の家臣の一人エンリケ結城忠正について、フロイスは一五六五年三月六日付都発信書翰で、「この都の国の主要なキリスト教徒の武士たちの一人は、昨年報告された二人の一人で、山城殿と称しダジョン（弾正）殿に仕えている」[47]と報じる。結城山城守忠正以外の一人は清原枝賢《しげかた》である。フロイスの一五六五年六月十九日付書翰には、「異教徒の名で山城殿 Iamaxirandono と称するキリスト教徒の武士 fidalgo christão」[48]との記載がある。忠正が枝賢と共にキリスト教に改宗したのは一五六三年である。Rei 三好殿、その下で執政を務める senhor 松永久秀、その家臣である fidalgo 高山友照、結城忠正の関係が確認される。

尾張の国王 Rei de Uoari として織田信長が宣教師の書翰に初見されるのは、フロイスの一五六八年十月四日付堺発信書翰においてである。彼は翌一五六九年六月一日付都発信書翰において、キリシタンたちを保護する信長の有力家臣二名について報じている。

> 私たちを保護している二人の主要な領主 principaes senhores、すなわち尾張の国王 Rei de Voari 信長の政所 corte の有力者 principal である佐久間（信盛）殿 Sacumandono と、別の名を和田伊賀守（惟政）殿 Vadaigano Camidono という、現在は山城の津の国（摂津）の執政 regedor として副王 Visorei の和田殿。[49]

和田惟政は当時摂津高槻《たかつき》の城主であった。フロイスは一五七〇年十二月一日付都発信書翰において、彼を大領主 tamanho senhor と表記し、領主 principe とも称している。[50]惟政の家臣となって高槻城代を務めていたダリオ高山についての表記は、「高貴なキリスト教徒の武士 fidalgo nobre christão」[51]である。フロイスは一五七六（一五七七）年八月二十日付臼杵発信書翰で、高山友照・右近父子について「ダリオと、その息子ジュスト、彼は高槻城の武将 capitão である」と報じ、彼らを「これらの二人の領主 senhores」[52]と称している。

Rei 信長―senhor, principe 和田惟政―fidalgo 高山氏の図式となる。高山氏は信長の陪臣という関係である。

(三) 遣欧使節派遣大名の呼称と表記

一六三四年にマカオで『日本教会史』を執筆したジョアン・ロドリゲスは、日本の従来の行政区分の五畿七道を八地方区 Provincia に分けて説明した。第八の地方区、西海道は十一の国からなるとし、「第四の国は豊後 Bungo または豊州 Foxu であり、八地区 regioens に分かれている。(中略)この国の領主は甚だ著名なキリスト教徒の太守 Duque フランシスコ(大友宗麟《そうりん》)屋形 Yacata であった」[53]と記載する。

西海道の「第五の国は肥前 Tigen《Figen》 で十一の地区に分かれ、その首府 Metoropoli は佐賀 Sagu《Saga》 または竜造寺 Riuzesi である。この国は大きく多くの領主 senhores の領国がある。仙巌 Xengan(有馬晴純)と称したドン・ジョアン有馬(晴信)殿の祖父は、西の六地区、すなわち西六郡の領主であった。彼には息子が多くいた。その中の一人(純忠)を大村の領国に入れた。彼はのちにドン・バルトロメウと呼ばれた。(中略)彼(仙巌)は有馬に留まったので、領国の太守 Duque do estado である息子が彼の後を継いだ。彼はのちにドン・アンドレ(義貞)と呼ばれた。この者を継いだのが子息ドン・ジョアン有馬殿である。彼に対して教皇シスト五世はローマに赴いた彼の使者を通じて国王の称号を授けた。(中略)この国の他の領国は大村の伯爵領 Condado de Vomura で、その領主はドン・バルトロメウであり、彼の息子ドン・サンチョ(喜前《よしあき》)が後を継いだ」[54]。

天正遣欧使節について叙述したフロイスの著述「Tratado dos Embaixadores Japões」を翻訳した岡本良知は、その翻訳書の書名を『九州三侯遣欧使節行記』[55]とし、フロイスの原著にない「九州三侯」の文言を文頭に与えた。イエズス会は当時いわゆる「三侯」の家格をどのように把握していたのであろうか。ヴァリニャーノがスペイン語で執筆し、ディオゴ・デ・サンデがラテン語に訳した、いわゆる『デ・サンデ天正遣欧使節記』

では、大友・有馬両氏をRei、大村氏をSenhorと表記する。[56] フロイスの「Tratado」も同じ書き分けをしている。有馬氏にはRei de Arimaの表記の他に、「有馬国〈州〉の領主Senhor de Estado de Arima」の記載がなされる。これは晴信の父義貞が「高来《たかく》の屋形Yacata do Tacacu」と称されて、肥前国の第一位を占めていたとされるためであった。一五八〇年当時、有馬氏はすでに弱小化していたが、イエズス会は先代の家柄・家格を尊重して有馬氏を格付けしたようである。「Tratado」による「三侯」の家格は、㈠Rei大友氏、㈡Rei de Estado有馬氏、㈢Senhor, Principe大村氏の三段階であった。大友氏は五ヵ国の守護職を有した屋形といわれ国持大名であったため、宣教師たちは公爵（太守）の称号を与えていた。ローマ教皇庁もこれに応じて大友氏、さらに有馬氏にもヨーロッパの国王に相応するReiをもって対応したが、大村氏には一ランク下のSenhorやPrincipeの称号をもって処遇した。

三、キリシタン大名・領主の諸相

一五六三年に改宗した大村純忠は最初のキリシタン大名とされる。彼に対するポルトガル語の呼称はsenhorが最初である（一五六二年十月二十五日付アルメイダ書翰）。彼に先立つ一五五二年頃にキリスト教に改宗したのは、松浦氏の重臣籠手田・一部の国人領主二人で、フェルナンデスはfidalgo・senhorと呼称した（一五六五年九月二十三日付・一五六六年九月十五日付の両書翰）。一五五四年頃に大内家の重臣で長門守護代の内藤興盛が改宗した。彼は天文二十二年十二月（一五五四年一月四日〜二月一日）に没した。彼の改宗はフロイスの一五五六年一月七日付マラッカ発信書翰で言及される。[57] 彼の改宗は死没直前であったろう。

キリシタン大名・領主一覧表

年次＼地域	九州	中国・四国	畿内	東海・北陸	東北	人数
一五五三年（天文二十二）	△籠手田安経 △一部勘解由					2
一五五四年（同　二十三）		△内藤興盛				1
一五六〇年（永禄三）			●小西立佐 ⊕小西行長 （ともに一五六五年までに入信）			2
一五六三年（同　六）	○大村純忠 △長崎純景		△高山友照 △結城忠正 △結城左衛門 ●結城弥平治			6
一五六四年（同　七）			○池田教正 ●伊智地文大夫 ●三木叛大夫 △三箇頼照 △三箇頼連 ○高山右近 △日比屋兵右衛門？			7
一五六六年（同　九）	△志岐鎮経					1
一五六八年（同　十一）	△五島純堯					1
一五六九年（同　十二）			△内藤徳庵			1
一五七〇年（元亀元）	⊗大村喜前					1
一五七一年（同　二）	△天草鎮尚					1
一五七二年（同　三）			○結城ジョアン			1
一五七五年（天正三）		△一条兼定	○畠山高政			2
一五七六年（同　四）	○有馬義貞 △天草久種		●加賀山隼人			3

年次は入信年を示す。　○大名　⊗棄教　⊕信仰回復　△（国人）領主　●武将

	24	11	25	9	3	計
一五七八年（同　六）	○大友義鎮					1
一五八〇年（同　八）	○有馬晴信					1
一五八一年（同　九）			○京極高吉			1
一五八二年（同　十）	●伊東義賢					1
一五八三年（同　十一）			●安威了佐			1
一五八四年（同　十二）		○毛利高政（森　勘八）		⊗牧村利貞		2
一五八五年（同　十三）	⊗有馬直純 △志賀親次	○黒田孝高	○瀬田左馬允	⊕蒲生氏郷 ⊗大谷吉継 ○市橋兵吉 △岡越後？		8
一五八六年（同　十四）	○毛利秀包	△黒田直之	●伊東祐兵	○織田信秀		4
一五八七年（同　十五）	⊕大友義統 ⊗筑紫広門 △大矢野種基	⊗黒田長政 ●熊谷元直				5
一五八九年（同　十七）	△栖本親高					1
一五九〇年（同　十八）	△上津浦重貞					1
一五九一年（同　十九）	⊗宗　義智					1
一五九二年（文禄元）				⊗筒井定次		1
一五九四年（同　三）	⊗松浦隆信		●前田茂勝			2
一五九五年（同　四）	⊗寺沢広高	⊗宇喜多左京亮（坂崎直盛）	●前田秀以	●織田秀信		4
一五九六年（慶長元）		●明石掃部 ⊗蜂須賀家政	●織田秀則	⊗京極高知	⊗津軽信枚	5
一六〇一年（同　六）		●宇喜多休閑	○京極高次			2
一六〇七年（同　十二）					●津軽信建	1
一六一〇年代？					△後藤寿庵	1
計	24	11	25	9	3	72

宣教活動の進展にともない、キリスト教は西南九州や豊後、山口、畿内へと広まり、武士階層の改宗者も次第に見られるようになった。「キリシタン大名・領主一覧表」から知られるように、領主・有力武将のキリシタンは少なくとも七二名が確認される。京都で改宗した小西立佐・行長父子や堺出身のヴィセンテ日比屋兵右衛門は商人の出自であり、彼らは武士に登用される以前に改宗した。

九州地区では、領主層二四名の改宗者は肥前・肥後・豊後に偏在する。ポルトガル商船の来航に深く関わっていた土地だけに、商船の来航を願望して宣教師を領内に迎え、自ら改宗する領主がいた。一五七六年に改宗したアンドレ有馬義貞は半年後に病死したが、Reiと呼称された最初のキリシタン大名である。屋形と称され家格において実弟大村純忠を凌駕《りょうが》していた。厳密には義貞は最初のキリシタン大名、純忠は最初のキリシタン領主である。

有馬氏よりもさらに家格の高いフランシスコ大友宗麟は一五七八年に受洗し、死没する一五八七年六月まで信仰を守った。嫡子義統《よしむね》は同年三月に受洗したが、同年七月伴天連《ばてれん》追放令が出ると豊臣秀吉の命により棄教した。のち黒田孝高の助言を容れて信仰を回復した。

肥後の天草五人衆（天草諸島を本拠とする国人衆五氏）の一人ジョアン志岐鎮経と、ルイス五島純堯《すみたか》は禁教令発令以前に棄教した。鎮経は貿易船未着や宿敵天草氏のイエズス会接近を嫌って一五六九年に棄教した。純堯は、父純定の死後、甥純玄と跡目を争ったが、庶子の彼が敗れ、また信仰のため長崎に一時亡命した。彼は二年後の一五七八年に五島に帰ったのち棄教したとされる。天草の国人領主ヤコブ大矢野種基は伴天連追放令発布直後に受洗した。秀吉の船奉行の一人アグスティニョ小西行長は一五八八年に大名として肥後宇土城主となって天草郡を支配し、志岐城にヴィセンテ日比屋を城代として置いた。対馬の国主で屋形と称された宗義智《よしとし》は、行長の娘マリアと結婚した翌年一五九一年に受洗しダリオを称したが、行長が関ヶ原の戦いで敗れると、妻を離別し信仰を棄てた[58]。

中国・四国地区における領主層の改宗は一一名が確認される。四国では二名である。土佐幡多郡主の一条兼定は母が大友宗麟の姉で、臼杵滞在中に受洗してパウロを称した。宗麟の娘と結婚したのち土佐に戻ったが所領の回復に失敗し、伊予戸島に移った。カブラル神父は彼をRei de Tosaと表記している[59]。阿波国二四万石の大名Avanocami Señor del Reino de Ava蜂須賀家政は京極高知の感化で大坂で受洗した[60]。一六三八年に死没したが、信仰を維持していたかは不明である。

毛利高政(森勘八)は一五七八年に秀吉から播磨国明石郡三〇〇〇石を与えられ、一五八四年頃高山右近の感化により大坂で受洗した。一五九四年に豊後の日田・玖珠《くす》二郡を宛行われ、一六〇一年に佐伯城主となってアウグスティノ会宣教師を保護した。一六一四年以降、死没する一六二八年までの信仰は不明である。

播磨国宍粟《しそう》郡山崎《やまさき》の城主黒田官兵衛孝高は高山右近の影響を受けて一五八五年に大坂で受洗し、洗礼名をシメアンといった。一五八七年秀吉の九州国割りにより豊前国六郡を与えられた。彼のポルトガル語表記はel Rei Simeão Cambioyedonoである。彼は棄教を命じられることはなかったが、嫡男ダミアン長政は受洗後数ヵ月で棄教した。孝高の弟ミゲル惣右衛門直之は初め秀吉の馬廻衆で、のち孝高に属して筑前秋月城主となり同地のキリシタン教界を厚く保護した。孝高の勧めにより熊谷豊前守元直も禁教令発令直前に受洗した。洗礼名はメルシオールである。一六〇五年萩城築城工事遅延が原因で藩主毛利輝元に自害を命じられたが、これを拒んだために斬首された。

仏教寺院の多い大和や山城、また本願寺勢力の強い畿内では、河内・摂津を中心に初期宣教時代に国人領主層の改宗が見られた。畿内宣教は一五五九年にヴィレラによって始められたが、領主層の改宗は、一五六三年に松永久秀がヴィレラを京都から追放しようとして、結城忠正と清原枝賢に彼との宗論を命じたことが契機となった。彼らがキリスト教に改宗してまもなく、大和沢城の高山友照が改宗し、摂津・河内の国衆の改宗が続いた。河内飯盛城主三好長慶の家臣アンタン結城左衛門は忠正の子で、砂城主であった。忠正の甥ジョルジェ結城弥平治も同じ一五六二年に受洗した。弥平治は一五七二年に改宗した河内岡山城主ジョアン結城の家老を務め、のち小西行長に従って肥後矢部の愛藤寺城主となった。行長死後、有馬領金山城主となり、有馬晴信改易後に長崎に追放された。

一五六四年に飯盛で受洗した若江城主シメアン Simeão 池田丹後守教正は三好義継の臣下で、fidalgo と表記された。本能寺の変で明智光秀に与《くみ》した教正は、一五八五年に豊臣秀次に仕え伴天連追放令発令後も信仰を守った。同年受洗したサンチョ三箇《さんが》伯耆守頼照は日本の宗教に精通した国人領主で、アルメイダは主要なキリシタン武士 principal christão と称した（一五六五年十月二十五日付書翰）。

丹波八木城主ジョアン内藤忠俊（貞弘、徳庵）は、一五六九年に京都で受洗した将軍近侍の領主およそ六〇人の一人とされる。彼は一五九〇年に小西行長に仕え、朝鮮に出陣して和平交渉のため北京に赴いた。行長死後に前田氏に仕え、高山右近と共にマニラに追放され、一六二六年に同地で没した。

河内の国主 el Rei de Caváchi と称された畠山高政は元河内守護で高屋城主であり、一五七五年に受洗したが、翌年死没した。(61) 近江上平寺城主京極高吉は一五八一年に妻マリアと共に受洗した。次男高知は一五九二年に信濃飯田九万石の城主となり、一五九六年に大坂で受洗しジョアンと称した。長男高次は一六〇一年に改宗した。瀬田左馬允《さまのじょう》は瀬田掃部助《かもんのすけ》正忠に比定され、一五八五年に改宗した。利休七哲の一人であり、高山右近に感化されたようである。

東海地区への宣教は、フロイスが美濃岐阜に織田信長を訪ねた一五六九年に始まった。織田一族の改宗は信長没後である。彼の子信秀（三吉）は美濃揖斐《いび》郡に所領を有し、一五九六年に改宗した。(62) 文禄年間にハンセン病を患い、京都でイルマン・ヴィセンテ洞院の治療を受けた。一五九五年に岐阜城で受洗した信長の甥三法師、ペドロ秀信は美濃の大部分を領有していたが、石田三成に与したため徳川家康によって高野山に追放され、一六〇五年六月同所で没した。秀信の弟秀則は一五九六年に大坂で受洗しパウロを称した。一六二五年まで存命したが、その後の信仰は不明である。

利休七哲の一人レオ蒲生氏郷が右近の勧めにより受洗したのは一五八五年である。伊勢松島一二万石の城主で、一五九〇年に会津に転封となった。伴天連追放令により秀吉の命を受け信仰を棄てたが、右近の働きかけによって信仰に戻った。彼の家臣岡越後は、氏郷に従って会津に移り、猪苗代一万石の城主であったが、一六二二年に病死した(63)。利休七哲の一人牧村長兵衛利貞は一五八四年に受洗し氏郷の改宗に尽くした。伊勢岩出城主で秀吉の馬廻衆の頭であった。

一五八六年五月、イエズス会準管区長ガスパール・コエリョが大坂城に秀吉を訪れた折、接待役の一人として茶菓の果物(干し柿)を彼の許に持ってきた紀之介、すなわち大谷吉継は、おそらく前年の一五八五年にはすでにキリスト教に改宗していたようである。彼はその後一五八九年に越前敦賀の城主に封ぜられ、五万石の大名となった。

一五九二年伊賀の大名筒井定次は肥前名護屋城から長崎に行き、ヴァリニャーノから洗礼を受けた。サンチョ三箇の子マンショ三箇頼連《よりつら》の勧めによった。

東北地方の領主層がキリスト教を知ったのは伴天連追放令施行後である。極北の津軽為信は一五九〇年に大坂でイルマン・ヴィセンテ洞院の教理説教を聴聞した。一五九五年に再び大坂で三男信枚《のぶひら》と一緒に教理を聴いたが、急遽帰国した。十歳の信枚は翌年受洗しジョアンと称した。長男信建《のぶたけ》が大坂で教理を聴聞した時にサン・フェリーペ号事件が起き迫害が強化された。一六〇六年、彼は死期の近いことを悟って大坂に至り受洗した。帰国に際しパードレ一人の同行を要望した。京都に上り一六〇五年に再建された教会を見て教会建造を構想し、家臣にそのための調査を命じたが、同地で一六〇七年一月十八日（慶長十一年十二月二十日）突如死没した(64)。

伊達政宗の家臣で、陸奥胆沢郡見分の領主後藤寿庵は、一六一五年に江戸で潜伏宣教していたジェロニモ・アンジェリス神父を招いた。寿庵がいつどこで受洗したのかは不明である。一六二三年江戸で大殉教事件が起き、東北での捜査が始まった。ディオゴ・カルヴァリョ神父はクリスマス・ミサを司式したのち下嵐江《おろせ》に逃れ、寿庵は南部領に亡命し消息を絶った。信仰を守りとおした最後の領主であった。

キリシタンとなった領主層の者については、九州では一部の領主を除いて多くの者が貿易船の来航を視野に入れて受洗したのに対し、九州以外の土地の領主層の改宗は救霊が大きな動機であったように思われる。禁教迫害を経験しながらも、信仰を堅守し、また棄教したのちに再び信仰を回復した領主たちも少なくなかった。禁教令発令以前にキリシタンとなって死没した者たちの大多数は信仰をまっとうした。

〈註〉

（1）Printed at the Rikkyō Gakuin Press, 1904, Tçukiji, Tokyo.
（2）『国史大辞典』四（吉川弘文館、一九八四）、四三五〜四三六頁。
（3）『国史大辞典』八（吉川弘文館、一九八七）、八九二頁。
（4）SEGUNDA PARTE DAS CARTAS DE JAPÃO. Evora, 1598. f.153.
（5）ザビエルの書翰とランチロットの報告書による記事は、東京大学史料編纂所編『日本関係海外史料 イエズス会日本書翰集』原文編之一（一九九〇）、訳文編之一 上・下（一九九一・一九九四）に拠った。

(6) 矢沢利彦他訳『日本イエズス会士礼法指針』(キリシタン文化研究会、一九七〇)。原文は、Giuseppe FR. Schütte S. J. IL CERIMONIALE PER I MISSIONARI DEL GIAPPONE. Rome, 1946.

(7) Archivum Romanum Societatis Iesu ローマ・イエズス会文書館所蔵、Jap. Sin.(日本・中国文書)10 II, f. 205.

(8) 前掲『日本イエズス会礼法指針』解説、四四頁。

(9) Schütte, IL CERIMONIALE. pp.184, 196, 200, 202. 前掲『日本イエズス会士礼法指針』、七七・八二〜八三・八四頁。

(10) Alejandro Valignano S. I., SUMARIO DE LAS COSAS DE JAPON (1583). ADICIONES DEL SUMARIO DE JAPON (1592). editados por José Luis Alvarez-Taladriz. Tomo 1. 上智大学 1954. 松田毅一は『日本諸事要録』の表題とする(『日本巡察記』平凡社、一九七三)。

(11) Sumario. pp.8〜9. 前掲『日本巡察記』七〜八頁。

(12) ibid. pp.9,12〜13. 前掲『日本巡察記』七〜一〇頁。

(13) ibid. pp.8〜9. 前掲『日本巡察記』七〜八頁。

(14) 前掲『イエズス会日本書翰集』原文編之一、一六七頁。同訳文編一之下、一二頁。

(15) 前掲『イエズス会日本書翰集』原文編之一、一七五頁。同訳文編一之下、二四頁。

(16)『日本関係海外史料 イエズス会日本書翰集』原文編之三(二〇一一)、七六・八一頁。同訳文編之三(二〇一四)、一〇七・一一三頁。

(17) Juan Ruiz-de-Medina S. J., DOCUMENTOS DEL JAPÓN 1558-1562. Rome, 1995. p.454 Cartas do Japão I, Evora, 1598. f.205v.

(18) DOCUMENTOS. p.455

(19) 前掲『イエズス会日本書翰集』原文編之三、一八三頁。同訳文編之三、二六四頁。

(20)『日本関係海外史料 イエズス会日本書翰集』原文編之二(一九九六)、二〇八頁。同訳文編之二下(二〇〇〇)、四八頁。

(21) DOCUMENTOS. p.455

(22) Cartas I. f.205

(23) 前掲『イエズス会日本書翰集』原文編之二、二五七頁。同訳文編之二下、一一四頁。

(24) 前掲『イエズス会日本書翰集』原文編之二、二九一頁。同訳文編之二下、一五四頁。

(25)前掲『イエズス会日本書翰集』原文編之二、一三三・一三七頁。同訳文編之二下、八二・八八頁。
(26)Cartas I. f.117
(27)ibid. ff.221v., 223
(28)ibid. f.199v.
(29)ibid. f.230
(30)ibid. f.205
(31)DOCUMENTOS. pp.563, 564
(32)Cartas I. f.117v.
(33)ibid. f.121
(34)ibid. ff.136, 136v.
(35)VOCABVLARIO DA LINGOA DE IAPAM(勉誠社、一九七三年複製), f.261.『邦訳 日葡辞書』(岩波書店、一九八〇)、六六一頁。
(36)Cartas I. f.126
(37)ibid. f.170
(38)ibid. f.117v.
(39)ibid. ff.119, 122
(40)アルメイダの一五六五年十月二十五日付書翰(Cartas I. ff.161, 171v.)。
(41)ibid. f.138v.
(42)ibid. f.142v.
(43)ibid. f.194
(44)ibid. f.164
(45)ibid. f.165
(46)ibid. f.167v.
(47)ibid. f.181

(48) ibid. f.187v.
(49) ibid. f.256v.
(50) ibid. f.287v.
(51) フロイスの一五七一年九月二十八日付都発信書翰（Cartas I. f.311v.）。
(52) ibid. 363v.
(53) HISTÓRIA DA IGREJA DO JAPÃO pelo Pe João Rodrigues Tçuzu S. J., preparada por João do Amaral Abranches Pinto, Macau, 1954. p.133. ロドリーゲス著 佐野泰彦他訳『日本教会史』上（岩波書店、一九六七）、二五四頁。
(54) ibid. p.134. 前掲『日本教会史』上、二五五～二五六頁。
(55) 岡本良知訳註、東洋堂、一九四二。
(56) DE MISSIONE LEGATORUM JAPONEN, macaensi, 1590. ff.7～8. 泉井久之助他訳『デ・サンデ天正遣欧使節記』（雄松堂書店、一九六九）。同書のポルトガル語訳本は DIALOGO SOBRE A MISSÃO DOS EMBAIXADORES JAPONESES À CÚRIA ROMANA por Américo da Costa Ramalho. Macau, 1997. pp.29～30.
(57)『山口県史』通史編中世（山口県、一九九六）、五〇〇頁。前掲『イエズス会日本書翰集』原文編之三、九頁。同訳文編之三、一三頁。
(58) Luis Frois, HISTORIA DE JAPAM, anotada por José Wichi S. J., Lisboa, 1984. V, pp.263, 267
(59) 一五七五年九月十二日付書翰（Cartas I. f.352）。
(60) フロイス一五九六年十二月三日執筆の「一五九六年度日本年報」（Jap. Sin., 52. f.42v.）。
(61) カブラルの註（59）書翰（Cartas I. f.352v.）。
(62) Jap. Sin., 52. f.48. 結城了悟『キリシタンになった大名』（キリシタン文化研究会、一九八六）、一〇九～一一〇頁。
(63)『大日本史料』第十二編之五十六（東京大学出版会、二〇〇二）、七六～八三頁。
(64)「一六〇七年度日本年報」（Jap. Sin., 55. f.436v.）。

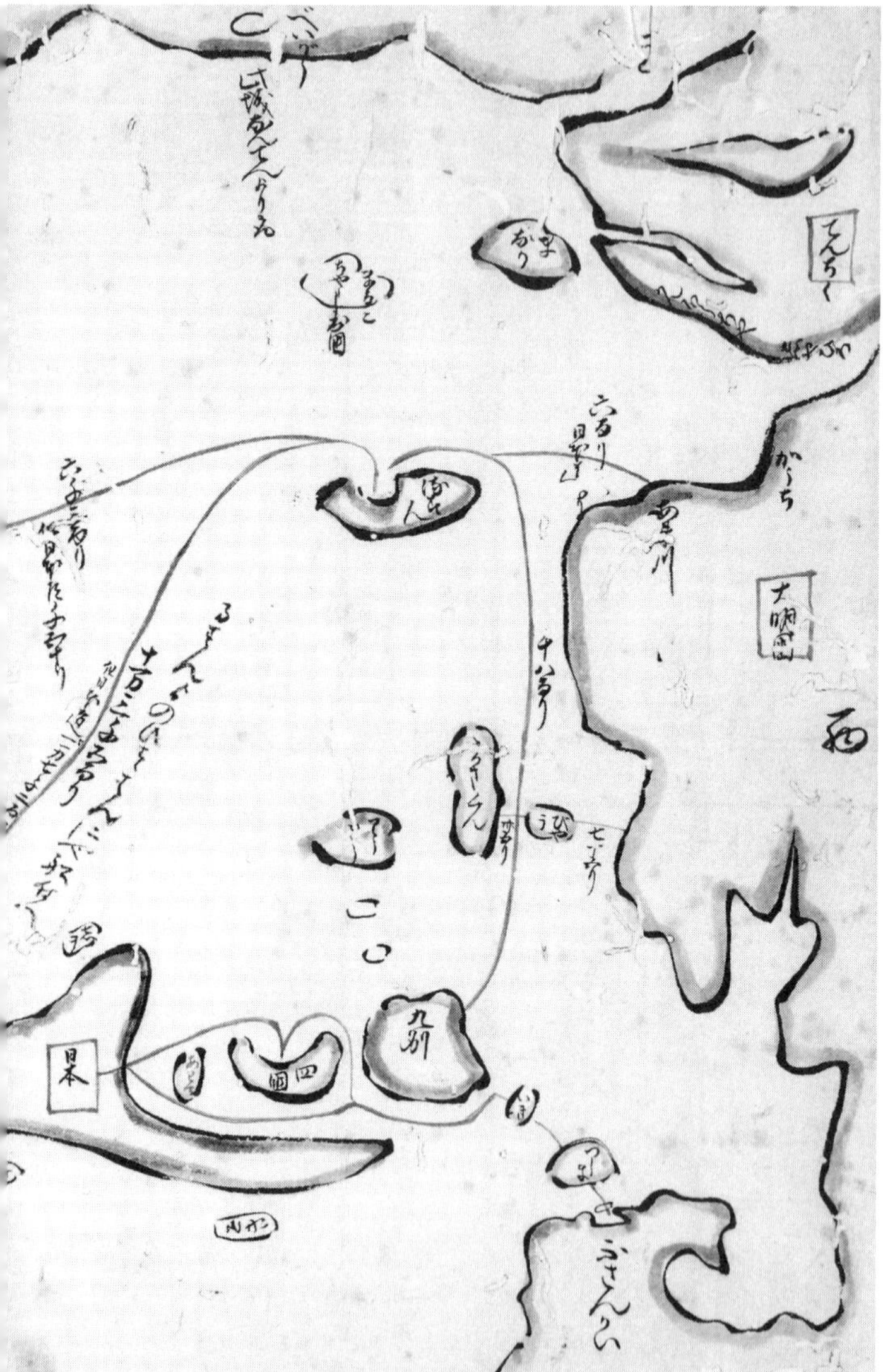

浦戸漂着西班牙船航海地図（サン・フェリペ号航海図）（高知県立図書館蔵）

文禄五年（一五九六）土佐国浦戸に漂着したサン・フェリペ号の乗組員が所持していた図を写したもの。南を上にして作図されており、右端には上から順に「てんちく」（インド）・「大明国」・「高麗」などが描かれている。「大明国」の左の、航路の要となっている島は、「るすん」（ルソン島、フィリピン）である。太平洋の右下には日本列島、左側には南北アメリカ大陸が描かれ、スペインの植民地「のひすはんにや」（ヌエバ・エスパーニャ、メキシコ）の名が見える。左端はヨーロッパで、「ミヤコ」とあるのはスペインの首都マドリードを指している。

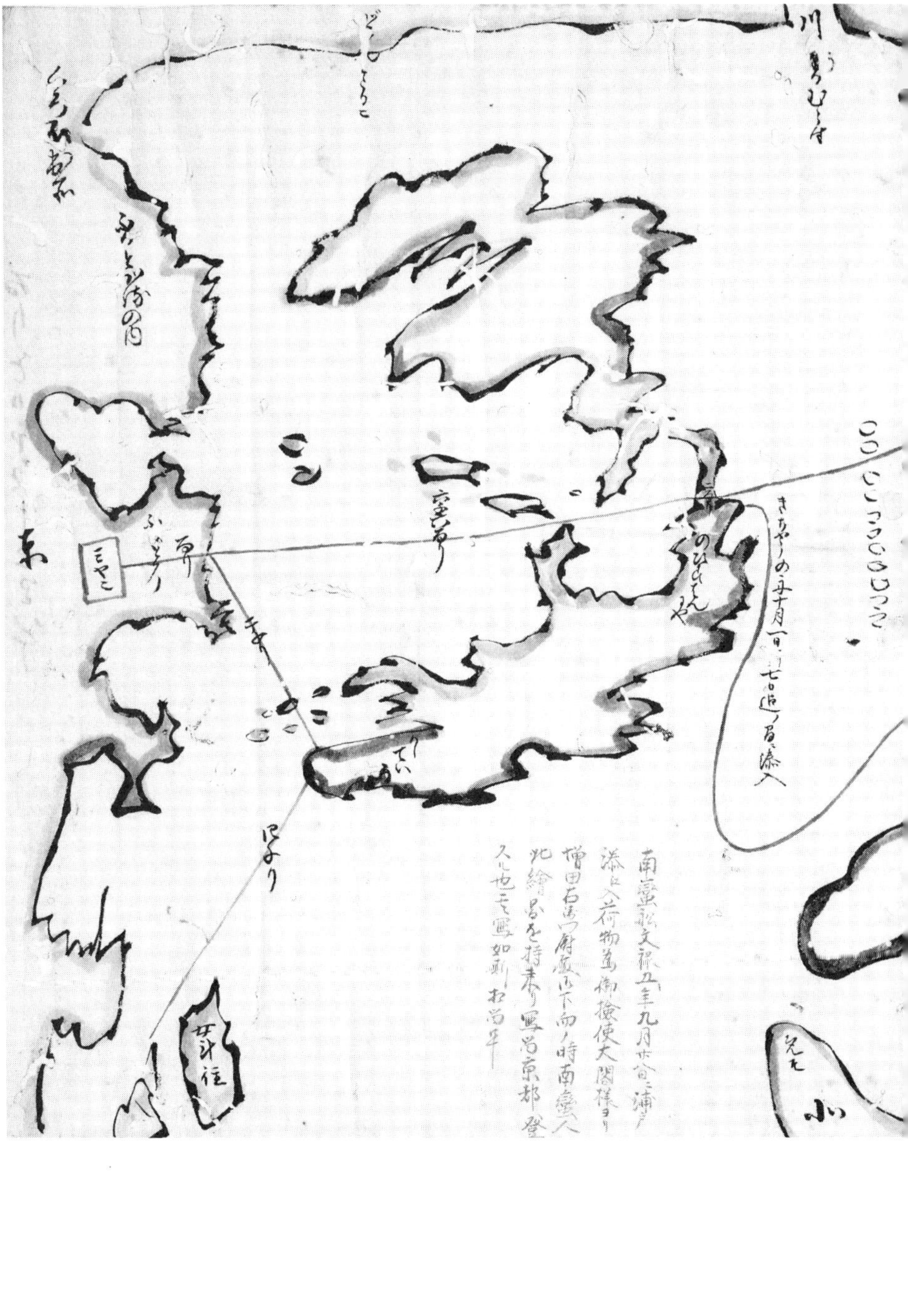
南蛮船文禄五年九月廿八日ニ浦戸
添ヘ入荷物為御検使大閤様ヨリ
増田右衛門尉殿下向ノ時南蛮人
此絵図を持来り写置京都登
スル也
みやこ
室戸

第一章　イエズス会の宣教活動

ザビエルとその後継者たち

岸野 久

はじめに

一五四九年（天文十八）八月我が国に初めてキリスト教を伝えたフランシスコ・ザビエルが日本キリスト教会の創始者とすれば、その三十年後巡察師として来日したアレシャンドロ・ヴァリニャーノは教会体制の確立者と言えよう。ここでは、ザビエルから初代日本布教長コスメ・デ・トルレス、第二代フランシスコ・カブラルを経てヴァリニャーノに至る日本布教のプロセスを通観する。

一、ザビエルの日本開教

(一) 来日のきっかけ——アンジローとの出会い

ザビエルの来日のきっかけは、一五四七年十二月マラッカにおける日本人アンジロー（ヤジローとも）との出会いである。この出会いはいわゆる「キリシタンの世紀」の端緒となり、キリスト教会にとっても日本社会にとっても、画期となる「世紀の出会い」と言っても過言ではない。ザビエルは知的好奇心に富み、理路整然と話すアンジローを通して日本に興味と関心を抱き、日本人を理性的な国民と直感した。このことは日本帰りのポルトガル人によっても裏付けられ、さらに日本布教の有望なことも知らされたので、ザビエルは日本への布教を思い立った。ザビエルはこれまでインド半島、マラッカ、モルッカ諸島とポルトガルの支配地域を巡歴し、次は中国行きを予定していたと思われる。しかしアンジローとの出会いはその方向をひとまず変えることになる。

ザビエルはゴアにおいてアンジローに教理教育を施すとともに、彼から日本情報を得て、日本社会が政治及び文化の面で中央集権的であり、その中心が京都であること、中国と日本とは宗教及び通商において繋がりがあること、などを知った。来日にあたり、①日本における滞在期間をおよそ二年間とし、②次の布教地を中国とする、大まかな布教構想を立て、「私は、日本で多くの人々がキリスト教徒になるに違いない、というとても大きな希望を抱いています。そしてまず国王のいるところへ行き、次に彼らの学問が行われている諸大学へ行くことを決めています」（一五四九年一月十二日付コーチン発ロヨラ宛ザビエル書翰）とあるように、上京して「日本国王」と謁見し布教の許可あるいは保護を求め、諸大学を訪問して日本の宗教をはじめとする諸事情を調査しようと考えた。

一五四九年（天文十八）四月、ザビエルはパードレ・コスメ・デ・トルレス、イルマン・ジョアン・フェルナンデス、アンジロー他日本人二名、従僕二名を伴い、インド総督ガルシア・デ・サァ及びゴア司教ジョアン・デ・アルブケルケの書状そして日本国王への贈り物を携えて渡日した。この贈り物がインド総督の訓令のもとマラッカ長官によって準備されたことから分かるように、ザビエルの来日はポルトガル国家の支援によって実現したのである。

(二) 鹿児島滞在

ザビエル一行は一五四九年(天文十八)八月鹿児島に上陸し大歓迎され、直ちにアンジローが領主島津貴久のもとに遣わされた。貴久は、種子島来島以来南九州に来航していたポルトガル人との通商を望んでおり、アンジローにポルトガル人の生活習慣や政治支配の状況などを質問している。この時アンジローが聖母子の画像を持参すると、貴久は跪《ひざまず》いて敬意を表し、彼の母親はその画像の作成方法や新来の教えについて尋ねた。アンジローの説く教えは貴久親子に親近感をもって受け容れられたが、これはキリスト教の神デウス(ラテン語で神を意味する語)が「大日」(大日如来の略)、聖母マリアが「観音」と訳されていたので、キリスト教が仏教の一派と見なされたからであろう。

それから約一ヵ月後の九月二十九日、ザビエルは貴久に謁見した。この時ザビエルが挿絵入りの聖書と豪華な装丁の注釈書を持参すると、貴久はこれらの本を大切にするようにと言って、ザビエルの説く教えに理解を示した。この時、ザビエルはかねてから計画していた上京の企てを話し、そのための船を要請すると、貴久は風向きを理由に難色を示した。これはトルレスの書翰に「彼らは私達に何らかの世俗的利益を期待しているようだ」(一五五一年九月二十九日付山口発バレンシアのイエズス会員宛)とあるように、貴久がザビエルの鹿児島滞在を理由にポルトガル船誘致をはかっていたからであろう。この謁見からまもなく貴久は家臣にキリスト教信仰の許可を与えた。

ザビエル上陸記念碑
(鹿児島市祇園之洲町)

ザビエルは鹿児島に到着するとまもなく布教活動を開始した。その模様はザビエル書翰に

> 最初に鹿児島というパウロ（アンジローの洗礼名）の故郷に着きました。パウロはここで自分の親戚の者に懸命に教えを説きましたので、約一〇〇名の者がキリスト教徒になりました。もしもこの地の聖職者達（仏僧）の妨害がなかったら、この地のほとんどすべての人々がキリスト教徒になったことでしょう。（中略）パウロの土地にいた年、私達はキリスト教徒に教理を教えたり、言葉を学んだり、神の教えに関する多くの事柄を日本語に翻訳したりしました。
>
> （一五五二年一月二十九日付コーチン発ヨーロッパのイエズス会員宛）

とある。ザビエルは到着するとすでにゴアで翻訳しておいた「信者が暗唱すべきお祈りや十戒」などからなる「短い教理書《ドチリナ・ブレベ》」を用いて、アンジローの身内を中心に教えを説いた。また日本語の学習を開始し、四十日間の学習で十戒を説明できるほどになった。約半年後には、キリスト教の基本的な教えである「信仰箇条の説明」すなわち「使徒信経《クレド》の解説」も翻訳した。これは神による天地創造、キリストの誕生から昇天までの生涯、そして最後の審判を内容としている。ザビエルはこのうち天地創造と十戒を読み上げさせ、とくに偶像崇拝、男色、嬰児《えいじ》殺し（間引き）を取り上げ、日本の宗教と社会の悪習を批判し新来の教えでなければ救いのないことを示した。このようにしてザビエルは一年余りの鹿児島滞在中約一〇〇名に洗礼を授けた。この中には後にヨーロッパに渡り、日本人最初のイエズス会士となったベルナルド、市来城の家老ミゲルとその家族、さらにアンジローの家族、親戚、友人などがいる。

ザビエルの日本滞在中の課題の一つは日本の宗教の調査であり、来日して間もなくこの課題に着手した。

日本第一報（いわゆる「大書翰」）に

しばしば私は最も学識ある何人かの人々と話しました。とくにそのうちの一人とはよく話しました。彼は学問、態度、品格、八十歳の高齢という点でも、この土地の人々からとても尊敬されています。名前はニンヒツ Ninxit（忍室）といい、日本語では「真理の心」を意味します。私達がしばしば行った対話で気づいたのですが、彼の考えは揺れており、人間の霊魂が不死であるか、肉体と共に滅んでしまうか決めかねているようです。というのはある時は肯定し、ある時は否定するからです。私は他の学者達も同じではないかと思っています。ニンヒツは私のとても良い友人であり、その親密さは驚くほどです。

（一五四九年十一月五日付鹿児島発ゴアのイエズス会員宛）

とある。文中の「ニンヒツ」とは曹洞宗福昌寺第十五世文勝忍室のことである。彼との「霊魂」をめぐる対話で、霊魂不滅を大前提とするザビエルは、その存在をある時には肯定し、ある時には否定する、忍室の真意を測り兼ねている。禅の世界に通じていなかったザビエルに忍室の返答は不可解であり、両者の対話はすれ違いに終わったが、キリスト教と禅との史上初の出会いとなった。この経験は後に山口で行われる禅僧との宗論の際に生かされたに違いない。

ザビエルの鹿児島滞在も一年近くになり、当初は外国人に対する物珍しさやポルトガル船来航への期待から、キリスト教布教に対して好意的であった領主貴久に変化が見られた。そのきっかけはザビエルの布教活動に対する仏僧らの反発であった。彼らは領主に対し、もし家臣達に神への信仰を許すならば、領地は失われ、人々によって寺院は破壊され、冒瀆《ぼうとく》されるだろう、として禁教を迫った。貴久もこれを無視し得ず、ま

忍室の墓（鹿児島市池之上町）

たかねてより期待していたポルトガル船も来航しなかったことから禁教に踏み切ったのである。

貴久の禁教の結果、ザビエルは薩摩ではもはや布教の成果が期待できないと判断した。というのは、日本人は身分の上下を問わず、領主の意向に忠実であり、逆らうことが困難だからである。ザビエル書翰に「もし彼らがキリスト教徒になることをためらったとすれば、それは土地の支配者への怖れが原因です」（一五五二年一月二十九日付コーチン発ヨーロッパのイエズス会員宛）とある。また、ザビエルによって妻子が信者となった、市来城主新納《にいろ》康久について、後にイルマン・ルイス・アルメイダは「彼がキリシタンとなって信仰をあえて表明しないのは、国王（貴久）の許可を得ずに、他の教え（キリスト教）を信ずることが国王に分かったら、やがて被ることになる損失を彼が懼《おそ》れているからである」（ローマ・イエズス会文書館 Jap.Sin., 4, 237）と記している。かくして一五五〇年（天文十九）八月末、ザビエルはアンジローを鹿児島の信者のもとに残し、かねてから予定していた京都行きを決断し、平戸に向かった。一五五〇年六月に平戸にポルトガル船が到着したとのニュースが、鹿児島に入っていたからである。

（三）平戸滞在

一五五〇年（天文十九）九月、ザビエル一行は平戸に到着した。九州西北部に位置する平戸港には東アジア海域で活躍していた倭寇《わこう》の首領王直の住居があり、中国船も頻繁に往来していた。領主松浦隆信はポルトガルとの通商を望んでいたので、ザビエル一行を歓迎し、キリスト教布教を許可した。平戸でのザビエルの布教活動で特筆すべきことは、この頃ザビエルの通訳がアンジローからフェルナンデスに代わったことである。このことはザビエルの日本理解を深化させる上でも、日本人にキリスト教をより正確に伝える上でも大きな力となった。

フェルナンデスが「信仰箇条の説明」を読み上げ、その主要な点についてザビエルが説明して、約二ヵ月の滞在中に約一〇〇名が信者となった。ザビエルはトルレス、日本人ジョアネとアントニオを残し、フェルナンデスと案内役のベルナルドを伴って次の目的地山口へ向かった。注目すべきことはザビエルが平戸に、インド総督やゴア司教から託された書状、また日本国王への贈り物、さらに祭服を残したことである。ザビエルが日本国王との謁見に不可欠なこれらの品々を携帯しなかったことは、上京の意図と関連していると思われる。すなわち、トルレスによると「その後パードレ・メストレ・フランシスコ（ザビエル）はジョアン・フェルナンデスというイルマンと［京都へ］行くことを決めました。それはその土地 terra の状態と芥子種《からしだね》（福音）を蒔《ま》くために最適な場所 lugares を知るためでした」（一五五一年九月二十九日付山口発ゴアのイエズス会員宛書翰）とあり、上京の目的は、首都の事情を自らの眼で確かめ、布教の可能性を探ることにあった、と記している。もちろんザビエルが宣教師として日本国王と謁見し、布教の保護や許可を得ようと望んでいたことは言うまでもないが、もろもろの調査と日本国王との謁見・布教許可の要請を一挙に行うことは困難と見て、今回はそのための予備調査と見なしていたと考えられる。

（四）第一次山口滞在

平戸を出発し、一五五〇年（天文十九）十一月初旬ザビエル一行は山口に到着した。山口は大内氏の城下町で、同氏が石見銀山を有し、代々朝鮮半島、中国との交易に熱心であったことから、西国で最も繁栄していた都市であった。当主は第三十一代大内義隆であり、中国地方から北九州まで七ヵ国を支配する西国の雄であった。彼は文人的性格を持ち、京都の貴族文化にあこがれ、学問、芸術を愛好し、神社仏閣を手厚く保護した。当時、「西の京」と呼ばれていた山口では平和が続き、応仁の乱以降の政治的混乱を避けて多くの貴族、僧侶、学者、文化人が居住し、宮廷文化が開花していた。

ザビエルは山口に到着すると直ちに布教を開始し、「信仰箇条の説明」をもとに説教を行った。その反応は必ずしも悪いものではなく、説教には多くの者が集まり、また有力貴族の家から招かれ、教えの内容について多くの質問を受けた。そのうち領主大内義隆より招かれ、ザビエルらの出身地や来日の理由、そしてキリスト教の教義について問われたので、さきの「信仰箇条の説明」を一時間以上かけて読み上げた。義隆は熱心に耳を傾けていたが、フロイスによれば、説明が「男色の罪」の箇所に及ぶと激昂し、ザビエルらに退出を命じた、という。かくして義隆より布教許可は得られなかったが、市内で精力的に説教し、市中に説教しないところはないというほどであった。約一ヵ月の滞在中、洗礼を受ける者はわずかであったが、人々が新来の教えをまったく拒否するのではなく、かなりの興味と関心を示したことにザビエルは確かな手応えを感じたのである。

（五）京都滞在

一五五〇年（天文十九）十二月中頃、ザビエルは京都を目指して瀬戸内海を東行し、堺を経由して翌五一年（天文二十）一月中頃、念願の京都に到着した。同地は応仁の乱後の政治的混乱によって荒廃していた。天皇（後奈良天皇）の権威は失墜し、将軍（足利義輝）も市中から逃亡していた。ザビエルは天皇に会おうと試みたが、贈り物も持たず、平服での訪問ではまったく相手にされず門前払いされた。さらに三好、細川両氏の戦いも予想されたことから、滞在を約十日間で切り上げた。たとえ短期間の滞在であっても自らの眼で確かめておきたかった京都を訪れ、かつて入手した京都関係の情報や風聞を確認することができた。そして京都は荒れ果てているとはいえ、いまだ一〇万戸以上あり、リスボンよりも大きな都市であることや、失敗に終わった天皇訪問の経験から、しきたりや慣習を重視する日本社会のあり方を身をもって知った。この結果、京都には平和が存在せず、人心も不安定であり、布教も調査もままならないことから、改めて見直されたのが「西の京」山口であった。ザビエルは山口へ出直すべく、トルレスのもとに置いておいた、日本国王宛の書状や贈り物を受け取るために平戸へいったん戻った。

（六）第二次山口滞在

一五五一年（天文二十）四月、ザビエル一行は再度山口を訪れた。この訪問の模様をヴァリニャーノは次のように記している。

かくして「パードレ達は」より上等な mejor 服装をして二、三人の従者を伴い、直ちに副王（正しくは総督）及び司教の書状 cartas と贈り物を持って再度山口へ戻った。彼らはとても良い十三の品々を携えて行った（中略）彼（大内義隆）はパードレ達が「いままでとは」別の服装 otra trage を着て、とても珍しい価値ある、沢山の贈り物を持参したのを見て、その贈り物に満悦の表情を示した。そして最初「の謁見時」よりも一層敬意をもって彼らを待遇し、彼らが法（教え）を述べ伝え、かの地に留まりたいということを知ると、住居用に一軒のボンゾ bonzos の家――寺院 valera と呼ばれていた――を与えるように命じ、それとともに「布教」許可――板に書いて、道々に公表させる――を彼らに与えた。

（A. Valignano, *Historia del Principio y progresso de la Compañía de Jesús en las Indias Orientales*（1542～64）, Roma, 1944, p.176）

この記述が貴重なのは、ヴァリニャーノが不調に終わった第一回目の謁見を踏まえていることである。すなわち、第一回目は清貧を旨とする修道会の一員として、ザビエルは、禁欲的で謙虚な態度で、質素な木綿製の、破れたりほころびたりした服装を着て、書状も贈り物も持たず、手ぶらで大内義隆を訪問している。これに対し、今回は「別の」「より上等な」服装――これはフロイスによれば、緞子《どんす》でできた絹製の豪華な祭服――を身に纏《まと》い、従者を二、三人従え、十三種もの珍奇な品々――クラビコルディオ（鍵盤楽器）一台、時計一台、ポルトガルの布地、ぶどう酒、その他――さらにインド総督やゴア司教からの極彩色の羊皮紙に記された書状を持参したので、大内義隆は彼らを大歓迎し、領内における布教許可と一寺院を与えたのである。この謁見が成功した理由は、ザビエルが日本社会における高僧の如く、豪華な服装を身につけ、高位聖職者として振る舞ったことにある。

謁見時のザビエルの資格について、斯界の権威ゲオルク・シュールハンマー師は「インド総督の使節」としている。確かにザビエルはインド総督ガルシア・デ・サァより日本国王宛の親書と贈り物を託されたが、「インド総督の使節」に正式に任命された事実はない。これに対し、私はザビエルが持参したゴア司教書状をもとに、教皇大使《ヌンシオ》として謁見に臨んだと考えている。その理由は次の通りである。ザビエルは一五四一年リスボン出発の際、ポルトガル国王ジョアン三世より教皇小勅書（教皇大使に任命）を手渡され、ゴア到着の際これをゴア司教に呈示し、教皇大使としての活動を許可され、日本行きの際には、同司教から日本国王宛書状（内容的には「教皇大使信任状」）が与えられたからである。

大内義隆との謁見の際、彼の側に伺候する真言宗の高僧と、「大日」を説くザビエルとの間で「大日」をめぐる論争が起こった。この論争はその後も継続し、ザビエルは彼らとの討論を通じて「大日」がキリスト教の神デウスでないことを知り、直ちに「大日な拝みあっそ」として「大日」を廃止しラテン語のデウスに替えた。このことはザビエルのみならず、真言宗僧侶をはじめ日本人がキリスト教を仏教と異なる宗教と認識する端緒となった。

大内義隆より布教と改宗の許可が出されると、ザビエルのもとへ多くの人々がやって来た。ザビエル書翰には当時の山口の人々の熱気が記されている。

この修院（大道寺）にいると多くの人々が神の教えに関する説教を聞きにやって来たので、私達は普通毎日二回説教しました。そして説教の終わりにはいつも討論が行われ、長い間続きました。私達は質問に答えたり、説教したりしていつも多忙でした。このような説教には多くの僧侶や尼や貴族や、他にも多くの人々が来ましたので、その修院はほとんどいつも満員で、入りきれないことも度々ありました。私達には多くの質問がなされましたので、それらに答えると、彼らは自分達の信じている聖者達（釈迦など）の教えが偽りであり、ディオス（神）の教えが真実である、と認めました。彼らはこのような質問や討論をかなりの期間にわたり執拗《しつよう》に続けました。そしてこのような期間が過ぎてからキリスト教徒になる者が出始めました。

（一五五二年一月二十九日付コーチン発ヨーロッパの会員宛）

日本人の主たる質問を挙げてみよう。その第一は唯一絶対、全知全能なる創造主デウスの存在に関する疑問である。仏教ではすべてのものが相互依存関係にあると考えるので、万物の創造主の観念は問題となり得ず、その存在を証明する必要があった。このためにザビエルは太陽、月、地球などの運行に関する天文学や自然科学の知識をもとに証明に努めた。次にデウスの全善性に関して、なぜ悪を作り、永遠に救いのない地獄を作ったのか、また、キリスト教伝来以前に洗礼を受けずに死んだ祖先や肉親が地獄で苦しむとは、あまりにも無慈悲な教えである、などである。これらはいずれも一神教であるキリスト教の本質をついており、以後、仏教徒との間で繰り返されたテーマである。このほかザビエルが山口を退去した後に、残留したトルレス及びフェルナンデスと禅僧との間で宗論が行われ、「無」を究極的境地とする禅仏教の世界が認識されるようになった。

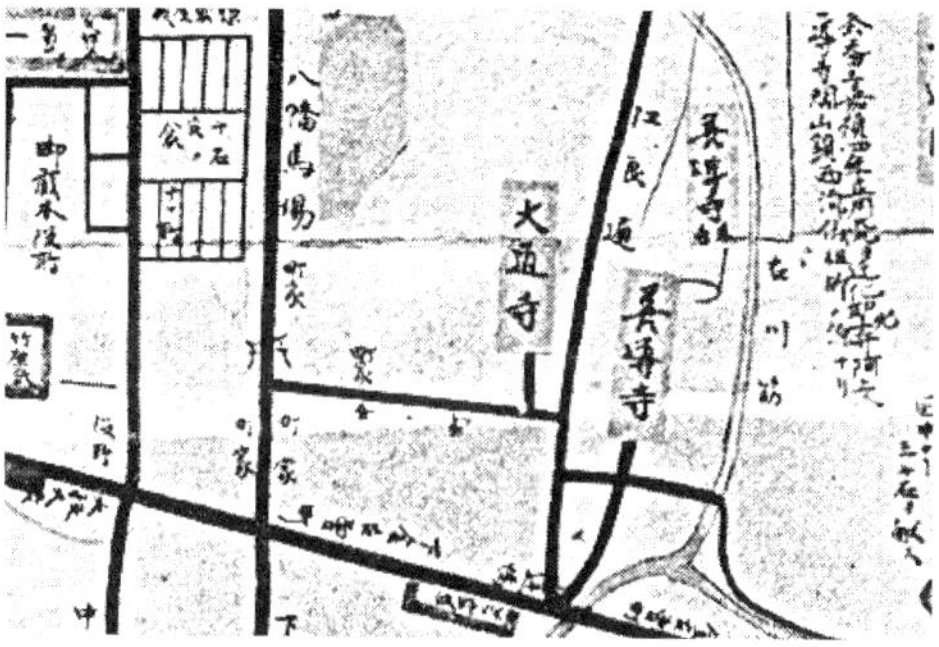

山口古図（部分・山口県文書館蔵）

このような説教と宗論が行われ、布教開始後二ヵ月間で約五〇〇名の者が改宗した。この中に多くの武士や、かつて坂東の足利学校で学び、山口きっての知識人と称された元仏僧、肥前出身の盲目の琵琶法師で、後に初期キリスト教会の柱となったロレンソがいる。

ザビエルの第二次山口滞在は日本で最も実りのあった期間であり、来日前に京都で予定していた目標を「西の京」の山口で果たしたと言える。すなわち、「日本国王」との謁見及び布教許可に関して、インドから持参した書状及び贈り物を、天皇や将軍ではなく山口の領主大内義隆に進上して、領国内での布教許可と大道寺を与えられ、またミヤコ（京都）の大学を訪ねて行おうとした日本の宗教に関する調査を、山口において諸宗派の僧侶、知識人、学者との宗論によって行うことができたからである。

かくして山口滞在も四ヵ月経ち、当初予定していた日本滞在期間二年を超えようとしていた時、豊後（大分）からポルトガル船到着のニュースが入った。ザビエルは使者を送り、どこから来たか、いつ中国へ戻るのかを尋ね、今年中にインドへ帰国したいという要望を伝えると、折り返し船長ドワルテ・ダ・ガマより返事があり、一ヵ月後に中国へ出発し、インドへ向かうことが伝えられた。これと同じ頃、豊後の領主大友義鎮（六二年、宗麟と改名）より招待状が届いた。ザビエルは平戸よりトルレスを呼び寄せ、彼に山口の信者を託して、豊後へ向かった。

（七）豊後滞在

一五五一年（天文二十）九月中頃、豊後に到着したザビエルは、港内に停泊するポルトガル船の祝砲によって迎えられた。大友義鎮は一五四五年頃から同地に来港するポルトガル人を通して、キリスト教やポルトガルのインド支配の状況について情報を得て、ポルトガルとの貿易振興を望んでいたので、ザビエルの訪問を歓迎し、布教許可を与えた。ザビエルは義鎮に謁見して、さしあたり彼に改宗の意向がないこと、また期待していたインドからの書翰が得られなかったことから、インドへの帰還を決意した。ザビエル帰国の際、義鎮からインド総督宛にポルトガル国王との友好及び貿易振興を求めて、一家臣（日本名不明、洗礼名ロウレンソ・ペレイラ）を使者として派遣する旨の提案があった。この提案はザビエルにとって願ってもないことであった。次回来日する宣教団がこの使者と共に来日すれば、安全に入国できるからである。かくしてザビエルは来日前に予定していたとおり、二年余の日本滞在を終え、義鎮の使者一行、鹿児島で改宗したベルナルド、山口で改宗したマテオ、従者のジョアネとアントニオらと共に日本を退去した。

（八）パイオニアとしての働き

二年三ヵ月という短期間であったが、鹿児島から京都までを巡歴し、日本社会を自らの眼で確かめ、さまざまな経験をした。これらをもとに後進に示した指針はおよそ次のようにまとめられる。

（1）現地文化適応――宣教師が日本の言語、社会、文化を学び、日本の事情に適応して布教活動を行うこと。

（2）宗教用語の原語主義――主要な宗教用語にはラテン語やポルトガル語を用いること。

（3）政治的文化的中心地である京都の重視――中央の持つ権威と影響力をもとに、布教を展開すること。

（4）上からの改宗――日本は縦社会であるので、封建領主から布教許可を得て、家臣や領民を改宗させること。

（5）ポルトガル貿易と布教の一体化――宣教師来日ルートの確保及び布教への財源のため、ポルトガル船の来航そしてポルトガル商人との連携は不可欠であり、そのためにポルトガル貿易を振興すること。

これらは以後一〇〇年にわたる「キリシタンの世紀」の日本布教の基本方針となった。彼は日本開教に成功し、その将来性を見極め、後進への指針を示した日本布教のパイオニアであった。

二、ザビエルの後継者たち

（一）初代日本布教長コスメ・デ・トルレス

ザビエル日本退去後、トルレスが初代日本布教長として一五五一年（天文二十）から一五七〇年（元亀元）まで勤めた。ザビエルが蒔いた福音の種を育み、日本に根づかせるという、彼の働き次第ではザビエルの努力が無となる重要な役割であった。

トルレスは一五一〇年スペインのバレンシアで生まれた。神学を学び教区司祭に叙階され、メキシコに渡った。一五四二年フィリピン探検に向かうビリャロボス艦隊に艦隊付き司祭として乗り組み、フィリピンへ到着したが、同艦隊がメキシコへの帰路開拓に失敗したことにより、モルッカ諸島でポルトガル人に投降した。トルレスはポルトガルへ護送されていた一五四六年、アンボイナ島で布教中のザビエルと運命的な出会いをした。彼はこのことがきっかけでゴアでイエズス会に入会し、同地に滞在中の日本人アンジローと出会い、ザビエルの指示で彼の教育係となった。このようなザビエルやアンジローらとの縁で来日し、日本で鹿児島や平戸においてザビエルと行動を共にしたが、ザビエル上京の際は平戸に留まった。ザビエルが山口から豊後へ行く際には、山口に呼ばれ信者を託され、日本を退去する際には、日本布教全体をまかされた。

トルレスは、一五五一年（天文二十）から一五五六年（弘治二）まで、山口に滞在した。この間、陶晴賢《すえ》の反乱が起こり、領主大内義隆が自害し、彼に代わって大友義鎮の弟晴英が招かれ大内義長と称した。彼は兄義鎮との関係からキリシタンに好意的であり、一五五二年（天文二十一）トルレスに教会建設のための許可状である「大道寺裁許状」を与えた。このようにして布教活動は順調に進み、下層階級の人々のみならず大内家の家臣や仏僧も改宗した。この中には京都から山口へ来ていた学僧キョウゼン（洗礼名パウロ）やセンヨウ（洗礼名ベルナベ）などがいた。一五五二年（天文二十一）クリスマスには、新来のパードレ・バルタザール・ガーゴをはじめ在日イエズス会士が集まって、日本で最初のグレゴリオ聖歌による歌ミサが捧げられた。

山口の改宗者は一五五五年（弘治元）に一〇〇〇名に達したが、翌五六年（弘治二）義長は毛利元就によって滅ぼされ、トルレスらは山口を退去して大友義鎮を頼って豊後府内に移り、六二年（永禄五）まで滞在した。領主大友義鎮はザビエル以来、キリスト教に好意的であり、またポルトガル貿易を望んでいたので、トルレスらの滞在を歓迎した。同地にはガーゴやイルマン・ドワルテ・ダ・シルヴァらがいた。ガーゴはザビエル以来の教理書で用いられてきた教会用語の改革を行い、五十余の仏教語をポルトガル語やラテン語に変え、新たな教理書「二十五箇条」を作成し、インド管区長として来日したパードレ・メルシオール・ヌーネス・バレトの承認を得て翻訳した。

一五五六年（弘治二）、新たに商人アルメイダがイエズス会に入会した。彼は入会の際五〇〇〇クルザドをイエズス会に寄贈した。この資金は生糸貿易に投資され、イエズス会の布教活動を支えることになる。彼は外科医の資格を持っていたので、府内に病院を開設し、西洋医学を初めて日本に伝えた。トルレスは各地で宣教師派遣の要請があるとアルメイダを派遣した。

教勢は大友氏の勢力の拡大とともに拡大し、北九州、肥後方面に及んだ。西九州に頼るべき大名を求めていたところ、大村の領主大村純忠から横瀬浦開港の提案があったので、トルレスはアルメイダを派遣し、ついで自らも豊後から移り交渉を成立させた。純忠は何回か教理説明を受けた後、一五六三年（永禄六）六月初旬、家臣二五名と共にトルレスより洗礼を受け、バルトロメウという洗礼名を持つ、日本最初のキリシタン大名となった。同港では教会が建設され、貿易港、町作りも開始されたが、異父兄の後藤貴明の反乱によって町も教会も焼き討ちにあい廃墟と化した。

この後トルレスは有馬義直（純忠の実兄、のちに義貞と改名）の招きで島原半島の口ノ津へ、さらに志岐鎮経の招きで志岐へ渡った。この間トルレスは大村純忠の意向を受け、一五六七年（永禄十）アルメイダを長崎に派遣し布教を開始し、さらに同地にパードレ・フィゲイレドを派遣し、ポルトガル船の入港地としての適性を調査させ、良港であることを認めた。この結果、一五七〇年（元亀元）大村純忠との協定をもとに長崎が開港した。長崎はやがて国際貿易港及びキリスト教会の本拠地として発展することになるが、トルレスはそれを準備した功労者と言える。

トルレスは北・西九州の布教と並行して、一五五二年に没したザビエルの遺志に従い、京都を中心とする畿内地方の布教を開始した。一五五六年（弘治二）イルマン・ロレンソを派遣し、ついで五九年（永禄二）パードレ・ガスパル・ヴィレラ、イルマン・ロレンソ、同宿（イルマン見習い）ダミアンを派遣して、京都開教にあたらせた。翌六〇年（永禄三）ヴィレラは将軍足利義輝より教会保護の「制札」を受けるのに成功した。新来の教えに関心を持った畿内地方の武士や公家や知識人は宣教師との宗論を通して改宗した。この中には陰陽家の賀茂在昌《あきまさ》、唯一神道家吉田兼倶の孫の清原枝賢《しげかた》、武士では河内の結城山城守一族、大和の高山飛騨守一族、堺の町人では日比屋一族、小西隆佐一族などがいる。新来のフロイスも一五六五年（永禄八）に加わり布教活動は順調に進んでいた。しかし同年三好義継・松永久通らにより将軍義輝が暗殺され、さらに正親町《おおぎまち》天皇の「大うす逐払」の綸旨《りんじ》が下り、布教は一時頓挫した。一五六八年（永禄十一）、キリシタンに好意的な織田信長の入洛は大きな転機となった。翌六九年（永禄十二）、フロイスは信長に謁見して、布教許可の朱印状と、幕府が発行した制札を与えられ、畿内地方における布教活動は信長の保護のもと進展することになる。

トルレスはアンボイナでの出会い以来、ザビエルに師事し、その教えを忠実に守った。彼はザビエルと同様に日本人を高く評価し、彼の方針に従い、日本社会への適応に努めた。彼は部下の宣教師の特性を見抜き適所に配置した。元商人のアルメイダの交渉能力を活かしていわば「外交官」のような役割を担わせ、文化的素養のあるヴィレラやフロイスを京都に派遣して教勢を拡大させた。彼は一五七〇年（元亀元）志岐で死亡したが、この時の信者数三万人、教会数四〇であった。

（二）第二代日本布教長フランシスコ・カブラル

一五七〇年（元亀元）から一五八一年（天正九）まで第二代日本布教長を勤めたのがカブラルである。彼はポルトガルの名門貴族の出身で、コインブラ大学に学び、一五五〇年軍人としてインドに渡った。オルムスでトルコ艦隊との戦いに参加した時、イエズス会士と出会ったことがきっかけで、五四年ゴアでイエズス会に入会した。一五五八年司祭に叙階され、修道者としての志操堅固さ、高潔さ、指導力が上司達に高く評価され、若くしてコーチン修練院長、バサイン院長などの要職についた。六八年（永禄十一）日本に派遣され、七〇年（元亀元）志岐に到着した。その三ヵ月後、前任者トルレスの死にともない布教長に就任した。

彼は貴族の出自や軍人のキャリアの故か、自民族・自文化中心的なものの考えの持ち主であり、さらに来日前に、日本で行われていた適応方針を疑問視するインド管区長アントニオ・デ・クワドロスの指示もあり、来日当初からザビエル・トルレスの適応路線に反対であった。彼はイエズス会創立時の清貧・謙遜の精神を厳格に遵守しようとして、来日そうそう、絹製の衣服を禁じ、木綿製の修道服の着用を義務付け、一五七二年（元亀三）、七四年（天正二）の上京の際も、あえて木綿製の修道服をつけて信長や足利義昭との謁見に臨んだ。この模様をカブラルは

公方様や信長他、かの地の諸侯は貧しい身なりの私に絶大な名誉と恩恵を与えたのであり、これにはキリシタンも異教徒もすべての人が驚嘆した。数人の大身やその他多数の人がキリシタンになり非常に多くの地方からはなはだ熱心に説教を求められるようになった。

（一五七二年九月二十九日カブラル書翰『十六・七世紀イエズス会日本報告集』Ⅱ－4、一八五頁）

として、宗教者として本来あるべき姿で謁見して成功した、と誇らしげに記しており、自らの路線の正しさ

を確信したようである。

カブラルの日本人観を見ると、「私が会った中で日本人ほど傲慢で、強欲で、気まぐれで、不誠実な国民を見たことがない」（Josef Franz Schütte, *Valignanos Missionsgrundsätze für Japan*, I,Roma, 1951, p.309）と極めて悲観的なものであった。彼はこのような日本人の習慣に宣教師が適応するのではなく、日本人がポルトガル人の習慣に適応すべきであるとして、ヨーロッパ風のスタイルを貫いた。

カブラルは十年間余り、豊後を中心に九州で活動した。彼のとった改宗の方法は「上からの改宗」で、「日本において封建領主にまさる使徒はない」（Schütte, I, p.263）として、封建領主の絶大なるパワーを利用しようとした。九州の諸領主は富国強兵のため、ポルトガル船のもたらす貿易上の利益や軍需品の購入を求めて宣教師に接近しようとした。宣教師は領主のキリスト教への態度でポルトガル船の入港先を決めたので、領主は宣教師の意向に従い、布教を許すばかりか自らもキリスト教に入信し家臣を改宗させ、さらには領民を集団改宗に導いた。この場合キリスト教は領主と家臣、領民間の共通の規範、戒律として機能し、封建支配を強化する手段となった。

西九州において、大村純忠はすでに一五六三年（永禄六）に受洗しており、領内では支配の安定とともに集団改宗が本格化し、一五七四年（天正二）以降七六年（天正四）にかけて三万人が改宗した。島原半島では純忠の兄の有馬義貞が七六年（天正四）に改宗し、六ヵ月で二万人以上が改宗し、有馬領でのキリシタン化が急速に進んだ。七九年（天正七）義貞の子晴信は当初キリシタンに敵対的であったが、肥前の竜造寺氏が有馬領をうかがっていたので、口ノ津に滞在していたポルトガル船に火薬の援助を求め、同船にいた巡察師ヴァリニャーノより武器、弾薬、食糧の提供を受け、危機を脱した。翌八〇年（天正八）晴信はヴァリニャーノから受洗し（洗礼名プロタジオ）、主立った家臣も改宗した。この時、神社仏閣四〇余りが破壊された。

豊後では七八年（天正六）領主大友宗麟がカブラルから受洗した（洗礼名はザビエルに因《ちな》むフランシスコ）。豊後はザビエルによって開教し、府内には病院・孤児院が開設され、一時は山口に代わって日本布教の中心地となったが、宗麟は領内の反キリシタン勢力に顧慮して二十数年間改宗しなかった。彼の受洗後、ザビエル以来二〇〇〇人余りであった信者は二年間で二万人以上に増加し、八〇年（天正八）以後集団改宗が本格化した。

畿内で活動していたのはイタリア人パードレ・ニェッキ・ソルド・オルガンティーノである。一五五六年イエズス会に入会し、ローマで神学、哲学を学び、六五年から六六年までロレート学院長を勤めた。若くして東洋布教を志願し、六七年インドへ派遣され、ゴアの聖パウロ学院長を勤めた後、七〇年（元亀元）カブラルと共に来日した。カブラルは九州に留まり、オルガンティーノは畿内へ派遣されフロイスを助けた。畿内の布教はすでにヴィレラやフロイスによって開始されていたが、オルガンティーノの加入によってさらに進展した。これには織田信長がキリスト教に好意的であったこともあるが、オルガンティーノの日本人観や布教方法も大いに与《あずか》っていた。すなわち「これらの日本人は、全世界に存在する最も賢い国民に属し、この点において、私達よりすべてにおいてはるかに勝っている。というのは、彼らは喜んで理性に従うからである」（Schütte. II. p.146）として日本人を高く評価し、日本においては「私達が可能な限りあらゆる点において彼らに適応するように努めることである」（Schütte. II. p.150）として、食事も服装も日本式で生活し、「宇留岸《うるがん》伴天連」として親しまれた。

一五七六年（天正四）、京都四条坊門姥柳町にオルガンティーノの指導のもと、高山飛騨守・右近父子ら畿内の有力キリシタン大名の協力を得て木造三階建ての和風建築が完成し、「被昇天の聖母教会」と命名され、南蛮寺と呼ばれた。その外観は狩野元秀の「都の南蛮寺図」にも描かれ、京都の新名所となり日本各地から

都の南蛮寺図
（部分・狩野元秀筆・神戸市立博物館蔵）
(Photo:Kobe City Museum/DNPartcom)

見物客が訪れた。これを機に畿内ではキリシタンへの関心が高まり、キリシタン大名高山氏の摂津や三箇氏の河内において大改宗があり、一五七九年（天正七）には畿内の信者数は一万五〇〇〇人以上に増大した。

カブラルは一五七〇年（元亀元）から十年間日本布教長を勤め、退任の一五七九年（天正七）には信者数は約一〇万人、教会数は約一五〇であった。信者、教会数ともにトルレス時代の三倍以上であり、教勢は大いに拡大した。彼の布教の特徴は畿内や九州地方におけるキリシタン大名による大量改宗である。だが当時の布教上の最大の問題は布教方針に関して、現地文化適応方針に反対する、九州のカブラルと、可能な限り日本社会に適応しようとする、畿内のオルガンティーノとの間の対立であった。この問題に決着をつけたのが巡察師として来日したヴァリニャーノである。

（三）巡察師アレシャンドロ・ヴァリニャーノ

アレシャンドロ・ヴァリニャーノはイタリア・キエティの名門貴族の出身で、一五五七年パドヴァ大学で法学の勉学を終え、博士の学位を得た。六六年イエズス会に入会し、七〇年司祭に叙階され、七一年マチェラタ学院長になった。東洋布教に志願すると、彼の能力を高く評価した総会長メルクリアンは普通の宣教師ではなく、アジア全域の巡察師に任命した。巡察師とは派遣された管区の運営する諸々の事業の状況を視察し、適当な指導や助言を与える任務であり、事実上、東洋における総会長の代理として、新しい管区の設立、管区長の任命、カザ（修院）やコレジオ（学院）の設置など絶大な権限が与えられていた。

一五七四年リスボンを出発し、三年間にわたるインドでの巡察を終え、その最後の仕事が日本巡察であった。日本への途上、ザビエルの終焉《しゅうえん》の地である上川島に立ち寄り、七八年マカオに到着した。日本巡察の初仕事は日本布教の財源を確保するため、対日生糸貿易組織（アルマサン）にイエズス会分として一定額（四〇〜五〇ピコ）が割り当てられるようにマカオ市当局と契約を結ぶことであった。

一五七九年（天正七）七月ヴァリニャーノは当時ポルトガル船が来航する大村領の長崎ではなく、有馬領口ノ津に入港した。これは軍事的危機に陥っていた有馬晴信を援助するためである。その故か翌八〇年（天正八）晴信はヴァリニャーノから洗礼を受け、同領内にはセミナリオ（神学校）が創設された。

ヴァリニャーノ像
（『ヴァリニャーノの日本布教方針』より転載）

ヴァリニャーノは上陸して間もなく、ヨーロッパ人宣教師が十分に日本語を理解しておらず、ヨーロッパ人と日本人修道者の関係が良好でないこと、そしてこれらが布教長カブラルの日本人蔑視《べっし》に基づく布教方針に起因することを知った。彼はカブラルや同地方の宣教師を集め、布教の組織や人員について協議した際、早くもカブラルと意見の相違を見た。また、彼は来日前に得られた情報と現実とのギャップの大きさに気づき、必ずしも正しく現実が伝えられていないことから、通信制度改革に着手した。

翌八〇年（天正八）六月ヴァリニャーノは長崎を訪

れ、領主大村純忠から長崎、茂木両港の寄進の提案を受け、慎重に検討した上受諾した。その理由として、長崎が反キリシタンの竜造寺氏に奪われると大村氏及び教会にとって政治的、軍事的、経済的打撃となること、長崎はキリシタンの避難地、イエズス会士の生命・財産の安全地帯となり、領地から得られる定収入やポルトガル船の停泊料が教会財政にプラスとなること、などがある。この後ヴァリニャーノは六月二十四日付「日本布教長規則」（全布教地を三布教区に分割し、各教区に教区長を配置することなど）を定め、布教体制を整備し、さらに日本社会への適応を今後の布教方針とする方向性を示した。その四日後、日本人聖職者養成の第一歩となるセミナリオのために「神学校内規」を定めた。これらの規則はこれから開始される日本巡察のための、根本方針を表明したものである。翌七月に非公式な予備会議が長崎で開催された。主な議題を挙げると、①日本に準管区を創設する件、②長崎、茂木寄進受諾の件、③布教体制改革の件、④布教長統括の件、⑤各教区の神学校の件、⑥日本人聖職者養成に関する件、⑦イエズス会に日本人を採用する件、⑧日本人在俗聖職者養成の件、⑨日本への司教派遣の件、⑩生糸貿易参加の件、⑪日本布教拡大の件、⑫教会に奉仕する日本人の処遇に関する件などがあり（Schütte, I, pp.460 ~ 464）、とくに⑥において決定的に意見を異にしたカブラルから日本布教長辞任の申し出があり、ヴァリニャーノは八月三十日付でこれを認めた。

この後ヴァリニャーノは九州各地を巡察し、豊後臼杵で九名の司祭を集め、「豊後教区協議会」を十月五日から二十日まで開催した。司祭が各地に分散していることから、協議会は三ヵ所で開き、それぞれで同一の議題を討議することになった。議題は準備会議で扱われたものが主となり、全部で二十一あった。準備会議の後、ヴァリニャーノは府内にコレジオ、臼杵にノビシアド（修練院）を創設し、後者で修練生のために日本の宗教を論破し、キリスト教教義を講義した。この講義録は一五八六年「日本のカテキズモ」としてリスボンで出版された。

一五八一年(天正九)三月ヴァリニャーノ一行は豊後府内を出発して堺に到着した。京都へ至る途中、畿内のキリシタン大名の領地で大歓迎され、とくに高山右近の居城のある高槻では、聖週間、復活祭の行事をとり行った。その行列には信者が近辺各地から一万五〇〇〇人ほど集まり、ヴァリニャーノを感激させた。同三月ヴァリニャーノは京都・南蛮寺近くの本能寺で初めて信長に会い、歓待され、さらに造営されて間もない安土城にも招かれた。新興の城下町安土にはすでにオルガンティーノによりセミナリオが建てられており、ヴァリニャーノは初代校長にオルガンティーノをあてた。五月には再度高槻を訪れ二度の集団洗礼を行った。最初は一五〇〇名、二度目は五〇〇名であった。七月にオルガンティーノら九名が集まり、「都教区協議会」を開催した後、九月豊後に戻った。半年にわたる都教区の巡察でヴァリニャーノは、オルガンティーノの指導のもと、日本の文化・風習を尊重する適応策の成功、九州地方と異なり貿易の利と関係なく入信するキリシタン大名の存在とその信仰心を知り、ザビエル以来の日本人観と適応策を基本とする自らの布教方針に自信を深めたに違いない。

十月豊後府内に帰着し、今回は二、三週間しか滞在しなかったが、この間、二年余の日本経験をもとに「日本の習俗と気質に関する注意と助言」を執筆し、宣教師が日本において守るべき礼儀作法や交際の方法を解説し、日常生活における指針を示した。

十二月長崎において、今まで臼杵と安土で開いた二回の協議会の総まとめとなる「下《しも》教区協議会」を開催し、日本における「第一回協議会」を完了し、一月六日付で同決議事項を採決した。彼の日本巡察報告はインドへ戻った一五八二年十月「日本諸事要録」としてまとめられた。彼の巡察の成果はおよそ次のようにまとめられる。

(1)通信制度改革——ヨーロッパへの通信を非公開性の個人書翰と、公開性の「年報」とに分け、後者を制度化すること。

（2）布教組織の確立――①日本を準管区へと昇格させ、初代準管区長にパードレ・コエーリョを任命すること、②日本の布教地全体を三つの教区――豊後、下、上《かみ》（都）――に分け、それぞれに教区長を配置すること。

（3）財政的基盤の確立――マカオ市と契約した生糸貿易で得られる、六〇〇〇～七〇〇〇クルザドの収入と、教会領となった長崎、茂木両港からの定収入及び停泊料によって布教財源を確保すること。

（4）日本人司祭の養成――有馬と安土にセミナリオ、臼杵にノビシアド、府内にコレジオを建設すること。

（5）布教方針――現地文化適応の基本方針を定め、外国人宣教師の日本語学習、日本文化理解を促進すること。

キリスト教会はザビエルの開教以来三十年経ち、トルレス、カブラルを経て、その規模が一五七九年（天正七）には信者約一〇万人、教会数約一五〇、イエズス会士五五名に拡大したが、布教方針に深刻な対立が生じていた。その危機を救ったのが巡察師ヴァリニャーノである。彼はザビエル以来の日本人観、現地文化適応方針を再確認し、布教体制を整備し財政的基盤を強化し、日本人司祭の養成を開始してキリスト教会隆盛の基礎を固めた。そして巡察の総括として、キリシタン大名ゆかりの子弟を天正遣欧使節としてヨーロッパに派遣し、ザビエルの日本第一報「大書翰」と同様に日本ブームを引き起こし、日本教会の存在を世界に知らしめたのである。

〈参考文献〉

井手勝美『キリシタン思想史研究序説―日本人のキリスト教受容』（ぺりかん社、一九九五）

岸野 久『西欧人の日本発見―ザビエル来日前日本情報の研究』（吉川弘文館、一九八九）
岸野 久『ザビエルと日本―キリシタン開教期の研究』（吉川弘文館、一九九八）
岸野 久『ザビエルの同伴者アンジロー―戦国時代の国際人』（吉川弘文館、二〇〇一）
岸野久『ザビエルと東アジア―パイオニアとしての任務と軌跡』（吉川弘文館、二〇一五）
パチェコ・ディエゴ（結城了悟）『長崎を開いた人―コスメ・デ・トーレスの生涯』（中央出版社、一九六九）
パチェコ・ディエゴ『光を燈す医師 ルイス・デ・アルメイダ』（二十六聖人資料館、一九六四）
A・ヴァリニャーノ著 矢沢利彦他訳『日本イエズス会士礼法指針』（キリシタン文化研究会、一九七〇）
A・ヴァリニャーノ著 松田毅一他訳『日本巡察記』（平凡社、一九七三）
Josef Franz Schütte S.J. *Valignanos Missionsgrundsätze für Japan I (1573～1580)*, Roma, 1951, II (1580～82), Roma, 1958.

イエズス会の通信について

五野井隆史

はじめに

イエズス会の創設者イグナチオ・デ・ロヨラが、「イエズス・キリストの兵士として教皇の命じるままに世界のはてまでも赴く」ことを使命として教皇パウロ三世から新しい修道会の創設を認可されたのは、一五四〇年である。世界の各地にキリスト教の福音を宣《の》べ伝えるために必然的に創出された通信制度が、どのように展開されていったのか、また日本での宣教においてどのように適用されていったのかについて概観する。

一、イエズス会の通信制度の推移

世界の各地に宣教することを目的に創設されたイエズス会にとって、創設まもない会員たちの団結をいかに保ち、これを強化するかが課題であった。会員相互の連携をいかに維持するかについて、ローマの本部と宣教地との連絡を密にして会員間の連携と絆を強めるための方法が講じられた。すなわち、①イタリア国内に在住する者は週に一度ローマに報告を送る。②海外へ赴いた者は一ヵ月に一度報告を送る。③ローマ在住の者はローマに届いた書翰や報告に返信を書く。④ローマ着信の書翰・報告は全員の前で朗読する。

一五三九年九月二十日に、イグナチオの秘書としてローマと各地の宣教地に赴いた会員たちとの間の要になっていたフランシスコ・ザビエルがインドに派遣されたことによって、ローマとの通信の在り方も実情に即して改変された。ザビエルをはじめとするインドに赴任したイエズス会員たちのローマへの報告は、ポルトガルのリスボンとインドのゴアとの間をモンスーン（季節風）によって年に一度航行する定航船で託送されたため、年一回の通信となった。ザビエルは一五四二年にゴアに到着して以来一五四九年に日本渡航のため同地を出発するまでに、ほぼ毎年一通の書翰をローマのイグナチオと同僚たちに送信した[1]。

一五五八年にローマで開催されたイエズス会の第一総会議において、イグナチオが一五四一年から一五五〇年にかけて作成したイエズス会会憲が承認され、同時に通信制度が定められた。会憲第八部第一章において、会員同士の文通の有益性とそのための制度の必要性が確認された。

> 目下の者と上長との間になされる書翰の交信は、あい互いによく知り、方々の地方から送られてくる便りや情報を理解するために特に助けとなるであろう。そのことに関しては上長たち、とりわけ総会長と管区長たちが、各地において他の地方のことを知ることができるように命令を与えて責任を負うことになるであろう。このことは、私たちの主における相互の慰撫《いぶ》と感化のためである[2]。

右の規定を具体化した注釈Lによると、ローマの近接地で活動する地区長と修院長（修院casaの院長とコレジオの院長）は毎週一回管区長に、管区長は総会長に毎週一回報告書を書き、書翰の発送に不便な異国にいる場合には、地区長・院長・管区長は総会長に月一回報告する。また、注釈Mによると、イエズス会の出来事が全会員に伝えられるために、会員たちは、修院やコレジオから四ヵ月毎に月初めに、感化に役立つ事柄を記した、管区の国語とラテン語からなる各一通の書翰を管区長に書く。管区長はこれらの写しと、まだ言及されていない特筆すべき事柄や感化に役立つ事柄を書いた自らの書翰とを総会長に送付する。地区長や院長に時間の余裕がない時には、直接総会長にラテン語と管区の国語からなる両書翰を送付する、というものであった(3)。

会憲とその注釈から知られることは、イエズス会の宣教活動における感化(教化)の出来事 res ad aedificationem pertinentes が特に重視され、これが全会員に周知されるようにしたことである。この規定はのちイエズス会年報が「感化の書 Litterae aedificantes」と称される端緒となった。この通信に関する規定は、一五六五年に開催された第二総会議で、インドおよび日本を含むアジア諸地域との交信状況を踏まえて、報告書の送付は年一回に変更された。また、一五七三年に開かれた第三総会議ではより詳細な「諸書翰作成上の規定」が承認され、ローマに送付すべき報告書の目的が明確にされ、①上長に対して必要な情報を提供し、②各地に散在する会員の一致団結をはかり、③読者に感化を与えることとされた(4)。

読者、すなわちヨーロッパのキリスト教徒たちに対する感化・教化が強く打ち出され、書翰や報告書の印刷・出版が重要な役割を担うようになった。このため、当初から印刷することを視野においた報告書の作成が宣教地においてなされるようになる。

二、日本からの発信書翰――一五四九〜一五七九年――

ザビエルの日本宣教開始から、東インド管区巡察師アレシャンドロ・ヴァリニャーノが来日する一五七九年までの初期宣教時代には、どのような基準のもとに書翰が書かれ、いかなる規定のもとにインドおよびヨーロッパに送付されたのであろうか。

ザビエルはマラッカ（マレーシア）滞在中の一五四七年七月に、モルッカ諸島（インドネシア）の宣教に赴くファン・ベイラ神父らに対して通信に関する指図を与えた。モルッカ諸島がインドから遠隔の地にあり、同諸島にいる彼らからの通信をインドでは一年に一度しか受領できないと判断した上での指図であった。ザビエルはこの点について一五四八年一月二十日付、ローマの会員宛書翰において、「彼らが毎年ローマに詳しく書いて、それらの地方において私たちの主なる神のために奉仕したすべてのことについて、そしてその地方が［宣教のために］どのような状況にあるかについてこと細かに報告するよう、私は依頼した」(5)、と報じている。

日本からの通信も、ポルトガル船の日本来航事情とマラッカからゴアに渡航する便船に左右されて、モルッカ諸島同然の条件下にあったため、年に一度の通信しかできなかった。ザビエルは書翰に何が書かれるべきかについても、日本渡航の途次マラッカから、モルッカ諸島で宣教に従事していたベイラ神父に宛てた一五四九年六月二十日付書翰において指図を与えた。その要旨は、総会長イグナチオとポルトガル管区長シモン・ロドリゲスへの書翰には宣教活動の成果を細大漏らさず詳細に報告すること、その報告には教化（感化）に役立つことのみを書き、非教化的なことは一切書かないこと、総会長と管区長ロドリゲス宛書翰は封印してマラッカにいるフランシスコ・ペレス神父に送付すること、また日本にいる自分には長文の書翰を書き、それを書く時間がない時には成果の要点を開封のままペレスに送ること、ペレスがそれらを転写して日本にいる自分に送ることになる、[6]というものであった。

ザビエルは一五五二年四月に、ゴアからヨーロッパに送付する書翰について注意を払うべきことをゴアの聖パウロ学院長ガスパール・バルゼオに訓令した。

パードレやイルマンは［直接に］国王や領国（ポルトガル）へ書翰を送付してはならず、先ず当学院宛に開封された書翰を送り、そこから領国宛書翰の束［や］、パードレ・メストレ・シモン［・ロドリゲス］か［リスボンの聖アンタン修道院］院長宛に行く諸書翰の中に加えて送付するように。[7]

東南アジアで宣教していた会員たちの開封された書翰はゴアに送られたのち、同地で写しが作られてポルトガルに送付された。書翰開封の規定は、その後日本から送られる際にも適用された。ザビエルは書翰の記載内容について、さらに明確な訓令を学院長バルゼオに与え、書翰を読む人々を教化することができないような事柄は決して書かないこと、自分が挙げた成果あるいは成果を挙げることが期待されていることしか書かないこと、また非教化的なことや物議をかもすようなこと、他の会員に対する非難や悪口を一切書かないことを指図した。[8]アジア宣教における総責任者として、ザビエルは非教化的な内容の書翰がヨーロッパに送付されないよう腐心した。こうした彼の書翰作成上の記載内容に関する一貫した姿勢は、彼以後に日本宣教に従事した会員たちにも引き継がれていった。

ザビエルが一五四九年十一月五日付で鹿児島から五通の書翰を発送してからヴァリニャーノが来日するま

での三十年間に、イエズス会宣教師たちが日本から発信した書翰は、管見では二一二通が確認される(9)。このうちには一五六〇年六月二日付で日本人ロウレンソの名によって京都から豊後のパードレとイルマン宛に送られた一通と、ダミアンが一五六四年にローマ字日本文(ポルトガル語訳文付)で書いた一通が含まれる。彼らは当時日本イエズス会にあってイルマンとして活動していた。海難や盗賊による略奪などによって逸失した書翰が少なからずあったと思われ、少なくとも二二〇通以上の書翰が日本から発送されたと推測される。

発信書翰の発信地について見ると、肥前の平戸・大村領・有馬領を中心とした下地区からは一〇二通、山口と博多を含む豊後地区からは五四通、京都・堺を中心とした都地区からは五六通の発信が確認される(表1参照)。

発信地			書翰数		
下地区	平戸			22	102
	大村領	横瀬浦	6	27	
		福田	5		
		大村	7		
		長崎	9		
	有馬領	口之津	24	30	
		有馬	4		
		島原	2		
	天草島	志岐	9	13	
		天草	3		
		本渡	1		
	五島			4	
	鹿児島			6	
豊後地区	豊後領	府内(豊後)	31	45	54
		高田	1		
		臼杵	12		
		日田	1		
	博多			6	
	山口			3	
都地区	京都			35	56
	堺			18	
	飯盛			1	
	三箇			2	
計					212

表1 書翰発信地

発信書翰に用いられた国語(言語)は、日本布教区がゴア管区に属していたために基本的にはポルトガル語であった。日本におけるイエズス会員たちの話し言葉も、日本語の他にポルトガル語が用いられたと思われる。ポルトガル語文の書翰は一六九通で全書翰の七九・八パーセントを占める。スペイン語文は二七通(一二・六パーセント)、コスメ・デ・トルレスやジョアン(フアン)・フェルナンデスらスペイ

	発信者	受信者	年月日	発信地	受信地
1	トルレス	ザビエル	1551.9.29	山　口	府　内
2	トルレス	ザビエル	1551.10.20	山　口	府　内
3	フェルナンデス	ザビエル	1551.10.20	山　口	府　内
4	ロウレンソ	豊後のパードレら	1560.6.2	都	府　内
5	フェルナンデス	豊後の同僚	1563.4.17	横瀬浦	府　内
6	フロイス	トルレス	1564.11.15	島　原	口之津
7	フロイス	豊後のパードレら	1565.6.19	都	府　内
8	ヴィレラ	トルレス	1565.8.22	飯　盛	口之津
9	アルメイダ	フィゲイレド	1566.3.17	平　戸	島　原
10	J.ゴンサルヴェス	トルレス	1567.7.3	平　戸	口之津
11	フロイス	フィゲイレド	1569.6.1	都	豊　後
12	フロイス	フィゲイレド	1569.7.12	都	豊　後
13	フロイス	カブラル	1573.4.20	都	口之津
14	フロイス	カブラル	1573.5.27	都	口之津
15	フロイス	カブラル	1573.6.17	都	口之津
16	フロイス	カブラル	1574.5.4	堺	
17	フロイス	西国の同僚ら	1574.9.8	堺	
18	J.F.ステファーノ	カブラル	1577.3.19	都	
19	J.F.ステファーノ	フロイス	1577.7.28	都	臼　杵
20	フロイス	カブラル	1578.10.18	臼　杵	
21	フロイス	カブラル	1578.10	臼　杵	

表2 国内在留の同僚宛書翰

ン人会員が書き、他にポルトガル人のルイス・フロイスが四通、フランシスコ・カブラルが三通を書き認《したた》めている。イタリア語文は一六通である。イタリア人神父が執筆し、ポルトガル人上長カブラルも三通書いている。

日本国内に在住する同僚、特に上長宛に発信された書翰は二一通確認されるが、これらの書翰はそのままインドおよびヨーロッパに再送されたようである。フロイスは上長カブラルに対して京都・堺・臼杵から六通を送信している（表2参照）。

三、イエズス会年報の作成と個人書翰

一五七九年七月、肥前口之津の港に到着したヴァリニャーノは、来日してまもなく、来日以前に書翰や報告書を通じて理解していた日本と、実際に見聞したこととの間に大きな隔差のあることを痛感した。このことは、彼がローマの総会長メルキュリアンに送った一五七九年十二月一日付書翰の一節から知られる。

猊下《げいか》に対して、私は日本での経験によって見出したことと、私がインド、さらにシナ（マカオ）にいた時に私に与えられていた報告によって知っていたこと、および私が思い巡らしていたことには、白と黒ほどの大きな隔たりがあるとはっきり申し上げることができます(10)。

ヴァリニャーノが実感したことを、彼に同行していたロウレンソ・メシア神父も共有していたことは、彼の一五七九年十二月二十四日付口之津発信書翰から知られる。「［日本の］キリスト教界に関しては、良いことしか書翰に書かれないので、私は当教界を初代教会のようなものであると考え、また当地に司教が来て住み、大聖堂を持つことができるし、しかも土地の者（日本人）を［司祭に］叙階したり、同じようなことをすることができると考えていた(11)」。

その隔差の実態は、すでに見てきたザビエルによるインド諸地域における書翰作成とその記載内容の選別の方針が遵守されてきた結果であった。ヴァリニャーノは同時にその根本原因が、「感化（教化）の書」を強調した会憲第八部第一章が定めた通信の規定にあることを認めざるを得なかったようである。彼は同じ十二月

に総会長に宛てた書翰において、日本に関して、印刷に付されている各書翰の内容が真実の報告からいかにかけ離れたものであるかということを、自らが総会長に送付した書翰から理解していただけるだろうと述べて、その理由として、来日した多くの宣教師たちが日本人の言葉も習慣も知らず、また日本人の偽善性を解せぬままに彼らの表面的なことだけに左右されてしまった、そしてある者たちは日本人の内面についてよく知っていたが、書翰には教化的な事柄を書くことになっていたために表面的な事柄を書いていたのであって、そのために書翰を読んだ者にはそれが真理と内面的精神を伴っていると思われていた[12]、と指摘する。

それまで日本から発信された二一二通以上の書翰では、その記載内容が十分に整理されることなく錯綜した情報が伝えられていたことも、また事実であった。このため、ヴァリニャーノは、教化的な事柄を中心に叙述する報告書と、イエズス会自体に関わる報告を主とする個人的書翰とを区別することとした。彼の指導によって初めて教化的な報告を一五七九年十二月一日付で作成したフランシスコ・カリオン神父は、そのことについて、また同報告書作成の意義について、報告書の冒頭において、次のように述べている。

本年、日本に到着した巡察師の命令によって、今後同地から「ただ一通の年報 una sola Annua」を書かなければならなくなったために、その年報では、私たちの主がその最も小さな僕《しもべ》たちを通じて、諸領国において行っていることを報告することになります。各地方からいつも書き送っていた多数の書翰がしばしば起こしているような大きな混乱を惹き起こさないため、そして日本の諸事情がいっそう明らかに理解されるように、（中略）。このことがいっそう秩序正しく行うことができるように［まず］一般的な事柄から始め、次いで個々の土地について言及しようと思います[13]。

この新しく作成された報告書は、「年度報告」といわれた。いわゆる「年報」である。年報は布教長（一五八一年からは日本が準管区に昇格したため準管区長）の責任において毎年一つ作成されることとなった。年報は、カリオンが述べるように、大きく二分され、㈠全般的な状況と、㈡個々の宣教地の活動報告とから構成された。「一五七九年度日本年報」では、序文においてイエズス会の現況が報告され、日本の政治的状況がキリシタン教界に関連付けられて述べられる。次いで、イエズス会の布教施設が置かれている地域、すなわち肥前、肥後、筑後・筑前、都、山口について五章にわたって教化に役立つ事柄が報じられる。この部分が「年報」の主要部分を構成している。このことから「年報」は前述したごとく「感化の書」と称せられ、右のような記載様式が基準となって定着していく。

ヴァリニャーノ作成の「日本布教長内規」（一五八〇年六月）によって、宣教領域について、下・豊後・都（上）の三教区制が採用されることになった。「年報」の記載も三教区制に応じて章立てがなされ、下・豊後・都の順に各宣教区の実績が報告記載された。天正十五年（一五八七）発令の伴天連追放令によって宣教師の大多数が九州の下地方（有馬・大村・天草）に潜住したため、三教区制は形骸化したが、「年報」の書式は従来通りのままに維持された。

ヴァリニャーノが定めた一年に「ただ一つの年報」の原則は、準管区長秘書フロイスが年報作成者になったことにより破られ、一五八四年度以降一五八七年度まで各教区毎の「年報」が作成されて複数の「年報」が送付された。一五八八年にマカオに滞在していたヴァリニャーノは、フロイス作成の「年報」を再編集して「一つの年報」をローマに送った。一五九〇年に再来日したヴァリニャーノは、数回の協議会を開催してその決議の抜粋を集め、一五九二年に「服務規程」を作成した。その一七章「諸パードレが上長等に書翰を認め、年報のために報告を提供する方法」の二条では、年報作成のため各地の宣教状況の要約をポントス（覚書）として作成し、ある一定の時期（九月）までに準管区長あるいはその秘書に提出することを定めた。年報は悉《ことごと》く公開して読まれるため、述べようとする事件がその地のカーザ（修院）や地域を傷つけないように配慮し、年度報告名義の書式が守られるべきこととした。[14]「ただ一つの年報」制度の原則は、こうして一五九二年の協議会を経て確立した。

慶長十八年十二月（一六一四・一）に江戸幕府によって禁教令が施行されたのちも、年報作成の書式は遵守されたが、迫害の強化によって日本における年報作成は難しくなり、年報作成のためのポントスなどの資料は一括してマカオに送られ、同地で作成された年報がローマに発送された。「一六一七年度年報」がマカオ発信の最初である。一六一九年以降の年報は、迫害が強まり殉教者が多く見られたことにより、従来通りの書式を守りながらも、迫害状況と殉教事件に多くの頁を割くようになり、次第に殉教報告書の様相を帯びることとなった。「一六二六年度年報」はさながら殉教報告書であった。「年報」がまさに「感化の書」の名に相応しいことを実証した。

ヴァリニャーノが意図した書式をもって作成された年報は一六二六年度まで続いたが、「年報 Annua」の名称をもつ報告書は一六三二年まで日本から発送された。しかし、その内容は一地方の迫害と殉教の記事に集約されている。一五七九年から一六二六年度までに作成された年報の手書本は、管見では、十四の文書館・図書館などに一三五本が現存する。原文一一一、写本二二、不明二である。使用言語は、ポルトガル語八七、スペイン語二八、イタリア語六、ラテン語一四である。ラテン語の年報の原文のうち日本から発送したものは三本にすぎない。同じく日本からの発送については、イタリア語原文は二本、スペイン語原文は一八本、ポルトガル語原文は五八本である。[15]

日本から発送する時期は、当初十・十一月が慣例であったが、ポルトガル船が商取引の遅れから越年して二・三月のモンスーンで帰航することが多くなり、これに託送するようになった。定航船の商船のみならずジャンク船や日本の朱印船の便船があれば、これらでも託送した。このため、便船に応じて発送されたので、発送順に第一便、第二便、第三便と注記され、その度に新しい情報が加えられた。正規の発送経路は、東インド経由のマカオ—マラッカ—ゴア—リスボン—ローマであるが、スペイン船がマニラ（フィリピン）から来航するようになり、マニラ—メキシコ—マドリードの西インド（アメリカ大陸）経由の便が一五八六年頃から用いられ始めた。また、マカオからマニラに、同地からメキシコに送られる機会も増えた。西インド経由では所要時間が一年ほど短縮された。

前記「服務規程」一七章の第一条は、各地区の布教長とその顧問、およびレジデンシア（住院）を担当するすべてのパードレが準管区長と巡察師、時にはインドの管区長に対して、毎年何通かの書翰を送付すべきことを義務づけている。一六一一年に日本管区（一六一一年に準管区から管区に昇格）の巡察師に就任したフランシスコ・パシオは、ヴァリニャーノの「服務規程」を追認した上で、会員が許可なくインド副王と大司教、マニラの総督と大司教、マカオ市庁等に書翰を送ることを禁じた。これは、上長の検閲なしに直接日本から海外に発送することに反対であったヴァリニャーノの意向に添ったものであった。このため、イルマンたちの書翰発送には上長たちの許可が必要となり、一五七九年以前のように自由に海外に書翰を発送することができなくなった。

現存する書翰から推測するかぎり、ローマの総会長と総会長補佐に対して執筆の義務を負っていた役職者は、準管区長（のち管区長）、同秘書、準管区長顧問、会計係、教区長、同顧問、レジデンシアの長、コレジオ（神学院）・ノビシアド（修練院）・セミナリオ（神学校）の各院長であり、規定に従って定期的に二回（春・秋）執筆されていた。[16]

四、写本作成と書翰の印刷

書翰および年報の発信に際しては、現地日本に控えとして保存しておくために、また海難によって逸失することを予測して別の便船で送付できるように、複数の写本が作成された。日本が準管区に昇格したのちには、準管区長秘書によって清書された自筆の年報の他に、この写本三通が作成された。使用言語は既述したように、ゴア管区で使用されていたポルトガル語であり、この自筆書翰とイタリア語とラテン語の写本各一本が

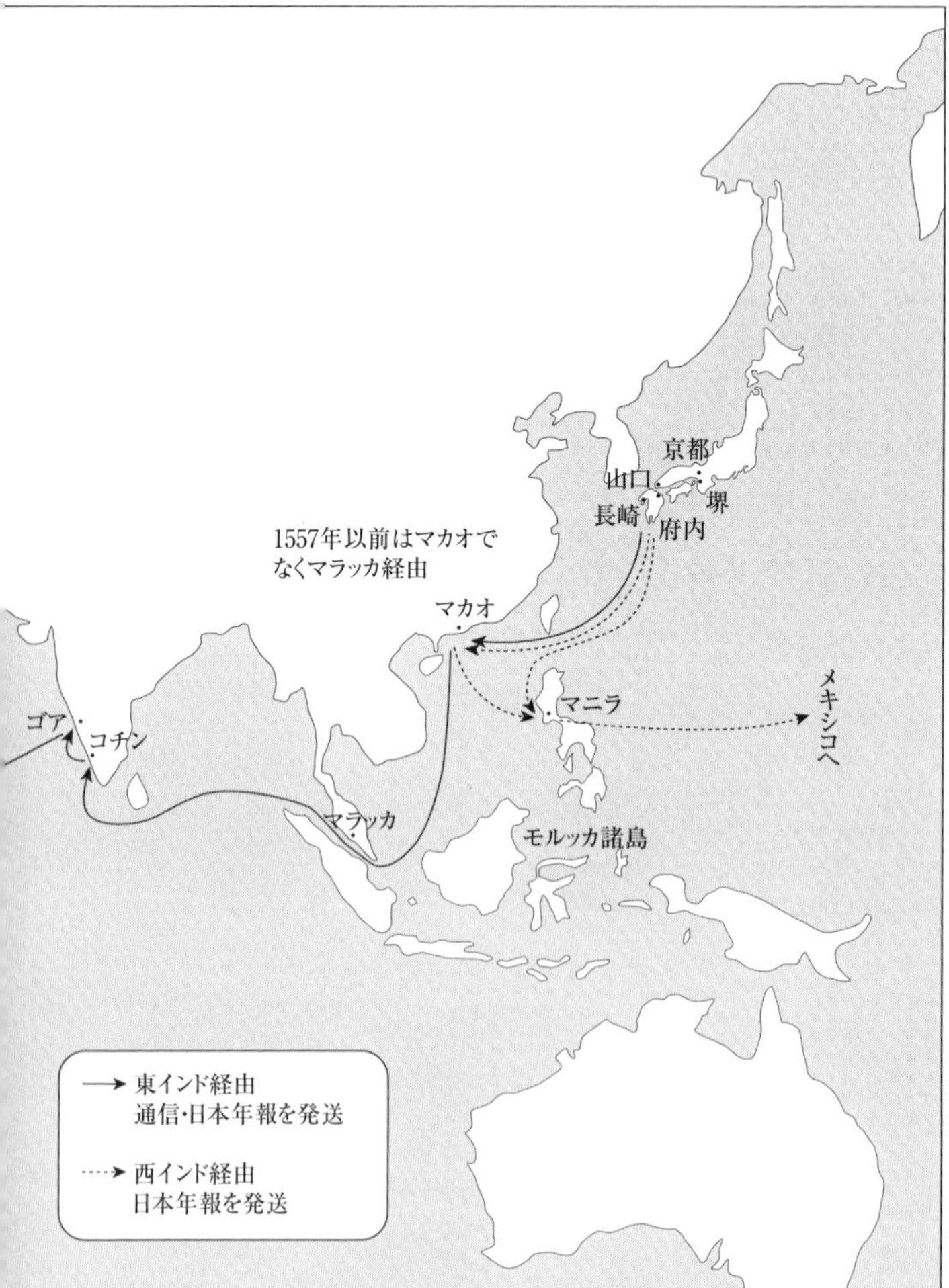

日本から発信された書翰の送付経路

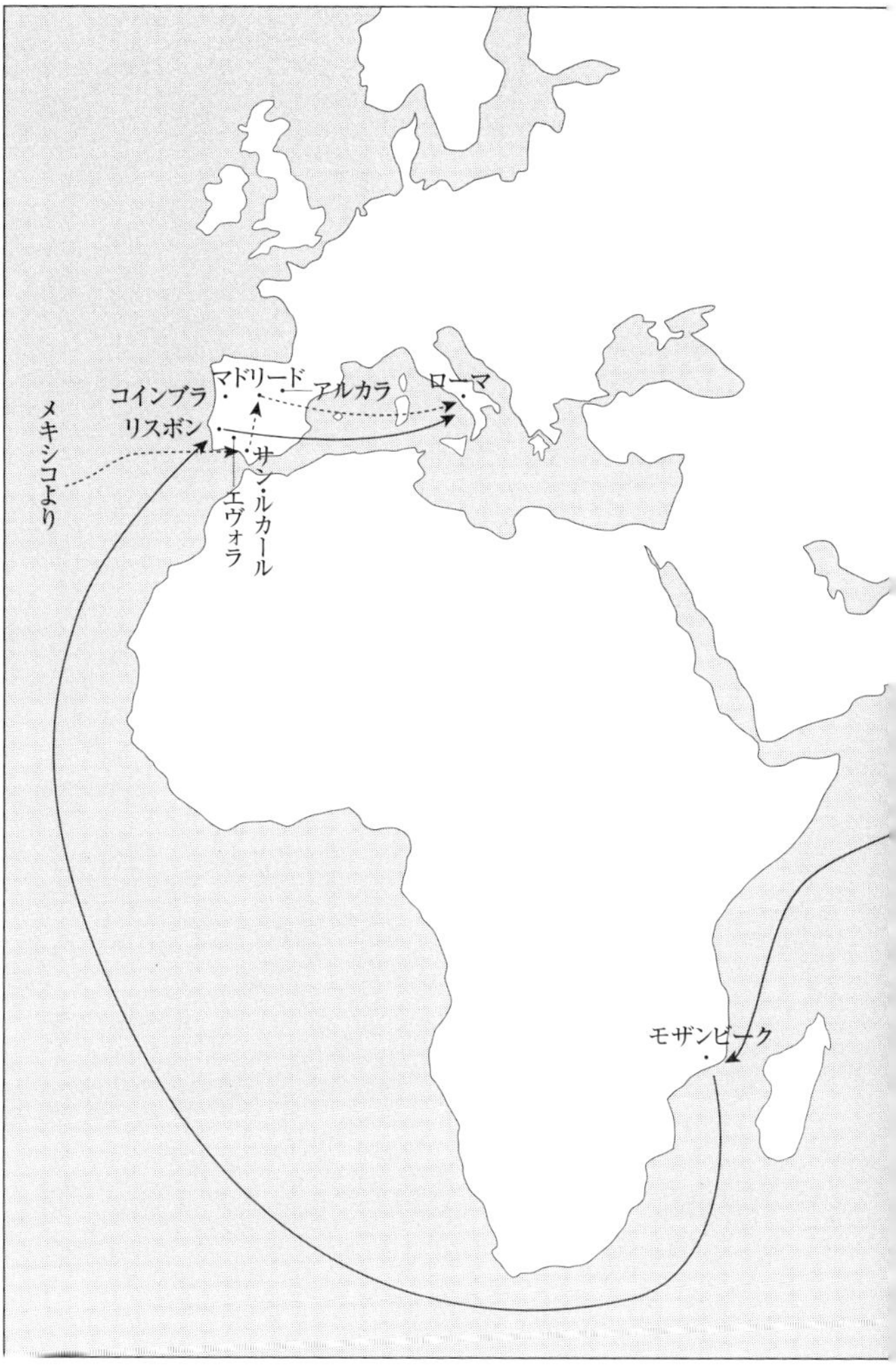

発送されるべきであったが、書翰の現存状況からすると、イタリア語・ラテン語写本は規定通りに作成されなかった。

　日本発信の書翰はリスボンに到着すると、同地にいた通信担当の者がローマに発送する前に点検・検閲し、その後に写本が作成され、また印刷された。ローマ宛書翰は、当初はまずその写本が送られ、原文は写本発送後に送られたようであるが、総会長宛親展は未開封のままローマへ回送された。ザビエルが鹿児島から送った一五四九年十一月五日付書翰の一通は長文で大書翰と称されるが、ポルトガル語に翻訳するためコインブラ（ポルトガル）に送られ、そこで同地のコレジオに関する批判的な箇所一九項目が削除されたポルトガル語の写しがまず一五五二年二月頃にローマに送られ、その一年後に完全な訳文が送られた(17)。インドおよび日本から送られた書翰の写本集は、リスボンのイエズス会サン・アンタン学院、コインブラ学院、エヴォラ学院に旧蔵されていたが、現在は、ポルトガルのアジュダ図書館、リスボン国立図書館、外務省図書館、およびリスボン科学学士院図書館に所蔵される。(18)

ローマに届いたインド宣教に関する書翰は一五五二年にイタリア語に翻訳されて初めて印刷され、そのなかにザビエルの大書翰も含まれていた。スペイン語文書翰の印刷は一五五六年にスペインのバルセロナで

コインブラ版（1570）	アルカラ版（1575）	エヴォラ版（1598）	コインブラ版（1570）	アルカラ版（1575）	エヴォラ版（1598）
1	1	1	48	44	49
2	2	2	49	45	50
3	3	3	50	46	51
4	4	4	51	47	52
5	5	5	52	48	53
6	6	6	53	49	55
7	7	7	54	50	56
8	8	8	55	51	57
9	9	9	56	52	58
10	10	10	57	53	59
11	11	12	58	54	60
12	12	13	59	55	61
13	13	14	60		62
14	14	15	61	56	63
15	15	16	62	57	64
16	16	17	63	58	65
17	17	18	64	59	66
18	18	19	65	60	67
19		20	66	61	69
20		21	67	62	70
21	19	22	68	63	71
22	20	23	69	64	72
23	21	24	70	65	73
24	22	25	71	66	74
25	23	26	72	67	75
26	24	27	73		77
27		28	74	68	78
28	25	29	75	69	79
29	26	30	76	70	80
30	27	31	77	71	81
31		32	78	72	82
32	28	33	79	73	83
33	29	34	80	74	84
34	30	35	81	75	86
35	31	36	82	76	87
36	32	37			88
37	33	38		77	89
38	34	39		78	104
39	35	40		79	105
40	36	41		80	
41	37	42		81	109
42	38	43		82	
43	39	44		83	101
44	40	45		84	103
45	41	46		85	108
46	42	47		86	111
47	43	48			

表3 コインブラ、アルカラ、エヴォラ各版所収書翰対比表
（Alcala, Evora両版には文書番号の記載がないため文書の配列順に番号を付した）

始まり、一五七五年にはアルカラ（スペイン）で『日本書翰集』（アルカラ版）が印刷され、これには日本から送られた八六通が所収される。ポルトガル語文の印刷は、一五七〇年にコインブラ（コインブラ版）で、次いで一五九八年にエヴォラ（エヴォラ版）で行われた。いずれも大幅に訂正され省略されている。

コインブラ版の所収書翰は八二通であり、書翰の配列はそのままアルカラ版に踏襲され、エヴォラ版でも同様である（表3）。エヴォラで刊行された『日本書翰集』（二巻本）に所収された書翰は一六六通であり、そのうち日本以外の土地からの発信書翰は二四通、日本からの発信は一四二通である。また、一五七九年から一五八八年までの一〇年度分の「日本年報」が収録される。一六〇〇年度から一六〇八年度までの「日本年報」は、一六〇三年から一六一一年にかけフェルナン・ゲレイロがエヴォラとリスボンで刊行した『東インド年報』に収められている。[19]

エヴォラ版『日本書翰集』（別名『日本通信』）の翻訳は、村上直次郎の訳による『イエズス会士日本通信』『イエズス会日本年報』（いずれも新異国叢書、雄松堂書店、一九六八〜六九）、松田毅一監訳『十六・七世紀イエズス会日本報告集』第三期（全七巻、同朋舎出版、一九八七〜九八）がある。エヴォラ版『日本書翰集』の編集・印刷時に削除・省略された箇所を古写本によって補った原文と翻訳書は、東京大学史料編纂所が『イエズス会日本書翰集』として刊行中で、現在三巻まで出版されている。

〈註〉

（1）五野井隆史「日本イエズス会の通信について―その発送システムと印刷―」（『東京大学史料編纂所研究紀要』一一、二〇〇一）、一五五頁。

（2）Constitutiones Societatis Jesu. Tom II (Monumenta Ignatiana. Romae. 1936) pp.620～621.

（3）ibid. pp. 620, 622
（4）H・チースリク「イエズス会年報の成立と評価」（『東方学』四九、一九七五）、四頁。
（5）G. Schurhammer S. I. et I. Wichi S. I., Epistolae S. Francisci Xaverii, Tomus I. (Romae, 1944) p.388. 以後 EX と略記。河野純徳訳『聖フランシスコ・ザビエル全書簡』（平凡社、一九八五）、二七〇～二七一頁。
（6）EX I. pp.113, 114
（7）『イエズス会日本書翰集』訳文編之一下（東京大学出版会、一九九四）、一八四頁。
（8）EX I. p.416. 河野前掲書、六六二～六六三頁。
（9）五野井隆史「『イエズス会日本書翰集』とポルトガル語書翰集について」（『東京大学史料編纂所研究紀要』二、一九九一）では、日本から発送された書翰を二四〇通とし（一八頁）、のちに二一四通に訂正している（同紀要一一）。
（10）ローマ・イエズス会文書館 Archivum Societatis Iesu 所蔵、日本・中国文書 Jap. Sin., 8 I, f.242
（11）Jap. Sin., 8 I, f.248v.
（12）ibid. 8 II, f.243
（13）マドリード在王立歴史学士院図書館 Biblioteca de la Real Academia de la Historia, Madrid 所蔵、Cortes 9-2663, f.203
（14）五野井隆史「イエズス会日本年報について―手書本の所在を中心にして―」（キリシタン文化研究会編『キリシタン研究』第十八輯、吉川弘文館、一九七八）、三二九～三三一頁。
（15）前掲「イエズス会日本年報について」、三三一～三三三頁。
（16）前掲「日本イエズス会の通信について」、一六三～一六四頁。
（17）前掲「日本イエズス会の通信について」、一六二頁。
（18）岡本良知『ポルトガルを訪ねる』（日葡協会、一九三〇）、松田毅一『在南欧日本関係文書採訪録』（養徳社、一九六四）。
（19）Fernão Guerreiro S. I., Relação Annual das coisas que fizeram os Padres da Companhia de Jesus na India, e Iapão nos annos de 1600 e 1601, em Evora, 1603.

布教と貿易

岡　美穂子

はじめに

十六世紀後半、九州は東アジア海域交流圏の真っ只中にあった。南浦文之『鉄炮記』にある天文十二年（一五四三）の種子島へのポルトガル人来航と鉄砲伝来は、一五〇九年以来のポルトガル人のマラッカ以東の海域への進出という視点から考えれば、早晩起こるべくして起こった出来事であった。実際にポルトガル人の日本初来航に関しては、天文十二年に限らず、天文十年（豊後神宮寺浦）、天文十一年（アントニオ・ガルヴァオン『新旧発見記』、上陸地域不明）などの説もあり、すでにポルトガル人がこの海域に出没して二十年は経過していたことを考えると、天文十二年説以外を不可能とすることは無意味である。ただし、いずれの場合にも、ポルトガル人は後期倭寇と峻別《しゅんべつ》しがたい華人船主の船に乗り組んでいたのは間違いないであろう。

また、鉄砲伝来は、その後の天下統一事業に大きな意味を持つことから、日本の歴史上、非常に画期的な出来事とみなされるが、ポルトガル人による火器の導入は、タウングー朝ビルマの再興者バインナウンが、火器とそれを操作するポルトガル人傭兵隊を駆使してビルマ統一を成し遂げた事例もあるように、同時期にヨーロッパ人と接触したアジアの他の地域においても、現地の政情に大きな変化をもたらすものであった。

戦国期の日本がポルトガル人の来航を歓迎した背景には、火器とその関連物資への渇望が最大の理由としてあった。それは天下統一にともなう戦国時代の終焉と、社会の安定化により、絹織物、生糸といった奢侈《しゃし》品《ひん》の需要へと移行していくことになる。

本稿では、南蛮貿易の概要とその実態、そこに関わった日本の権力者や宣教師との関係を紐解きながら、布教と貿易がいかなる点で不可分なものであったのかを検証してみたい。

一、初期の南蛮貿易

（一）「南蛮」の定義

十六世紀の日本で「南蛮」という地名は、主に東南アジアを指した。ポルトガル人を相手とした「南蛮」貿易が始まっても、豊後の大友義鎮（宗麟）は、カンボジアやシャムのアユタヤ朝を相手に、天正年間に「南蛮」貿易を行っていたことが文書から知られ、豊後府内遺跡からも、多数の東南アジア、華南産の陶器が出土している。[1]それ以外にも、永禄五年（一五六二）には横瀬浦にポルトガル人が乗り組んだシャム船が入港し、天正十五年（一五八七）には、五島にもシャムから来たポルトガル人のジャンク船が漂着した。また、永禄十二年（一五六九）にはカンボジアのジャンク船が天草の志岐に入港した記録がある。[2]東南アジアからの交易船の来航に関する記録は多くはないが、実際には史料に残らないまでも、もっと多くの事例があったのであろう。

「南蛮貿易」とは、本来漠然と東南アジアから来航する船との交易を意味したものが、次第にマカオからそれまでの「南蛮貿易」の規模を数倍に拡張した船が、継続的に日本に来航するようになったことにより、次第に「南蛮」で形容される主体が取って代わられたと見ることができよう。

それでもポルトガル人の「南蛮船」上には、多くの東南アジア産の商品が積まれ、数多の東南アジア出身者が立ち働いていたから、日本人の目には相変わらず、東南アジアから来航する船と映っていたとしても不思議はない。ポルトガル人の来航機会が増えるにしたがって、次第に「南蛮」の意識的範囲は、インド・ポルトガル（奥南蛮）までを指すようになった。

東南アジア発の「南蛮船」とマカオ発の「南蛮船」による交易は、その船主や積載商品の規模に限らず、決定的に異なる点があった。東南アジアから日本へ来航する南蛮船には多くの華人が乗り組み、日本における取引交渉も漢字や中国語で行われたであろうのに対し、ポルトガル人との取引は、ザビエルの来日以来、日本でのキリスト教布教活動に従事するイエズス会士たちを介して行われたのである。

（二）イエズス会の貿易への関わり

ザビエルの提言

フランシスコ・ザビエルは、一五四九年十一月五日のマラッカ長官宛書簡で、堺への商館設置を働きかけている。そこでは自分自身がマラッカ長官の日本向け商品の管理人《フェイトール》になれば、長官に莫大な利益をもたらし得る、と記し、それはイエズス会を支援するポルトガル王国の権益の拡大に役立つ、と強調している。(3)

同日付のゴアのイエズス会士アントニオ・ゴメス宛書簡においても、ザビエルは堺へのポルトガル商館の設置に言及し、宣教師の渡航手段としてのポルトガル船の来航の利点を述べている。(4)つまりザビエルは、日本にポルトガルの商館が設置され、ポルトガル人の船の往来が頻繁になれば、ゴアーマラッカー日本間の通航が容易になり、それに乗じて日本の布教体制も整備できると考えていた。ザビエル自身がマラッカ長官の商品の管理人となって商品を捌《さば》くことを進言した事実は、ザビエルにとって、貿易への関与とキリスト教伝道が矛盾しないものであったことを示している。とはいえ、実際に宣教師が貿易活動に深く関わるのは、ルイス・デ・アルメイダという、商人から修道士に転身した人物の登場を待たねばならなかった。

ルイス・デ・アルメイダ

アルメイダは一五八〇年にマカオで叙階されるまで、司祭ではなく一修道士であった。天文二十五年（一五五六）に日本でイエズス会に入会して以来、約三十年にわたって、九州におけるイエズス会の活動の中心を担った。彼の最大の功績は元商人という経歴を活かし、ヨーロッパから遙か遠く離れた土地で、貿易活動によってイエズス会の布教の経済基盤が維持されるべく、南蛮貿易を整備したことにある。さらには、豊後府内に診療施設や育児院を創設し、九州各地の領主の元へ赴いて布教許可を得ることに努めた。十六世紀九州でのイエズス会による布教の成功は、アルメイダほぼ一人に帰するといっても過言ではない。

アルメイダ上陸記念碑（熊本県天草市）

アルメイダはイエズス会入会後まもなく、自身の財産二〇〇〇クルザードを知己のポルトガル人商人に託して中国から商品を入手し、日本で売却した[5]。このような布教のための商業取引は、ポルトガル人や日本人のキリシタンからの喜捨だけでは到底維持し得ない布教の財源を確保するために、やむを得ない手段とみなされた。アルメイダは、日本イエズス会の収入を一括管理して、各地の教会・修院に配分し、また各施設で必要なものを調達する役目を担ったが、このような仕事はその重要性から、のちにヴァリニャーノが、「日本プロクラドール」として整備することになった。[(6)] 貿易取引に関して、アルメイダが直接商品の売買などに関与したのはおそらく初期のみで、日本人のイルマンや同宿、キリシタンの商人などがアルメイダや後任のプロクラドールの差配の下、実務を担当したと考えられる。[(7)]

(三) カピタン・モールと私貿易船

ルイス・フロイスはその『日本史』(第一部四四章)に次のように記している。

日本人と、ジャンクやソマに乗ったシナ人たちとの交渉や通商が止まって、それに代ってポルトガル人および彼らの商品を載せたシナからの定航船だけが年に一度(日本に)渡航してくるようになったことは、デウスの御摂理の恵み深い働きによるものであった。(中略)我らの主なるデウスのもとに(日本の領主を)導くために、(我らの同僚たちが)彼らのもとに入り込むには、まず彼らが世俗的な関心と希望に心惹かれることが必要であった。ところでポルトガル人たちは我らの同胞であったから、殿たちは、彼らの船はもっぱらパードレたちの意志と命令に基づかずしては、自分たちの領内の港にやってこないであろうと確信するに至った。その結果、彼らはパードレたちに対し、より一層の敬意と好意を抱くようになったし、その船を自分たちの港に誘致しようとして、パードレたちが自領にいることを希望した。[(8)]

カピタン・モール

このように九州の領主たちが宣教師を招来する目的は、ほぼ例外なく貿易船誘致のためであった。とはいえ、来航するポルトガル船の数は限られており、十六世紀に関していえば、ポルトガル国王から航海権を与えられたカピタン・モール（船隊司令官）率いる公貿易船が年に一度、ほかに私貿易船の来航もあったが、年に一隻か二隻といったところである。(9) 永禄六年（一五六三）、南蛮船の入港のために開かれた横瀬浦が大村純前の庶子後藤貴明等に襲われ、豊後商人らに放火される事件が起きた。当時横瀬浦には、公貿易船一隻、ポルトガル人船長の私貿易船が二隻逗留していたが、うち一隻はシャムから来航したものであった。

平戸城から見た平戸港（長崎県平戸市）

日本貿易の権利を正式に得たカピタン・モールの来日は、弘治二年（一五五六）フランシスコ・マスカレーニャスにはじまる。マスカレーニャスは広州沿海のランパカウ島を拠点に、六月に日本へ向けて出航し、七月に豊後府内に入港した。(10) マスカレーニャスの船には、イエズス会の司祭ベルショール・ヌーネス・バレト、ガスパル・ヴィレラ、当時商人から修道士に転向していた、『東洋遍歴記』の作者フェルナン・メンデス・ピントらが乗船していた。この船は豊後府内に五ヶ月間投錨《とうびょう》した後、佐賀関経由でランパカウ島へと帰還している。その後広州官憲によるポルトガル人へのマカオ定住許可を経て、ほぼ毎年カピタン・モール率いる公貿易船が日本へ来航したが、入港先は、豊後府内、平戸、薩摩の京泊など、不安定なものであった。

カピタン・モールは日本へ行く商船の総艦長であったが、航海の準備のためにマカオに滞在する期間は、マカオのポルトガル人居住区の総責任者として行政・司法の代表者であった。

平　戸

永禄四年（一五六一）、平戸の松浦家家臣とカピタン・モール・フェルナン・デ・ソウザの乗組員の間で生じた騒擾《そうじょう》（宮ノ前事件）で、ポルトガル人十四名が殺害されるまで、大半のポルトガル船が平戸に入港した。その理由は、当初のポルトガル船の入港が、ランパカウ等で取引していた平戸と関係の深い海寇勢力による誘導であったこと、平戸港が十分な水深を有する良港であったこと、領主松浦氏が表面上はキリスト教布教に理解を示し、生月の籠手田氏など有力家臣の改宗者があったことなどが考えられる。事件の起きた年には、平戸にカピタン・モールの船以外に、四隻のポルトガル人船長の私貿易船が投錨していたことからも、(11)平戸の繁栄ぶりをうかがうことができる。

二、長崎開港の前後

(一) 横瀬浦開港

大村領横瀬浦にポルトガル船が入港することになった詳細は不明である。当時のイエズス会上長コスメ・デ・トルレスは、かつてカピタン・モールを務めたことがあり、当時偶々豊後府内にいた、あるポルトガル人の貴人（岡本良知氏はマヌエル・デ・メンドンサと推定）の提言により、平戸にいったん入港したポルトガル船を横瀬浦に誘導したと記している。(12)この時入港したのは、カピタン・モール・ペドロ・バレットの船と私貿易のジャンク船各一隻であった。横瀬浦では入港時、大いに歓迎を受けたということであるから、平戸から横瀬浦へ船を移動させることは、あらかじめ算段されたものであったと考えられる。

アルメイダは、永禄五年（一五六二）七月に平戸から横瀬浦へ入り、当時のことを次のように記した。


私は到着した翌日、さっそく数名のポルトガル人を伴って当地の領主（大村純忠）を訪問したが、これは領主が過ぐる冬にコスメ・デ・トルレス師に書状を送ったことについて、事を明白にするためであった。すなわち、彼は自領においてデウスの教えを弘めるため修道士を派遣するよう求めるとともに、教会をいくつか建立してこれらに俸禄を与えることを望む旨の書状を認めたのである。また、その俸禄とは、横瀬浦の港とその周囲およそ二里に住む全農民のことであり、同港には司祭の意に適わぬ異教徒は一人も住むことができず、もしポルトガル人の船が入港を望めば、それにともなって交易のために訪れるすべての商人に対して、一〇年間諸関税を免除するほかにも、多くの提案を行っていた。[13]

島津氏による誘致

前年冬には、やはり島津貴久がその領内へのポルトガル船の誘致を求めて、インド副王宛に書簡を送り、イエズス会の日本布教長コスメ・デ・トルレスにもポルトガル船の誘致と領内における宣教保護を申し出ていた。[14]しかし大村純忠は、貿易船の領内誘致のみならず、教会への俸禄寄進、関税免除なども合わせて申し出ており、島津氏よりもさらに有利な条件を提供したのである。

一五六一年十月付のトルレスによる日本布教状況の報告[15]では、布教が進行中の地域として、豊後、朽綱、平戸、博多、鹿児島、山口、都、堺がこの順に挙げられる。鹿児島に言及した箇所では、島津氏からポルトガル船誘致を条件とした布教の保護と振興を熱心に勧められていると記される。すなわち、永禄四年（一五六一）秋の時点では、まだ大村純忠からのトルレス宛書状は届いておらず、横瀬浦が将来的に可能性のある土地として認識されてもいなかった。であるとすれば、永禄四年冬からポルトガル船が来日した翌年夏にかけて、大村領横瀬浦がポルトガル船入港の重要な候補地となるような交渉があったことになるであろう。

大村領の港

先述のとおり、横瀬浦は永禄六年（一五六三）に後藤貴明の軍勢に襲われ、その際豊後商人等による放火で焼失している。そのため、永禄七年に来航したポルトガル船は平戸に入港せざるをえなかった。同年、平戸には、マカオからのカピタン船を含む三隻のポルトガル船が再び入港したが、そこには前年横瀬浦に被害を与えた豊後の商人等が待機しており、多量の商品を買い付けたという。翌年ポルトガル船は平戸に入港せず、大村領の福田港に入港した。これにより松浦氏の軍勢は、生糸の買い付けを見込んで平戸に船団で来航していた堺商人の船を動員して、福田港に投錨中のポルトガル船を襲撃させた。これらのことから、豊後や堺の商人たちはいち早くポルトガル船来航の情報を入手し、着岸の可能性のある港に待機していたことが分かる。

大村純忠による破格の条件の申し出は、その後、横瀬浦、福田での取引が妨害されながらも、ポルトガル船の基本的な入港が大村領内に限られていく大きな要因となったと考えられる。巡察師として来日したヴァリニャーノは、九州の領主と貿易、布教の相関について、次のように言及している。

シモ、および豊後教区の諸領主は、自領の港に入るポルトガル船に関連して、つねにイエズス会から収めうる利益に着眼している。したがって、領主たちはキリシタンであっても、つねにその脳裡には司祭たちはその希望するところに、ポルトガル船を入港させうるし、同船の積荷のうち、相当量は彼ら（司祭たち）のものであるという考えが離れないである。（中略）シモの領主たちは、この船舶の税金から得る多額の利益を目的とし、そのため、同船が自国領に入港することを希望した。[16]

元亀二年（一五七一）に大村領長崎にポルトガル船が初来航して以来、マカオからの船はもっぱら長崎に入港した。例外となったのは、天正四年（一五七六）のカピタン船、同七年のカピタン船、同八年の私貿易船、同十年の私貿易船の有馬領口之津入港、同十二年マニラ―マカオ間の私貿易船の平戸への不時着と同十四年カピタン船の入港、同十五年スペイン船、同十七年マカオからメキシコへ航行途中の船の天草崎津不時着[17]などである。その他にも例外的に元亀元年（一五七〇）に天草の志岐にカピタン船、私貿易船各一隻が入港、天正十五年（一五八七）にシャムを拠点とするポルトガル人の私貿易船が五島に入港している。これらの「例外」はほぼすべての場合、平戸を除いて、前提あるいは結果として、その入港地の領主の受洗や布教緩和と関係しているため、次節以降で詳しく検討してみる。

（二）改宗動機と貿易

九州の領主の受洗と南蛮船の入港は、分離不可能な問題であった。ヴァリニャーノが観察したように、敬虔《けいけん》なキリシタンであっても、その脳裏には常に、貿易によって自領を富ませることがあった。

豊後府内

南蛮貿易が始まった当初から、薩摩の島津氏、平戸の松浦氏、そして豊後の大友氏は、いずれも貿易船誘

野津のキリシタン墓碑群（大分県臼杵市）

致のために、宣教師が領内に滞在して布教することを積極的に推奨、あるいは黙認していた。宣教師を呼んでキリスト教の教義を説明させたり、近侍の僧侶と宗論させることもあったが、最も布教に好意的であった大友宗麟でさえも、受洗に至ったのは天正六年（一五七八）のことであり、ザビエルをはじめとするイエズス会宣教師らと親交をもってから、およそ三十年が経過していた。宗麟の改宗にそれほど時間がかかったのは、宗麟自身の禅宗への帰依が深く、家臣たちの賛同も得られなかったこと、不仲とはいえ、長年連れ添った正室である奈多鑑《なだあき》基《もと》の娘以外に寵愛《ちょうあい》する妾がいたことなどが挙げられる。

神田千里氏は、最終的に宗麟が受洗に至ったのは、キリスト教がもたらす「現世利益」が大きな意味をもったためであると結論づけている。その「現世利益」とは、貿易に限らず、戦勝や子宝など、領内における宣教師の活動期間に生じた様々な好事であり、それらが宗麟のキリスト教のデウスに対する信仰心を最終的に高揚させるに至らしめたという(18)。

現世利益のための「信仰」

ところが、そのような認識は家中全体には反映されておらず、豊後キリシタンは大村領や有馬領ほどには拡大しなかった。その理由には、大友と島津の戦争が長期化し疲弊感が蔓延《まんえん》する中、領民の間で、生活環境改善の実感が乏しかったこともあると考える。宗麟が改宗した時期には、すでに豊後領内へのポルトガル船入港が途絶えていたため、入信と交易への関心に直接的なつながりは見られないが、九州で結果的にキリスト教に入信した領主は、基本的に島津氏よりも大友氏側についていたことから考えれば、キリシタン信仰を対島津意識の紐帯《ちゅうたい》に結びつけようとした可能性も考えられる。

それに対して、大村領では、純忠によるイエズス会に対する好条件の申し出と永禄六年（一五六三）の受洗により、横瀬浦、福田、長崎へとポルトガル船が入港し、元亀二年（一五七一）以降はほぼ長崎が入港地として定着した。全国から商人が集まることで、その周辺は着実に豊かになった。近隣住民にとって、宣教師がその地を中心に活動することそのものが現世利益の体現であった。

大村領に限らず、豊後においても、イエズス会が布教を開始し、教会や病院、慈善施設を建築し始めた頃、大友義鎮が「レンダ（知行地・俸禄地）」を府内や博多で与え、そこから納められる年貢を教会の活動の基盤にすることを許可している[19]。つまり、横瀬浦や長崎の「イエズス会領」のイメージは、大航海時代のアジアへのウエスタン・インパクト論ではなく、日本の伝統的寺社領のイメージを踏まえて比較検討されるべき問題であるといえる。

長崎開港

長崎開港に関して、当初大村純忠は横瀬浦寄進の時とは異なり、関税・地子は徴収するものとした。安野眞幸氏によれば、天正八年（一五八〇）に大村純忠が長崎をイエズス会領とする決断を下すに至ったのは、長崎開港後の十年間に、近隣の後藤氏、西郷氏、深堀氏などによる襲撃が重なり、その中で自治組織を形成して自衛のために軍備を増強し始めた長崎の町方による自治都市化を防止するためであったという。重ねて安野氏は、横瀬浦と長崎の開港時の条件を比較して、横瀬浦開港に際してポルトガル人に示されたものは、長崎に関するものより、さらに好待遇であったことを指摘している[20]。実際に長崎にポルトガル船が入港し始めてから、イエズス会領となるのには、約十年という間隔があったという点は着目するべきであろう。

（三）長崎以外へのポルトガル船来航

有馬領口之津

イエズス会の働きによって、ポルトガル船が到来する港として定着した長崎であるが、元亀元年（一五七〇）以降、九州の他の港にマカオからの船が入港しなかったわけではない。

先述のとおり、有馬領口之津には、イエズス会の招致によって天正年間に四度、ポルトガル船が入港している。天正四年と七年はカピタン船、同八年と十年は私貿易船であった。この私貿易船はいずれも、当時マカオ随一の商人バルトロメウ・ヴァス・ランデイロ配下の船であった。当時の口之津は約二〇〇戸からなる中規模の集落で、有馬家の武将が知行していた。[21]

有馬義貞による口之津への宣教師招来は、大村純忠が受洗した永禄六年（一五六三）のことであった。同年三月、宣教師派遣の要請を受けたトルレスは、すぐにルイス・デ・アルメイダを義貞が滞在していた島原に派遣した。[22]アルメイダはその後いったん横瀬浦に戻り、大村、島原、有家を経て口之津へ赴いた。口之津では義貞からの書状を受け取った、同地を治める有馬家の武将が応対し、受洗した。義貞が当初トルレスに書状を送った際、口之津を教会領として寄進すること等が約束されていたという。[23]

永禄六年夏に横瀬浦が焼き討ちされた後、イエズス会士たちは翌年のマカオからのカピタン船を口之津に入港させるつもりであった。しかし、横瀬浦の外港まで到来したその船が、港内偵察を行った際、港が荒廃し無人であることを察知し、急遽平戸へ向かった。結果として、イエズス会士らはこの年のカピタン船ほか二隻の平戸入港を松浦氏との交渉に利用し、松浦氏は領内におけるキリシタン弾圧を一時的に緩《ゆる》め、教会の建設を許可した。同時期トルレスは口之津に滞在しており、ポルトガル船の口之津への回航を指示したが、船の装備に大きな不具合があったため、実現しなかった[24]。

永禄十年（一五六七）にはトリスタン・ヴァス・ヴェイガのカピタン船ほか二隻のポルトガル船が口之津へ入港した。前年には大村領の福田がポルトガル船用の入港地として開かれていたものの、イエズス会の布教長コスメ・デ・トルレスは、永禄七年（一五六四）以来四年間、口之津に滞在していた。つまり、大村領は領内で生じる度重なる他勢力からの襲撃や焼き討ち、また家臣団内部での不和などにより、いくら純忠自身が改宗し布教を推奨しても、イエズス会士にとっては必ずしも安住の地とは認識されていなかったといえよう。

有馬義貞が入信したのは、隠居後の天正四年（一五七六）のことであるから、自身の改宗には慎重であったといえる。義貞受洗（西暦四月十五日）後まもなく、同年六月口之津にマカオからジャンク船が入港していることから、その改宗は、貿易船誘致を前提に行われたものであったと考えられる。また義貞は息子の義純、鎮純（晴信）にもとくに入信を勧めていない。永禄十一年（一五六八）にトルレスが大村領へ移ったのは、領内が安定したとの報告があったことや、当時日本の領主として唯一受洗していた大村純忠に抱く期待によるものであったと考えられる。

義貞の息子有馬鎮純の入信は自身の判断によるもので、それは口之津へのポルトガル船の入港と密接に関係したものであった。フロイス『日本史』によれば、鎮純は家督を継いだ頃、領内のキリシタンを激しく弾圧したという[25]。しかし、天正七年（一五七九）、口之津にイエズス会東インド巡察師アレッサンドロ・ヴァリニャーノがカピタン・モール船で来航したことを契機に、領内での布教許可と自身の受洗に積極的な姿勢を見せるようになった。この頃大村純忠の息女ルシアとの結婚の話が進み、有馬家と大村家の結束強化のためにも、キリスト教への入信が期待されていた。翌年カピタン・モール船は長崎に来航したが、口之津にはカピタン・モール船に劣らない、積載量六〇〇トンクラスの、マカオ商人バルトロメオ・ヴァス・ランデイロのジャンク船が多量の商品を積んで入港した。

イエズス会の「教商」来航

このジャンク船の入港は、ヴァリニャーノによって取り計らわれたものであった。『日本史』（第二部一九章）には、鎮純が入信を決心したものの、直後に発作的に倒れたり、領内の反鎮純勢力が、当時戦闘中であった龍造寺氏に寝返ったり、また鎮純自身が許嫁《いいなずけ》以外の女性を城内に囲っていたことなどを理由にヴァリニャーノが授洗を拒否したり等々で、最終的に鎮純が入信するまでには、様々な障害があったことが記されている。鎮純が受洗を決断したのは、領内で親族を含む謀反の動きがあり、叔父である大村純忠と結んで、イエズス会の援助、すなわちポルトガル船で日本へ運ばれる武器・火薬などを優先的に入手することを図ったためであった。

> 巡察師は（中略）彼らを救済しようと決心した。そこで彼はかなりの量の食料を購入させ、毎日、修道院に喜捨を求めに来るすべての貧者に施しを与えたほか、焼失した城に救助の手を差しのべるように命令し、食糧、およびかなりの範囲内でいくらかの銀を送付した。また、この目的のために、ナウ船から十分に仕入れておいた鉛と硝石を提供した。これらのことで彼は六〇〇クルザードを費やした。
> （フロイス『日本史』第二部二〇章）[26]

この船で運ばれてきた鉛と硝石は軍備、すなわち火縄銃の弾丸と火薬に使用されたものであろう。このナウ船に関し、岡本良知氏は一五八〇年に口之津に入港したランデイロ船ととらえ、松田毅一氏はその前年に口之津に入港したレオネル・デ・ブリトをカピタン・モールとするマカオからの定航船であるとの説を唱えている。[27] しかしながら、フロイス『日本史』（第二部一九章）には、ヴァリニャーノが鎮純に、マカオから船を呼び寄せることを約束し、それにより鎮純が改宗したという記述がある。前掲史料は後続の二〇章であるから、時系列的に見ると、先に鎮純の入信（一五八〇年三月）があり、その後にヴァリニャーノが招来したポルトガル船が口之津に入港し、鉛と硝石をもたらしているので、ヴァリニャーノが鉛と硝石を用立てたのはランデイロの船であったと考えるべきである。また別の史料に「鎮純はランデイロの援助によって大領主となることができた[28]」とあり、このことからも鎮純の入信とランデイロ船による武器、鉛、硝石等の提供は大いに関係していたと考えられよう。

このようにイエズス会の商品を優先的に運んだり、その提言に従って入港地を選んだりする、イエズス会と密な関係を持ったマカオの商人を、高瀬弘一郎氏は「教商」と分類した。[29] 各時代のマカオに「教商」である大商人が散見され、十七世紀初頭にマカオの豪商として多くの船を保有したガイオ一族も、いわばその「教商」であった。ガイオ一族には、長崎出身で日本人とポルトガル人の間に生まれ、日本―マカオ航路のジャンク船長として活躍したヴィセンテ・ロドリゲスも含まれるが、ロドリゲスは元々イエズス会の同宿であった。

ランデイロ一族

ランデイロ一族は恒常的に、大砲、火縄銃といった火器に不可欠な火薬の材料等を取引する商人であった。[30] また、ランデイロ所有の複数の船は、マカオ―東南アジア間を移動して交易を行うものであった。[31]

一五八四年、バルトロメオ・ランデイロの甥ヴィセンテ・ランデイロは、バルトロメオの所有船の船長としてマカオからマニラへ渡航し、スペイン人の商人や宣教師らを乗せてマカオへの帰路、嵐に遭遇し、平戸へ不時着した（当初から意図されたものという説もある）。その船にはマニラを拠点とするフランシスコ会士やアウグスティノ会士が乗船していた。平戸では、すでにポルトガル船の入港が絶えていたため、この入船は歓迎された。マカオのポルトガル人と松浦氏の間で起こった過去のトラブル（宮ノ前事件・福田港襲撃）から、ポルトガル船との通商再開は見込めないと考えていた松浦鎮信は、この漂着の機会を利用し、スペイン人宣教師等を通じて、マニラとの通商を開くようマニラ総督府に働きかけた。二年後には、マカオのカピタン・ドミンゴス・モンテイロの船が、長崎を避けてあえて平戸に入港したが、ランデイロとモンテイロの関係は不明である。モンテイロが平戸に入港したのは、イエズス会の交易干渉を避けるためであった(32)。

バルトロメオは、天正八年（一五八〇）の口之津入港や翌年の長崎入港のように、自身で船を率いて航海することもあったが、複数の船長を手下におき、マカオ—東南アジア間の交易を差配していた。甥のヴィセンテは親族であり、バルトロメオの所有船の船長として各地へ渡航していた。ヴィセンテは一五八四年、マニラからマカオへ帰着後、まもなくモルッカ諸島とシャムへ交易に赴くことになっていた。すなわちランデイロ一族の交易ネットワークは、マカオを拠点に、東南アジア、日本を密に結ぶものであった。またバルトロメオがヴァリニャーノの要請により、口之津に鉛、硝石などを積んで入港した事実は、マカオの有力商人とイエズス会の間にある深いつながりを想起させるものである。

天草・五島への入港

五島、天草へは主に遭難による漂着で、ポルトガル船が入港することがあった。元亀元年（一五七〇）にはエステヴァン・レイテの私貿易船が天草下島北部の志岐に入港した。志岐鎮経（麟泉《りんせん》）は永禄九年（一五六六）に、イエズス会修道士の来訪を求め、アルメイダが活動に乗り出し、領内に教会も完成した。志岐鎮経による宣教師厚遇は、交易船の来航招致を目的としたものであったため、元亀二年以降長崎が基本的な入港地に定まると棄教を表明し、領内でのキリシタン弾圧を開始した。元亀元年のレイテ船では、日本布教長に任じられたフランシスコ・カブラルが到着し、トルレスも当時志岐に滞在していたことから、上方にいた宣教師を除く全イエズス会士が志岐に集められ、第一回管区会議が開催された。志岐は当時日本布教の中心地であった。[33]

天草下島中央部の天草鎮尚もキリスト教に改宗し、領内にコレジオが置かれたが、正式には領内の港に交易船は入港していない。しかしながら、天正十五年（一五八七）、同十七年にマカオを発ってヌエバ・エスパーニャ（メキシコ）へ航行中の船が、天草の「サシノツ（おそらく崎津）」に不時着した記録がある。天草氏の改宗に関しては、一族内でも分裂があったが、鎮尚の継嗣久種もまた受洗し、天草氏の領民の多くがキリスト教に改宗した。また九州の領主の改宗ほぼすべてに影響を与え、各地を転々としながら、天草で死去したルイス・デ・アルメイダ修道士の墓が、当地の河内浦信福寺の裏山にあることや、イエズス会の教練施設コレジオが天正十九年（一五九一）から慶長二年（一五九七）まで置かれたことから、天草が当時のイエズス会によるキリスト教布教の中心地であったことは間違いない。[34]

一五八八年の日本年報によると、天正十五年（一五八七）、シャムから直接日本へ向けて交易に赴いたポルトガル人の私貿易船が、五島列島に漂着した。

アルメイダが埋葬された山に建てられた信福寺（熊本県天草市）

一隻のポルトガル人たちのジャンク船がシャムから日本へ向かっていたが、暴風雨の猛威のため、思いがけずかの島々（五島列島）のなかのある港に寄港することになった。ポルトガル人たちは非常に孤立しており保護してくれる人もなかったので、ただちに平戸の副管区長師（コエーリョ）に宛てて書簡を送り、誰か司祭を遣わしてくれるようにと願った。殿もポルトガル人たちを満足させる目的で、それについて許可を与えた。殿はジャンク船が行ってしまえば、パードレたちもまた立ち去るであろうと考えたからであった。(35)

右の報告によると、その船は暴風によって五島列島に漂着したということである。また、かつての五島の領主（五島純堯）は布教に対し好意的であったが、その死後を継承した新領主（五島純玄）はキリシタンを弾圧し、宣教師をその領内から追放していたにもかかわらず、ポルトガル人の来航を喜び、ポルトガル船が五島に逗留している期間限定で、領内に宣教師が住み教会を運営することを許可した。五島では、領民に対する布教許可が与えられたわけではなかったが、結局そこに派遣されたイタリア人イエズス会士のジョゼッペ・フォルナレッテラが滞在し続けたことにより、迫害によって棄教したキリシタンたちの間に、密かに立ち返る者が現れたという。

三、南蛮貿易の構造とイエズス会

（一）プロクラドールとアルマサン

ヴァリニャーノの到来

東インド巡察師アレッサンドロ・ヴァリニャーノの極東への到来は、布教体制全般に大きな変革をもたらした。ヴァリニャーノは、布教のための経済基盤を安定的に支えるため、南蛮貿易を整備することを試み、プロクラドールの職務と、生糸一括取引を目的とするアルマサン組合におけるイエズス会の一定の割り当ての確保を、制度として確立した。

アルマサン組合は、一五六八年にマカオに着任した司教ベルショール・カルネイロが提唱して創設された制度で、広州市場での生糸買い付けに際し、小規模の資本しかもたない商人でも組合に参加することで、交易に参加できることを保証したものであった。一五七七年にマカオに到着したヴァリニャーノは、この組合にイエズス会が一組の出資者として参加することを是とし、一五七九年には、毎年の積載量全体の約一割をイエズス会の持ち分とする取り決めをマカオ市と契約するなど、着々と南蛮貿易の構造そのものをイエズス会に益するものへと変革していった[36]。

プロクラドール

日本布教の経済基盤確保のために配されたプロクラドールの職は、長崎・マカオ・マラッカ・ゴア・リスボン・マドリッドにもあったが、実質的な重要性は、マカオと長崎のプロクラドールが抜きん出ていた。初代プロクラドールに関しては、永禄六年（一五六三）、修道士ミゲル・ヴァスが就任したことが確認されている[37]。それ以前はアルメイダの行った仕事が実際にはプロクラドール的なものであったといえるだろう。その後、長崎のプロクラドール職は、日本からイエズス会の宣教師がほとんど姿を消した寛永年間までマヌエル・ボルジェスが務めていたことが確認される[38]。ヴァリニャーノは、日本布教の財務を担う重要職である長崎のプロクラドールに関し、天正十九年（一五九一）に詳細な職務上の規則を定めた。それ以降この規則には、時宜に応じて、必要な事項の付加や改定が行われていった[39]。

これらの規則を読むと、プロクラドールには必ず日本人のイルマンや同宿などの助手がおり、彼らを通じてキリシタンの商人と結び、日本国内の流通ルートに参入していったことが垣間見える。こういった日本人とヨーロッパ人の宣教師の関係は必ずしも良好とはいえず、互いに信用を欠くことも度々であったようである。

(二) 委託貿易

日本プロクラドールの職掌は、基本的に、日本布教に必要な財務を統括するものであった。そのうち代表的な職掌は、①貿易や知行地から上がる収益の出納《すいとう》、②各教会・カーザへの必要かつ不足する金品の補充、③貿易実務、④為政者や領主などへの贈り物の調達等であった。職掌の中で、自然と政治的支配者との関係も強くなりがちであったため、慶長三年(一五九八)頃から同十五年まで長崎でプロクラドールを務めた通詞ジョアン・ロドリゲスのように、秀吉や家康と個人的に深く付き合う宣教師もあった。

統一政権との関係

九州の戦国大名が自領内の港に交易船を誘致するために、宣教師に対して友好的な姿勢を見せたのとは対照的に、秀吉は長崎を天領とし、代官を置いたことからも分かるように、すでに宣教師に阿《おもね》って貿易による利益を手にするというよりは、自らの権力のうちに外交・交易そのものを包摂していく方針を採った。しかし、長崎を天領としたとしても、入港するポルトガル船の積み荷すべてを自分のものにするわけにはいかないから、貿易による利益は別の手段で確保されねばならなかった。

委託銀

南蛮貿易では、イエズス会は貿易に深く介入しているという強みを背景に、関係する領主などから、「委託銀」を受け取るようになっていた。ヴァリニャーノによる「プロクラドール規則」では、基本的にプロクラドールは日本人から南蛮貿易用に「委託銀」を受け取って、何らかの商品を直接購入するための斡旋《あっせん》を請け負う時には、上長に相談する義務が定められていた。こういった規則が存在することはすなわち、「委託銀」はプロクラドールのみならず、日本で活動する様々な司祭や修道士が為政者の歓心を得るために、相当広い範囲で貿易投資の斡旋を行っていたという現実を示しているといえよう。[40]

このような「委託銀」は基本的に利子をともなわないものであった。すなわち斡旋者には利益が生じず、あくまで信用や厚意を得るための斡旋であったが、秀吉や配下の武将、家康や幕府の閣僚などは、宣教師の国内滞在の許可と引き換えに、自身の交易取引のために、相当な銀を委託するようになった。預ける側にしてみれば、このような委託銀による取引は、イエズス会の信用の下に行われるのであって、もしその運用に不測の事態が生じれば、イエズス会に対してその責任を追及するのは当然のことであった。このようなトラブルは、江戸幕府による宣教師追放の原因の一端となったとまではいえないまでも、対外交易の機能を一元化させ、幕府の管理下に置くという方針において、南蛮貿易の構造上、仲介者として不可欠な存在であった宣教師が、有益どころかもはや有害であるという見方を後押しする要因になったとはいえるであろう。[41]

おわりに

以上、日本のポルトガル船の入港地の変遷とイエズス会の関わりを追いながら、貿易と布教の関係を俯瞰《ふかん》してみた。

大村純忠が申し出た破格の好条件により、イエズス会の布教拠点とポルトガル船との交易港は大村領内に限定されていったというのが通説であるが、横瀬浦開港以後も、必ずしも大村領以外に船が入港しなかったわけではなく、イエズス会の判断で、他の港に入港することもあった。またイエズス会の日本における布教拠点も、必ずしも大村領に限らず、時宜に応じてより安全な場所に置かれたということが、これらの推移の観察から見て取れる。しかしながら、「どこに船を入れるか」という問題に限らず、南蛮貿易そのものが、構造上、イエズス会との連携なしには成立し得ないものになっていたのは確かである。

戦国時代以降、イエズス会が南蛮貿易の中に有した一定の権力は、統一政権である江戸幕府が一枚岩の政治的主体として対外的に「武威」を誇示する方向に転換した時点で、もはや衝突は避けられないものであったと考えられる。安野眞幸氏は天正年間、イエズス会がフィリピンへ渡航する日本船に渡航許可証を発行していた可能性を指摘している(42)。これはマニラを襲撃する福建省等を出身とする海寇勢力を警戒するスペイン人たちに対して、同地で円滑な取引をするために効力を持ったと見ることができる。江戸幕府による禁教令の本格化に相当な影響を与えたノッサ・セニョーラ・ダ・グラッサ号事件（通称マドレ・デ・デウス号事件）とそれに関連した岡本大八事件も、実は背景に長崎奉行所が発給する海外渡航の「朱印状」が、ポルトガル船にはイエズス会経由で与えられていたという事実がある。イエズス会を貿易から排除する必要性は、貿易管理上の権力に関する統一政権の問題意識からいって、早晩避けられぬものであった。それほどまでに、イエズス会が南蛮貿易に与える構造上の影響力は、見逃し得ないものだったのである。

〈註〉

(1)鹿毛敏夫『アジアン戦国大名大友氏の研究』(吉川弘文館、二〇一一)。

(2)「一五六九年十月三日付、志岐発信、ミゲル・ヴァス修道士の書簡」(松田毅一監訳『十六・七世紀イエズス会日本報告集』第三期第三巻、同朋舎出版、一九九八、三一九—三二〇頁)。

(3)「一五四九年十一月五日付、鹿児島発、フランシスコ・ザビエルのマラッカ長官ドン・ペドロ・ダ・シルヴァ宛書翰」(東京大学史料編纂所編『日本関係海外史料 イエズス会日本書翰集』訳文編之一上、一九九一、二四一—二四六頁)。

(4)「一五四九年十一月五日付、鹿児島発、フランシスコ・ザビエルのゴアにあるアントニオ・ゴメス宛書翰」(前掲『イエズス会日本書翰集』訳文編之一上、二三五—二三六頁)。

(5)「一五五五年九月十六日付、平戸発、ルイス・デ・アルメイダのマカオにあるメルシオール・ヌーネス・バレト宛書翰」(東京大学史料編纂所編『日本関係海外史料 イエズス会日本書翰集』訳文編之二下、二〇〇〇、六七頁)。

(6)日本布教のためのプロクラドールに関する論考は次の論文を参照。高瀬弘一郎「キリシタン教会の財務担当パードレ」(同『キリシタン時代の研究』岩波書店、一九七七)。同「キリシタン教会のマカオ駐在財務担当パードレ」(同『キリシタン時代対外関係の研究』吉川弘文館、一九九四)。

(7)修道士が実際にどのように取引に携わっていたかについては、次のような情報がある。
「長崎の彼ら(イエズス会)の修道院は税関のようであり、祈りのためのカーザとは別のものであった。(中略)彼らは自分たちのカーザの隣に代理店を持ち、そこに、彼らの対日本商業の代理人たちが秤を持って駐在している。彼らが送りつける生糸を計るためのものであった。結局、二人の修道士がその代理店に居住し、そして二人はただあの取引をするだけである」(高瀬弘一郎訳・注 岸野久訳『イエズス会と日本』二巻、岩波書店、一九八八、三三四頁)。

(8)松田毅一・川崎桃太訳『フロイス日本史』九巻(中央公論社、一九七九)、四三—四四頁。

(9)岡本良知「至一五九〇年日本来航ヨーロッパ船一覧表」(同『十六世紀日欧交通史の研究』原書房、一九七四、初版一九四二、五〇四—五一四頁)。

(10)岡本前掲書、三五七—三五八頁。

(11)岡本前掲書、三七〇頁。

(12)岡本前掲書、三八〇頁。「一五六二年十月十一日付、アイレス・サンシェス修道士が日本の豊後よりポルトガルのイエズス会の修道士等にしたためた書簡」(松田毅一監訳『十六・七世紀イエズス会日本報告集』第三期第二巻、同朋舎出版、一九九八、三六―三七頁)。
(13)「一五六二年十月二十五日付、横瀬浦発、ルイス・デ・アルメイダ修道士の、イエズス会修道士ら宛書簡」(前掲『十六・七世紀イエズス会日本報告集』第三期第二巻、五九頁)。
(14)「一五六二年、鹿児島の国主の、インド副王宛の書簡」「鹿児島の国主の、インドのイエズス会管区長宛の書簡」(前掲『十六・七世紀イエズス会日本報告集』第三期第二巻、六七―七〇頁、七一―七四頁)。
(15)「一五六一年十月八日付、日本発信、コスメ・デ・トルレスのインド管区長宛書簡」(松田毅一監訳『十六・七世紀イエズス会日本報告集』第三期第一巻、同朋舎出版、一九九七、三四一―三四四頁)。
(16)ヴァリニャーノ著 松田毅一他訳『日本巡察記』(平凡社、一九七三)、七二頁。
(17)崎津には近世になっても長崎を目指して東シナ海を渡る唐船が、潮流の関係で非常に多く漂着している。松浦 章「江戸時代後期における天草崎津漂着唐船の筆談記録」(『天草諸島の文化交渉研究』関西大学文化交渉学教育研究拠点、二〇一一)。
(18)神田千里「大友宗麟の改宗―その実態と背景―」(『東洋大学文学部紀要』第六八集、二〇一五)。
(19)「一五五七年十一月七日付、豊後発、コスメ・デ・トルレスのイエズス会員宛書翰」(東京大学史料編纂所編『日本関係海外史料 イエズス会日本書翰集』訳文編之三、二〇一四、一一一頁)。
(20)安野眞幸『教会領長崎』(講談社、二〇一四)、九―一〇頁。
(21)前掲『フロイス日本史』九巻、四八頁。松田毅一・川崎桃太訳『フロイス日本史』一〇巻(中央公論社、一九七九)、一三六頁。
(22)前掲『フロイス日本史』九巻、六〇頁。
(23)前掲『フロイス日本史』九巻、四四頁。
(24)岡本前掲書、三九四頁。
(25)前掲『フロイス日本史』一〇巻、一三五―一三六頁。
(26)前掲『フロイス日本史』一〇巻、一六〇頁。
(27)岡本前掲書、四二五頁。前掲『フロイス 日本史』一〇巻、一五六頁。
(28)岡本前掲書、四二五頁。
(29)高瀬弘一郎「キリシタン時代における〝教商〟」(前掲『キリシタン時代対外関係の研究』)。

（30）De Sousa, Lucio, *The Early European Presence in China, Japan, The Philippines and Southeast Asia (1555-1590) - The Life of Bartolomeu Landeiro*, Macao Foundation, 2010, p.60.

（31）村上直次郎蒐集・翻刻『日比交通史料』第一冊、東京大学史料編纂所所蔵。

（32）岡本前掲書、四六五頁。

（33）松田毅一『南蛮史料の発見 よみがえる信長時代』（中央公論社、一九六四）。

（34）鶴田文史編『天草学林 論考と資料集』（天草文化出版社、一九九五）。

（35）「一五八九年二月二十四日付、日本副管区長ガスパル・コエーリョ師のイエズス会総長宛、一五八八年度日本年報」（松田毅一監訳『十六・七世紀イエズス会日本報告集』第一期第一巻、同朋舎出版、一九八七、四八頁）。この訳文では、文意に多少の誤解が見られたため、原文を参照して著者が若干の訂正を加えた。*Livro Segundo das Cartas de Iapam*, fl.248v.

（36）岡 美穂子『商人と宣教師 南蛮貿易の世界』（東京大学出版会、二〇一〇）、二一六―二一八頁。

（37）註6前掲高瀬論文参照。

（38）岡前掲書、二五五頁。

（39）高瀬弘一郎訳注『イエズス会と日本』巻一（岩波書店、一九八一）、五九三―六二四頁。

（40）フランシスコ会士セバスチャン・デ・サンペドロは、日本でキリスト教が禁じられた理由の一つとして、イエズス会が行ってきた南蛮貿易への関与を厳しく糾弾《きゅうだん》した。それに対する巡察師カルヴァーリョの弁駁《べんばく》で、イエズス会の貿易への関わりの実態が詳細に語られる。「ヴァレンティン・カルヴァーリョ弁駁書」（高瀬弘一郎訳注『イエズス会と日本』巻二、岩波書店、一九八八）。

（41）貿易取引をめぐるイエズス会と幕府のトラブルは、前掲「ヴァレンティン・カルヴァーリョ弁駁書」に詳しい。

（42）安野前掲書、一八二―一八三頁。

第二章　キリシタン政策の推移

信長とキリスト教

松本和也

はじめに

織田信長のキリシタン政策を考えることは難しい。のちの豊臣政権や江戸幕府のように伴天連追放令や禁教令が出されたわけではないので、織田政権が宗教政策の一つとして明確なキリシタン政策をもっていたとは考えにくい。当時日本で宣教活動をしていたイエズス会宣教師の書翰を読み解いていくと、信長は宣教師に「允許状《いんきょじょう》・許可状（patente）」を与えたことが記されている。このことから、信長はイエズス会に布教許可を与え、彼らを保護したとの見方が強い。また、信長の宗教勢力に対する行動といえば、比叡山延暦寺の焼き討ちや伊勢長島一向一揆の殲滅《せんめつ》などはよく知られた史実である。そのため、仏教勢力に対しては徹底的な打撃を与え、これに対してイエズス会宣教師を厚遇していたというように、両者を対比して捉える向きも多い。その結果、これまでの信長のキリシタン政策は、保護政策が基調になっていたかのような印象を与える説明がなされてきたように思う。

しかしながら、神田千里氏の研究成果によって、信長は必ずしもすべての仏教勢力を根絶やしにするつもりはなく、あくまで信長に敵対する勢力のみを殲滅し、従順な勢力には仏教勢力であっても保護したことが明らかになった（神田 一九九五）。これは逆を言えば、仏教勢力との対比的な構図からキリシタンを保護したという見方は再考の余地を残したといえるだろう。

このことから、信長のキリシタン政策を仏教勢力との対比から捉えるのではなく、信長とイエズス会との関わりの中から、信長のキリスト教に対する姿勢を見ていく方が実態に即すものと考える。そこで、ここでは信長とイエズス会宣教師との交流を通して、信長のキリシタンに対する姿勢を読み取っていきたい。

一、京都宣教の始まり

織田信長について論じる前に、まずは信長が上洛する以前の畿内において、統治者がイエズス会をどう扱ってきたのか見ていくことにしたい。

イエズス会の布教方針としてたびたび書翰にも記されていることだが、イエズス会は布教地の権力者をキリスト教に改宗、もしくは彼の保護を求め、一気にキリスト教を広めようとの方針をもっていた。日本宣教も例外ではなく、来日以前より日本の権力者情報に基づき宣教計画を立てていた。この時の日本宣教の上長は周知のとおりフランシスコ・ザビエルであるが、彼は来日後まずは「日本国王」のいる場所を訪れる計画を立てた（一五四九年一月十二日ザビエル書翰）。ここで言う「日本国王」は、当時日本国内で用いられていた「王」や勘合貿易で使用された「日本国王」ではなく、西欧人が理解する日本の頂点に立つ権力者としての「国王（rei）」を指す。

天文十八年（一五四九）鹿児島に上陸したザビエルは、西日本各地で布教を行いながら「日本国王」のいる京都を目指した。しかし、京都に到着すると、将軍足利義輝は江口の戦いをうけて近江に退去しており、後奈良天皇は寂れた内裏に住むという有様だった。それでもザビエルは天皇に会おうとしたが、それが叶わず京都を去ることになった。ザビエルは「国王」である室町将軍と天皇から保護を得ようとしたが、両者とは会うことすらできなかったのである。

京都での本格的な宣教活動は、ガスパル・ヴィレラまで待たねばならなかった。この段階でイエズス会は新たな権力に注目する。彼らは日本の宗教界の中で延暦寺の影響が大きいと判断し、畿内宣教に関して延暦寺から布教許可を求めようとする。すなわちヴィレラの畿内宣教は朝廷・幕府・延暦寺の三者との関わりの中で進められていくのである。

延暦寺との関わりは、山口で布教活動を続けたコスメ・デ・トルレスのもとに、多武峰《とうのみね》の僧キョゼンとセンヨウがやってきたことから始まる。彼らは山口でキリシタンになり、それぞれパウロとベルナベを名乗った（一五五五年九月十日付ドゥアルテ・ダ・シルヴァ書翰、フロイス『日本史』第一部十三章）。パウロは延暦寺とつながりを持つ人物だったようで、宣教師を比叡山に赴かせる手筈を整えていった。コスメ・デ・トルレスはロレンソ修道士を延暦寺に派遣することに決め、パウロの同僚であるベルナベが同行することになった。パウロは畿内の仏僧に宛てた書状をロレンソに手渡した。イエズス会は比叡山の承認がなければ京都宣教は難しいとの認識をもっており、ロレンソは比叡山の老僧心海と彼の弟子大泉坊重慶の二人と会い、承認を得ようと派遣されたのである。ロレンソは比叡山でパウロの認《したた》めた書状を手渡したものの、両僧からたらい回しにされ比叡山を退去することになった（フロイス『日本史』第一部十三章）。

永禄二年（一五五九）、都地方の布教担当にガスパル・ヴィレラが選ばれ、先に訪れたことのあるロレンソを連れて都へ向かった。一行が堺に到着すると、パウロ・イエサンというキリシタンに出会い、彼から建仁寺の塔頭《たっちゅう》永源庵宛の書状を得た（フロイス『日本史』第一部二二章）。その後坂本に到着した一行は、キリシタンのディオゴの家に留まり、そこからヴィレラはロレンソを比叡山に派遣した。先の僧の一人心海は亡くなっており、ロレンソは弟子の大泉坊に面会した。大泉坊は西楽院と面会することを求めるよう伝えた。翌日、ヴィレラが大泉坊と面会すると、彼は六角氏の家臣である永原氏の書状が必要だと伝えたので、ヴィレラは永原氏から書状を求めたが得られなかった。ヴィレラはロレンソを派遣して大泉坊に伝えると、今度はシキナイという別の僧に頼むよう勧めたが、シキナイとの交渉も難航した（一五六〇年六月二日付ロレンソ書翰、フロイス『日本史』第一部二三章）。こうして徒《いたずら》に時間だけが過ぎ、事態が好転しない状況を見て取ったヴィレラは、比叡山の許可を得ることなしに都に入ることを決意するのであった。

二、足利義輝禁制

都での宣教活動は仏僧らの妨害により困難を極めていたが、建仁寺の永源庵の仲介により、将軍足利義輝に謁見することが叶った。この永源庵と伊勢貞孝の尽力で、永禄三年（一五六〇）に将軍足利義輝から「允許状」なるものが与えられた（一五六一年八月十七日ヴィレラ書翰）。これは日本の中心である都で、統治者がキリスト教に対する姿勢を初めて示したことになる。すなわち、朝廷・幕府・比叡山のうち、室町幕府はキリシタンに対して好意的な姿勢を示したのである。これを受けて、キリシタン史研究やそれを引用した研究では、この「允許状」を布教許可状と捉え、室町幕府のキリシタン政策としてキリスト教を保護したと理解する向きが主流となった。しかも、この「允許状」とされる文書が、正本ではないものの日本側にも現存するので、幕府が布教許可状を発給したのが事実であるとの見方が定着した。しかし、イエズス会に与えた「允許状」は実証的に分析せずに布教許可状とされてきたきらいがあるので、日本側の史料を引用する。

禁制

幾利紫旦国僧　波阿伝連

一、甲乙人等乱入狼藉事、

一、寄宿事、付悪口事、

一、相懸非分課役事、

右条々、堅被停止訖、若違犯輩者、速可被処罪科之由、所被仰下也、仍下知如件、

永禄三年　　左衛門尉藤原

対馬守平朝臣

（「室町家御内書案」『改訂史籍集覧』）

この文書から、「幾利紫旦国僧波阿伝連《ぱあでれ》（キリシタン国僧パードレ）」、すなわちイエズス会宣教師に宛てた禁制であることが読みとれる（清水 二〇〇一）。これまで、この「允許状」は布教許可状とされてきたが、この文書自体は禁制であってキリスト教の布教許可状ではない。しかも、この「允許状」はイエズス会の求めに応じて発給されたものであるので、ただちに幕府のキリスト教保護政策とすることはできない。また、永源庵の仲介によって禁制が与えられたとするならば、寺社とイエズス会を対立的に捉えることもできない。

そもそもイエズス会書翰にも布教許可状とは記されておらず、京都滞在が認められたことを示す文書を与えられ、これにより京都宣教が行えたと記されているに過ぎないのである（一五六一年八月十七日ヴィレラ書翰）。したがって、この「允許状」は布教許可状ではなく、滞在許可状と認識されているものであり、文書そのものは禁制であったのである。三好長慶もイエズス会に「允許状」を与えているが（フロイス『日本史』第一部三四章）、これも義輝の「允許状」と同様の捉え方をするべきであって、三好政権として明確なキリスト教政策があったわけではない。

　しかしながら、新参者のイエズス会に、寺社と同様の禁制が与えられたことに注目すれば、幕府はイエズス会を好意的に捉え、寺社と同様の扱いをしたということもできる。寺社もそうした認識をもったがゆえに、義輝の禁制がイエズス会に与えられたことにより、仏僧らはさまざまな妨害を繰り広げたといえよう。とりわけ、京都宣教を認めてこなかった比叡山は反発したようで、宣教師追放を含む十三カ条を松永久秀に送っている（一五六四年十月九日付フェルナンデス書翰）。

足利義輝像
（部分・国立歴史民俗博物館蔵）

　そこで、松永久秀は家臣の結城忠正や儒学者の清原枝賢《しげ(えだ)かた》にキリスト教とイエズス会を見定めさせることにした。ところが、両名はロレンソ修道士の説教を聞き、論破するどころか教義に納得しキリシタンになってしまった。それに留まらず、忠正の息子の結城左衛門尉《さえもんのじょう》も受洗し（一五六四年十月九日付フェルナンデス書翰）、久秀の与力である高山飛騨守・右近父子もキリシタンになった。その後も受洗の波は広がり、結城左衛門尉によって三箇

三好長慶像
（部分・東京大学史料編纂所所蔵模写）

頼照や池田教正らがキリシタンになるなど、三好長慶の家臣で領主クラスの者達がキリシタンになっていった。そして、このことが河内でキリシタンを増やすことにつながり、彼らは河内のキリシタンを支えていった。これに対して、彼らの主君である三好長慶自身がどれほどイエズス会を優遇していたかははっきりしない。しかし、長慶の家臣団からキリシタンになった者が多く輩出され、しかも河内が畿内キリシタンの拠点になったこと、そうした状況に対して長慶が何ら処罰を与えていないことから、宣教師に対して好意的であったことは間違いないだろう。

三、伴天連追放女房奉書

しかし、三好長慶は永禄七年（一五六四）に病死し、足利義輝は翌永禄八年に殺害された。これにより、畿内におけるイエズス会を取り巻く環境は一変する。

足利義輝が殺害されたことにより、畿内統治は三好義継と三好三人衆、松永久秀・久通父子が握ることになった。イエズス会は畿内のキリシタンを支える足利義輝と三好長慶という後ろ盾を失ったことに加えて、永禄八年七月五日に宣教師追放の女房奉書が出された。『お湯殿の上の日記』『言継卿記《ときつぐきょうき》』の永禄八年七月五日条に記載があるので引用しよう。

五日、（中略）今日三好左京大夫《（義継）》、松永右衛門佐《（久通）》以下悉罷下云々、今日左京大夫禁裏女房奉書申出、大うす逐払之云々、

（『言継卿記』）

五日、（中略）みよし《（三好）》みな〳〵《（皆々）》くたり《（下）》たるよし《（由）》さた《（沙汰）》あり、大うすはらひたるよし《（由）》。みよし《（三好）》申

（『お湯殿の上の日記』）

正親町天皇像（部分・泉涌寺蔵）

この二史料を読むと、伴天連追放の女房奉書は三好義継の求めによって出されたようであるが、ザビエル来日以来キリスト教に対する姿勢を示してこなかった朝廷が、ここにきて宣教師追放の立場をとったことになる。これにより、京都ではキリスト教反対派が主流となり、イエズス会は様々な妨害を受けることになった。そして、ガスパル・ヴィレラは飯盛へ、あとから畿内にやってきて宣教活動をしていたルイス・フロイスは三箇へ避難することになった。

十三代将軍足利義輝亡き後、三好二人衆と松永久秀・久通父子の間に亀裂が入る。三人衆は飯盛城の三好義継に松

永父子から離れるよう迫り、義継は三人衆と行動を共にする。松永父子は窮地に追い込まれるが、三人衆が十四代将軍に足利義栄《よしひで》を就ける動きを進めると、蚊帳《かや》の外に置かれた義継は三人衆のもとを離れ、松永父子につくことになった。

その間、三人衆に属する者のうち、篠原長房はキリスト教を優遇していた。長房は三好実休の死後の阿波・讃岐・淡路支配の中心人物であり、足利義栄を将軍に就けるために多数の軍勢を率いた人物でもある。その長房が宣教師を京都に戻すよう動いている（一五六七年七月八日付フロイス書翰）。これは日本側の史料にも見られ、『お湯殿の上の日記』永禄十年八月十二日条には、「ひうか《（日向）》、しのはら《（篠原）》、しもつけ《（下野）》、文にてはてれい《（バテレン）》御わひ事申」といった記事が見られ、三好長逸《ながやす》・篠原長房・三好宗渭《そうい》（政康）の三人が宣教師に関する詫び事を申し上げたようである。しかし、朝廷はこれに取り合わず、依然として宣教師は京都復帰ができない状態であった。宣教師の京都復帰は、織田信長が足利義昭を奉じて上洛するまで待たなければならなかった。

四、織田信長朱印状と伴天連追放綸旨

織田信長は永禄十一年（一五六八）九月、足利義昭を奉じて上洛した。その信長とイエズス会が接触するのは翌永禄十二年であった。永禄十二年正月早々に十五代将軍足利義昭の宿所本圀寺に、三好三人衆が攻撃を仕掛けてきた。この襲撃は明智光秀らの応戦により事なきを得たが、これを機に信長は二条城の普請工事を行い、その陣頭指揮を執ることにした。この二条城の普請現場を、宣教師ルイス・フロイスが訪れた。堺にいたフロイスは、当初三好方の篠原長房を介しての京都復帰を模索していた。しかし、信長の上洛と

足利義昭の将軍就任にともない、別ルートでの京都復帰に切り替えることになる。これには信長による堺接収の影響が大きいと思われる。この接収の奉行として和田惟政《これまさ》や柴田勝家、佐久間信盛らが名を連ねた。キリシタンの高山飛騨守らの働きかけにより奉行の一人和田惟政との接触が叶い、その惟政の尽力によりフロイスの京都復帰が実現した。さらに二条城普請場で織田信長との対面が果たされ、信長はフロイスと長いこと親しげに話し込んだという（一五六九年六月一日フロイス書翰）。

それから数度、フロイスは信長に会っている。フロイスは足利義昭と織田信長に「允許状」を求め、信長から永禄十二年四月八日付の朱印状を、将軍足利義昭から四月十五日付の「制札」を与えられたという。これらは現存しないものの、フロイス書翰に見られるポルトガル語訳文から、足利義輝が出した禁制と同内容のものであることが読み取れる。信長と義昭も禁制をイエズス会に与えたと考えてよいだろう（松本 二〇〇八）。この点から、信長と義昭のキリシタンに対する姿勢は、先の足利義輝や三好長慶と同じであったといえる。

織田信長像（部分・神戸市立博物館蔵）
(Photo:Kobe City Museum/DNPartcom)

キリシタン保護を政策として打ち立てたとはいえないが、宣教師を好意的に受け取っていたというものである。それでも、伴天連追放の女房奉書により京都退去を余儀なくされ、京都復帰が難航していた状況から考えれば、京都復帰が実現して京都宣教を行えることに対して、フロイスは大いに期待を膨らませたことであろう。そして、イエズス会が伝統ある京都の寺社と同じ扱いを受けたことの意味は大きいといえよう。

しかし、再び朝廷によって覆される。フロイスが「允許状」を受け取って間もない四月二十五日に、正親町《おおぎまち》天皇は伴天連追放の綸旨《りんじ》を発したのである。いきさつはこうである。四月二十日、フロイスがロレンソを連れて信長のいる妙覚寺を訪れた時、信長は同席していた仏僧日乗と宗論をさせた。フロイスが霊魂の説明を始めると、日乗は激昂してロレンソを斬って霊魂の確認をすると言って長刀《なぎなた》を手にしたが、すぐさま信長家臣によって取り押さえられ、宗論は終わった。その後も怒りが収まらない日乗は、信長と義昭にしきりに宣教師追放を要求したものの、両者から許されることはなかった。そこで、正親町天皇に宣教師の追放を要請し、その結果発せられたのが、今回の伴天連追放綸旨である。

織田信長が岐阜に戻った後に、日乗ら反キリシタンの者達が朝廷を動かしたということもあるが、正親町天皇は永禄八年の女房奉書に続き二度目の宣教師追放命令を発したのである。先の永禄十年には篠原長房らの宣教師についての詫び状にも朝廷は取り合わなかった。室町幕府のキリシタンへの厚遇に対して、朝廷は一貫して反キリシタンの立場をとった。しかも、信長はキリシタンの処遇に対して、正親町天皇に一任するとの対応を示したとフロイス書翰には記されている（一五六九年六月一日付フロイス書翰）。伴天連追放の綸旨が発せられ、京都で反キリシタンの者達のキリシタン迫害が始まると、フロイスらは動揺して信長のいる岐阜まで赴くことになった。これを歓待した信長は、再度キリスト教を庇護する約束をしたという。これに対して、朝廷も宣教師追放を強行した様子はなく、フロイスらは京都宣教を再開することができた（一五六九年七月十二日付フロイス書翰）。

このように、永禄年間における信長のキリシタンに対する姿勢は、先の足利義輝・三好長慶と同様のものであった。京都宣教のため、キリシタンまたはキリスト教を保護する者達が信長に働きかけたことによって、禁制が与えられたのである。そこに信長の積極的なキリスト教政策は読み取れない。さらに正親町天皇が伴天連追放の綸旨を発すると、信長はそれに一任するという態度を示すなど、キリスト教への対応も一貫したものではなかった。信長はキリスト教というより、ルイス・フロイスという西洋人に興味関心を抱き、好意的に対応したというのが、この時期の信長のキリスト教に対する姿勢といえるだろう。

五、荒木村重謀反とイエズス会の対応

永禄年間の信長のキリシタンに対する態度を見ていくと、信長はイエズス会宣教師に好意を抱き、イエズス会を保護したことが分かる。しかし、信長がキリシタン保護を基調にしていたかというと、そうとは言い切れない事例も存在する。その一つとして荒木村重の謀反について考えたい。

村重は摂津最大の国人である池田氏の被官であった。永禄十一年（一五六八）織田信長は足利義昭を奉じて上洛した後、九月から十月にかけて摂津に侵攻した。これに対し、伊丹忠親は信長に通じ、池田勝正は籠城して抵抗したものの降伏した。信長は摂津の支配にこの二名に加えて、和田惟政を当たらせた。元亀元年（一五七〇）、荒木村重らが池田勝正を追放して三好三人衆側に寝返り、翌二年には白井河原の戦いで和田惟政を討ち取った。ところが、信長と義昭が決定的に対立する元亀四年になると、荒木村重は信長方についた。天正二年（一五七四）に村重は伊丹氏を討ち、翌三年には有馬氏を滅ぼし摂津を統一すると、信長は村重を重用して摂津支配を一任した。

天正六年（一五七八）十月、その重用していた荒木村重が信長に謀反し、本願寺に通じた。『信長公記』によれば、「十月廿一日、荒木摂津守企逆心之由、方々より言上候」という形で信長の耳に入ったようである。信

長は「不実ニ被思食」と、あまりに突然のことであったので、松井有閑・明智光秀・万見仙千代を派遣して状況確認に努めた。フロイス『日本史』には、この時村重配下の高山右近が村重に謀反を思いとどまるよう説得したとある。村重は一度は謀反を思いとどまったものの、家臣らに促され、結局村重が信長の所へ出仕することはなかった（フロイス『日本史』第二部二七章）。これによって村重の謀反は確定されたが、このことは中国攻めを行っている羽柴秀吉の軍勢が孤立することを意味しており、信長はこの事態を一刻も早く脱する必要があった。そこで、信長はイエズス会宣教師を利用する手に出る。事の子細は、日欧双方の史料から確認でき、『信長公記』、フロイス『日本史』、イエズス会書翰が詳しい。まず『信長公記』を取り上げよう。

（天正六年）霜月九日、（中略）然而高槻之城主高山右近だいうす門徒候、信長公被廻御案、伴天連を被召寄、此時高山御忠節仕候様に可致才覚、さ候ハヽ、伴天連門家何方ニ建立候共不苦、若御請不申候ハヽ、宗門を可被成御断絶之趣被仰出、則伴天連御請申候、佐久間右衛門（信盛）・羽柴筑前（秀吉）・宮内卿法印（松井友閑）・大津伝十郎（長昌）同心申、高槻へ罷越、色々教訓仕候、勿論高山人質雖被出置、小鳥を殺、大鳥を扶、仏法可繁昌之旨相存知、此上者高槻之城進上申候、高山ハ伴天連沙弥之由御請申候、御祝着不斜、

（『信長公記』第十一）

信長は村重配下の高山右近が、「だいうす門徒」すなわちキリシタンであることに目をつけ、「伴天連」の宣教師オルガンティーノを召し寄せて、使者として高山右近を投降させるように要請した。うまくいった暁《あかつき》には、教会等をどこにでも建立してかまわないが、逆にこの要請を断ればキリシタン宗門を断絶すると伝えた。この時、これまでの信長のキリシタンに対する態度とは異なる姿勢で臨んだことが分かる。もちろん、それ

ほど村重の謀反は信長にとって火急のことで、早急に対処する必要があったともいえる。

その後のオルガンティーノと高山右近とのやりとりは、フロイス『日本史』に詳述されている。オルガンティーノの説得によって右近投降に成功し、信長から評価されたことから、記事の内容はそれを誇張した表現になっている。このため、細かい部分で史実と確定できない箇所もあるが、投降交渉のやりとりが生々しく書かれているので紹介したいと思う。

オルガンティーノは、信長の要請を承諾し、佐久間信盛らとともに高山右近のいる高槻城《たかつき》に向かった。この様子はイエズス会書翰にも見え、右近は村重に人質を出していたことから降伏することは困難であると、キリシタン達は考えたという。その場合、司祭とキリシタンを十字架にかけると脅迫されていたことから、司祭が処刑されるであろうことを嘆いた(一五七九年十月二十二日付ジョアン・フランシスコ書翰)。これに対し、信長は村重の差し出している人質と交換することで、右近が村重に差し出していた人質を奪回することを提案し、もしそれが失敗して右近の人質が処刑された場合には彼の名誉回復に努めると、宣教師に伝えた。信長は事を急がせるために、ジョアン・フランシスコとロレンソらを近江国永原に連行した。この信長の動きと宣教師の説得を受けて、村重は旧領以外求めないことを条件に自身が降伏することを信長方に伝えた。しかし、信長はこれを許さず、京都の教会にいるキリシタンすべてと、オルガンティーノを呼び寄せ、引き続き高山右近を投降させるように命じた。オルガンティーノは高槻城に入ることに成功したものの、なかなか説得できずにいたが、ついに右近が投降を決断するに至った。投降すれば人質が殺されて名誉を失い、投降しなければキリシタン弾圧が待っているが、剃髪して投降することで村重が人質を処刑することもなく、名誉を保つことができると考えたのである(フロイス『日本史』第二部二七章)。

こうして右近は投降したが、実際右近の人質が処刑されることはなかった。信長は摂津と河内両国の二都市を指定して、居住するキリシタンの課役を免除する朱印状を発給した。そして、信長はいっそうイエズス会宣教師を庇護した（一五七九年六月付オルガンティーノ書翰）。

高山右近投降までの経緯を見ていくと、かつて信長が浅井・朝倉をかくまった延暦寺に対して行った交渉と似ている。信長の協力要請を断った延暦寺が焼き討ちという結果を招いたことに鑑《かんが》みれば、高山右近の投降工作を拒否ないしは失敗していれば、イエズス会も信長からの弾圧を受けていた可能性は十分に考えられる。この一件は、信長がキリスト教をとりわけ優遇していたわけではないことを示す出来事であったといえる。

六、南蛮寺建立

ルイス・フロイスが織田信長を初めて訪問して以降、両者は親密な関係を築いたように理解されているが、実は一面的な見方に過ぎない。イエズス会の書翰を読むと、信長の「允許状」によって畿内宣教が本格化したが、安定していたわけではなかった。織田信長と足利義昭の関係は悪化し、反信長陣営は同盟を結んでいったからである。そのため、イエズス会は京都宣教を行う中で、畿内で影響力を持ち、かつキリシタンの擁護者であった和田惟政を頼りにする一方で、領主クラスのキリシタンがいた三箇の地を宣教活動の拠点の一つとしている。また、信長が失脚するようなことがあれば、篠原長房ら三好家臣の支援を受けることも期待しており（一五七〇年十二月一日付フロイス書翰）、元亀二年（一五七一）に和田惟政が白井河原の戦いで戦死した後は、いっそう彼らに依存する度合いを高めていく。

しかし、足利義昭が京都から追放され、年号が天正に改められる頃になると、再びイエズス会と織田信長の距離が縮まっていく。かつてガスパル・ヴィレラ宣教時代に建てられた京都の教会が古く傷んでいたので、イエズス会は新たに教会を建立しようと動き出した。高山飛騨守や河内のキリシタン領主らがそれを援助し、近江や紀伊で木材を調達した。問題は教会の敷地が狭く、加えて隣接する異教徒達がイエズス会に土地を売ろうとしなかったことであった。そのため、イエズス会は教会の上に二階・三階を設けることにした。これに対して、下京の町衆が反対して「天下所司代」の村井貞勝に訴えたが、貞勝は受け付けなかった。その後、彼らは安土に行って信長に訴える考えであったが、それより先にイエズス会がコスメ修道士を派遣して、信長から京都での教会建立の許可を得たのであった。こうして教会建築は進められ、建築途中であったが、天正四年（一五七六）八月十五日に「被昇天の聖母マリア」と呼ばれたこの教会で、司祭オルガンティーノによって初ミサが行われた。教会には上層が設けられ、六つの部屋があったという（一五七七年九月十九日付フロイス書翰、フロイス『日本史』第一部一〇五章。図版は五二頁参照）。

七、安土セミナリオ

天正七年（一五七九）、安土城天主が完成して信長が移り住むと、安土城下の建設も活発になった。イエズス会宣教師は、この安土に教会と修道院を建てることを重要視し、安土城を訪問するにあたって、信長から地所を得られるか模索した。信長が地所を与えれば、イエズス会は信用と名誉を得られ、様々な所から安土にやってくる者達によって、キリスト教が日本全国に広まることになると期待したと思われる。信長は宣教師の安土城訪問を歓待したので、宣教師オルガンティーノはこの機を逃さず、教会と修道院の建設を希望した。すると信長は、安土山と城下町の間にある湖の小さな入江を埋め立てた、良好で広大な土地をイエズス会に与えた。信長の家臣が望んだが、信長は彼らには与えなかった土地であった（一五八〇年度日本年報、フロイス『日本史』第二部二五章）。

これについては、日本側の史料である『信長公記』にも記されているので引用する。

（天正八年）閏三月十六日より、菅屋九右衛門〔長頼〕・堀久太郎〔秀政〕・長谷川竹〔秀一〕両三人為御奉行、御構之南、新道之北ニ江をほらせられ、深田を填させ、伴天連ニ御屋敷被下、

（『信長公記』第十三）

安土セミナリオ跡（滋賀県近江八幡市）

安土城下にイエズス会のために屋敷が与えられたとあり、宣教師の史料と概ね一致する。安土城下建設において教会や修道院の建築を認めるなど、信長が彼らを歓迎している様子が窺《うかが》える。

オルガンティーノはこの地に短期間で修道院を建築することにし、高山右近らが援助して建築作業が進んだ。一階には茶室を備えた座敷が造られ、二階には襖《ふすま》で仕切った部屋があり、さらに三階には神学校として使用できる部屋を設けたという。この建物に信長も興味を持ったようで、天正九年（一五八一）十月七日に鷹狩りの帰りに「伴天連所へ御立寄、爰ニ而御普請之様子被仰付」と、見物に行った様子が『信長公記』（第十四）に記されている。

先の京都南蛮寺とも合わせて考えてみると、信長は教会や修道院建設に対して好意的であり、優遇している様子が窺える。また、こうした建物に興味を抱いている様子が見て取れる。

まとめ

信長のキリスト教に対する姿勢について、いくつかの事例を挙げながら確認してきた。信長はイエズス会に概ね好意的であったというのが正しい見方であり、この点は従来言われてきたとおりである。ただし、キリスト教を一つの宗教、またイエズス会を宗教集団として見た時の信長の政策は、仏教のそれと差が見られるものではない。イエズス会が信長から優遇されたのは、信長に敵対することなく、良好な関係を築いていたからにほかならない。仏教勢力の中にも同様に優遇された寺社もあることから、イエズス会と寺社を対比して捉えるべきではないのである。むしろ、十六世紀半ばに来日し、キリスト教という新たな宗教を宣べ伝えたイエズス会が、伝統ある既存の寺社と同等に扱われたという点にこそ注目すべきであろう。織田信長は日本の一宗教としてキリスト教を受け入れたと評価することができ、信長のとった行動は日本キリスト教史において特記すべきことといえよう。

ただし、信長のキリシタンに対する姿勢を裏付ける史料が、一部『信長公記』等に見られるものを除けば、ほとんど宣教師の書いたイエズス会史料である点は無視できない。そして、同史料が自身に都合のよい記述になっていることも否めない。したがって、イエズス会史料を文言どおりに鵜呑みにするべきではないが、かといって価値のない史料として切って捨てるべきでもない。ここで述べてきたように、事実関係を精査したうえで、信長のキリスト教およびイエズス会との関わり方について考える必要があろう。

〈参考文献〉

東京大学史料編纂所『日本関係海外史料 イエズス会書翰集』（一九九〇～二〇一四）
松田毅一監訳『十六・七世紀イエズス会日本報告集』（同朋舎出版、一九八七～一九九八）
松田毅一・川崎桃太訳『フロイス日本史』（中央公論社、一九七七～一九八〇）
※本文で取り上げたイエズス会書翰、フロイス『日本史』については、右の訳書を参考にした。
天野忠幸『戦国期三好政権の研究』（清文堂出版、二〇一〇）
神田千里『信長と石山合戦 中世の信仰と一揆』（吉川弘文館、一九九五）
五野井隆史『日本キリスト教史』（吉川弘文館、一九九〇）
清水紘一『織豊政権とキリシタン 日欧交渉の起源と展開』（岩田書院、二〇〇一）
松田毅一『近世初期日本関係南蛮史料の研究』（風間書房、一九六七）
松本和也「イエズス会宣教師宛織田信長朱印状」（『日本史攷究』三二号、二〇〇八）

秀吉とキリスト教――宣教統制令から禁教令へ――

清水有子

はじめに

豊臣秀吉の対キリスト教政策をとりあげる。秀吉とキリスト教の関係は、初期の友好的関係から一転、天正十五年（一五八七）六月十九日にいわゆる伴天連追放令を発令したことで、敵対的関係へと変化した。キリスト教禁教令の発令は新たな時代を切り拓いた天下人の権力の特質に関わる重要な問題といえるが、秀吉の伴天連追放令に関しては史料の少なさと、当時の宣教師も予測できないほどの急展開であったことから、その発令意図については見解が分かれ、禁教令とよぶべきではないという議論もある。そこで本稿では、前後の政策を見ながら伴天連追放令の発令経緯を解明し、その歴史的意義を考えてみたい。

はじめに、伴天連追放令以前の豊臣秀吉と教会との関係を、ルイス・フロイス著『日本史』で確認しておこう（なお次の引用文では、ポルトガル語原文を参考に、松田・川崎訳を一部改変した）。

巡察師（A．ヴァリニャーノ）は、都から三十里の播磨の国へ別の布教を命じ、一人の日本人修道士（松田注・ロレンソ修道士か）の説教者を（そこに）派遣したが、その機会に（彼をして）信長の武将で、毛利の国々の

豊臣秀吉像（部分・堺市博物館蔵）

征服に従事していた羽柴筑前殿 Faxiba Chicugendono を訪問させることにした。（筑前殿）は修道士を快く迎え、彼の主要な町に、司祭たちが教会を建てキリシタン集団を作るために地所を提供した。

（第五十四章）

秀吉は播磨で修道士に会い、「彼の主要な町」すなわち姫路の城下町に宣教用地を与えたとある。その時期は、秀吉が中国地方攻略のため鳥取に到着したのが天正九年（一五八一）七月十二日であり、同年十二月には安土に行き織田信長に会っているから（藤井編 二〇一一）、この間の出来事であっただろう。

関白職に就いた後も秀吉の教会に対する友好的な態度は変化がなく、天正十四年（一五八六）三月十六日、秀吉はイエズス会日本準管区長ガスパル・コエリュとその一行を大坂城で引見し、教会保護状を与えて、日本における宣教活動を承認した。

こうした秀吉の政策は、主君の織田信長のそれを継承したものといえる。信長は宣教師を何度も秀吉ら家臣の前で厚遇したほか（清水有 二〇一五）、永禄十二年（一五六九）には教会保護状を与えていたからである（清水紘 二〇〇一）。

一、一日違いの法令

天正十五年（一五八七）六月、豊臣秀吉は九州を平定すると従来の政策を転じ、筑前筥崎《はこざき》でキリスト教に関連する十八日付と十九日付の二つの法令を発令して、宣教師の国外追放を命じた。これらの法令はわずか一日違いで内容を異にしていることもあり、秀吉の真意をめぐり、研究者の間で見解が大きく分かれている。

まずは問題の二つの法令について、それぞれの内容と原典を確認しておこう。

覚

一　伴天連門徒之儀ハ、其者之可為心次第事、（第一条）

一　国郡在所を御扶持ニ被遣候を、其知行中之寺庵・百姓已下を心さしも無之所、押而給人伴天連門徒可成由申理不尽成候段、曲事候事、（第二条）

一　其国郡知行之義、給人被下候事ハ当座之義ニ候、給人ハかはり候といへ共、百姓ハ不替もの候条、理不尽之義何かに付て於有之ハ給人を曲事可被仰出候間、可成其意候事、（第三条）

一　弐百町二三千貫より上之者、伴天連ニ成候ニおゐテハ奉得　公儀御意次第成可申候事、（第四条）

一　右之知行より下を取候者ハ八宗九宗之義候条、其主一人宛ハ心次第可成事、（第五条）

一　伴天連門徒之儀ハ一向宗よりも外ニ申合候由被聞召候、一向宗其国郡ニ寺内をして給人へ年貢を不成、幷加賀一国門徒ニ成候而、国主之富樫を追出、一向宗之坊主もとへ令知行、其上越前迄取候而、天下之さはりニ成候儀、無其隠候事、（第六条）

一　本願寺門徒・其坊主、天満ニ寺を立させ雖免置候、寺内ニ如前々ニは不被仰付事、（第七条）
一　国郡又ハ在所を持候大名、其家中之者共を伴天連門徒押付成候事ハ、本願寺門徒之寺内をたて候よりも不可然義候間、天下のさわり可成候条、其分別無之者ハ可被加御成敗候事、（第八条）
一　伴天連門徒心さし次第ニ下々成候義ハ八宗九宗之儀候間、不苦事、（第九条）
一　大唐・南蛮・高麗へ日本仁を売遣候事、可為曲事、付、日本ニをいてハ人之売買停止之事、（第十条）
一　牛馬を売買・殺し・食事、是又可為曲事事、（第十一条）
　　右条々堅被停止畢、若違犯之族有之は、忽可被処厳科者也、
　天正十五年六月十八日

（「三方会合記録」。平井　一九八六掲載の原本写真から翻刻した）

　この六月十八日付「覚」は、国内外で唯一、伊勢神宮に数点の写本が残っている法令である。文中の「伴天連」はパードレ（神父）を語源とするが、宣教活動に携わるイルマン（修道士）や、キリシタン大名の高山右近などの俗人もまた含むと考えられる。

　十一カ条の内容を整理すると、最も多くを占めるのは、給人（領主）が領内でキリスト教への強制的改宗を命じているが、それは問題であるため禁止する、という趣旨の条項である（第一〜三条、六〜八条）。次いで一部の武士のみ入信を許可制とする条項があり（第四、五、九条）、最後に人身売買の禁止（第十条）、食牛馬売買の禁止（第十一条）が触れられている。

　キリスト教に関してこの法令で秀吉が意図しているのは、全面的禁止でも容認でもなく、「統制」である。第一条の「伴天連門徒のことは、その者の心次第であるべきだ」は、一見キリスト教への入信の自由を認め

るための条項であるようにも読めるが、その後の条項とあわせ読むと「伴天連門徒のことは、強制せず、その者の心次第の改宗とすべきだ」という意味であることがわかる。積極的にキリシタン信仰の自由を保障しているわけではなく、強制改宗が行われていることを非難しているのである。

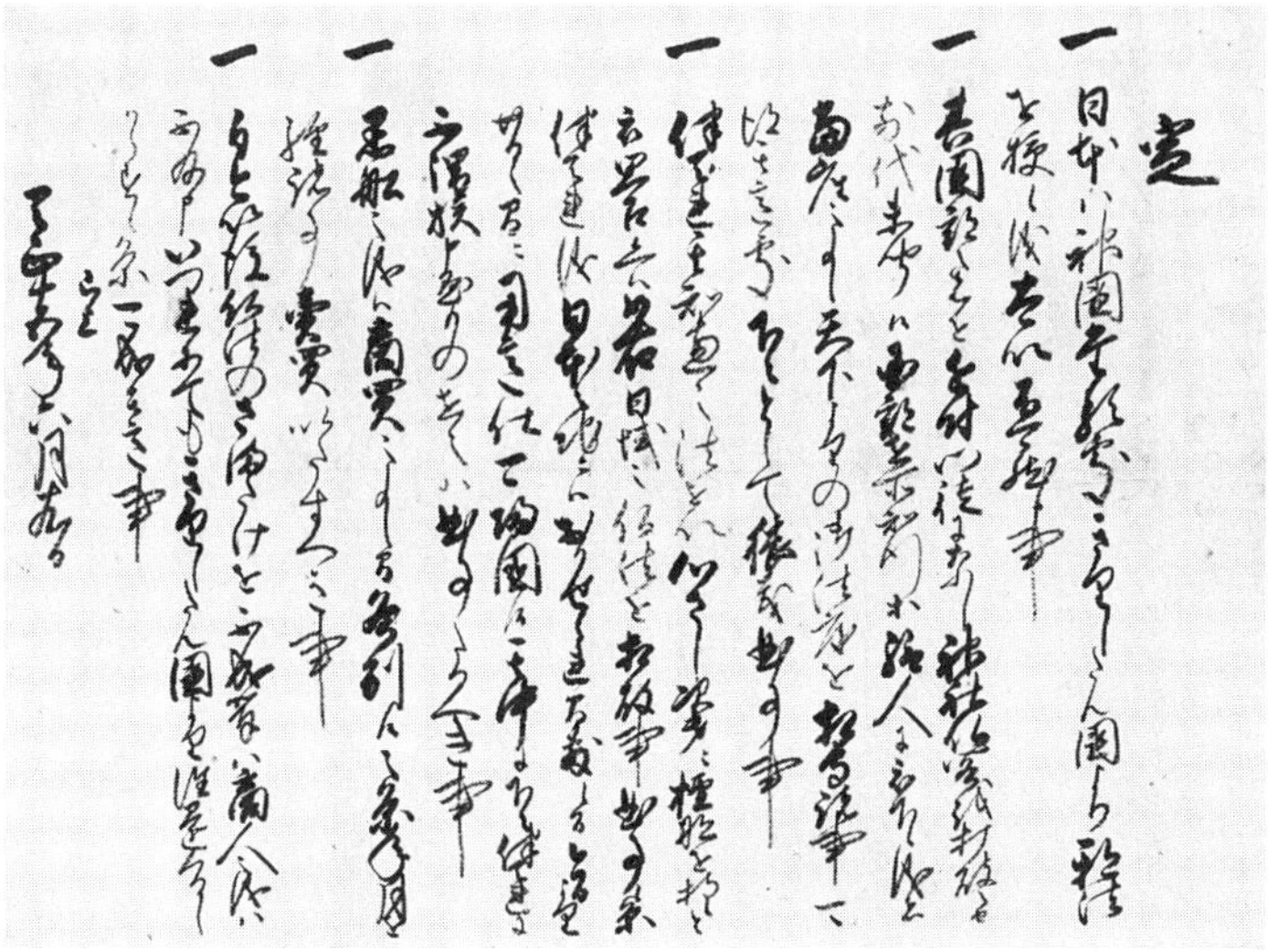

伴天連追放令（天正15年6月19日付・松浦史料博物館蔵）

第四条では、高禄（「弐百町二三千貫より上」）の武士の改宗にあたっては秀吉の許可（「公儀御意」）が必要であるとする。これは、第二条にあるように、給人がその意思もない百姓以下を無理やり改宗させていることへの具体的対策といえる。

ではなぜ、強制改宗がいけないのか。秀吉によると、給人は当座の領民支配を認められているにすぎないのだから、その領民を強制的に改宗することは理不尽である。そうした伴天連門徒の活動は、本願寺門徒のそれを超えている。本願寺門徒は年貢を納めず、国主を追い出した「天下之さはり（障）」である（第六条）。だから領主の強制改宗は、そうした本願寺門徒の、寺内を立てるなどの自治行為よりも危険だとする（第八条）。高禄武士の改宗を許可制とし、統制下に置くゆえんである。

次に、翌六月十九日付の法令を見よう。

定

一　日本ハ神国たる処、きりしたん国より邪法を授候儀、太以不可然候事、（第一条）

一　其国郡之者を近付、門徒になし、神社仏閣を打破之由、前代未聞候、国郡在所・知行等、給人に被下候儀者、当座之事候、天下よりの御法度を相守、諸事可得其意処、下々として猥義、曲事事、（第二条）

一　伴天連其知恵之法を以、心さし次第ニ檀那を持候と被思召候へハ、如右日域之仏法を相破事、曲事候条、伴天連儀、日本之地ニハおかせられ間敷候間、今日より廿日之間ニ用意仕、可帰国候、其中に下々伴天連に不謂族申懸もの在之ハ、曲事たるへき事、（第三条）

一　黒船之儀ハ、商買之事候間、各別候之条、年月を経、諸事売買いたすへき事、（第四条）

一　自今以後、仏法のさまたけを不成輩ハ、商人之儀ハ不及申、いつれにてもきりしたん国より往還くるしからす候条、可成其意事、（第五条）

已上

天正十五年六月十九日

（松浦史料博物館所蔵「松浦文書」）

この法令は、前日のものと対照的に、写本が松浦家のほか各地に残されている。その趣旨は、日本が「神国」、キリスト教が「邪法」であることを掲げて、伴天連の国外追放を命じ、一方で南蛮船貿易の続行を命じる、というものである。その理由として、寺社破壊をともなう領民の強制改宗が指摘されている（第二、三条）。日本におけるキリスト教の禁止をうたう内容である。

二、二つの解釈

さて以上二つの法令を通して、結果として豊臣秀吉が禁教令を発したとみるか否かについて、見解が分かれている。

一方は、秀吉は禁教令を発令しなかったとする説である。最初にこの考え方を示した渡辺世祐氏は、十八日令は全国の民衆に向けた信仰の制限付禁制であり、十九日令は国外向けの宣教師追放と貿易に関する法令である、と解釈した（渡辺 一九三九）。つまり、国内では十九日以降も十八日令が掲げられ、秀吉は禁教令ではなく、キリスト教制限令を意図していた、ということになる。宣教に関する二法令の内容の矛盾を解消するために、法令の対象が異なると考えたのである。

著名なキリシタン研究者の海老沢有道氏も、十八日令は諸侯向けの信仰制限を命じた禁制であり、十八日の日付は誤りで、十九日令とともに発令されたものである、したがって禁教令とはいえないと述べた（海老沢 一九七一）。つまり、渡辺説と基本的には同じ考え方に立っている。

近年も山本博文氏が、十八日令は伊勢神宮の求めに応じて出した禁制であり、十九日令は宣教師宛ての命令であって、禁教令は発令されたとはいえないと述べた（山本 二〇〇九）。神田千里氏も、十九日令は国内勢力との協調を拒否したイエズス会への制裁措置とよぶべきもので、この時点で秀吉に禁教の意図はなかったと述べ、渡辺説を継承している（神田 二〇一一）。

しかしながらその一方で、渡辺説とは異なり、秀吉は最終的に禁教令を発令したという研究者もいる。

例えば三鬼清一郎氏は、十八日令は同日の段階で秀吉か側近者がその一方的意思を伊勢神宮に伝えた文書にすぎないのではないかと推測し、十九日令は禁教令として広く公布されたと述べた（三鬼　一九八三）。安野眞幸氏も法令文言の分析から、秀吉は十八日令で自由改宗を認めているが、十九日令では宣教活動そのものを禁止しており政策は転換している、と指摘した（安野　一九八九）。その他にも、前後の政策を含めて検討すると、秀吉は対外構想を背景とした全国令としての十八日令を策定し、法文を伊勢神宮に送付したが、翌十九日のポルトガル船長との会見で構想自体が破綻したため、同日付禁教令を発令したという説（清水紘二〇〇一）、秀吉はキリシタン大名の勢力削減策として十八日令を出したが、高山右近の棄教拒絶を受けて態度を硬化させ、十九日令を発令したという説がある（藤田　二〇〇一）。いずれも解釈に微妙な違いはあるものの、十八日令から十九日令への変化は、秀吉の対キリスト教政策が許可から禁止へと転換したことによるととらえる点で共通しており、渡辺説とは異なる考え方に立っている。

二つの法令の因果関係をどのようにとらえるかは、秀吉の禁教政策を理解するうえで極めて重要な問題である。しかしながらこれまでのところ、上記の二説が並立しており、解決の糸口は見出されていない。

三、禁教令の発令

筆者の考えは、次のようなものである。結論から言えば、二つの法令について、発令対象の内外の切り分けという論理を使い両者が併存したと考えるよりも、十八日のキリスト教統制令から翌日禁教令に政策が転換したとみるほうが、いろいろな理由から妥当である。第一に、豊臣政権がなぜ切り分けをする必要があったのか積極的な意義が見出せないし、次のように両法令の布達範囲を検討すると、切り分けという考え方そのものが成立しないからである。

まず十八日令については、伊勢神宮のみに宛てられたわけではなく、全国に触れるつもりで作成されたものとみなされる。なぜなら第十条の人身売買禁止と、第十一条の食牛馬売買禁止の項目は、全国に周知しなければ意味をなさない内容といえるからである。九州平定直後の段階で作成されたことを考えると、この法令は、日本の君主になることを自覚しつつあった秀吉が、南蛮勢力への基本姿勢と、国土人民の統治原則、例えば第三条の給人は交替しても百姓は替わらないといった原則を、国内に広く、現実的な射程としては宗門勢力がいる畿内以西に宣明したものと考えられる(1)。

翌日の十九日令は、フロイス『日本史』や藤田達生氏の研究が明らかにしているように(藤田 二〇〇一)、宣教師に手交されただけではなく、博多、京都、堺、奈良、紀伊、伊勢神宮ほか、国内へ広く通達された形跡がある。要するに両法令は、同一人物による同一の射程を意識した法令である。すると宣教に関して十八日は統制令であるが、翌日は禁止令であるから、前者の条項は自ずと取り消されることになる。

宣教師の記録からも、六月十九日当日に宣教統制から禁止へと秀吉の政策が変化していった様子を跡付けることができる。

フロイス『日本史』によると、秀吉は六月十四日、イエズス会準管区長のガスパル・コエリュ G. Coelho に対し、博多市中に教会建設用地を与えた。しかし翌日、前年に約束していた長崎教会領の安堵状は発給しないまま、コエリュに長崎への帰還を勧めている。つまりこの時点で秀吉には、長崎から、朝鮮侵攻の基地として「殿下御座所」とする予定であった博多へと、ポルトガル船とイエズス会の本部を移動させる考えがあったことがわかる。さらに十八日には宣教の統制を命じているのであるから、この日まで秀吉には、教会勢力と彼らの宣教活動とを、自己の統制下に置く意思があったことになる。

しかし翌日、そうした構想を否定する事件が起きた。一五八七年十月二日付平戸・度島発イエズス会総会長宛フロイス書簡から、十九日当日の出来事を整理しておこう(2)。

まず、ポルトガル船司令官のドミンゴス・モンテイロが立派な贈物を携えて秀吉を訪問した。これは秀吉にかつて命令されていた博多への廻航が不可能であることを告げるための訪問であった(3)。つまりこれで、イエズス会ら南蛮勢力を博多で掌握せんとする先の秀吉の計画は、破綻したことになる。

同日夕方、秀吉は突如として有力キリシタン大名の高山右近に使者を送り、棄教を勧告した。その際に秀吉は、右近が高槻や明石の領民をキリシタンにし、寺社仏閣を破壊したことを責めている。モンテイロの謝絶により南蛮勢力の統制は困難と判断し、最も熱心に宣教をしていたキリシタン家臣の右近を棄教させることで、宣教拡大に歯止めをかけようとしたのであろう。しかし右近は敢然《かんぜん》と拒絶する。対して秀吉は二度目の伝言を送るが、これについては後述しよう。

同夜、秀吉は次の手として、フスタ船で眠りについていたイエズス会準管区長コエリュへ詰問の使者を送り、詰問のため浜辺の陣屋に行くよう求めた。

詰問の内容は次の三点である。第一、汝らはなぜ普通ではない宣教方法をとるのか。仏僧のやり方を見習い、九州に留まるように。それが嫌なら全員中国(マカオ)へ帰還せよ。第二に、汝らはなぜ牛馬を食べるのか。予が与える動物以外のものは食さないように。これが不服なら、ナウ船は今後日本に来航しないことを希望する。第三に、来日するポルトガル人ほかが多数の日本人奴隷を購入し輸出するのは許し難い行為であるから、宣教師は彼らを返還するために取り計らうように。費用は予が支払うであろう。

右に対するコエリュの返答は、次のようなものであった。第一について、宣教に強制手段は用いられておらず、日本人がデウスを堅く信じて、いとも容易に偶像を放棄したのである。我々が宣教のため各地を旅することは事実であるが、宣教地を九州に限定することはできない。第二の食牛馬について、今後はポルトガル商人に対しても注意を喚起する。ただし日本人が売りに来る以上、彼らが止めるかは保障の限りではない。第三、我々もこの忌むべき人身売買を廃止しようと苦労してきた。大名領港で取引がなされないよう、殿下から厳重に禁止していただきたい。つまり第一については、明らかに不服従とする返答である。

以上が十九日の出来事であり、翌早朝、秀吉は十九日令をコエリュに通達した。このうち注目されるのは、秀吉の高山右近に対する二度目の伝言である。秀吉と右近とのやりとりを詳細に記録した別の書簡を見ると、秀吉はこのとき「キリシタンの掟は悪魔のもの」「もし右近殿がこれ（筆者注・佐々成政の与力になれとの命令）を容れなければ、バテレンと共に、中国へ行かねばならない」などと伝えたとある（一五八七年十月一日付アントニオ・プレネスティーノの書状。Jap. Sin. 51. f. 67.）。フロイスは一五八七年十月二日付のイエズス会総長宛書簡で「この伝言を通して相手（右近）は、彼（秀吉）が、彼を日本から国外追放するつもりだということがわかった」（Jap. Sin. 51. f. 50）と述べている。つまり十九日令の、キリスト教を邪法とし、宣教師を国外追放するという宣教禁止の法理が、右近の棄教謝絶を契機に登場している。秀吉は右近の謝絶を受けて、統制から禁教令へと構想の切り替えを考え始めたことがわかる。そしてそのあとに続く、右近とコエリュの不服従を旨とする回答が、禁教令への転換を決定したといえよう。

四、禁教令発令の理由

それでは、秀吉がキリスト教の統制について、禁止する必要があると考えた理由は何か。先行研究では、キリスト教の神に対する領民―領主規模の服従・団結が、秀吉の天下統一事業を阻害するものだった（奈倉 一九七六、五野井 一九九〇）、天皇を超越しようとした秀吉の「神国」に反するキリシタンを排撃する必要があった（村井 二〇〇〇）、キリシタン教会の特徴である信仰共同体に本願寺的性格を見て警戒した（川村 二〇〇七）、などの理由があげられている。

このように先学はいずれも、キリスト教の拡大は秀吉の国内統治を阻害する問題であり、そのために追放令は発令されたと指摘した。本稿ではこの見解に学びつつも、日本の君主（天下人）となりつつあった秀吉が、南蛮勢力との関係を前に、そうした統治の問題を日本の国家的な利害に関わる問題として、強く意識していたという点を付け加えておこう。

さきに秀吉は、十九日の夜、食牛馬、人身売買問題とあわせてコエリュに改宗方法について詰問したと述べた。その内容はフロイスによって、次のように記録されている。

第一［の事柄］は、汝らがこの日本の地で［人々を］強制してキリシタンにする理由は何か（この晩の伝言は、それでもなお、総て悪魔が支配するままになって申し渡した翌日のものに比べれば和らげられていた）。汝らは他の宗派の仏僧たちと協調したほうがよかった。彼らは彼らの家の中やその寺院内で説教するが、自分の宗派にしようとする汝らのように、非常な欲求をもって人々を駆り立てつつ、一地方から他の地方へと歩きまわりはしない。よって今より以後、汝らが全員ここ下（九州）に戻るよう命じる。そして、日本の宗教者たちの行うような通常のやり方による以外のやり方で、汝らの宗派を弘めようと望んではならぬ。そしてもしそれをすることを望まないのなら、汝らはみな中国へ帰るがよい。［その場合］予は都、大坂、そして堺の修院と教会の財産を接収するよう命じ、その中にある汝らの家財は明け渡すよう命じる。そしてもし今年は中国からナウ船が来ないために帰国する機会もなく、［あるいは］帰路の旅費もないのなら、予は一万クルサードに値する米一万俵を帰る費用として遣わそう。

第二の事柄は以下の通り。汝らが馬や牛を食する理由は何か。これは道理に反することである。何故なら馬は交通において人間の労苦を軽減し、荷物を車で運び、戦争で奉仕するために養育されたものである。牛は、それを使って土地を耕すため［に養育され］、農民が食物を栽培する道具である。しかし汝らがそれらを食するならば、人々にとって大変重要なこの二つの恩恵を日本の土国はだまし取られることになる。そしてもし中国からナウ船でやって来るポルトガル人、ともにいる汝らも、やはり馬や牛を食することなく生きる決心がつかないのなら、全日本の君主である予が、多量の鹿、野生の豚、野生の犬、狐、野生の鶏、ホエ猿、その他の動物を、［汝らもポルトガル人も］それらを食して、国民全体の財産として必要な動物の土地を破壊せぬために、狩るよう命じよう。もしそれを受け入れないのなら、むしろナウ船が日本に来ることを［予は］希望しない。

第三の事柄。予は当地にやって来るポルトガル人と、シャム人と、カンボジア人が大量の人間をここで買い取り、故国の日本人、その親族、息子や友人を捨てさせて、奴隷として彼らの国に連れていくことを知っている。そしてこれは我慢ならないことである。それゆえパードレは、今日までインドやその他の僻遠《へきえん》の地に売られた総ての日本人がもう一度日本に帰還できるよう計らわれよ。彼らが非常に遠くに、僻遠の国々にいるために、それが可能でない時には、少なくとも現在買い取った者たちを解放されよ。予は彼らを買い取るので銀を遣わそう。


（Jap. Sin. 51, ff. 50v-51. 神田 二〇一二収載訳を参照した拙訳）

傍線部から、秀吉は自らを日本の君主とよび、その立場から日本国内の民と牛馬を南蛮勢力が侵食していると問題視していたことがわかる。九州を制覇した段階で日本の君主として、キリスト教を含めて国益を損なう要素をもたらす南蛮勢力は統制される必要があることを、内外に広く宣言する必要を感じていたと理解されるのである。

ではキリスト教は、具体的にはどのような点で国家的な問題になると秀吉は認識していたのだろうか。六月二十日早朝、秀吉が貴族と高位の家臣たちの前で行った演説の記録を見てみよう。

日本の祖、イザナミ、イザナギの子孫たる我らは、当初から神と仏を崇敬してきた。もし我らが、これらの犬ども（宣教師）の為すがままに任せるならば、我らの宗教とその教えは失われてしまうであろう。奴らは大いなる知識と計略の持主であり、自分たちの教えを権威づけようとして、予と関わり合い、今日まで予の好意と庇護を利用してきた。予は予の甥たち、兄弟たち、博士たち、貴人たちのことを心配している。彼らが奴らの欺瞞《ぎまん》と虚偽に陥ることがあってはならない。なぜなら［奴らの］雄弁にしてよく仕組まれた言葉、および汝ら（演説の聴衆）に食物として供する甘物の中に毒を潜めているからである。もし予が深く注意し自覚して処していなければ、予もすでに欺《あざむ》かれていたことであろう。奴らは一面、一向宗に似ているが、予は奴らのほうがより危険であり有害であると考える。なぜなら汝らも知るように、一向宗が弘まったのは百姓や下賤の者の間に留まるが、しかし相互の団結力により、加賀においては、その領主（富樫氏）を追放し、大坂の僧侶を国主とし主君として迎えた。［顕如］は、予の宮殿（大坂城）、予の眼前にいるが、予は彼に築城したり、住居に防壁を設けたりすることを許可していない。だが奴らは、別のより高度な知識を根拠とし、異なった方法によって、日本の大身、貴族、名士を獲得しようとして活動している。彼ら相互の団結力は、一向宗のそれよりも鞏固《きょうこ》である。このいとも狡猾《こうかつ》な手段こそは、［日本の］諸国を占領し、領土を征服せんとするためであることは微塵だに疑惑の余地を残さぬ。なぜならば、同宗派の全［宗徒］は、その宗門に徹底的に服従しているからであり、予はそれらすべての悪を成敗するであろう。

(Jap. Sin. 51. f. 52. 拙訳にあたりフロイス『日本史』第十六章の松田・川崎訳を参照した)

傍線部のように秀吉が問題としているのは、外国と連携するキリシタン宗門が、日本国内で階級を超えて結集し、拡大している点である。十八日令の第六条でも、キリシタンが「一向宗よりも外ニ申合」せる宗門勢力であり、「天下之さはり」である、と規定していた。二十日朝の演説では日本の領土が征服されるとしているが、しかし領土征服といってもイエズス会士の武力征服計画（高瀬 一九七七）などを問題にしているのではなく、宣教師が日本で全階層の人々を宗門に引き入れ、仏教とは異なる知識・方法を媒介として団結し、非常な勢いで拡大していることを問題としたのである。

それはなぜかといえば、キリシタンは、秀吉の目指す民心支配政策に決して包摂されない、独自の価値体系や運動論理を有していたからであろう。秀吉は追放令の前年天正十四年（一五八六）四月頃より、京都に新大仏建立を計画し（河内 二〇〇八）、神仏を介した民の心の統治を目指していた（大桑 一九八九）。これが秀吉の構想し提示した、「神国」という日本国家の民衆統治策であった。しかし「きりしたん国」のキリスト教は、そうした統治に必要な「日域之仏法」を破壊する、「邪法」にほかならない。つまり伴天連追放令の発令は、秀吉自らが頂点に立つ「神国」をつくるためというよりも、彼がこの頃意識しはじめた、安定した民衆統治がなされる日本国家＝「神国」づくりのための政策であったと考えられる。

総括すれば、秀吉は六月十八日までは、南蛮勢力と結びつく伴天連門徒の拡大を国家統治の障害とみなし、当初は統制下に置いて対処することを考えたが、十九日のモンテイロ、高山右近、コエリュの態度はそうした統制策への不服従を示すものであったため、同日中に統制から禁止へと政策を転換した、ということができる。

おわりに――伴天連追放令以降――

では追放令発令以降、豊臣政権とキリシタンとの関係はどのように推移したのだろうか。最後にこの問題を通して、伴天連追放令発令の意義を考えてみよう。

次の史料は、一五八八年の和暦五月十日付で、小西如清ら畿内のキリシタン十一名がイエズス会総会長に宛てた手紙であり、日本語で認められている。

然に都におゐて此御をしへ《教え》の理をのへ《宣べ》給ふによつて、あまた大名御さつけ《授け》をうけ、其根ふかくさし入を以て、千五百八十七年の夏今日本をおさめ給ふ関白殿、此教をはらひ《払い》申すへきとの下知をなさるゝに依て、所々恵け連しや（教会）一度に相果、諸のPeいるまん（宣教師）、舟本（船着場）をさして退散し給ふ、いつくしくかさり《飾り》たてたる一村、一日のうちにくつれ《崩れ》ける事、あさましきかなと申あへり、（中略）諸Peいるまんもろともに、山ふかき所をもとめひそかにのこりとゝまり《留まり》給ふ、（中略）めすてれふらん志ゝこ（フランシスコ・ザビエル師）御渡海よりは四十余年さまさまの妨ありといへ共、かゝる大事は今はしめ《始め》也、

（Jap. Sin. 186a. No. 7.）

一五八七年夏に関白秀吉が「教えを払え」と命令したことにより、所々の教会が絶え果て、宣教師は九州に逃れた、と報告している。キリシタン自身の認識としても十九日令は禁教令であったことがわかる。

教会施設に関しては、一五八八年度の「イエズス会日本年報」に都・大坂・堺の教会と修道院が破壊されたとあり、「以上のような事態をうけ、我らはついに次のようなことを思いしらされた。この迫害は一時の怒りによるものでもなければ、やがて緩和されるものでもないと。件の修道院を関白殿が破壊せずにいる間、我らは甘い期待を抱いていたのだが、（中略）その期待は裏切られた」（Jap. Sin. 45II, f. 153v.）とある。このように主要都市の教会が破壊・閉鎖され、イエズス会士たちは九州のキリシタン大名領での逼塞《ひっそく》を余儀なくされた。

しかしながら、その後の宣教は回復している。「一五八九年度日本年報」は、下《しも》教区（豊後を除く九州地方全般）で改宗者は総計五一一〇名、すなわち追放令以前を少し下回る規模の改宗があった、としている。同教区では一五九〇年度の総計一六一二五名をピークとし、一五九六年度には総計三五八九名まで減少するが、同年度は豊後教区で多数の改宗があったため、全体としては大人の受洗者だけで八〇一一名を得ている。一五八〇年度には一万人であったから、約二割減にとどまったということになる。

都《みやこ》教区では、一五九〇年度以降宣教が復活し、年を追うごとに漸増《ぜんぞう》し、一五九六年度には六〇〇〇名の改宗者を見るまでに回復した。伴天連追放令発令後も、ダメージを最小限に抑えつつ、宣教活動は精力的に行われていたのである（清水有二〇一〇）。

しかしこの間も、秀吉は決して禁教令を撤回しなかった。イエズス会巡察師ヴァリニャーノ A. Valignano は、一五九〇年にインド副王使節の名目で来日したが、このとき秀吉は、天正十九年（一五九一）七月二十五日付の外交文書（『異国往復書簡集』）を交付した。残されているその案文を見ると、日本を「神国」とし、キリスト教は「邪法」である、「胡説乱説」を為すなかれ、すなわち宣教は禁止すると明記している。ただし同時に貿易は許すとしており、秀吉はこの方針に基づき、ヴァリニャーノの要請に応じて、宣教師十名が人質という名目で日本に滞在することを許した。この時期のマカオ（ポルトガル）貿易を円滑に遂行するためには、イエズス会士を介在させざるを得ず、やむなくそうした措置を講じたのである。秀吉が禁教令を掲げながら、彼らの宣教活動を黙認せざるをえなかったゆえんである。

同じ時期に秀吉はルソン貿易の収益を政権基盤に取り込むため、御用商人の原田喜右衛門を介してルソン（フィリピン）外交に着手し（清水有二〇一二）、ルソン総督使節として来日した托鉢修道会士バウティスタP. Bautistaらの日本滞在を、宣教しないという条件を付けて許可した。しかしバウティスタは京都の下層民を中心に、大坂でも精力的な宣教を展開した。このように秀吉の伴天連追放令は、マカオ、ルソンとの南蛮貿易とキリスト教禁教を二本立てで行っていこうとする秀吉自身の商教分離政策によって、骨抜きにされてしまったかのように見える。

しかし慶長元年（一五九六）十月十七日、スペイン船サン・フェリペ号が土佐に漂着し、秀吉はその積荷を没収した後、十二月十九日にフランシスコ会士六名を含むキリシタン二十六名を長崎で処刑した。このことについて慶長二年（一五九七）七月二十七日付ルソン総督宛返書（『異国往復書簡集』）では、次のように説明している。本朝は神道をもって主となし、伴天連が異国の法を説くことは、国政を害するゆえ堅くこれを禁じ厳しく制している。このたびは僧侶（宣教師）が帰国せず、密かに異法を説くのでこれを誅戮《ちゅうりく》した。異端の法を説かず、商売往還すべきである。

つまり秀吉は、バウティスタらが国内で宣教したことを禁令違反であると断定し、処刑の理由としたのである。ここまで宣教黙認を続けてきた秀吉であるが、厳しい措置に踏み切った直接の理由は、サン・フェリペ号の積荷没収を正当化する政治的意図があったと考えられる（清水紘一二〇〇一）。いずれにせよこの一件を通して、伴天連追放令は法として効力を持ち、決して空文ではないことが内外に示されたといえよう。

秀吉の死後、天下を継承した徳川家康もまた、慶長七年（一六〇二）に禁教令を表明した[4]。しかしイエズス会士の報告を見ると「誰も我が聖教を奉じてはならないと禁じた太閤 Taicō の法は今も否定されていない」（「一六〇三年度日本年報」。Jap. Sin. 54, f. 170v）と記録しており、家康の禁教令は秀吉の法を継承したものとみなされていたことがわかる。

このようにイエズス会側が認識したゆえんは、秀吉の伴天連追放令がはじめてキリスト教を日本国内から払うべき「邪法」と明確に位置づけ、二十六聖人殉教事件でその法的効果を示した「禁教令」であったからにほかならない。その意味においても、伴天連追放令の発令には画期性が認められるのであり、徳川幕府の鎖国政策への影響を考えても、その重要性は強調してなお、余りあるものがある。

〈註〉

（1）なお、「人身売買禁令は、キリシタン禁令とならんで、豊臣政権・江戸幕府が個別封建領主を超えた封建君主のレベルにおいて、全国的布令として交付したもの」との指摘がある（峯岸 一九九一）。

（2）ARSI, Jap. Sin. 51, ff. 49-52v. 神田千里氏が指摘したように（神田 二〇一一）、この日の動向を述べる後年編集のフロイス『日本史』第二部九七章（中央公論社本では第十六章）は同書を一部改変しており、慎重な取り扱いが必要である。

（3）この部分については、フロイス『日本史』第二部九六章（第十五章）を参照のこと。

（4）本書の「京極高次・高知」を参照のこと。

〈引用参考文献〉

安野眞幸『バテレン追放令―一六世紀の日欧対決―』（日本エディタースクール出版部、一九八九）
海老沢有道「切支丹禁因の再吟味―天正禁令について―」（『切支丹史の研究』新人物往来社、一九七一）
大桑 斉『日本近世の思想と仏教』（法藏館、一九八九）

河内将芳『秀吉の大仏造立』（法藏館、二〇〇八）
川村信三「戦国および近世初期日本におけるキリスト教と民衆」（『歴史評論』六九〇、二〇〇七）
神田千里「伴天連追放令に関する一考察―ルイス・フロイス文書を中心に―」（『東洋大学文学部紀要』六五　史学科篇三七、二〇一二）
五野井隆史『日本キリスト教史』（吉川弘文館、一九九〇）
清水紘一『織豊政権とキリシタン―日欧交渉の起源と展開―』（岩田書院、二〇〇一）
清水有子「一六世紀末におけるキリシタン布教の実態―洗礼者数の検討を通して―」（『紀要』四三、明治学院大学キリスト教研究所、二〇一〇）
清水有子『近世日本とルソン―「鎖国」形成史再考―』（東京堂出版、二〇一二）
清水有子「織田信長の対南蛮交渉と世界観の転換」（清水光明編『「近世化」論と日本―「東アジア」の捉え方をめぐって』勉誠出版、二〇一五）
清水有子「豊臣秀吉政権の神国宣言―伴天連追放令の基本的性格と秀吉の宗教政策を踏まえて―」（『歴史学研究』九五八、二〇一七）
高瀬弘一郎『キリシタン時代の研究』（岩波書店、一九七七）
奈倉哲三「秀吉の朝鮮侵略と「神国」―幕藩制支配イデオロギー形成の一前提として―」（『歴史評論』三一四、一九七六）
平井誠二「『御朱印師職古格』と山田三方」（『古文書研究』二五、一九八六）
藤井讓治編『織豊期主要人物居所集成』（思文閣出版、二〇一一）
藤田達生『日本近世国家成立史の研究』（校倉書房、二〇〇一）
三鬼清一郎「キリシタン禁令の再検討」（『キリシタン研究』二三、一九八三）
峯岸賢太郎「近世国家の人身売買禁令―安良城盛昭氏の奴隷制否定説への批判―」（『歴史学研究』六一七、一九九一）
村井早苗『天皇とキリシタン禁制―「キリシタンの世紀」における権力闘争の構図―』（雄山閣出版、二〇〇〇）
山本博文『天下人の一級史料―秀吉文書の真実―』（柏書房、二〇〇九）
渡辺世祐「我が史料より見たる戦国時代東西交渉史補遺」（『史学雑誌』五〇‐七、一九三九）
村上直次郎訳註『改訂復刻版　異国往復書翰集』（雄松堂書店、一九六六）
フロイス著　松田毅一・川崎桃太訳『フロイス日本史』一、二（中央公論社、一九七七）

家康・秀忠とキリスト教

大橋幸泰

一、カトリックとプロテスタント

関ヶ原の戦いの勝利により、徳川家康の覇権が確立しつつあった一六〇〇年代初頭、日本のキリスト教界は新たな段階を迎えていた。十六世紀中期にフランシスコ・ザビエルが日本列島にキリスト教（以下小稿では、当時の東アジアにおけるキリスト教のことをキリシタンと呼ぶ）をもたらして以来、日本布教に従事していたのは、ポルトガルの保護のもとにアジアにやって来たカトリック修道会のイエズス会であった。しかし、一五九〇年代以降、同じカトリックではあるがスペインの保護のもとに世界布教を進めていた、フランシスコ会・アウグスチノ会・ドミニコ会が日本列島における布教活動に参入してきただけでなく、プロテスタントの国であったイギリス・オランダもやって来た。

もっとも、当時カトリックが世界布教を志向していたのはプロテスタントによる宗教改革への対抗という側面があり、プロテスタントを基本とするイギリス・オランダ両国はキリスト教団体をともなって日本に来たのではなかった。キリシタンの布教活動という点では、カトリック修道会どうしの競争ということになるので、キリシタン布教とは無関係にやって来たイギリス・オランダにとっては直接的な利害関係はなかった。

ただし、カトリック修道会は国力の拡張を目指すポルトガルまたはスペインの国王による保護のもとに東アジアまでやって来ており、キリシタンの布教活動と商業活動とは密接に結びついていた。そうした事情から、イギリス・オランダにとって、ポルトガル・スペインの保護のもとにあったカトリック修道会は無視できない競争相手であった。要するに、当時の対日本貿易を含む東アジアにおける西欧勢力の対立構造は、きわめて大雑把にいえば、ポルトガル対スペインとイギリス対オランダという対立軸に加えて、ポルトガル・スペイン対イギリス・オランダという対立軸も存在する、二重の構造になっていたということである。

とはいえ、これらの諸勢力のなかで早くから東アジアで布教活動と貿易活動を展開し、その主導権を掌握していたのは、ポルトガルとその保護下にあったイエズス会であった。したがって、ポルトガルとイエズス会は、スペインとその保護下にあったカトリック修道会、およびイギリス・オランダにとって最大のライバルであった。

このように、徳川家康が豊臣秀吉に代わって天下人の地位についたときというのは、日本を含めた東アジア世界を舞台として西欧勢力の競い合いが激しくなってきたときにあたる。家康を頂点とした日本の支配勢力がどのように西欧勢力に対応したのかという過程については、こうした西欧勢力の動向も念頭に置いて考える必要がある（高瀬　一九九三、加藤　一九九八）。

二、江戸幕府による禁教宣言

江戸幕府によるキリシタン禁教の意志をはっきり確認できるものとしてよく知られているのは、慶長十七

年（一六一二）八月六日付の文書である。これは全部で五か条により構成されており、その第二条に、

一　伴天連門徒御制禁也、もし違背の輩あらば、たちまちその科遁れべからざる事

とあってキリシタンを禁止する旨、明確に宣言されている（『近世長崎法制史料集』一、九六頁）。ここでキリシタンのことを「伴天連門徒」と呼んでいることは注意を要するが、この点については後述することにして、まずは清水紘一氏の研究（清水 二〇〇三）によりながら、この文書をキリシタン禁制史のなかに位置づけてみよう。

他の条文の内容は、武家奉公人の一年契約による抱えおきの禁止（第一条）、不審な怪我人の報告義務（第三条）、たばこの禁止（第四条）、牛を屠畜することの禁止（第五条）、である。第二条のキリシタンの禁止を含めて、これらはみなこのとき初めて発せられたのではなく、これ以前にすでに幕府の意志として指示されていたものが、このときまとめて個別大名に通達されたものと考えられる。現在よく知られているこの通達は、幕府老臣（老中）の青山図書助（成重）・安藤対馬守（重信）・土井大炊助（利勝）が差し出し、下野国西方一万五〇〇〇石の大名の藤田能登守（重信）に宛てたものである。

しかし、この通達が江戸幕府による最初の禁教令とはいえない。それ以前から家康の禁教の意志を示す文書が存在するだけでなく、局地的ではあれ家康の承認のもとに迫害があった事実も確認できるからである（以下の記述は、五野井 一九九二、同 二〇〇二を参照）。

家康はまず、フィリピン総督に宛てた慶長七年（一六〇二）九月付朱印状のなかで、「外国の法を持ち込むことは固く禁止する」（『ベアト・ルイス・ソテーロ伝』、三三頁）との表現を用いて、キリシタンの宣教禁止を

徳川家康像（部分・堺市博物館蔵）

宣言した。次いで同十年（一六〇五）、同じくフィリピン総督に宛てた書状のなかでも、「日本に於ては決して其地の教を説き、これを弘布すべからず」と通告して、宣教禁止を伝えた。その理由としてあげているのは、日本は「神国」であり、その「偶像」は祖先の代から尊崇の対象となっているから、自分（家康）だけがこれに背くことはできない、という論理である（『異国往復書翰集』、九一～九二頁）。さらに家康は、メキシコ総督に宛てた同十七年（一六一二）六月付の書状のなかで、神仏への宣誓によって盟約を結ぶという日本の慣習（起請文の作成）を説明することにより、禁教の論理を補強した（『増訂異国日記抄』、六五～六六頁）。

正確にいえば、これらはいずれも外国に対して宣教禁止を伝えたものであるから、日本国内における禁教を命令したものではない。その点でこれら家康の書状は、豊臣秀吉の伴天連追放令の基本方針を継承したものにすぎないともいえる。ただし国内でも、慶長十年（一六〇五）に江戸や関東で、翌十一年（一六〇六）に大坂で、キリシタンに対する迫害が起こっていたことは注意されるべきである。

江戸での迫害について（以下、五野井　一九九二、二一頁による）、一六〇六年二月三日付のイエズス会士の記録によれば、次のようにある。

公方と世子（徳川家康と秀忠—大橋）は、多数の者が改宗し、また世子が居住している江戸の市中だけで三、四千人のキリスト教徒がいると聞いて、誰も新たにキリスト教徒になることのないよう、また改宗した者を調査するよう厳命を下した。

さらに、イエズス会の一六〇五年度日本年報にも、江戸での迫害が起こるとともに禁教令が江戸や関東諸国に発令されたのみならず、京都のフランシスコ会修道士に対して日本人の改宗を禁止する旨通達されたことなどが記されている。

大坂の場合は、イエズス会の一六〇六年度日本年報によれば、以下のことが知られている（「一六〇六年度耶蘇会年報」）。

彼女（淀殿―大橋）は、パアデレやキリシタンたちが自分の親戚の葬儀を営んだと知るや、仏僧等に扇動されて公方に不満を申立てた。大坂奉行はそれに余儀なくされて、市の門前に左の如き布告を公に掲示した。

「吉利支丹の教を奉ずる者多数有之、最近そのやうな不心得の者に対して発せられた禁令も格別重きを置かれざる由を御耳にせられて、殿下（家康）は快からず思召させ給へり。よつて前に禁令を以て定められたことを相違なく相守り、武士たるものは誰にても吉利支丹の教に入らざるやう、宗門を改むるなどといふことを考へざるやう、既に改めて吉利支丹となりたる者は再びそれを唾棄するやう、此段きつと命令するものなり」

これらの命令は、それぞれの現地責任者によってその管轄下へ発せられたものであるが、家康の同意のもとに実行されたと考えてよい。したがって、どの段階で完全な禁教に切り替わったかは明快にはいえないが、キリシタンを禁止するべきであるという幕府の意志は、早い段階から固まっていたと考えてよいだろう。

しかし、その一方で幕府が、諸外国との貿易についてあらゆる可能性を模索していたことも事実である。中国との直接貿易の復活を模索していたことはよく知られており、同時に西欧勢力との貿易についても継続を希望していた。西欧勢力との貿易は、中国産生糸など東アジア・東南アジア諸地域の産物を日本にもたらす重要な手段であった。キリシタンは禁止するべきだが、諸外国との貿易は継続したいというのが幕府の基本方針であり、そのための試行錯誤を繰り返していたというのが十七世紀初期の実態であったといえよう。

こうした状況のなか、禁教の明確化を決定的にしたのが慶長十七年に起こった岡本大八事件である。この事件は、同十四年（一六〇九）十二月に長崎沖で起こったポルトガル船撃沈事件をめぐる贈収賄事件を発端とする。その船の名をノッサ・セニョーラ・ダ・グラサ号（通称マードレ・デ・デウス号）といった。このポルトガル船の司令官は、同十三年（一六〇八）にマカオで日本人多数が殺害された事件に関与したアンドレ・ペッソアであった。このマカオでの事件で、自身の朱印船の乗組員が多数殺害された肥前国有馬の大名有馬晴信は、長崎にグラサ号が寄港したので、ペッソアを召喚しようとした。しかし、ペッソアがこれに応じなかったので晴信は長崎港外でグラサ号を武力で攻撃し、撃沈した。そして、徳川家康の重臣本多正純の与力岡本大八が、晴信に恩賞として有馬氏の旧領回復を斡旋するからと偽り、晴信から多額の賄賂を受け取ったという。その後なかなか恩賞の沙汰が下されないことを不審に思った晴信が、この件を正純に問い合わせた結果、これは大八の虚偽であったことが発覚した。

その吟味のなかで、大八は晴信の謀略を暴露した。グラサ号への攻撃方法が手ぬるいと長崎奉行長谷川左兵衛から批判されたことに対して、晴信が左兵衛を謀殺しようとした事実があったというのである。長崎奉行を謀殺しようとしたというのは将軍に対する謀反とも見なされる。こうして、晴信は甲斐に流されたのち慶長十七年（一六一二）五月に死罪となり、大八はそれに先だって同年三月に火刑に処せられた。

この件はこれに留まらなかった。晴信と大八の両者ともキリシタンであったことが、家康を刺激したものと思われる。この事件を契機に家康は、以前から持っていたキリシタンへの警戒心を強め、禁教の態度をいっそう鮮明にすることになった。当時の政治情勢を記した『当代記』慶長十七年三月十二日の条に、

このころ、ばてれん宗に日本人なること堅く禁じられる

との記述とともに、キリシタンであった幕臣が改易されたことが記されている（『史籍雑纂』二、一七九頁）。また、家康の駿府での動向を記録した『駿府記』同年三月二十一日の条では、

南蛮記利志旦《きりしたん》の法、天下停止すべきの旨、仰せ出さる

とあり、続いてキリシタンは「邪法」であるとして、京都におけるキリシタン施設が破壊されたことが記されている（『史籍雑纂』二、二三一頁）。これら史料の記述と岡本大八事件との関係は必ずしも明らかではないが、連動するものであったと考えてよいだろう。

したがって、この事件を契機にキリシタンへの弾圧が本格化したのは間違いないものと思われる。このとき発令されたキリシタン禁教令そのものは、現在、見出されていないが、先に見た同年八月六日付のキリシタン禁教の条項を含む五か条の文書の、キリシタン禁教条項の原法度はこの三月に発令されたものと思われる（清水 二〇〇三）。この年の禁教令はかつて、幕府領に限って出されたものとする見方や、八月六日付の

文書の宛名である藤田重信が下野の大名であったことから関東に出されたものと見る見解もあったが、禁教の範囲を地域的に限定したものとする見方は根拠が希薄である。それに加え、清水紘一氏が指摘したように、秋田藩士梅津政景の日記（慶長十七年四月三日条）には、次のようにある。

江戸へ駿河きりしたん御法度の由申し来たり候、ゆへいかにというに、岡本大八はじめはきりしたんにて候、（中略）種々私事ありて籠舎の由、これは御所様《（徳川家康）》なんとの御小姓衆也、これにつき国々御法度の由

ここには、伝え聞いた岡本大八事件について触れたうえで、キリシタンについては「国々御法度」である旨はっきり書き記されている（『梅津政景日記』一、二七～二八頁）。早くから禁教の方針は既定路線であったとすれば、家康は全国令を意図していたと見るべきである。

こうして慶長十八年（一六一三）十二月、金地院崇伝の起草による伴天連追放文が発令される。日本が神国であり仏国でもあるということを根拠に「伴天連」を追放する、というのがこの文書の主張である。そして、翌年十月に宣教師と有力信徒、合計四〇〇人余がマカオ・マニラに追放となった。このなかには、大名では唯一最後まで信仰を貫いた高山右近がいた。右近は豊臣秀吉に改易されたあと、加賀藩前田家に身を寄せていたところを慶長十九年（一六一四）に幕府に引き渡され、マニラに追放となった。翌二十年、その地で没した。また、豊後国の有力者岐部氏出身の岐部ペドロはマニラに渡航したあと、マカオを経て自力でローマに行き、そこでイエズス会への入会と司祭叙階を果たした。彼がローマまで行かなければならなかったのは、マカオのイエズス会が宣教師に奉仕する日本人の同宿に冷淡であったからだという。そして寛永七年（一六三〇）に日本へ密かに潜入し、東北地方で布教活動に従事したが、同十六年（一六三九）に捕らえられ江戸で殉教した。

元和二年（一六一六）四月に家康が死去したあとも、キリシタン禁制の方針は秀忠政権に継承された。そのことをよく示しているのが、同年八月八日付の安藤重信ほか四名連署の老臣（老中）奉書である。この文書はヨーロッパ船の寄港を長崎・平戸の二港に限定する旨通告したものであるが、このなかで、

　伴天連門徒の儀堅く御停止の旨、先年相国様《（徳川家康）》仰せ出され候上は、いよいよその意を得られ、下々百姓以下に至るまで、彼の宗門これ無きよう御念を入れらるべく候、

とあって（『近世長崎法制史料集』一、一一四頁）、キリシタン禁制については家康以来の規定であるから、いよいよその趣旨を理解して、下々百姓以下に至るまですべての者を対象にキリシタンに入信することのないようにと、キリシタン全面禁止を宣言している。そして、同五年（一六一九）に京都で、同八年（一六二二）には長崎で、それぞれ五〇人以上の殉教者を出す大規模な迫害が起こった。

　その後、幕府はスペインとの断交に踏み切るが、その経緯については清水有子氏の研究（清水 二〇一二）によりながら見ていこう。先に見たように、関ヶ原の戦い直後からキリシタン禁教は既定路線であったが、貿易の可能性を模索していた幕府は西欧勢力との関係について曖昧な態度をとり続けた。慶長十七年（一六一二）の岡本大八事件を契機に幕府による禁教の態度は一気に強まったが、その三年後に大御所家康はスペイン使節に面会しており、貿易関係をなお継続するつもりでいたとされる。しかし、このとき将軍秀忠は使節との面会を拒否しており、以来元和九年（一六二三）にフィリピン総督から派遣されたスペイン使節が再来日するまで、政治レベルの関係は途絶えることになる。家康と秀忠の態度の差異は幕府の態度の曖昧さを示しており、少なくともこのときスペインとの関係をどうするかは決まっていなかったと考えるべきであろう。

そうしたなかで、元和六年（一六二〇）に平山常陳事件が起こり、スペインとの断交が決定的になっていく。この事件はスペインが拠点を置くマニラから日本に向かっていた貿易船が、オランダ・イギリスの合同船隊によって台湾近海で拿捕《だほ》されたうえ平戸まで曳航《えいこう》されたというものである。幕府に対して、船長平山常陳ら貿易船関係者がオランダ・イギリスの船隊による海賊行為を訴えた一方で、オランダ・イギリス商館は船中に同乗していたキリシタン宣教師の存在を訴えた。吟味により、この貿易船に同乗していたアウグスチノ会士のペドロ・デ・スニガとドミニコ会士のルイス・フロレスの身分が発覚し、その結果、二人の宣教師と平山常陳が火刑に、船員一二人が斬罪となり、積荷も幕府に没収された。

解決まで二年を要したこの事件とともに、その後、宣教師が民間船を利用してマニラから流入してくる可能性の高さと、彼らの密入国を支援する内外商人の存在が明らかになったことにより、幕府のキリシタンに対する警戒感はいっそう強まった。以上の一連の動向を背景に元和九年（一六二三）、宣教師と密接な関係があるポルトガル・スペインの商人グループの解体、日本人の海外渡航の規制、を骨子とする法令が幕府により発令された（ただし現在、邦文史料としては見出されていない）。

こうした状況のなか、同年にフィリピン総督により派遣されたスペイン使節が再来日するが、翌年に大御所秀忠により面会を拒否され、ここに公的な関係は完全に途絶えることになる。ただし、民間船による私貿易についてはこの時点でも、長崎において取り引きするという条件で認められていたとされる。民間のスペイン貿易船が渡航を禁止されたのは寛永二年（一六二五）であり、これをもって日本とスペインとは完全に断交した。そのもっとも大きな目的は、スペインと結びついた托鉢修道会の宣教師が民間船に乗船して流入してくるマニラルートを遮断するためであった、と清水有子氏は指摘する。宣教師の流入の可能性を断つことこそ、このときの幕府の最重要課題であった。

もう一方のカトリック勢力であるポルトガルとの断交は、寛永十四（一六三七）～十五年の島原天草一揆後に実行される。ポルトガルとの断交がスペインとの断交よりあとにずれた理由は、慶長十九年（一六一四）の家康による宣教師国外追放を契機に、それ以降、ポルトガル・イエズス会の拠点であったマカオの責任者が日本との貿易継続を第一に優先するようになっていたからである。マカオから出航する貿易船に宣教師が乗船して日本への密航を企てることがなくなったとはいえないが、一六二〇年代、幕府にとってマカオルートは問題とはならなかった。

なお、イギリスはこのころ東アジア貿易の利益があがらず、元和九年（一六二三）に平戸にあった同国の商館を自ら閉鎖して撤退していた。一六三〇年代末、残るはオランダのみとなった。

三、「伴天連門徒」という認識

清水有子氏が主張するように、近世日本の対西欧勢力の基本姿勢は秀忠政権のときに形成されたといえる。幕府発足の早い段階で固まっていたキリシタン禁教の方針も、秀忠政権により決定的になった。そしてそれは、元和二年令に「下々百姓以下に至るまで、彼の宗門これ無きよう」との文言があることから、民衆を含めたキリシタン全面禁止令であったことも確認できる。ただし、キリシタン問題に限らないが、法令の内容と実際の運用は必ずしも同じではない。ここで注目したいのは、キリシタンがどのように呼ばれていたかである。

現代人はこの時代の日本のキリスト教のことをキリシタンと呼ぶ（ポルトガル語のchristão に由来）のが普通

徳川秀忠像
（部分・東京大学史料編纂所所蔵模写）

であるが、近世期を通じてこの呼称しかなかったのではない。十七世紀のある時期までは、「きりしたん」の表記方法として「吉利支丹」「切支丹」のように漢字表記が複数あったばかりでなく、ほかにいくつもの表現方法があった。そのなかでも、幕府のキリシタン認識をもっともよく表していると思われる表記として目を引くのが、「伴天連門徒」である。

「伴天連」は、ポルトガル語padreに由来する神父を意味する語であり、「門徒」は寺院の檀徒、とりわけ浄土真宗の信徒を指す語である。つまり、この呼称は「伴天連」が説く宗教を信じる人びとの意であり、「伴天連」が強調されている語である。とすれば、この語を使用する際には、この宗教の信徒は「伴天連」の勢力下にある宗教集団である、という意識がはたらいていたことになろう。実際、天正十五年（一五八七）に豊臣秀吉によって発令されたキリシタン制限令では、指導者が「伴天連門徒」への改宗を強制している事実が問題であるとされ、それは「本願寺門徒」が真宗寺院を基盤に勢力を拡大していったことよりも悪い、と糾弾されている。これは、キリシタン大名領で起こっていた集団改宗や寺社破壊を念頭に置いた命令で、加賀や越前の一向一揆が「天下のさわり」であったとの認識を前提としたものである（『近世長崎法制史料集』一、五二頁）。

もちろん、「伴天連」の語義は宣教師のことであるが、右の秀吉による制限令第四条に、

一　弐百町二三千貫より上之者、伴天連になり候においては、公儀の御意を得奉り次第なり申すべく候事

とあったり、先に見た慶長十七年(一六一二)三月の幕臣改易を米沢藩に伝える書状に、

右八人はてれんにまかりなられ候ニ付而、御改易なされ、

などとあったりする(「直江重光兼続書翰留」『大日本史料』一二－九、五六二頁)のを見ると、武士階級の信徒も「伴天連」と呼ばれた可能性がある。この場合、「伴天連門徒」や「ばてれん宗」を省略して単に「伴天連」と表現したにすぎないとの見方も成り立つが、武士階級の入信が問題とされていることと、「伴天連」が強調されていることに変わりはない。

先の『当代記』慶長十七年三月十二日条に「このころ、ばてれん宗に日本人なること堅く禁じられる」とあることや、元和二年八月八日付老臣(老中)奉書に「伴天連門徒の儀堅く御停止」とあるように、幕府のキリシタン禁止命令がすべての階層を含めたものであることは否定できないし、実際、殉教者のなかに庶民が含まれていたことも事実である。しかし、同時に幕府が「伴天連」を基軸にこの宗教を見ていたことも注目されるべき確かな事実である。殉教の記録には、宣教師や地域有力者が多く記されていることや、多数のキリシタン民衆が潜伏状態に入ったことを念頭に置けば、この時期のキリシタン禁制の重点はやはり「伴天連」や地域有力者にあったと考えて問題はないだろう。

この当時のキリシタンの地域有力者を示す史料として、元和三年(一六一七)にイエズス会日本管区長マテウス・デ・コウロスが各地のキリシタン指導者から徴収した文書がある(松田　一九六七)。コウロスは幕府のキリシタン禁制政策のもと、イエズス会宣教師が信徒を見捨てて逃亡したとの批判があったことに対して、各地の指導者の証言によって反論しようとした。これがコウロス徴収文書として知られているものである。

本文のあと、その地域の指導者が連名で署名のうえ花押を据えている。その本文には、幕府の禁教令以後もイエズス会宣教師が地域のために尽くしていたことが明記されているが、その内容が定式化されていることから、この文書はイエズス会のひな形にそって作成されたものと思われる。したがって、信徒の自発的な行動を示しているとはいえないという点で、文書の内容自体には留保をつけなければならない。

それでも、ここに署名している者は一般の百姓というよりも、その地域の有力者であることは間違いなく、これらの文書は彼らを指導者とするキリシタンの信仰共同体であるコンフラリアの存在を想起させる。実際、川村信三氏の指摘によれば、豊後国大分郡高田地区のコウロス徴収文書に署名のある数名について詳細をたどることができるとされ、彼らは「キリスト教の民間指導者であるとともに、地方の小領主層ないしは有力者」であるという（川村 二〇〇三、二八〇頁）。この時期、幕府にとってキリシタン問題の懸念の一つは、キリシタンを精神的な支柱とした地域有力者による地域支配であった。そこに宣教師が流入してくれば、キリシタンの脅威はいっそう強まる。

先に見た平山常陳事件はそのようなときに起きた。寛永二年にスペイン船の民間貿易船を完全に拒否したのも、この事件に象徴されるように、マニラルートの民間貿易船に宣教師が乗り込んで日本に潜入する可能性があったからである。一般の日本人信徒がそれをサポートしていたことは、幕府にとってもちろん看過できない問題であったが、この措置は直接的には宣教師の流入を防ぐことに第一義的なねらいがあった、と考えてよいのではなかろうか。

そして「伴天連門徒」の呼称は、一六三〇年代末を下限として以後、ほとんど見えなくなることも重要な事実である。この間、「きりしたん」の呼称が使用されていなかったのではもちろんない。ここでは、この時期に「きりしたん」の呼称も使われていたということよりも、「伴天連門徒」の呼称が一六三〇年代末まで使われていたことのほうが重要である。その変化の背景に何があったのか。寛永十四年（一六三七）から翌年にかけて起こった島原天草一揆が直接の契機となったことは容易に想定できるであろう。当然のことながら、キリシタンを取り巻く社会状況は常に同じではない。とすれば、幕府のキリシタン認識や禁教の内容についてはいくつかの段階を想定するべきである、というのが筆者の考えである（大橋二〇〇一、同二〇一四参照）。

四、禁教の階層的偏差と地域的偏差

実際、すべての人びとがキリシタンでないことを確認する手段として、毎年、宗門改が日本全国で行われるようになるのは、家康・秀忠政権の時代から半世紀もあとの寛文期（一六六一〜一六七三）である。キリシタン禁制が始まった当初、転びキリシタンから檀那寺の証文を取らせたことはあったが、それはあくまで棄教した証拠として行わせたものである。次の家光政権期に入ると確かに広い範囲で宗門改が行われるようになるが、少なくとも一六三〇年代末までは、キリシタンでないことを寺院が請け負う寺請のほか、村役人などの俗人が請け負う俗請も少なくなく、恒常的に実施された形跡もない。つまり、家康・秀忠のときはキリシタン禁制という大方針は打ち出されたものの、どのようにそれを貫徹するかという点については現場の責任者に任されていたというのが実態である。したがって、キリシタンへの弾圧が激しいところと緩いところが存在した。

それは、キリシタンに対する領主の態度や、キリシタンがどれほど浸透していたかなどの地域の事情によって、キリシタン禁制をどのように推進するかには差異があったからである。したがって、この段階では、幕府と大名が一体となってキリシタン問題に対処するという意識はまだ希薄であった。

それに加えて、日本列島の隅々まで探索してキリシタンをあぶり出す方法が、十七世紀前期ではまだ確立されていなかった。毎年人別に檀那寺を確認する方法でキリシタンでないことを証明するには、まずなによりも寺院と百姓との間に寺檀関係が成立していなければならないが、そのためには檀那寺を支えることができるほど個別の百姓の家が経済的に自立していなければならない。経営規模の小さな百姓の家がたくさん生まれる状況（これを小農自立という）が実現するのは、「惣無事」のもとに生産力が向上する十七世紀中期前後である。そして、その自立した百姓の家が頼りにする宗教的受け皿として地域寺院が次々に創建されるのも同じころのことである。

いずれにしても、家康・秀忠段階のキリシタン禁制の徹底度には階層的偏差と地域的偏差があり、キリシタンへの対応は一律ではなかった。禁教政策はまだ固まっていなかったのであり、少なくとも近世期を通じてもっとも重要な民衆統制の手段となる宗門改が、制度化されるかどうかは自明ではなかったということである。

〈参考文献〉

大橋幸泰『キリシタン民衆史の研究』（東京堂出版、二〇〇一）
大橋幸泰『潜伏キリシタン―江戸時代の禁教政策と民衆―』（講談社、二〇一四）
加藤榮一『幕藩制国家の成立と対外関係』（思文閣出版、一九九八）
川村信三『キリシタン信徒組織の誕生と変容』（教文館、二〇〇三）
五野井隆史『徳川初期キリシタン史研究』（吉川弘文館、一九九二〈補訂版〉）
五野井隆史『日本キリシタン史の研究』（吉川弘文館、二〇〇二）

清水紘一「慶長十七年のキリシタン禁教令再考」（『中央大学文学部紀要 史学科』四八、二〇〇三）
清水有子『近世日本とルソン―「鎖国」形成史再考―』（東京堂出版、二〇一二）
高瀬弘一郎『キリシタンの世紀―ザビエル渡日から「鎖国」まで―』（岩波書店、一九九三）
ロレンソ・ペアト著 野間一正訳『ベアト・ルイス・ソテーロ伝』（東海大学出版会、一九六八）
松田毅一『近世初期日本関係南蛮史料の研究』（風間書房、一九六七）
『近世長崎法制史料集』一（岩田書院、二〇一四）
『史籍雑纂』二（国書刊行会、一九一一）
『梅津政景日記』一（『大日本古記録』岩波書店、一九五三）
「直江重光兼続書翰留」（『大日本史料』第十二編之九、東京大学出版会、一九〇六）
浦川和三郎訳「一六〇六年度耶蘇会年報」（『キリシタン研究』三、東京堂、一九四八）
村上直次郎訳註『異国往復書翰集』（雄松堂書店、一九六六〈復刻版〉）
村上直次郎訳註『増訂異国日記抄』（雄松堂書店、一九六六〈復刻版〉）

第三章　キリシタン大名

大村純忠

久田松和則

一、出自と大村家の相続

西肥前の大村湾周辺部を領域とした戦国大名は大村氏であった。その出自は永らく十世紀前半期に天慶《てんぎょう》の乱を起こした藤原純友の家系を引くといわれてきたが、最近の研究では、肥前国藤津郡に金剛勝院という真言宗寺院建立の命を受けて京都より下向した原氏の末裔《まつえい》とする説が有力である(1)。

肥前国藤津郡の大村方を本貫地とした大村氏が、彼杵《そのぎ》郡大村地方に移動しその地を領したのは十四世紀中期頃と推測されるが(2)、その家系の内で同時代史料にその存在が明らかに認められるのは、純忠《すみただ》から三代遡った大村純治《すみはる》からである。すなわち延徳四年(一四九二)に、大村地方北部の八幡宮に大般若経を寄進し、最終巻の六〇〇巻目に「大村民部太輔藤原純治」と自署している。

戦国領主として武神八幡宮に武運長久を祈ったものと思われる。その鎮座地が大村地方北部に位置し、この地域が大村湾岸では最も先進的な穀倉地であったことを勘案すると、当時の大村氏の本拠地はこの大村地方北部、当地方でいう郡《こおり》地方であったと思われる。この純治の時代から純伊《すみこれ》—純前《すみあき》と続く。

この大村純前の時代には、前述の郡地方に今富城を構えながらも、大村地方のほぼ中央部を流れる大上戸

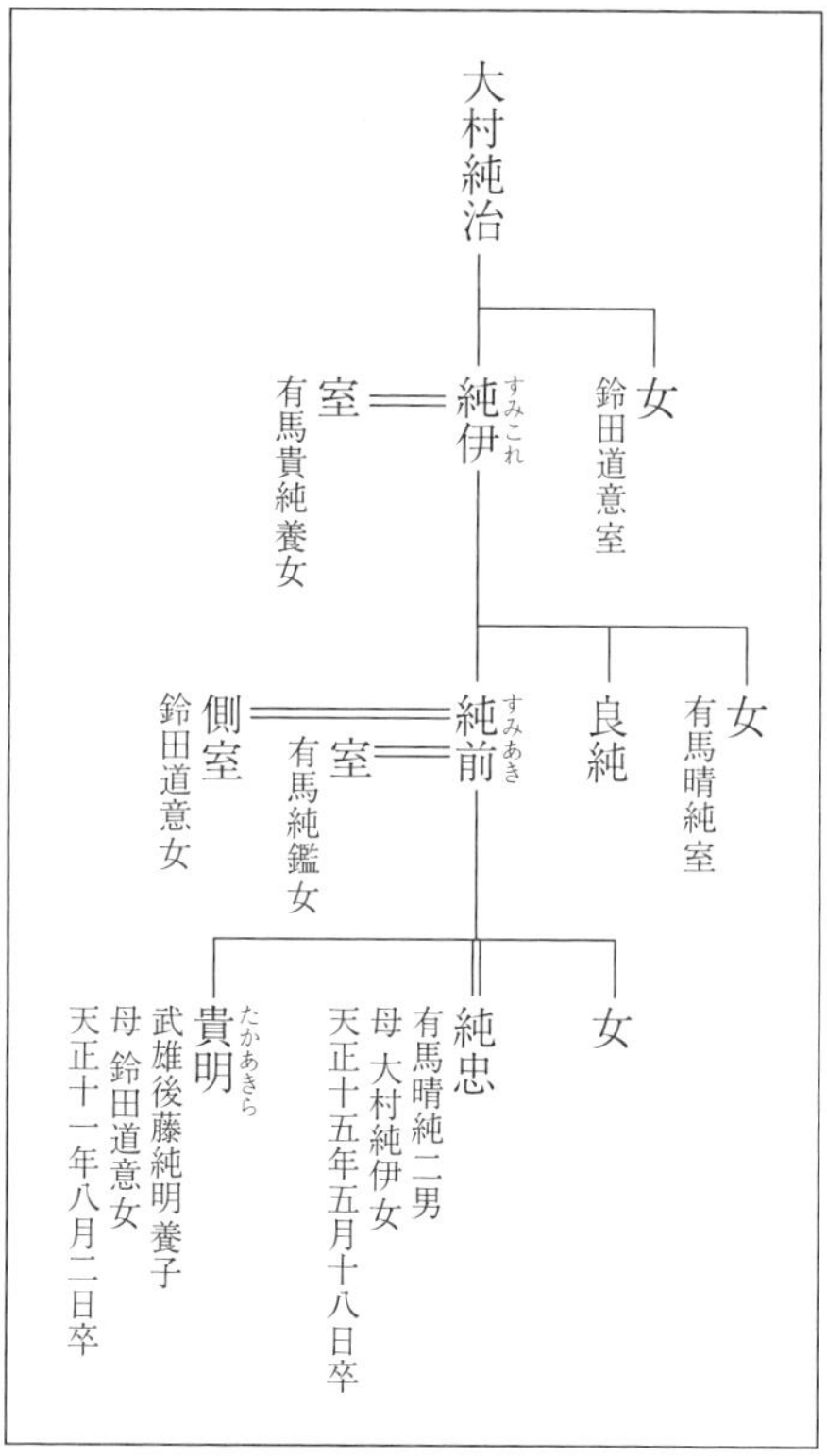

系図1 大村氏系図

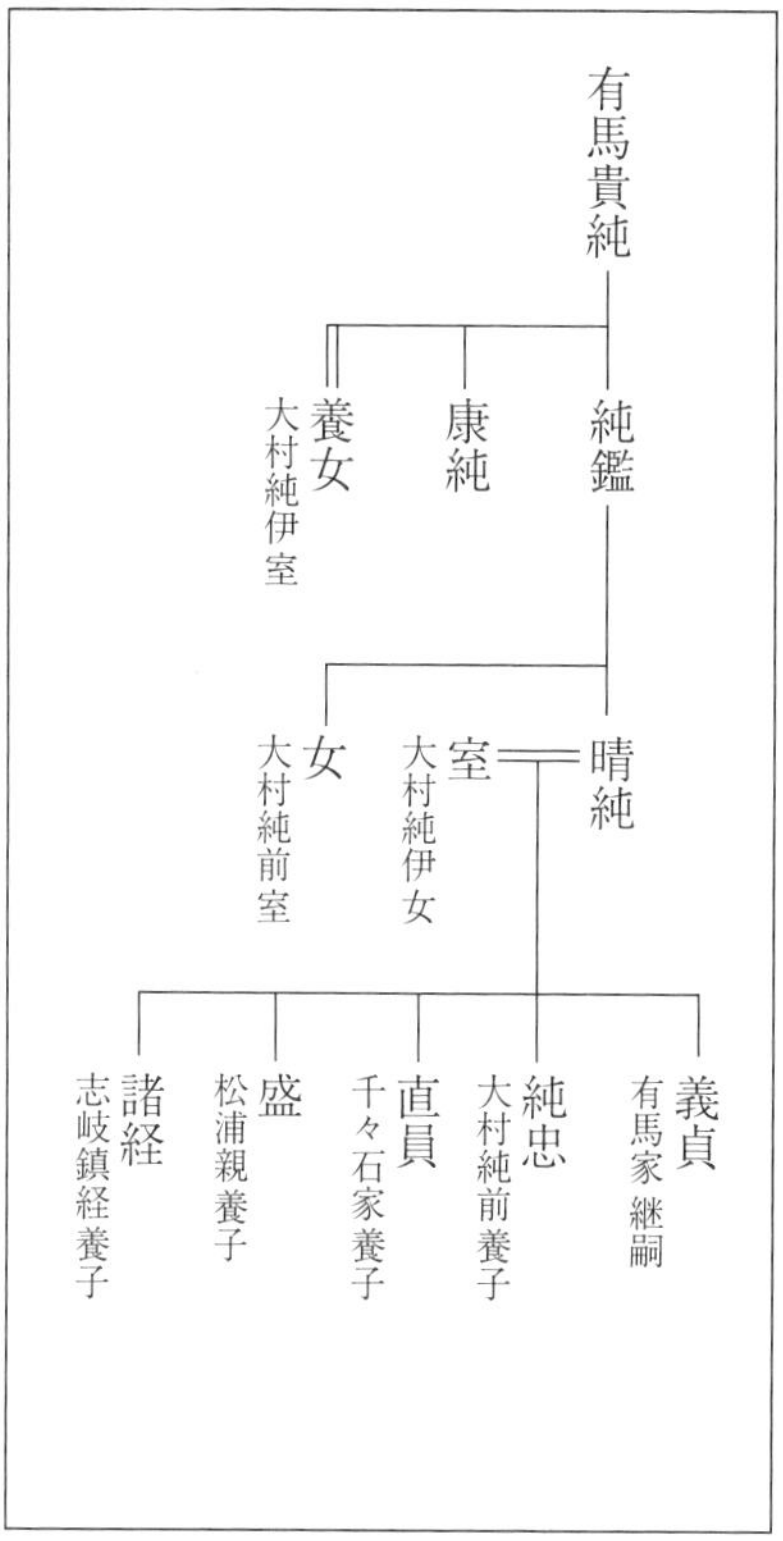

系図2 有馬氏系図

川の河畔に平時の館である大村館《おおむらやかた》をも構えた。館の周辺部には有力な家臣達が屋敷を並べ、館町が形成されていた。「大村館小路割之図」(3)は当時の様子を伝えている。この館町を基盤として次の大村純忠の時代には、その南方の丘に居城三城が築かれ、そして館町が城下町として再編成されていく。

こういった系譜の中に純前の養子として登場したのが大村純忠であった。大村氏関係の諸記録は純忠の大村家相続を天文十九年(一五五〇)と伝える。養父純前はその翌年の天文二十年に没している。

系図1・2の大村氏・有馬氏の系図に示したように、大村純忠は肥前国高来郡(長崎県島原半島)を領した有馬晴純の二男として、天文二年

（一五三三）に生まれた。有馬家にあっては長兄の義貞が本家を嗣ぎ、三男直員《なおかず》は高来郡千々石《ちぢわ》氏へ、四男盛《さこう》は松浦郡の松浦氏へ、五男諸経《もろつね》は天草の志岐氏へそれぞれ養子として出されている。

純忠が養子に入った大村家には、その系図でも分かるように純前の実子の貴明《たかあきら》がいた。それにもかかわらず大村氏は有馬氏からの養子を受け入れ、実子の貴明は肥前武雄の領主後藤家に養子として出している。その事情について、近世大村藩の記録である萱瀬村『郷村記』は、「実子貴明は有馬純鑑の計を以て武雄の領主後藤伯耆守純明の養子と成る」と記す。

実子を排斥し、純忠が養子となり大村氏の家督を相続した背景には、有馬氏の画策があったとする趣旨を伝えている。大村氏・有馬氏の系図と照合すると、養父純前の室は有馬純鑑《すみあき》の女《むすめ》であり、その純前の姉は有馬晴純の室となっている。そして一世代遡った大村純伊の室は有馬貴純の女という具合に、両家は双方に女を入嫁させることによって家系をつないできた。

この当時の有馬晴純の勢力は、室町幕府の内談衆であった大館《おおだち》尚氏の『大館常興日記』に「肥前国守護有馬」と記され、この記録から天文八年（一五三九）には肥前守護職にあり、肥前国十一郡の内の高来・藤津・杵島・小城の四郡を領土としたことが分かる。(4)一方の大村純前の領土は、『大村家記』によると大村湾周辺の東南部に十五ヶ村を領する程度であった。

当時の両家の勢力には雲泥の差があり、先の萱瀬村『郷村記』が伝えるように、有力な有馬氏の影響が大村家に強く及んでいたことは充分考えられる。また実子貴明が後藤家に養子に出された事情についても、系図に貴明の実母は鈴田道意の女とある。この鈴田道意は大村純伊が有馬氏の攻撃を受けた中岳合戦では逆心し、大村勢敗北の原因となった張本人であった。この道意の女が純前の側室となり、その間に生まれたのが貴明である。このような出自をもつ貴明の大村家相続には異論が出たのであろう。そこに有馬氏の思惑も加わり、有馬家から入った純忠による大村家家督相続に至ったものと思われる。

二、キリスト教への入信

九州肥前国の小戦国大名・大村純忠を、一躍歴史上に登場させたのは南蛮貿易港の誘致とキリスト教への入信であった。純忠が南蛮貿易を誘致することとなる横瀬浦は、『大村家記』によると養父大村純前の時代には大村氏の領国に組み入れられていた。

天文十二年(一五四三)のポルトガル人の種子島来航後、天文十九年(一五五〇)には平戸に初めてポルトガル船が来着し、同二十二年(一五五三)の再来航以来ほぼ毎年入津《にゅうしん》し、永禄四年(一五六一)には五艘の入港があるなど、同地での南蛮貿易の繁栄は頂点に達し、同時にキリスト教の布教も行われていた。

平戸でのキリスト教布教は、ルイス・フロイス『日本史』第一部一八章に一五五八年(永禄元)のことと記される。しかし平戸領内で頻発《ひんぱつ》したキリスト教宣教師による社寺破壊に対して、平戸領主松浦隆信は「デウスのことに対して敵意が認められた」とも『日本史』は記す。結果として社寺破壊を先導した宣教師ガスパル・ヴィレラは、平戸からの退去を命じられている。

平戸松浦氏との関係が良好ではないことを察したアルメイダは、それに代わる港として大村氏領横瀬浦に目を付け、密かに港の測量を行い、大村領の主席家老・朝長伊勢守との開港交渉を行っていた。その矢先に起こったのが、平戸の日本人とポルトガル商人との間で、綿布の価格をめぐって争いが起き、ポルトガル人十四人が殺傷された宮ノ前事件であった。この事件を機に南蛮貿易は大村領横瀬浦に移ることとなった。永禄五年（一五六二）のことである。

イエズス会が南蛮貿易港としてなぜ横瀬浦に着目したのかは、フロイスの『日本史』等にも一切記録がない。注目されるのは、伊勢御師の記録である享禄五年（一五三二）の『中国九州御祓賦帳』[5]に、筑前国で伊勢大麻（神札）を受けた人物として、「はかたよこせうらひこ三郎」という人物が登場することである。この記録によって横瀬浦開港の三十年前に、九州博多に横瀬浦彦三郎という人物が存在したことが確認される。

この人物が後に南蛮貿易港となる横瀬浦と関わりある人物とする傍証史料は持ち合わせていない。ただ横瀬浦と隣接した面高には、「唐人墓」と伝承されてきた中世期の五輪塔が現存する。さらに面高の遠照院の銅製誕生仏は明代の渡来仏であり、こういった事例は、西彼杵半島のこの一帯では南蛮貿易が始まる以前から中国大陸との交易が行われていたことを窺わせる。『朝鮮王朝実録』（『李朝実録』）によると一四〇〇年代前半期に、肥前国の海商・金元珍が朝鮮・松浦・薩摩・琉球を結ぶ海路で活躍し、朝鮮系の仏像をも対馬・平戸・五島列島に運んでいた。横瀬浦はその中継地としての役目を果たし、その余勢をかって横瀬浦彦三郎が大陸との交易の拠点となっていた博多に進出していたとも考えられる。

宣教師達には横瀬浦開港以前に博多を経由する行動が度々見られる[6]。その博多で横瀬浦氏との接触があり、その中から横瀬浦の地が浮上したのではなかったか。横瀬浦選定には、博多居住の横瀬浦彦三郎、あるいはその末裔の一族が深く関わっているように思われるのである。

さらに宣教師イルマン・ルイス・ダルメイダの一五六二年十月二十五日付の横瀬浦から発した書翰中に、「江内には多くの漁夫あり、その妻子とともに海上に生活し、夜は江内に来たりて眠る」と記している[7]。横瀬浦湾内には海上生活民、いわゆる家船衆がいたのである。

南蛮貿易港として開港されると、船荷の積み下ろしを行う役夫が必要になってくる。湾内の勝手を知った家船衆がその役目には打って付けであり、横瀬浦にはそういう役夫がいたことも開港に至る遠因ではなかったか。

永禄五年（一五六二）の横瀬浦開港にともない、ポルトガル船は同年の七月と翌六年の六月の二回入港している。商人達によって貿易品が、そして宣教師によってキリスト教がもたらされることとなった。そして永禄六年五月初め頃（西暦六月初め頃）に、大村領主大村純忠はキリスト教に入信する。日本史上最初のキリシタン大名の誕生であった。

しかし南蛮貿易港の誘致、そして領主のキリスト教入信は周辺領主の羨望《せんぼう》の的となっていく。冒頭で触れたように大村氏に生まれながら、武雄後藤氏の養子となった後藤貴明は、その悲運から執拗に大村氏を攻撃した。なかでも純忠の入信から程ない七月二十七日、大村領の老臣達と密かに結託して大村領を攻めたのにともない、南蛮貿易港として開かれたばかりの横瀬浦でも、混乱に乗じて豊後商人による貿易品の略奪行為が起こり、町に火が付けられ港は焼け落ちてしまった。約一年にして貿易港としての機能を失ってしまったのである。

その際に大村純忠自身も窮地に追い込まれ、フロイスの『日本史』は純忠の行動を次のように記す(8)。

彼はいとも迅速かつ機敏に塀を跳び越えて野原に出、非常にうっそうとした森の中に分け入り、そこからあるはなはだ未開な山中に逃げ込んだ。そこの多良岳という裕福な僧院には、大村全体における仏僧の首領がいた。

ここに見える僧院とは、多良岳山頂の真言宗金泉寺を指している。この戦闘は純忠にとって生涯でも最大の危機であった。大村に常駐した宣教師アフォンソ・デ・ルセナはその回想録の中で、純忠は「片手が不自由であった」と記しているが、実はこの戦闘の際に負傷した傷がもとで片手に障害が残ったのである。

横瀬浦は開港約一年にして南蛮貿易港としての使命を終え、この後、貿易港は永禄八年（一五六五）に福田へ移り、さらに元亀二年（一五七一）からは長崎港へポルトガル船が入港することとなった。

大村純忠の入信初期のキリスト教、および南蛮貿易に対する態度を示す次の一通の書状が残る。(9)

（前略）将又此比南蛮船必可罷渡候、然者彼舟横瀬浦・平戸之間ニ着岸候者、豊州至伊佐早・後藤、別而可被仰談事可為一定候、殊手火箭・石火矢等敵方ニ過分ニ可罷成候、其分ニ候てハ高来此方為ニなるましく候間、何とか以才覚、彼舟福田・戸町・口之津辺ニ着岸候様ニ調法為可申、彼寄合指遣候間、長与より外浦津元迄、道之事被仰付候て可給候、彼宗躰噂も難申事候へ共、右如申、就彼一ケ条、一段機遣候間、此趣高来へも申事候、巨細口上ニ申候間、不能重筆候、恐々謹言

五月二日　　　　　　　　　　純忠（大村）

文書末尾には「五月二日」とあるのみで、年号も宛名の記載もない。南蛮船が横瀬浦から平戸の間のいずれかの港へ入津するようなことがあればと、他領への来航を危惧《きぐ》している内容から、一五六三年（和暦永禄六年）の横瀬浦焼き打ち以降の文書と思われる。さらに一五六四年八月十四日（和暦永禄七年七月八日）にポルトガルのサンタ・クルス号が横瀬浦に来航したものの、港は焼け落ち入港不可能なことを知り、平戸へ回航した。純忠が最も恐れていた事態であった。

この経緯を考えれば、同文書はこの南蛮船の平戸回航以前のものと考えられ、そうすると永禄六年から翌七年七月までの間の「五月二日」、すなわち永禄七年（一五六四）の五月二日に発給されたものと推測される。大村純忠改宗の翌年に当たる。

文書の内容は、自領横瀬浦の壊滅によって南蛮貿易が他所で行われた場合、敵対する諫早《いさはや》の西郷氏・武雄の後藤氏に鉄砲類が流出するため、それを阻止するために自分の息がかかった福田・戸町・口之津に南蛮船を誘致することを切望し、横瀬浦に続く南蛮船誘致策を慎重に秘密裡に進めることと念を押すものである。

このようにこの文書には大村純忠の鉄砲に対する並々ならぬ執念が表れている。さらに、大村純忠の入信初期におけるキリスト教への態度の一端が読み取れるのが次の文言である。

彼宗躰噂も難申事候へ共

と前置きして、先に紹介した細心の注意を払いながら誘致策を進めることと文意は続いていく。

この「彼の宗躰、噂も申し難き事に候へども」という一文はどのように解釈すればよいのか。「彼宗躰」とはキリスト教の実体であり、その世間での噂は「申し難き事」、口にするのも忍び難いというのである。

ここに見える純忠の心中は、世間でいわれるキリスト教への悪評に同調しているようにも窺える。しかし一方では南蛮貿易の目玉商品である鉄砲には執着し、他領への流出を危惧していた。これが入信初期の大村純忠の心中であった。純忠のキリスト教入信に至る背景には、布教と平行して行われた南蛮貿易からの鉄砲等の現実的な恩恵があり、この部分がかなりの比重を占めていたのである。

三、在来宗教と大村純忠

（一）伊勢御師の史料に見る純忠

大村領にキリスト教が流入したのとほぼ時代を同じくして、領内にはもう一つの宗教者の活動があった。伊勢神宮に付属し主に伊勢大麻の配布を専業とした伊勢御師《お（おんし）》の活動である。西肥前国でその配札活動に当たったのは外宮《げくう》の御師・宮後三頭大夫《みやじりさんとうだゆう》であった。その伊勢大麻を受けた旦那衆《だんなしゅう》を記した『肥前日記』が、永禄四年（一五六一）・十年・十一年と三冊現存する。(10) 大村領にキリスト教が流入し、さらに大村純忠が入信した永禄五、六年前後の時期の伊勢大麻賦帳である。

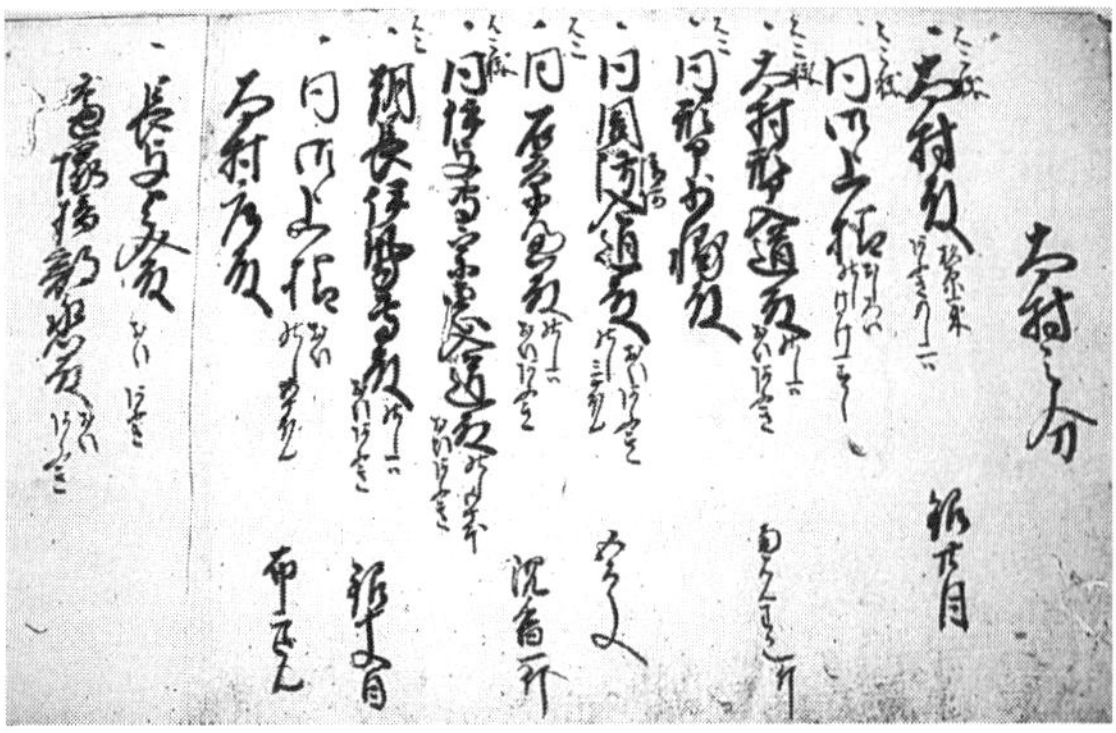

永禄10年『肥前日記』大村分（神宮文庫 蔵）

その中で三冊の『肥前日記』の冒頭に常に記されるのが「大村殿民部大輔」（永禄四年）・「大村殿」（永禄十・十一年）である。(11) この民部大輔は大村純忠の官途名である。永禄四年の大村民部大輔の脇には「有馬殿しゃてい（舎弟）」と記され、純忠は島原有馬氏からの養子である点からも間違いない。永禄十・十一年には官途名は記されず「大村殿」とあるが、時の大村氏当主は大村純忠であった。

さて、その大村純忠が永禄四年に伊勢の大麻を受けたことは何ら問題ない。しかし永禄六年にキリスト教に入信し、それより四、五年が経過した永禄十年・十一年にも依然として御師が配る伊勢の大麻を受け続けている。神社という他の宗教組織から発せられた御札を受けるこの純忠の行為は、唯一の神のみの信仰を説くキリスト教の戒律に反している。

純忠のこの行為をどのように解釈すればよいのであろうか。フロイスの『日本史』は純忠の横瀬浦での入信を次のように記していた[12]。

殿は同夜、（そこにいた）家臣全員を伴って教会に行って、夜が明けるまで説教を聞いた。そして司祭には、殿が、それまで聞いた（幾度もの）説教によって、十分教わり、すでに教理をよく理解し、信仰においても、幾多の光明と知識を身につけていると思われたので、彼に洗礼を授けることを主（デウス）において決心した。（中略）そして司祭が、殿の洗礼式をよりいっそう盛大にしようとしてポルトガル人たちを呼びたいと思ったところ、大村殿は、その必要はない。自分の代父になってくれる方が一人いれば足りる、と言った。こうして司祭は殿に洗礼を授け、ドン・バルトロメウの（教）名を与えた。

ここには純心・熱烈なキリシタンとしての純忠像が描かれている。しかし一方、前掲の永禄七年の南蛮貿易港の他領遷移回避を指示した書状では、必ずしもキリシタンに全面的に賛同するのではなく、同宗の悪評に同調する態度さえ見えていた。また入信間もない永禄六年の七月（西暦）に武雄の後藤貴明の攻撃を受けて身を隠した場所は、多良岳山中の真言宗金泉寺であった。

入信から間もない頃の純忠のこういった言動を見れば、改宗と同時に従来の神仏信仰と離別し、キリシタンの信仰のみに入っていったとは考え難い。キリスト教入信後も依然として伊勢大麻を受け続けた点は、純忠が領主として置かれた立場を考えざるを得ない。純忠が入信に際して「有馬本家の兄・義貞に対して改宗後、直ちに神社仏閣を焼却することは出来ない」という意味のことをイエズス会に伝えていた(13)。有馬本家の実兄で「異教徒」の有馬義貞への配慮、そして永年にわたり神社仏閣の勢力を支えてきたという領主としての立場を考えると、純忠の入信後のこのような行動も理解できる。

三ヶ年分の『肥前日記』に登場するのは大村純忠だけではなかった。純忠の家臣団も伊勢大麻を受け旦那として記される。年ごとの旦那数の推移に注目すると、永禄四年が二十三名、同十年が十四名、同十一年が十二名と、年の経過とともに旦那数が減少している。『肥前日記』に記される他の地域の三ヶ年の旦那数の推移を確認すると、表1の通りである。「諫早之分」が永禄十年には減少しながらも、翌十一年には倍増するという経緯はあるものの、大村を除く地域は年を追うごとに増加している。

大村地方のみが減少しているのは、この地方に限った原因があったとすべきであろう。それは永禄五年・六年頃からのキリスト教の流入・浸透によって、従来、伊勢大麻を受けていた旦那衆がキリスト教に転じた、いわゆる伊勢離れと考えてまず間違いない。このように御師文書という神道側の史料にも、キリスト教の影響を読み取ることができる。

地域名	階層	永禄4年	永禄10年	永禄11年
有馬分	有性	39	34	37
	無性	6	8	9
	寺院	13	18	19
	小計	58	60	65
島原分	有性	6	15	13
	無性			
	寺院	2	5	7
	小計	8	20	20
千々石分	有性	8	10	12
	無性			1
	寺院	1	2	2
	小計	9	12	15
諫早分	有性	7	8	12
	無性	4	1	5
	寺院	5	2	5
	小計	16	11	22
神浦分	有性	1	7	8
	無性	5		2
	寺院	1		2
	小計	7	7	12
藤津分	有性	7	14	12
	無性	4	6	13
	寺院	3	2	1
	小計	14	22	26
大村分	有性	19	12	10
	無性	3		
	寺院	1	2	2
	小計	23	14	12
合　計		135	146	172

表1　肥前国地域別旦那数（『肥前日記』より作表）

伊勢大麻を受けた者は、その代価として銭・銀で初穂を納めている。大村純忠の初穂に注目すると、キリスト教入信前の初穂は銭三貫文、入信から四年経った永禄十年は「銀二十目（匁）」と見え、当時の銀一匁は銭四〇文の相場であるから、銀二〇匁は銭八〇〇文と換算できる。(14) キリスト教入信後の初穂は、入信前の三貫文の三割に満たない額に減少している。入信にともなう純忠の心中を窺うことができよう。

永禄十年には純忠の室も「大村殿上様」として登場し、その初穂は物で納められ「南はんわた　一斤」である。明らかに「南蛮綿」であり、ここに南蛮貿易品が確認され、皮肉にもそれが伊勢御師に大麻初穂の代物として納められているのである。

(二) 領内の社寺焼き打ち

大村純忠の改宗から十一年が経過した天正二年（一五七四）のこととして、『郷村記』には、キリシタンによる神社仏閣の焼き打ち・破却のことが頻繁に記録されている。多良岳山頂に鎮座した太良山大権現、そのすぐ下手にあった多良嶽山金泉寺の項には次のように記す。

天正二年領内耶蘇徒蜂起し神社仏閣を焼滅す、且つ居住の僧侶を殺害す、この時本宮太良嶽里坊仙乗院、下宮富松宮、またその災に罹り悉く焦土となる、伝えて曰く、太良岳本宮は萱瀬の郷士等山に登りて宮殿に放火し灰燼となる、剰じて神躰仏像の灰にて猪鹿の肉を焼き、而してこれを食す、仏神の冥罰を免れべけんや、

多良岳の大権現とその下手に位置した金泉寺、そして太良山の里坊の仙乗院、下宮の富松宮などが天正二

年にキリシタンの攻撃に遭い焼失したこと、また僧侶をも殺害されたことを伝えている。続けて太良山を攻撃した萱瀬村の郷士達は、焼き打ちした神仏像の灰で猪・鹿の肉を焼いて食べたとも記す。後段の郷士の所業は事実であったか疑わしいが、社寺を破壊したキリシタンへの憎悪から生まれた伝承であろうか。
キリシタンによる社寺への攻撃のことは、宣教師達の記録にも頻繁に記され、たとえば大村領松原での寺院破壊をフロイス『日本史』は次のように伝えている。(15)

その地の住民たちは説教を聞きに来た。（中略）人々は第二の説教まで待っていなかった。そしてあたかも司祭が、「寺を焼け、偶像を壊せ」と彼らに言ったかのように、彼らは説教（を聞き終えて）外に出ると、まっしぐらに、その地の下手にあったある寺院に行った。そしてその寺は彼らによってさっそく破壊され、何一つ後に残されず、おのおのは寺院の建物から自分が必要とした材木を自宅に運んだ。

この記事は『日本史』第一部一〇四章の末尾に一五七四年、すなわち天正二年のこととして記されている。年代的にも『郷村記』などの日本側の記録と完全に一致する。
焼き打ち・破壊された神社・寺院は、『郷村記』によると、大村領全域に及び十七社・三十五寺を数える。被災しなかった寺院は二ヶ寺のみであった。竹松村の真言宗寺院極楽寺と、大村純忠の居城三城の麓《ふもと》にあった律宗寺院の宝生寺である。極楽寺は『郷村記』によると、キリシタンが破壊を試みたが「色々奇瑞ありて終に焼ざる也」ということであった。宝生寺は南都西大寺の末寺として明徳二年（一三九一）にはすでに存在が知られる古刹《こさつ》であった。大村に駐在した宣教師アフォンソ・デ・ルセナの回想録によると、宝生寺本堂は間仕切りがなされ、宣教師が日本語を学ぶ語学校、宣教師の住院となり、キリシタンの施設に転用された。後

神社仏閣の破壊を命じる大村純忠
（ベルギー アントワープ国立文書館蔵）

にこの境内にはキリスト教の教会が建てられ、天正十五年（一五八七）に没した大村純忠もこの敷地内に埋葬されている。なお純忠没後、その寡婦は寺の本堂を住まいとした。

　天正二年になぜ一気に社寺破壊が行われたのか。それはこの年の十一月一日（和暦天正二年十月十八日）の、大村純忠と宣教師ガスパル・コエリョとの会談における、コエリョの勧告によるものであった。コエリョに同行していたミゲル・ヴァスは、次のように証言する。[16]

　ドン・バルトロメウ純忠は、その日、大村のもっとも主要な寺院を教会に変え、異教徒がキリシタンの教えを聴聞してキリシタンになるよう公に勧告し、仏僧であれ、俗人であれ、キリシタン宗門を受け入れぬ者は国から去るべしと命じた。教会に変えられぬ限り異教の寺社は破壊されることとなり、十一月には四度の集団受洗式が行われ、降誕祭には大村で四十人の貴人と四人の仏僧が改宗した。（中略）またジョバンニ・フランチェスコ・ステファノーニ師も五島から援助のために大村に来て、この地における改宗事業は月々に促進され、おびただしい仏僧や貴人をふくめて群衆が改宗し、一五七五年九月十三日

（天正三年八月九日）にカブラルは大村で新たにキリシタンとなった者、約二万人、その中には五十ないし六十の寺院の仏僧がいたと報じた。

神仏信仰からの完全な決別ができなかった大村純忠は、入信後十一年にして領内をこのようにキリスト教一色にしていくこととなる。天正十三年（一五八五）には領内の教会は八十七ヶ所に達していた[17]。

四、イエズス会への長崎・茂木の譲渡

大村純忠とイエズス会の密接な関係を示す一つの事例は、純忠が天正八年四月二十七日（西暦一五八〇年六月九日）の日付をもって、長崎・茂木の地をイエズス会へ譲渡したことであろう。譲渡の内容は、長崎港に関する関税と入港税は純忠が保有するものの、両地の統治権と司法権はイエズス会に委ねられるというものであった。町を統治・管理するカピタン（責任者）はイエズス会が自由に選任でき、純忠が派遣した役人は統治に関与できず、さらにはポルトガル船の碇泊料《ていはくりょう》も同会に付与された。

イエズス会では、本来「会憲」の定めによって土地の所有は許されなかったが、三回の評議の上でこの譲渡を受け入れている。同会にとって両地の受け入れは、キリシタンの避難所となり得る、ポルトガル船の常《じょう》套的《とうてき》入港が可能となりイエズス会の必需品が容易にもたらされる、大村領の住院維持費や諸侯への贈り物の経費調達に好都合である、といった利点があった。

開港によって莫大な経済的恩恵を蒙《こうむ》っていた長崎の地を、なぜイエズス会に譲渡したのか。その理由につ

いて五野井隆史氏は、一五八〇年八月十五日付のローマ総会長宛ヴァリニャーノの書簡において、純忠が述べた「肥前佐賀の龍造寺隆信が大村氏に長崎譲渡を要求する可能性があり、そうなれば貿易収益（約三〇〇〇ドゥカド）を失うことになる」という言葉、すなわち、龍造寺の外圧から長崎を護るためであったという点に注目する。しかしそれ以上に、天正七年にカピタン・モールのリオネール・デ・ブリトのナウ船が口之津に入港したことによって、甥の有馬鎮純が領内のキリシタン化を進めており、ポルトガル船の入港地が長崎から口之津に変更される懸念があった。五野井氏はこれを長崎譲渡の理由とする[18]。

これに対して高瀬弘一郎・松田毅一の両氏は、イエズス会文書館に残るスペイン語翻訳文の長崎譲渡状に見える「devemos」（デベーモス）という言葉に注目し、これを「負債」と解釈した。そしてこの語を含む段を「大村領主親子はイエズス会パードレ達に多大な負債があることを考慮して」と訳した。すなわち純忠とその子喜前《よしあき》はイエズス会に借金を負っていたので、その担保として長崎を譲渡したとするのが両氏の立場である[19]。

邦文献である『大村家秘録[20]』に、龍造寺氏の攻撃に苦慮した大村純忠の対策が次のように記される。

外敵防戦の為、一旦彼徒に与し、耶蘇の望を応諾し、銀百貫目借財す、長崎村隣村山里村浦上村淵村の年貢を以て年々返辨す

近世の記録にどれ程の信憑性《しんぴょうせい》があるのか慎重に扱わねばならないが、龍造寺氏に対する軍費調達のためにイエズス会に銀百貫の負債があり、長崎隣村の年貢を返済に充てたとする。負債返済のためにその担保とした地は長崎に対して、隣村三ヶ村と異なるものの、大筋において譲渡状と符合している。このような欧・邦文献の照合からすると、純忠はイエズス会に負債があり、その代償として譲渡に及んだものと考えられる。

おわりに

晩年、大村純忠は大村地方の山間地・坂口に隠居していたが、その当時の純忠の体調について、宣教師アフォンソ・デ・ルセナは「ドン・バルトロメウは五十四歳の時に重病になり、最後には肺病になった。二年間患っていた」と記す[21]。またフロイスは純忠の最期を次のように記す[22]。

彼には扁桃腺炎のようなものが咽喉に生じ、数ヶ月にわたる長期の病臥(を余儀なくされた後)、彼からその生命の活動を奪っていった。

純忠は扁桃腺炎《へんとうせんえん》の悪化によって亡くなった。ルセナはその命日を一五八七年五月二十五日と伝え、和暦では天正十五年四月十八日に当たる。五十五年の生涯であった。

純忠の死から二ヶ月後には、島津征伐を終えた豊臣秀吉が筑前箱崎で伴天連追放令を発布する。秀吉は発布の前に、当時博多にいたフロイスの許に家臣を遣わし、三つのことについて詰問している。その一つがキリシタンによる社寺破壊であった。大村領での社寺破壊、そして長崎・茂木の譲渡のことは秀吉は当然認識していたから、追放令発布に至る背景の一つには、大村領でのキリシタンの事情があったのである。

翌十六年、長崎の地は秀吉によって収公され、大村氏の手から離れていった。

大村純忠の事績では天正遣欧使節の派遣も忘れることができない。冒頭に大村氏の出自を京都から下向した原氏の末裔と述べたが、実はその原家系図に原マルチノの父親の名である「原中務」が登場する。したがって大村純忠と原マルチノとは同一家系に誕生したわけである。マルチノが大村純忠の名代として少年使節に選定されたのは、同族が故なのか、今後の課題である。純忠はその原マルチノの成長した姿を見ることもなく、使節の帰国三年前に没した。

〈註〉

（1）『新編大村市史』第二巻中世編 第二章第三節 大村氏の出自（大村市、二〇一四）。
（2）同右。
（3）この小路割之図（写）は三点現存する（富松神社・大村市立史料館・大村市内土屋家に所蔵）。そのうちでも土屋家所蔵分が保存状態が良い。
（4）外山幹夫『肥前有馬一族』（新人物往来社、一九九七）、五三―五四頁。
（5）神宮文庫（伊勢市）所蔵、架蔵番号一門三五一五。
（6）松田毅一・川崎桃太訳『フロイス日本史』六（中央公論社、一九七八）、二九五―二九六頁。
（7）村上直次郎訳『イエズス会士日本通信』上（雄松堂書店、一九六八）。
（8）松田毅一・川崎桃太訳『フロイス日本史』九（中央公論社、一九七九）、一〇三頁。
（9）外山幹夫『中世九州社会史の研究』（吉川弘文館、一九八六）付録 福田文書一四七号 大村純忠書状。
（10）神宮文庫所蔵、架蔵番号（永禄四年分）一門一三九三七―一・（永禄十年分）一門―一三九三一―一・（永禄十一年分）一門一三九三八―一。
（11）『大村家譜』巻一には大村純忠について次のように記す。
「純忠　民部大輔　後改丹後守　小字勝童丸　実有馬晴純二男　実母純伊女」
（12）前掲『フロイス日本史』六、三一一―三一二頁。
（13）前掲『フロイス日本史』六、三二二頁。
（14）久田松和則『伊勢御師と旦那』（弘文堂、二〇〇四）、二五九頁。
（15）松田毅一・川崎桃太訳『フロイス日本史』一〇（中央公論社、一九七九）、一一頁。

(16)前掲『フロイス日本史』一〇、註(4)参照。
(17)前掲『フロイス日本史』一〇、二〇頁。
(18)前掲『新編大村市史』第二巻、第四章第四節第三項、イエズス会への長崎・茂木寄進。
(19)高瀬弘一郎『キリシタン時代の研究』(岩波書店、一九七七)、四二二頁。
松田毅一「日欧交渉史から見た大村純忠」(『キリシタン大名 大村純忠の謎―没四〇〇年記念シンポジウム「西洋との出会い」レポート』西日本新聞社、一九八九)。
(20)『史籍雑纂』一巻(続群書類従完成会、一九七四)所収。
(21)『大村キリシタン史料―アフォンソ・デ・ルセナの回想録』(キリシタン文化研究会、一九七五)、一一八頁。
(22)松田毅一・川崎桃太訳『フロイス日本史』一一(中央公論社、一九七九)、七七頁。

大友宗麟・義統

大津祐司

一、大友宗麟

キリシタン大名として知られている大友宗麟《そうりん》（義鎮《よししげ》）は、享禄三年（一五三〇）に大友家第二十代当主大友義《よし》鑑《あき》の嫡男として豊後府内（現、大分市）に生まれた。童名を塩法師丸といい、天文九年（一五四〇）に元服して義鎮と名乗り、永禄五年（一五六二）に仏教に帰依して宗麟と号した。天正六年（一五七八）、洗礼を受ける前に三非斎と改名し、その後、円斎、府蘭、宗滴と改名していった（キリシタン大名としては、円斎、府蘭と呼称するのが適切であろうが、ここでは最も知られている宗麟と表記する）。拠点は府内から臼杵へと移し、最晩年は津久見で迎えた。

天文十九年（一五五〇）に、「大友二階崩れの変」と呼ばれる重臣の反乱が起きて父義鑑が重傷を負って亡くなると、宗麟は領国の混乱を鎮めて家督を継ぎ、以後北部九州に勢力を拡大していった。家督を継いだ翌天文二十年、宗麟は山口に滞在中のザビエルを豊後（大分県）に招き、キリスト教の布教を許可し、宣教師の保護を約束した。そしてザビエルが日本を去る際にはインド総督に使節を送った。

宗麟がキリスト教を保護した背景に、貿易への意欲や西洋の文化に対する関心があったことは否めない。

大友宗麟像（部分・大徳寺瑞峯院蔵）

それは、海外との交易の経験がある大友氏にとっては当然のことであり、大砲などを入手するのに有利な状況を整えることも当然のことであった。しかし、キリスト教への積極的とも見える保護には、宗麟の内面に起因するものがあった。

ザビエルの命を受けたガーゴは、宗麟の使節の帰国に伴って天文二十一年（一五五二）に来日してインド総督からの献上品を宗麟に渡し、翌年宗麟から府内に土地を与えられ、そこに住院を建て布教を始めた。さらに弘治二年（一五五六）には日本布教長コスメ・デ・トルレスが山口の戦禍を逃れて府内に居住し、府内は実質的に日本布教の中心地となり、宗麟の援助もあって教会が拡充していった。中世の府内の状況を伝える府内古図には、「大友御屋敷」の西側に「キリシタンノコト　タイウスドウ　ケントク寺」と記されており、教会の所在と教会（デウス堂）が顕徳寺と称されていたことが確認される。弘治元年に来日したポルトガル商人アルメイダは、当時行われていた間引きという陋習《ろうしゅう》をなくすため、府内に育児院を設けて乳牛と乳母《うば》を置いた。さらに、医師の資格を有していたアルメイダはイエズス会に入会し、トルレスとともに府内病院を設立して外科医療にあたった。また、音楽や演劇などの西洋文化もキリスト教布教の初期の段階で府内にもたらされた。このようにキリスト教布教が進展していった中世大友府内町跡からは、メダイやコンタツなどのキリシタン遺物が発見されている。

キリスト教の布教において豊後がどのような位置にあったか、また、その変遷を考えていくのに、日本から発信された書簡の内容とともに、発信地も注視する必要がある。書簡の多くは宣教師が布教の成果や日本の情勢を書き送ったものであるが、初期布教中の弘治二年（一五五六）から永禄五年（一五六二）に限定すると、六五％が豊後から発信されていることが確認される（五野井 一九九三）。まさにこの時期に豊後がキリスト教布教の中心地となっていったと見ることができる。

初期布教の中心となった豊後であったが、信者は多くなく、また、府内のキリシタンの大半は下層の者たちであり、広まった地域は高田・敷戸（現、大分市）、朽網（現、竹田市直入）辺りに止まった。信者数や地域に広がりを見ることができなかったのは、宗麟が当初は改宗しなかったことに要因があった。宗麟自身がキリスト教に改宗したのは、キリスト教を保護することを決めてから二十七年後の天正六年（一五七八）のことである。

では、何故宗麟は布教を許可してから数十年の歳月を経て改宗したのであろうか。改宗を妨げていたものは何であったか。

宗麟の受洗には、宣教師ルイス・フロイスの影響が指摘される。フロイスは、ポルトガル出身のイエズス会司祭で、永禄六年（一五六三）に来日し、文禄元年（一五九二）から三年間マカオに赴いた以外は、慶長二年（一五九七）に長崎で病死するまで日本に滞在し、多くの書簡・通信と著述を遺した。中でも『フロイス日本史』は広く知られており、織豊期の日本史研究に欠かせない史料である。また、慶長元年に長崎にいたフロイスは、豊後を襲った地震と津波の被害についても情報を収集して記録を遺している。

フロイスが豊後に赴いたのは天正四年十二月（一五七七年一月）であった。それから天正七年（一五七九）に来日した日本巡察師のヴァリニャーノに伴って同九年に上洛するまで滞在し、その間布教に従事して大友宗麟・義統《よしむね》父子と親交を持った。フロイスが畿内から豊後に転任して臼杵に居住したのは、イエズス会の念願であった宗麟の改宗に影響を及ぼすことが期待されたからと考えられる。フロイスについては、「彼（大友宗麟）の傍にいて助言を与えうる司祭は、日本で最古参のパードレで、日本人の心の有様をよく理解し、しかも畿内にあって信長に親しく接触して同地の政治動向の把握の点でも卓抜した鋭いセンスの持ち主であった」（五野井 二〇〇二、一三九頁）という評価であったろう。フロイスは、大友宗麟の受洗前後に豊後臼杵に滞在し、緊迫した時期の豊後を間近で見て記録を遺していった。

宗麟にとって、ザビエルとの出会いがキリスト教への初めての接点ではなかった。宗麟はキリシタンになる希望を抱いたのは十六歳の時とフロイスに語っている。それは天文十四年（一五四五）のことである。ジョルジェ・デ・ファリアというポルトガル商人を暗殺して財貨を奪う計画が立てられ、宗麟が父義鑑を制止するという出来事があった。そこにはキリスト教信仰との直接的な関係は記されていないが、その行為がキリスト教信仰の発端になったと回想している。そして、

その後、当地にディオゴ・ヴァスと称するポルトガル人が来た。彼は当地に五年間滞在し、すでに日本語を理解し話していたが、この人は絶えず一冊の書物もしくはコンタツをもって午前と午後に祈りを捧げていた。予は彼に何をしているのか、また、それによって日本の神・仏を崇めているのかと尋ねたところ、彼は笑って、天地の創造主と救世主の外に崇拝しないと言った
（一五七八年十月十六日付ルイス・フロイス書簡、『十六・七世紀イエズス会日本報告集』第Ⅲ期第五巻、九六頁、以下『報告集』Ⅲ－五と略す）

とフロイスに語った。
これが宗麟とキリスト教との本格的な出会いであり、このディオゴ・ヴァス・アラゴンの信仰姿勢によっ

てキリスト教に興味を持ったことが、ザビエル招聘《しょうへい》へと繋がっていった。

一五五四年の宣教師の報告には、宗麟がキリスト教の教えに親しみを抱いて、キリスト教徒になる意思を有していると記されている。しかし宗麟が改宗すると謀反が起こる恐れがあるため改宗できないことを述べ、そして、数人の側近が改宗するのを待ち望んでいるとしている（『報告集』Ⅲ－一、一四三頁）。宗麟がキリスト教に関心を持ち、布教を許可し、宣教師の保護を約束したにもかかわらず、改宗しなかったのは、まず領国の安泰を考えたからであった。それは宗麟の置かれた立場を考えれば当然のことである。

一方フロイスは宗麟が改宗できない理由として、キリシタンになろうとすればやめなければならない罪悪に陥っていること、部下たちの反乱の恐れ、禅宗に帰依していること、の三点を挙げ、その理由によってフロイスの願いは成就していないと述べている（『フロイス日本史』豊後篇Ⅰ第一四章、一六八頁）。やめなければならない罪悪というのは、キリスト教の一夫一婦制に反した行為のことであろう。

宗麟自身は改宗できなかったことについて、嫡子の義統が領国を任せられるまでになっていなかったこと、日本の宗教を究めたいという思いがあったこと、の二点が理由であるとフロイスに語っている。


デウスの教えが伴天連たちによって日本に伝えられた当初から、（その教えは）予にはふさわしいものに思われ、胸中では良いものであると認めてはいたものの、予がキリシタンになるのをかくも長らく延期したのは二つの理由によった。まず好機会が到来するのを願っていたが、それはなかなか容易ではなく、前々からその機会を作ろうと意を用いていたところ、嫡子（義統）がすでに（かなりの）年齢に達し、予が彼に（領）国とその政治を委ねて自らのことを考える時間を持てるようになった今、（ようやくその機会）を持ち得たのである。第二の理由は、（予は）日本の宗教の完全さ、その奥義と知識を、どこまで究め得るか（試み）、あますところなく（それらについて）知りたいとの願いを有したからである。
（『フロイス日本史』豊後篇Ⅱ第三八章、一四一頁）

さらに宣教師からイザベル（旧約聖書に登場する、異教徒の女性）と呼ばれた正妻奈多氏の存在も大きな障害であり、重臣や僧侶や神官からの反対も宗麟に改宗を思い止まらせた大きな要因であった。

ところが、天正三年（一五七五）頃から、宗麟の周囲に大きな変化が生じてくる。次男親家が洗礼を受け、ドン・セバスチャンの教名を与えられた。当初親家は僧侶になる予定であったが、キリシタンになることを希望し、説得にも応じなかったため、ついに臼杵でカブラルから洗礼を受けることになった。これは宗麟の指示であったという。それまで身分ある武士の入信はほとんどなかったため、親家の受洗は、キリスト教を信仰する者と反対する者双方に少なからず影響を及ぼした。次いでキリシタン少年エステバンの事件（奈多氏が娘に仕える少年に棄教を迫った事件）が起こり、天正五年には、田原親虎（田原親賢〈奈多氏の兄〉の養子）がカブラルから洗礼を受けるに至った（洗礼名ドン・シマン）。反キリスト教の代表ともいえる宗麟の正妻奈多氏の甥をはじめとする、近しい者の相次ぐ入信と堅い信仰によって、宗麟の信仰を妨げていた外的要因に変化が生じてきた。そして宗麟はキリスト教に反対する正妻奈多氏と離婚し、次男親家の妻の母親を新夫人に迎えて洗礼を受けさせ（洗礼名ジュリヤ）、同時に娘の親家の妻も受洗してキンタという教名が与えられた。

こうして周囲の環境が整っていった中、宗麟は、天正六年七月二十五日（一五七八年八月二十八日）に臼杵の教会でカブラルから洗礼を受け、ドン・フランシスコの教名を与えられた。洗礼名については、当初は修道士に考えてくれるよう頼んでいたが、「生まれて初めて出会った司祭はメストレ・フランシスコ（・ザビエル）師であり、同師から初めてデウスの教えを聴いたことを思いだし、また、同師の徳高く聖人であることを知ったので、自分に最も適するのは師の名前であり、フランシスコと称するであろう」と、自ら洗礼名を選んだという（一五七八年十月十六日付ルイス・フロイス書簡、『報告集』Ⅲ－五、九三頁）。

宗麟の受洗後、先に示した洗礼名を選んだ経緯とともに、教会側の評価と宗麟のキリスト教布教への貢献について、フロイスは次のように報告している。

ここ豊後の国主（宗麟）は今、四十八、九歳であるが、日本にいる諸侯の中で、思慮分別、才覚ともに最も優れた人物の一人と見なされている。当初は一、二ヵ国を有するのみであったが、今では五、六ヵ国を有し、絶えずその管理に十分心を用い、また、巧みなのでほとんど常に戦わずして国々を保持し、治めている。彼は日本において我らを庇護した最初の国主であり、当地方にあっては（イエズス）会の父のような人物である。それ故、彼の所領には二十七年前から司祭と修道士が駐在している。彼は常に領有する国々において我らを庇護するのみならず、降りかかる不幸から我らを保護し、司祭らが求める許可証をすべて与え、さらには司祭らがデウスの教えを弘めることを欲している都、その他の（国々の）彼が親しくしている異教徒の国主や大身らに書簡をしたためて、各地の改宗事業に便宜を図るよう請うとともに、これをいっそう促すために進物を贈った。

（同書、八六頁）

豊後国内での信者数と布教の状況については、布教開始から宗麟が改宗するまでは「家臣らは彼が説教を聴くことを望まぬのを見て我らの教えと司祭をほとんど重んじなかった。それ故、司祭らが豊後に滞在した二十五年余りの間、かの人々からほとんど得るところがなく、従って今日までにキリシタンの数は辛うじて二千に達するほどに過ぎない」（一五七九年度日本年報、『報告集』Ⅲ－五、一四二頁）という状況であった。それが改宗後には大きく変化していくが、その直前に大きな試練が起こる。

天正六年（一五七八）九月四日（西暦では十月四日、アッシジの聖フランシスコの祝日）、宗麟はキリスト教理想国家の建設を目指して臼杵から日向（宮崎県）に向けて船を進めた。「赤い十字架を描き白緞子の金の縁取りを施した四角い旗を掲げ」た、キリスト教の神の加護を祈った出陣であった（『フロイス日本史』豊後篇Ⅱ第四〇章、一六七頁）。さらにイエズス会司祭のフランシスコ・カブラルらを随行させ、新夫人を伴い、大砲も数門携行した。日向に到着してからは、宗麟自身は務志賀《むしか》（宮崎県延岡市）に本営を置いて、司祭館や教会の建築に取りかからせ、教会の近くに自身の住居を定めるなど、理想国家の建設を進めた。軍勢は田原親賢が率いて日向を南下し、十月に高城を包囲し、十一月に島津軍と激突した。この高城の合戦と呼ばれる島津軍との戦いは大敗であった。大友軍は敗走する途中、日向の耳川までに多くの死者を出し、宗麟も敗走し、理想国建設の夢は潰《つい》えた。そして宗麟は臼杵にすぐには戻らず、津久見の寺院に入った。

日向での敗戦で大友氏の没落は決定的になった。敗戦の責任がキリスト教へ向けられ、宣教師追放や教会の破壊の要求が行われるようになったが、宗麟は反キリシタンの家臣に教会を擁護する決意を伝えた。しかし家臣団の謀反が相次いで起こり、混乱状態が続いたため、宗麟は宣教師に豊後からの退避を勧めた。その後、宗麟は重臣たちの意見もあって復権し、田北紹鉄や田原親貫の謀反を鎮圧し、反キリシタンの勢力を押さえ、臼杵に戻った。このような状況にもかかわらず、豊後ではこの後キリスト教布教に大きな進展が見られるようになる。その契機となったのが巡察師ヴァリニャーノの豊後への来訪である。

ヴァリニャーノは、イエズス会の日本での布教方針を改めて都・下・豊後の布教区を定め、宣教師の報告を日本年報の制度に改め、教育機関を設置し、さらに少年使節をヨーロッパに派遣したことで知られている。ヴァリニャーノは天正七年（一五七九）に来日し、豊後の情勢が落ち着くのを待って翌年九月に府内、次いで臼杵に入って宗麟と会見し、六ヵ月ほど滞在した。その間、十月に臼杵でイエズス会員の協議会を開催した。その結果臼杵に修練院（ノビシャド）が置かれ、翌年府内にコレジオが開校された。そして修練院やコレジオの関係者は布教にも関わっていった。

なお、少年使節については、派遣した九州のキリシタン大名に宗麟も名を連ねて紹介されることが多いが、臼杵の修練院長であったペドロ・ラモンの書簡にあるように、宗麟は事前には知らされていなかったため派遣を承知していなかったこと、さらに宗麟のイエズス会総長宛の書簡についても偽文書であることが指摘されている（『大分県史』中世篇Ⅲ、二二九－二三〇頁）。

こうした中でキリスト教の布教は、「豊後においては、この二年間に彼（大友宗麟・筆者註）の力によって（過去）三十年の成果をはるかに凌ぐ」ようになり、「かの三十年間にキリシタンの数はわずか二千人に達したに過ぎず、皆ことごとく平民であったが、今では一万人を超え、その多くはかなりの大身および高貴な武士であり」（一五八一年度日本年報、『報告集』Ⅲ－六、三二頁）という状況にまでなった。信者数は飛躍的に増加し、武士階級の者も増えたのである。

信者数の増加と布教地域の広がりについては、宗麟の受洗の影響とともに、布教活動への積極的な関与があったことが指摘される。宗麟の俗人司祭としての活動である。まず天正十年（一五八二）に、由布院に赴くカブラルに玖珠地方への布教を依頼し、同十二年には府内の町衆に対する説教聴聞命令を出した。その結果、有力者十三人が聴聞して受洗したという。府内の町衆は祇園会などで結束しており、キリシタンになろうとしなかった者たちであった。翌年にはジョイという府内の町の有力者や大在の胡麻津留氏にも改宗を勧めている。

一五八四年度の「日本年報」には、豊後教区長のゴメスに対して「［フランシスコ］は、豊後国の端にある浦辺の土地に一人のイルマン（修士・修道士）が赴くように要請しました」とある。翌年度の年報には「異教徒

大友円斎感状（日田石松家文書・大分県立先哲史料館寄託）

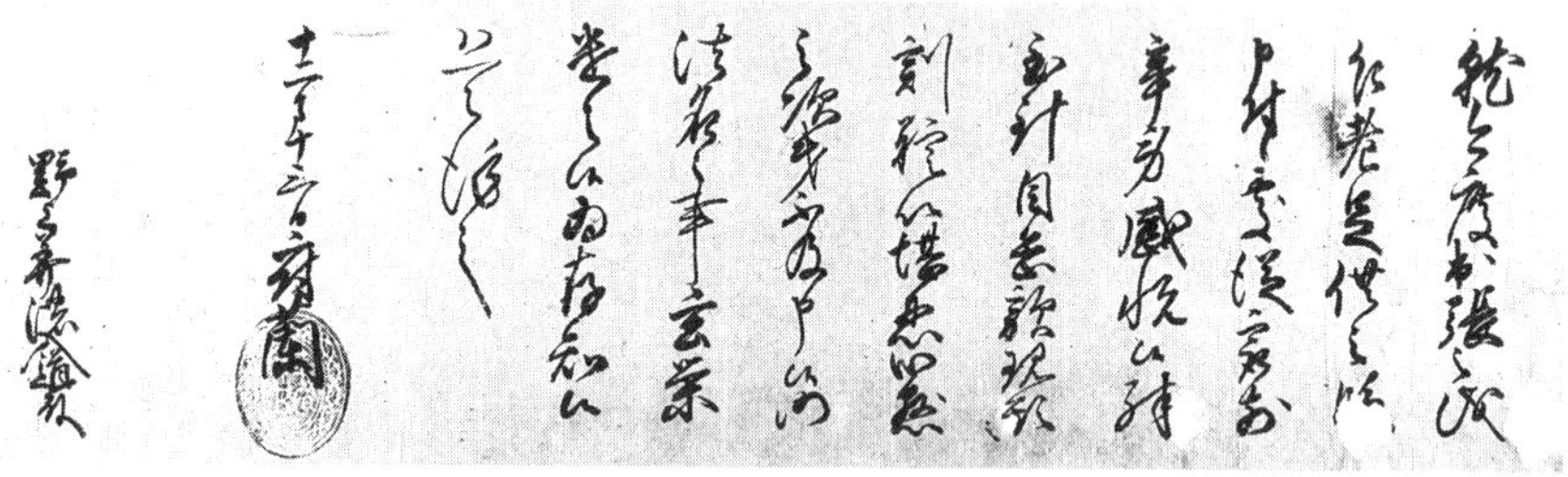

大友府蘭感状（野上文書・大分県立先哲史料館寄託）

たちの土地である浦辺において、一人の善良な人物がキリスト教徒になり」、さらに「彼の一族で洗礼を受けた者は、およそ一四〇名になります」と報告されている。浦辺とは国東《くにさき》半島の海岸部辺りのことであり、この善良な人物は、一五八九年度の「日本年報」に浦辺の中心的なキリシタンとして記されているロマノ岐部のことと推測されている。日本人として初めて聖地エルサレムを巡礼し、一六二〇年にローマで司祭に叙階されたペトロ岐部カスイの父がこのロマノ岐部であり（五野井　一九九七）、宗麟の信仰がペトロ岐部カスイに繋がっていったともいえる。

宗麟の改宗後に信仰が広まった地域の中で、豊後のキリスト教布教の中心地の一つとして挙げられるのが野津（現、臼杵市）である。野津にはキリシタン遺跡が多く遺っている。野津の信仰の中心になった人物は教名をリアンといい、天正六年（一五七八）に受洗し、美しい教会を造り、教会の裏山に十字架を建て、さらにその近くにキリシタンたちのために墓地を造ったとフロイスは記録している。その墓地が下藤キリシタン墓地であると推測され（大津 二〇一五）、二〇一八年に国指定史跡になった。また、初期布教の中心地に挙げられる朽網に近接する志賀（現、豊後大野市・竹田市）でも、一五八五年の志賀親次の改宗（洗礼名ドン・パウロ）によって飛躍的に信仰が広がり、高田・野津と並んで豊後布教の中心地の一つとして数えられた。

キリスト教の信仰は、由布院（現、由布市）にも広がった。キリスト教が既に禁止された元和三年（一六一七）に、イエズス会日本管区長のコウロスが、全国のキリシタンの集団から、迫害下でもイエズス会が宣教に誠実にあたっているとの信徒代表の証言を徴した。現在の大分県域の豊前及び豊後からは十地域（中津、臼杵、油〈由〉布院、野津、高田、なんぐん〈南郡〉、日出、府内、利光・戸次・清田、種具村・丹生・志村・大佐井村）の代表者たちが証言を提出している（松田 一九六七）。中でも由布院のキリシタンの代表者たちが提出した文書には、それぞれの役割（看坊、奉加役、大親、小親、志ひ〈慈悲〉役、惣組大親）が記されており、確固とした組織で信者集団が運営されていたことが確認される。

宗麟の俗人司祭としての活動には信仰の深さが見られ、その影響の大きさも確認される。また、名前と花押・印判の変化にも宗麟の信仰の深化が見られる。洗礼を受けた天正六年に、宗麟は三非斎と名乗りを変える。洗礼を受ける数ヵ月前のことである。それまでの義鎮と名乗った時期、宗麟期の花押の変遷を見ると、宗麟自身や環境の変化が花押・印判の変化に結びついていると推測される。三非斎についてはキリスト教との関係も考えられてきているが、定かではない。翌天正七年には円斎と名乗りを変え、洗礼名のフランシスコにちなんだＦＲＣＯを図案化した印判を用いるようになる。さらに天正九年からはＩＨＳ ＦＲＣＯを図案化した花押を用いるようになり（ＩＨＳはイエスを指し、イエズス会の紋章に用いられる）、名乗りも洗礼名を漢字で表した府蘭と改め

大友宗麟ローマ字朱印

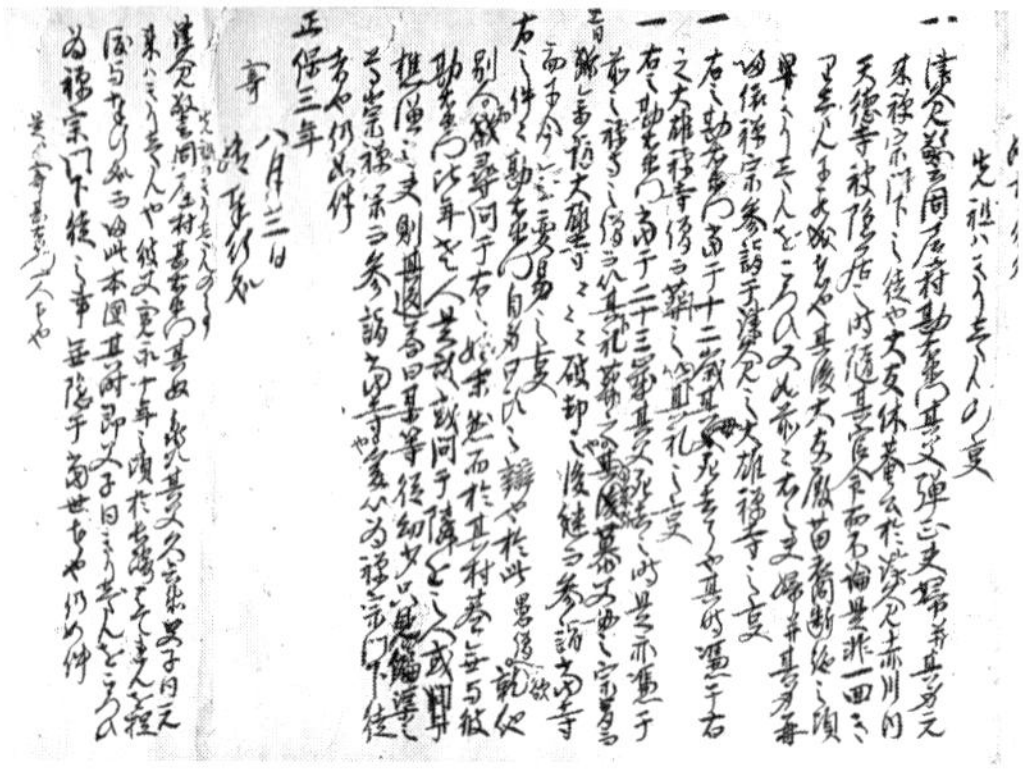

解脱寺古峯寺請証文（解脱闍寺蔵）

た。この天正九年頃に宗麟の信仰が最も深まっていったと捉えることができよう。ただし、亡くなる前の一年間は宗滴と称している。島津軍の豊後侵攻に対して、豊臣秀吉に援軍を依頼するために大坂に赴く前から用いたようである。

こうしたキリスト教信仰の広がりと自身の信仰の深化の中、宗麟は津久見の地でその晩年を迎える。天正十年（一五八二）頃津久見に隠居し、翌十一年に教会を建て、キリスト教を中心にした町造りを進めた。津久見の解脱闍寺に遺る正保三年（一六四六）の「解脱寺古峯寺請証文」には「大友休菴公於津久見赤川内天徳寺被隠居之時、随其官命而、不論是非、一回きりしたんに罷成者也」と記されており、宗麟が領民を官命で転宗させたことが確認される。日向の務志賀で果たせなかった夢を津久見の地で果たそうとしたかのようであり、その半ばの天正十五年（一五八七）、宣教師らに見守られて生涯を終えた。

このような宗麟の保護と信仰による布教の進展は、宣教師によってヨーロッパに伝えられ、ローマ教皇庁から豊後は高い評価を得たようである。実質的に機能を有し得なかったものの、一五八八年二月十九日の枢機卿会において、府内司教区の設置が決議されるに至った。

二、大友義統

大友義統は宗麟と正妻奈多氏との間に生まれた嫡男である。義統がキリスト教を信仰するにあたっては、母親という大きな障害があった。それでも天正六年（一五七八）の日向出兵中に野津にいた義統は、一時受洗に傾いた。しかし、大友軍が敗北し、敗戦の責任がキリスト教へ向けられ、宣教師追放の要求が高まったことにより受洗を躊躇《ちゅうちょ》した。

義統が洗礼を受けたのは、天正十五年（一五八七）のことである。黒田官兵衛の勧めによって、妙見岳城（宇佐市院内町）で洗礼を受けた。島津軍の豊後侵攻により豊後から豊前の妙見岳城に逃れていたのである。

洗礼を受けるまでの義統は、「教会で聞いた数多くの説教も、父君である国主フランシスコをはじめ日本の（イエズス会）上長フランシスコ・カブラル、およびガスパル・コエリュ、その他の司祭たちの説得もなんら功を奏さず、彼は偶像崇拝にひたりきっており、その生活（状態）に鑑みてデウスからよほど遠ざかっている」と見られていた（『フロイス日本史』豊後篇Ⅲ第七一章、二三四頁）。かつて受洗に傾いた時期があったにせよ、宣教師から最早期待されていなかった義統が洗礼を受けたのは、「官兵衛殿の人望と権威に負うこともいなめない。嫡子は己が用務（を果し）国を保持するために官兵衛殿を大いに必要としていたのである」（同）と、豊後への復帰のために官兵衛の勧めに従ったと見える。義統はゴメスからコンスタンチイノという教名を授けられ、同時に主だった家臣たちも洗礼を受けた。心からの改宗ではなかったようであるが、義統の受洗をゴメスから聞いた宗麟は殊の外喜んだという。そして病床にあった義統の妻にも説教を聴くように命じ、洗礼を受けた彼女にはジュスタという教名が与えられた。

義統の信仰は長くは続かなかった。義統が棄教したのは、秀吉の命によるものであった。秀吉は天正十五年六月十九日（一五八七年七月二十四日）に伴天連追放令を発した後に、一部のキリシタン武将に棄教を命じた。義統は秀吉と折り合うための表面的な棄教と言いながら、この後キリシタンを迫害していく。フロイスは義統を「惰弱な性格、頽廃した素行、および底知れぬ非道の深淵にひたりきった」と、厳しい評価を下している（『フロイス日本史』豊後篇Ⅲ第七三章、二六四頁）。

義統はまず宣教師に豊後からの退去を命じ、天正十六年二月の上洛の前に家臣と領民に棄教を命じ、志賀親次に圧力をかけた。さらに高田の中心人物である鍛冶屋のジョランを処刑し、由布院の刀鍛冶のジョウチンを野津での布教活動中に殺害させた。野津の下藤地区キリシタン墓地に置かれている常珎《じょうちん》の墓は、この由布院のジョウチンと推測される。

その後義統は再びキリスト教を信仰することになるが、文禄の役において命令に背いて敵前から撤退したことを責められて領地を没収され、毛利輝元に預けられ棄教する。さらに慶長五年（一六〇〇）に豊後の復権をかけた石垣原《いしがきばる》の戦いで黒田勢に敗れ、中津城に置かれていた時に、黒田官兵衛らの勧めにより三たび信仰に戻ったと伝えられている。

〈参考文献〉

大津祐司「豊後国大野郡野津院下藤村の村落構造」（『史料館研究紀要』一九号、二〇一五）

五野井隆史「日本キリシタン教会と豊後―発信文書からみた日本キリシタン教会における豊後の位置及び大友宗麟受洗に関して」（『大分県地方史』一五〇号、一九九三）

五野井隆史『大分県先哲叢書　ペトロ岐部カスイ』（大分県教育委員会、一九九七）

五野井隆史『日本キリシタン史の研究』（吉川弘文館、二〇〇二）

松田毅一『近世初期日本関係南蛮史料の研究』（風間書房、一九六七）

『大分県史』中世篇Ⅲ（大分県、一九八七）

松田毅一監訳『十六・七世紀イエズス会日本報告集』（同朋舎出版、一九八七〜一九九八）

フロイス著　松田毅一・川崎桃太訳『フロイス日本史』（中央公論社、一九七七〜一九八二）

有馬晴信

清水紘一

はじめに

有馬家は肥前島原を拠点とする旧族であり、江戸時代初期に編集された家譜類では藤原氏長良《ながら》流と記されている（『寛永諸家系図伝』第九、一九三頁）。外山幹夫は宝治元年（一二四七）の「深江文書」に見える有間朝澄（平姓）が史料上確認される最古の人物であり、平安時代同国高来《たかく》郡有間庄（長崎県南島原市南・北有馬町）を本貫とする開発領主として代を重ね、戦国時代末頃藤原姓を称した一族と推定している（外山 一九九七、二〇頁）。

晴信に直結する同家の棟梁は、祖父晴純、父義貞、長兄義純となる。祖父晴純の初名は賢純《まさずみ》。天文八年（一五三九）家督を継ぎ、室町将軍足利義晴から偏諱《へんき》を受けて改名。修理大夫・肥前国守護に任じられたほか、日之江城（南島原市北有馬町）を拠点として膨張策を採り、次男純忠を大村家の嗣子に送り込むなど同家の勢力圏を拡大させた。天文二十一年（一五五二）跡目を義貞に譲ったが、永禄九年（一五六六）の没年まで政事の実権を保持した。

晴信の父義貞（晴直、義直）は受領して修理大夫・相伴衆となった。肥前佐賀で台頭した龍造寺隆信と交戦、永禄六年（一五六三）六月には肥前牛津川ほかの合戦で敗北し、先代が築いた版図を縮小させた。そのため隠居した晴純（仙岩・仙巌）により、一時期家督を追われている。後年復権し、元亀元年（一五七〇）家督を嫡子義純に譲った。義純は二十一歳で家督を継いだが、翌二年六月十四日急死した（『藤原有馬世譜』巻一）。義貞は義純の弟晴信を後継者とし、政事を後見した。

島原の有馬領とキリシタン宗門との関係は、永禄五年（一五六二）に始まる（『イエズス会士日本通信』上、三四〇頁）。翌年有馬家は、ルイス・デ・アルメイダ Almeida, L. de 修道士に口之津（南島原市口之津町）で会堂用の地所を供与した。その後口之津には、ポルトガル船が入港した。永禄十年（一五六七）二艘、天正四年（一五七六）、同七〜八年、十年各一艘の入港が知られている（岡本 一九七四、五〇九頁）。有馬家がキリシタン宣教師を受け入れ、ポルトガル船の領国誘致策を進めた背景として大村純忠の動向があったろう。純忠は有馬家から大村家に入り、永禄五年横瀬浦を開港したほか、翌年には自身がキリシタン宗門に帰依するなど、積極的な対外通交と領内の開放策を推進していた。

一、晴信とキリシタン宗門

晴信の生年については内外の史料間で相違がある。日本側史料では永禄十年（一五六七）生まれとする（『寛政重修諸家譜』第十二、一九〇頁）。晴信の訃報を伝える「一六一二年度イエズス会年報」では享年を「五十一歳」としており、逆算すると永禄四年（一五六一）となる。教会には洗礼や結婚に関する第一次情報が集積されていた可能性がある。小文では後者を採り、晴信の生年を永禄四年としておこう。幼名は十郎、初名は鎮純《しげずみ》。その後鎮貴、久賢、正純、晴信と名を変えた（『藤原有馬世譜』首）。晴信が何度も改名した背景として、有馬

（晴信期）　（久賢期）　（鎮貴期）　（鎮純期）

有馬晴信花押（『藤原有馬世譜』巻三・東京大学史料編纂所所蔵謄写本）

家が長期にわたり龍造寺氏の攻勢に曝《さら》されていた経過がある。晴信の改名は、大友義鎮《よししげ》（豊後）についで島津義久（薩摩）に後援を求めた「遠交近攻」策の跡となろう。

有馬家は、永禄五年以降キリシタン教会やポルトガル船の誘致策に傾斜したが、同地方では神道・仏教信仰が支配的である。晴信を後見した義貞は、天正四年（一五七六）三月十七日口之津でコエリュ Coelho, G. 神父から洗礼を受けた。アンデレ（安天連）と称したが、受洗後「八、九カ月」で膿瘍《のうよう》を患い同年病死した（『フロイス日本史』一〇、三九、六一頁）。

治政当初の晴信はある高僧に帰依するなど伝統宗教重視の姿勢を家臣団に示しており、義貞の葬儀についても仏式で営んだ。カブラル Cabral, F. 神父は葬儀のため「国主にふさわしい柩《ひつぎ》」を作らせ、宗教行列と荘厳ミサを執り行ったが、有馬領内ではその後多数の棄教者が生じた。

他方で龍造寺氏の有馬領に対する攻勢は強化され、有力家臣団の離反が続くなど、有馬領国には崩壊の危機が迫った。晴信は有馬家が陥った窮状打開のため、大村純忠の助勢とキリシタン教会に頼り、天正八年（一五八〇）同宗門に帰依した。

晴信の洗礼は、日本教会指導のため前年来日したイエズス会の巡察師ヴァリニャーノ Valignano, A. が執り行ったが、授洗前、晴信の女性問題が判明した。この女性は「領内のもっとも重立った身分のある若い女性」であったが、ヴァリニャーノは「デウスの教え」により禁じられているとし、同女との関係清算を晴信に要求した。晴信は不服で、未婚の者同士で相愛の関係にあると反論。ヴァリニャーノは一時領外退去の姿勢を見せるなど折衝がなされた末、晴信はヴァリニャーノの意見に従い同女との離別と受洗に至る。ヴァリニャーノが晴信の女性問題を重視した理由は、晴信が「自分の義姉」の娘と婚約状態にあったことと、晴信にキリシタン信徒として婚姻の秘蹟の重要性を得心させることにあったろう。義姉は晴信の亡兄義純の妻であり、その娘は当時幼女であった。晴信は、後年「姪」と結婚する（『フロイス日本史』一〇、七三頁）。

晴信の受洗日は不明であるが、この年の復活祭主日（天正八年三月十九日）以前のことであり、洗礼名をプロタジオ（後年ジョアン）と称した。ヴァリニャーノは窮地に陥った有馬家を援助し、日之江城に司祭を送り「多量の食料」や銀、定航船から「十分に仕入れておいた鉛と硝石」を提供した（『フロイス日本史』一〇、一六〇頁）。有馬家はイエズス会の支援により同時期の危機を脱し、以降領民の教化を進めた。次のようである。

（晴信は）家臣たちに対して、巡察師に謝意を表して領内から偶像を駆逐することを義務とすべしと伝達した。かくて巡察師が滞在した三ヵ月の間に、大小合せて四十を超える神仏の寺社がことごとく破壊された。それらの中には、日本中で著名な、きわめて美しい幾つかの寺院が含まれていた。仏僧たちは、そのすべてがキリシタンになるか、さもなくば有馬領から去って行った。新たに受洗した人々のほか、有馬の地では七千人以上がキリシタンの信仰に復帰した。これらの者は、過ぐる迫害の年に棄教した者か、あるいは初めに述べたように、司祭も修道士もおらず教理を聞くこともなしに過ごして来たのである。仏僧たちは結婚し、偶像を破壊し、改宗者は日ごとにふえていった。

（『フロイス日本史』一〇、一六五頁。一部加筆）

即ち、晴信は領内の寺社四〇余を破壊し、僧侶に対しては宗門への帰依か領外退去としたこと、義貞死後棄教した人々の七〇〇〇人以上が立ち帰ったことなどが知られる。寺社破壊については「領内」の著名な寺院が含まれていたとされるが、龍造寺軍の進攻（後述）に対し、領域地帯では城砦を構える有力家臣が離反しており、有馬領全域に及ぼされたか未詳である。なお後年の島原・天草一揆（一六三七〜三八）は天正八年から「五七年後」の出来事となるが、島原地方では、歴史上二度の大規模立帰りがあったこととなる。

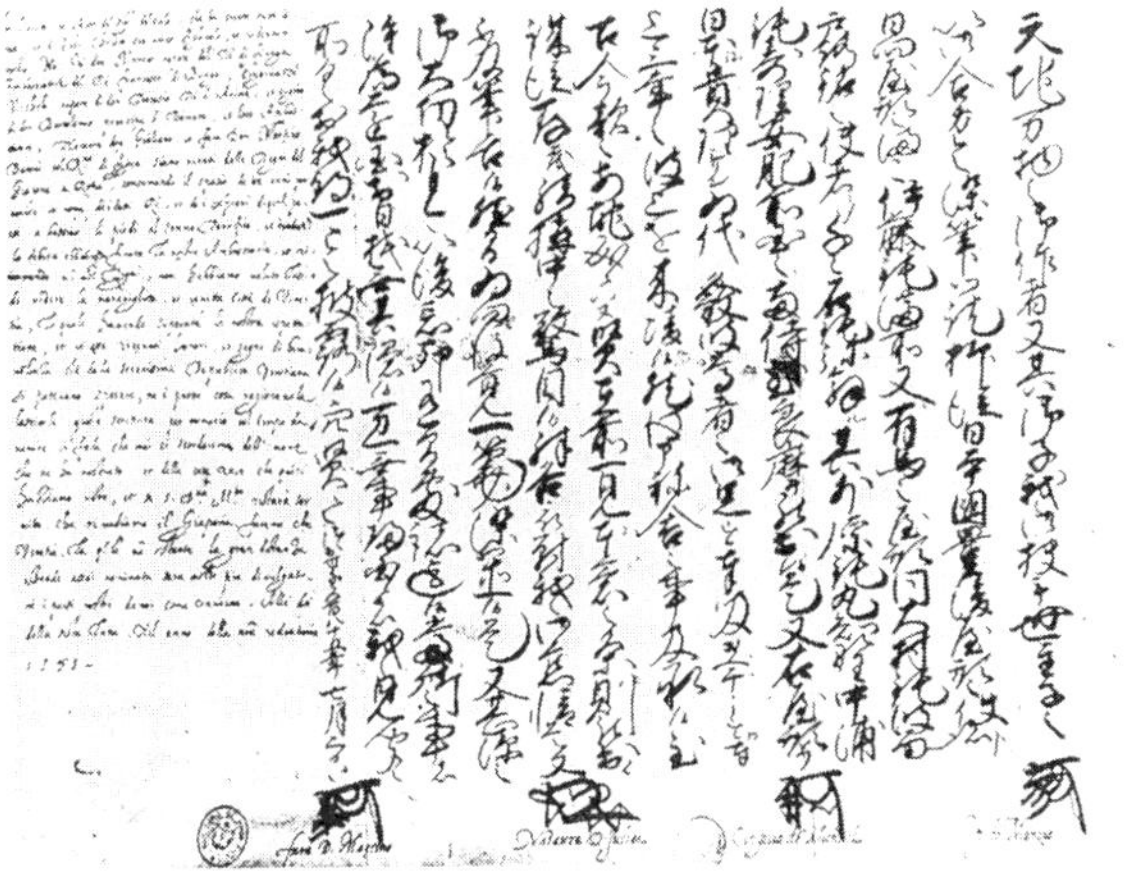

遣欧使節4人がヴェネチア大統領に宛てた感謝状
日本文の下には4人の署名、左にイタリア語訳が添えられている
〔井上敬雄『少年が歴史を開いた－伊東マンショ・その時代と生涯』（鉱脈社 2008）より転載〕

二、天正使節と浦上寄進

ヴァリニャーノは、天正十年一月二十八日（一五八二）遣欧使節を率いて長崎から出航しヨーロッパに向かった。使節派遣の目的は、一行が旅先で聞知した欧州の文物を日本に伝えることと、イエズス会の布教活動が東アジアまで着実に及ぼされていることなど、その成果をヨーロッパ世界に確知させることであった。使節は正使伊東マンショ・千々石ミゲル、副使原マルティーニョ・中浦ジュリアンで、大友義鎮（宗麟《そうりん》）・有馬晴信・大村純忠（理専）三大名の名代としての資格を帯びていた。晴信の名代は千々石ミゲルである。ミゲルは有馬

晴純の四男で千々石家に入嗣した直員の子であり、晴信とは従兄弟《いとこ》となる。一行はインド・アフリカ南端を経由し、イベリア二国からイタリア入り。ローマでイエズス会総長、次いで一五八五年三月二十三日（天正十三年二月二十二日）ローマ教皇グレゴリウス十三世 Gregorius XIII、その後シクストゥス五世 Sixtus V に謁見。各地で見聞を広め、帰国の途についた（『大日本史料』第十一編別巻之一、一二七頁）。

天正使節の出発後、島原地方では有馬家の存続を脅かす危機が再度生じた。龍造寺氏の有馬家に対する抑圧はその後も継続されていたが、九州統一を目指し北進策を採った薩摩の島津氏と龍造寺氏の間で緊張が高まり、その余波が有馬領に及ぼされたことによる。晴信は島津義久・家久兄弟と結び、家久の来援を得て天正十二年（一五八四）三月二十四日龍造寺隆信の大軍と肥前島原で交戦した。世にいう沖田畷《おきたなわて》（長崎県島原市北門町）の戦いである。同合戦で晴信は、教皇から贈られた「聖遺物」を胸に懸け、「大きな十字架を描いた上に我らの文字で聖なるイエズスの名を記した」軍旗を掲げて勇戦（『十六・七世紀イエズス会日本報告集』第Ⅲ期第6巻、二六八頁。以下『報告集』と略記）したほか、薩摩の部将川上左京亮の力戦で隆信を倒し存亡の危機を辛うじて脱した。このため晴信は自領の浦上を戦勝記念としてイエズス会に寄進した。次の記録が残されている。

ドン・プロタジオ（晴信）は、このたびの龍造寺との戦に挺身するに先立って、我らの主なるデウスに一つの誓いを立て、それを書き記して副管区長のもとに送った。そこには、もしもデウスが敵に対して勝利を授け給うた暁には、高来にある温泉《うんぜん》と称せられる多数の巡礼と多大の収入を有する僧院の全収入をデウスに奉献することが約束されていた。だがその収入は、一部は異教徒の掌中にあり、他の一部はキリシタンたちの間に分散していて、それらを集めるのは非常に苦労であり支障があって、容易なことではなかったので、戦が有馬方の勝利となった後、司祭たちにはイエズス会がそれらの収入を受けるのは望ましくないと思われた。殿もその点意見を同じくしたので、その代りとして、長崎の近傍であり、全住民がキリシタンである浦上の地を殿は我らのイエズス会に与えた。それは当時の殿の能力から見て、教会に対して大いなる愛情を抱いていることを示すものであった。彼が改宗事業に対して、つねにこうした好意や援助を示したのに応えて、主なるデウスも彼の希望に沿って彼を助け給うたのである。

（『フロイス日本史』一〇、三四〇頁。一部加筆）

即ち、晴信はデウスに戦勝を祈願し、成就の記念として高来郡「温泉」（長崎県雲仙市小浜町）の僧院と寺領奉納を約束していたが、同地が仏教徒・キリスト教徒混住の地であることにより、改めて「全住民がキリシタン」である浦上をイエズス会に寄進した経緯が知られる。イエズス会は天正八年大村純忠・嘉前父子から長崎湾岸の譲渡を受けていたが、長崎に隣接する重要な後背地を移譲されたこととなる。

三、天正禁教令と晴信

豊臣秀吉は天正十四年（一五八六）上坂したイエズス会日本準管区長ガスパル・コエリュ Coelho, G. を引見し、同年五月四日付の文書を発給（『フロイス日本史』一、二二一頁）。イエズス会士の日本居住許可、住院への賦課免除、キリシタン宗門宣教への妨害禁止を認許した。同状は、豊臣政権が示した宣教師保護状となる。

天正十五年三月秀吉は大軍を率いて西下し、同年五月島津義久（龍伯）を薩摩泰平寺（鹿児島県薩摩川内市）に追い詰めて九州統一を達成した。晴信は島津氏を離れて秀吉に従属した。その理由については史料上定かでないが、乱世から統一に向かう形勢観望に加え、晴信には沖田畷戦後も島原・三会（島原市）に駐屯していた薩摩軍から城領地を回復する課題が残されており、終極、豊臣政権に服属したこととなろう（『イエズス会日本年報』下、二〇九頁）。晴信は、同年四月筑後高良山（福岡県久留米市）に軍を進めた秀吉に参謁し臣属した。肥前の領主層は、龍造寺政家のほか、松浦鎮信《しげのぶ》・宗義智《よしとし》・宇久（五島）盛勝・大村嘉前らが「段々参陣」した（「九州治乱記」『肥前叢書』第二輯、四三四頁）。同時期参陣しなかった肥前衆は、伊佐早（長崎県諫早市）の西郷信尚ほかで戦後の所領問題に影響する。

秀吉は六月七日筑前筥崎《はこざき》（福岡市）に軍を還し、戦後の論功行賞（国割）を断行したが、陣中では天正十五年六月十八日付覚書（十一か条）、翌十九日付定書（五か条）を発布。キリシタン宗門について豊臣政権公認の体制内宗教から体制外の「邪法」とする裁断を下し、宣教師の国外退去を命じた。著名な伴天連追放令である。

次いで、同宗門に帰依する大名に対しても棄教を命じ、播磨明石城主高山右近を追放したほか、滞陣中の晴信や大村嘉前にも秀吉は改宗を迫った。晴信と嘉前は、秀吉の棄教命令に対し黙従した。他方で両者はイエズス会に書状を送り「領内の教会及び領土を保全するため、関白殿に対して少しく己の意を曲げたが、心は前より強く、遠からず領地に帰る」（『イエズス会日本年報』上、二四八頁）と釈明。本領は安堵されたが、両家がイエズス会に寄進した長崎・茂木と浦上は没収され、秀吉政権下に移された。浦上地方は一部を除き、その後江戸幕府の代官領とされ幕末に至る。

伴天連追放令によりイエズス会は各地に建設した教会や付属施設を没収・破壊されたが、その後同会は大名領主の改宗を重視する「上から下へ」の政教一致的な垂直型伝道方式を改め、「ミヤコ」地区や非キリシタン大名領内で着実に実績を残していた「伝道者・求道者対話」による「回心」中心の水平型伝道方式に立ち帰り、以降の文禄～慶長期に教勢の回復と拡大を果たすこととなる（清水 二〇〇一、第二部第二章）。

司祭や修道士は、ポルトガル船が入港していた肥前平戸に集結。事後の対応策について「デウスの名誉」とキリシタン宗団の福利のため日本残留を決定したが、拠点とする潜伏地の選定については難航した。天正十五年の在日イエズス会士は、日本人四七人を含む一一三人（司祭四〇・修道士七三）であったが、多人数の潜伏を可能とする地域は限られた。このため司祭団は、肥後に入部した佐々成政や佐賀の龍造寺政家に用心深く打診。ついで同年の「降誕祭」（天正十五年十一月二十六日）前、コエリュは晴信に相談した。

晴信は、司祭団の要請を即座に受諾し「予にはキリシタン宗団を守るための準備ができている。もしもそれがかなわぬ時には、そのために予の領地はもとより、伴天連様方とともに主なるデウス様の名誉ならびにキリシタン宗団擁護のために生命を抛つ覚悟である。それゆえ、ただちに伴天連様と伊留満様方全員が平戸から高来に移ってこられるがよろしい」（『フロイス日本史』一一、一四三頁）と応答している。キリシタン宗門禁圧策に踏みきった統一権力に対し、晴信は反骨精神を見せたこととなる。潜伏先については、次の記録がある。

学院は千々石（雲仙市千々石町）の地に、修練院は有家《ありえ》（南島原市有家町）に、都と下《しも》（西九州）の神学校は合併されて八良尾《はちらお》（南島原市北有馬町丙八良尾）に置かれた。下地方の上長の司祭は幾人かの同僚とともに有馬に留まり、副管区長師は二人の司祭および三人の修道士とともに加津佐（南島原市加津佐町）に、そして一人の司祭と一人の修道士は神代（雲仙市国見町神代）へ、他の一司祭は古賀（長崎市古賀町）へ行き、二人の司祭は三人の修道士とともに大村に残り、他の三人の司祭はドン・バルトロメウ（大村純忠）の領地である海辺の秘密の場所に潜んだ。二、三人の司祭は二人の修道士とともにドン・ゼロニモ（籠手田安一）領の平戸の島に行き、天草には四人の司祭と二人の修道士が留まった。昨年、一族とともにキリシタンとなった大矢野氏の領地には二人の司祭と一人の修道士が赴き、二人の司祭と一修道士は変装して海路豊後に向かい、ドン・パウロ（志賀太郎）の城（岡城）に密かに潜伏し、そこから折を見て告白を聞いたり、子供たちに授洗のために出かけて行くことにした。オルガンティーノ師は、日本人コスメ修道士とともに小豆島に留まることになった。

（『フロイス日本史』一一、一七〇頁。一部加筆）

右から追放令後のイエズス会は、晴信の助勢に頼りつつメンバーを極力分散させたことが知られる。晴信領内には、七三人以上の司祭・修道士が学生と移住した。学生は、千々石、有家、八良尾の教会施設に移したほか、九州～大坂を結ぶ瀬戸内の要衝地小豆島にはオルガンティーノ Organtino, G. 神父が潜居した。同島は小西行長領であり、京坂の情報収集に布石が打たれたこととなる。

ほか島原半島は「海の通路」であり、領内では警戒態勢が敷かれた。外来者の目につきやすい教会など関連施設には、その前方に家屋を建てるなど細心の注意が払われた（『フロイス日本史』一一、二一五頁）。そうした状況下で、島原地方ではキリシタン文化が開花した。その一は、教育機関の移設により教育内容の充実が計られたことである（片岡　一九七〇、第二章）。有馬では既にセミナリオ Seminario（神学校）が建設されていたが、八良尾ではラテン語ほか諸分野に及ぶ学芸・美術・修徳の課程がおかれ、その後の日本教会を担う若者たちに提供された。

その二は、天正十年一月出発した遣欧使節が同十八年（一五九〇）六月二十日長崎に帰着し、多数のイエズス会士が潜居した島原地方に欧州の息吹と諸々の文物を伝えたことである。使節はインド副王使節の資格で再来日したヴァリニャーノに同行する形で帰国したが、晴信は一五九〇年九月二十二日付でローマ教皇に、翌天正十九年八月二十日付で枢機卿（かるであろ・かろは Cardial Carrafa）に書状を送っている（『大日本史料』第十一編別巻之二、二九六頁）。

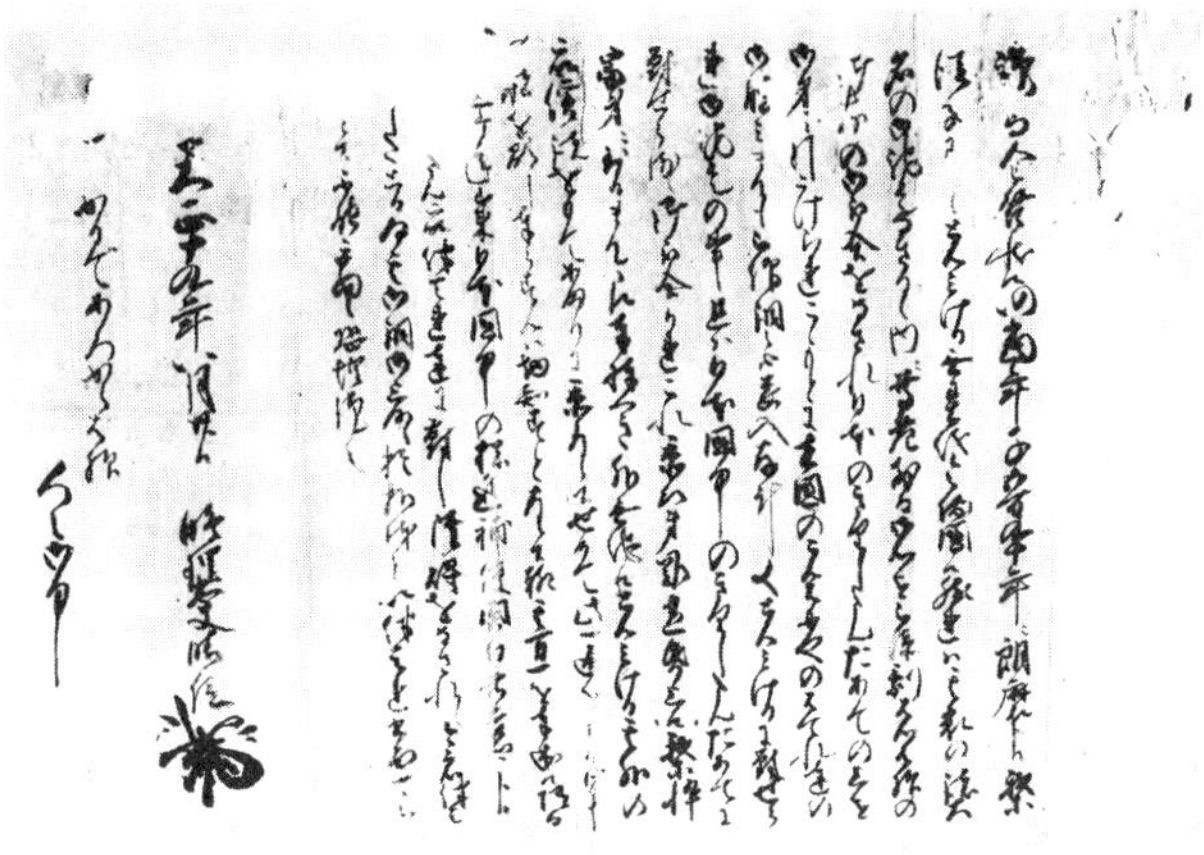

有馬晴信書状（国立国会図書館蔵）（同館ウェブサイトから転載）

ヴァリニャーノは天正十九年閏一月八日聚楽第で秀吉に謁見し、秀吉から随行者「十名」の残留を認める口頭許可を得て追放令の一部緩和に漕ぎ付けている（『報告集』第Ⅰ期第1巻、二三二頁）。次いで使節団と有馬領に赴き、千々石から移転した加津佐コレジオ Collegio（学院、南島原市）で、使節に託された教皇シスト五世の書状と「真の十字架の神聖なる木片」が嵌入《かんにゅう》された黄金の十字架、剣と帽子などを晴信に授与した。晴信の感激は大きく、日之江城を訪れたヴァリニャーノに対し「胸中に新しい活力を感じた」こと、今後は「もっと立派に生きねばならぬ」と自覚したことなど心中の感懐を吐露している（『報告集』第Ⅰ期第1巻、二四四頁）。

晴信が領内に置いた上記学院では、使節一行が将来した文物が活用された。活版印刷機は当初有馬領で稼働され、教科書類が印刷されたほか、加津佐コレジオで『サントスの御作業の内抜書』（二巻二冊、一五九一）が刊行されている。

四、朝鮮の役と晴信一族

晴信は「唐入り」を号令する秀吉の命を受け、文禄元年（一五九二）士卒二〇〇〇を率いて朝鮮王国の南岸に向かった。朝鮮の役（文禄・慶長の役、一五九二〜九八）である。晴信の部署は小西行長（肥後宇土城主）が指揮する第一軍で、同部隊は宗義智・松浦鎮信・大村嘉前・五島純玄ら総勢一万八七〇〇人余で編成されていた。同軍団は四月十三日釜山を攻略し北進。各地で転戦したが、朝鮮の役が終わるまで軍務が課された。一五九四年（文禄三）イエズス会のセスペデス Cespedes, G. が高麗に渡航すると、晴信は同神父とその一行に食料を送っている（『フロイス日本史』一二、二六四頁）。朝鮮の役は、慶長三年八月の秀吉死去と日本軍の撤退で終期を迎え、晴信と有馬勢は帰国した。

戦役中晴信は正室ルシアと死別し、戦後「或る公家の娘」と再婚した（『報告集』第Ⅰ期第3巻、一三八頁）。フロイスはヴァリニャーノとルシア夫人が天正十九年上述した「聖木十字架」の授与式後、日之江城で挨拶を交わしたと記している（『フロイス日本史』一二、七一頁）。ただし、ルシアに従って姿を見せた「息子たち」filhos（Historia de Japam. V. p. 337）についてルシアの実子であったか、女子を含めた複数表現であったか言及していない。結城了悟は教会側史料を検討し、晴信とルシアの間に「子供はなかった」としている（結城一九八六、四五頁）。

日本側史料を見ると、文化八年（一八一一）有馬家の史籍を編纂した鷹純芳は、晴信の正室について「義純公一女」とし同夫妻間の子供の有無を記さず、晴信の長女と嫡男直純の生母を山田純矩の娘、次男純貞・三女の生母を荒木伊賀夫人とし、次女の生母を記していない（「国乗遺聞」巻之二）。その後、幕府が有馬家の提出資料をもとにして編集した『寛政重修諸家譜』（第十二、一九一頁）も同様の記述を残している。すると、ヴァリニャーノに姿を見せた晴信の「息子たち」は晴信側室の山田氏が生んだ長女と長男直純（天正十四年生まれ）になろう。ルシアは、有馬家の正室として晴信の側室が生んだ男女児の「母」となり、同家の内外に対応したこととなろう。晴信の後室と、その子供たちについては後述する。

五、徳川政権と晴信一族

秀吉死後同政権は「東西」に分裂し、慶長五年（一六〇〇）九月の関ヶ原の戦いで勝利した徳川家康が覇権を握った。キリシタン大名間においても戦闘が各地で交わされ、存亡の明暗を分けた。肥前の諸大名は、西軍の武将小西行長と朝鮮の役で命運を共にした歴年の関係があり長門国赤間関まで軍勢を進めたが、終極、東軍に転じた。晴信や松浦鎮信・五島玄雅・大村嘉前らが同国松浦郡神集嶋《かみわ》（佐賀県唐津市）で評議し、帰趨《きすう》を決したという（『寛政重修諸家譜』第十二、二〇〇頁）。晴信は「眼疾」を患い、行長の本拠地肥後宇土城攻めでは嫡子直純を送り、戦後、本領を安堵されている。

晴信は家康・秀忠に仕え四万石を領知したほか、東南アジアの各地で朱印船貿易を営んだ。慶長十年（一六〇五）三隻、十一年一隻、十二年二隻、十三年一隻と、合計七隻を海外に派船している（岩生一九八五、二二〇頁）。国（地域）別では、占城《チャンパ》（ベトナム南部）二隻、暹羅《シャム》（タイ）三隻、柬埔寨《カンボジヤ》一隻、西洋《サイヨウ》（マカオ）一隻となる。かつて口之津にポルトガル船を入港させ、畿内・瀬戸内の国内船を集めて領国を富ませた外国貿易の旨みを、晴信はよく知っていたこととなろう。

他方で晴信は家康の内命を受け、慶長十四〜五年高砂国《タカサクン》（台湾）に派船している。家康の意図は朝鮮の役で断絶が決定的となった日明関係の現実的な打開にあり、晴信に台湾を内偵させて日明両国船の出合貿易を推進することであった（「有馬家代々墨付写」『大日本史料』第十二編之六、一三二頁）。

そうした対外活動の過程で、晴信は慶長十四年十二月十二日ポルトガル船ノッサ・セニョーラ・ダ・グラサ号 Nossa Senhora da Graça（別名 Madre de Deus）を長崎港で撃沈した。この事件は、前年十一月晴信の持船が占城からの帰途マカオに寄港して騒動を起こし、鎮圧に出動したマカオ官憲と武力衝突した一件に起因する。この事件により、ポルトガル人数人と日本人四〇人程の死者が出た。翌年マカオで騒動を鎮圧した指揮官アンドレ・ペッソア Andre Pessoa が、ポルトガル船のカピタン・モール Capitão-Mor として来日。事後処理をめぐって長崎奉行長谷川藤広とペッソアの間で折衝がなされたが、マカオで持船や乗員に損害が生じた晴信は家康に強硬意見を具申した。

家康は当時オランダ・スペインとの通商を模索しており、長崎入港のポルトガル船に対して統制を強化する思惑があった。ポルトガル船は日本のキリシタン教会・教界にとって人材・資材を補う支柱的役割を果たしていたが、晴信は藤広とともに家康の特命を受け、ポルトガル船を攻撃し沈めている（『新長崎市史』第二巻近世編、一四頁）。次いで晴信は駿府に伺候し、家康にポルトガル船処置の経過を復命。幕府老臣の本多正信から、翌十五年正月廿二日付で「御腰物」と沈めた黒船の浮荷下賜を伝える秀忠感状を授与されている。ポルトガル船「成敗」の恩賞が下されたこととなる。

この一件でポルトガル大船を沈めた晴信の武名は高められたが、キリシタン教会・教界では同船喪失の波紋が複雑な広がりを見せた。そうした中で晴信の嫡子直純は家康から特命を受け、家康養女（血統上曽孫）の国姫と同年十一月結婚した（「当代記」『史籍雑纂』第二、一七〇頁）。直純は、小西行長の養女と「結婚」（『報告集』第Ⅰ期第3巻、一三八頁）していたが関ヶ原の戦い後離縁したと見られ、大村嘉前の娘と婚約後死別（『寛政重修諸家譜』第十二、一九九頁）。次いで皆吉氏娘と結婚し一女を儲《もう》けていたが同妻と離婚、国姫と再婚したこととなる。直純の義父（舅）は、家康となる。国姫は伝統的な神仏の信奉者であり、有

長谷川藤広像（土佐光則筆・京都市立芸術大学芸術資料館蔵）

馬家では晴信が斉《ととの》えたキリシタン宗門の家風に変化が生じる。

慶長十七年（一六一二）二月下旬、晴信と駿府の重臣本多正純の与力岡本大八との間で世上を揺るがす事件が発覚した。容疑は、大八が黒船成敗の恩賞に関する「偽書案文」を作成し、晴信に書通したことである。大八は受洗名をパウロと称したキリシタン武士であり、正純の下で「諸国を分封する」事務を担当したという。大八は恩賞実現の運動費を晴信に要求し金銀を詐取したが、恩賞は実現されず、晴信が大八の上司正純に訴えたことで一件が明るみに出た。

家康は大八事件の捜査過程で判明した駿府城内のキリシタン武士や侍女を改易・追放に処したほか、同年三月十七日将軍秀忠を駿府城に呼び寄せ、夜詰で「天下之政務」を決定（『駿府記』『史籍雑纂』第二、二二九頁）。キリシタン禁制策を始動させた。以降、大八・晴信に対する処罰とキリシタン禁令が徳川政権から発令される。

大八は、晴信について長谷川藤広「暗打」の企みがあると獄中から訴え、三月十八日晴信と大八は代官頭大久保長安邸で対決した。晴信は論駁したが終極「閉口」し、身柄は即日拘束された。晴信と藤広の間には、上述したポルトガル船攻撃時の対立や長崎の生糸貿易などで確執があり、晴信は大八との話談で胸中の憤懣《ふんまん》を「殺」「討」などの激語で吐露することがあり得たろう。ちなみに『藤原有馬世譜』巻三では、黒船「成敗」をめぐり両者に対立があり、晴信は藤広「撃殺」を放言したと伝えている。それらは軍場《いくさば》における失言であったといえるが、晴信が家康の側室於奈津（夏、清雲院）の実兄藤広を標的とする暗殺計画を実際に策謀したか疑わしい。拘禁後の大八の家財は文書類を含め全て駿府の町奉行に押収されており、「暗打」を記した晴信の文書があれば両者の対決や審理など不要である。晴信・大八の対決と断罪は、晴信改易とキリシタン禁制を内定した家康・秀忠指揮下の強権法廷による筋書と演出であったろう。

大八が最後まで晴信との対決姿勢を示した理由は史料上明確でないが、大八は司祭を通じて江戸のキリシ

有馬晴信の謫居跡（甲州市教育委員会 提供）

タン宗団を援助していたことが記録されており、ポルトガル船を沈めた晴信に対する反発と憤懣が、大八を最後まで突き動かしていた可能性があろう。大八は、三月二十一日駿府近郊の安倍川原で火刑に処された。

大八が晴信に「肥前国某郡三郡」（『駿府記』『史籍雑纂』第二、二二九頁）を恩賞として持ちかけた理由についても不透明であるが、有馬家は天正十五年とその後の領域確定段階で、神代城領地（雲仙市国見町）の帰属に関して佐賀藩（龍造寺家、鍋島家）に対し不満を残していた（『報告集』第Ⅰ期第1巻、二四頁）。とは言え、この境域問題はその後の秀吉・家康・秀忠三代で承認されていた既定事実であり、鍋島氏所領の割譲と代替地給付の手続なしに「某三郡」が恩賞下賜される可能性は絶無である。さらには、黒船「成敗」の恩賞は上述した本多正信奉書で終了していた。大八事件の顛末から、晴信が一途な性格の持主であったことが推察されるが、終極、自身の破滅に加え、キリシタン教会・教界に対する宗門弾圧の歴史的な嵐を招いたこととなる。

晴信は三月二十二日流配地の甲斐に出発した。その後死罪とされ、五月六日配所で最期の日を迎えた。晴信は上使板倉重宗から切腹の命を受けると、キリシタンの教えにより自殺が禁じられていると応答している。次いで終焉地まで同行した侍臣と別宴を催し、「十字架像の前」に跪いて静かに祈りを捧げたのち、一家臣に首を打たせた。

晴信の後室ジュスタは終始夫に付き添い、罪の懺悔《ざんげ》と神への祈りを晴信に勧め、検使とともに晴信の最期を見届けた。斬首後、ジュスタは晴信の首を抱き、頬を寄せて別れを告げたという（「一六一二年度イエズス会年報」)。ジュスタの父は権大納言中山親綱であり、実姉は後陽成天皇の大典侍となり二皇子を生んでいる(「本朝皇胤紹運録」『群書類従』第五輯、九九頁)。ジュスタは最初今出川(菊亭)季持に嫁し、文禄三年(一五九四)宣季を生んだが、慶長元年(一五九六)夫と死別した。同四年晴信と再婚し洗礼を受けた。女子・男子各二人、晴信死後男子一人を生んでいる。公家の深窓から武家の妻へ、見事な変身を遂げた女性であった。

晴信の配所について、有馬の司祭マテウス・デ・コウロス Matheus de Couros は「谷村」(山梨県都留市)と記した。同地は鳥居成次の城下町であるが、晴信の配所とされたか確証を得ない。他方で寛政九年(一七九七)有馬家は家譜編纂のための調査を開始し、晴信の終焉地が「甲州初鹿野郷丸林村」(「国乗遺聞」歴世第二では「甲州前林」)であり、同村の有賀善左衛門が「有馬氏の女をもらひて妻」となし、晴信墓所を「日川の東田野村の内」に営み有賀八幡として祀ったとする記録を残した(『藤原有馬世譜』巻三)。以上は有馬家の調査員が現地に赴き、有賀家の子孫から伝承を聞き取った記録である。なお文化二年(一八〇五)甲府勤番支配松平定能が編纂を開始した地誌でも、初鹿野村(甲州市)の「里老」が晴信に言及している(「甲斐国志」中『甲斐叢書』第一一巻、四八一頁)。同地の有賀家は、有馬家と幕末維新期まで交流しており、晴信の「紙位牌」二通が同家に残されている(『有馬晴信公没後四百年記念祭記念誌』五一頁)。

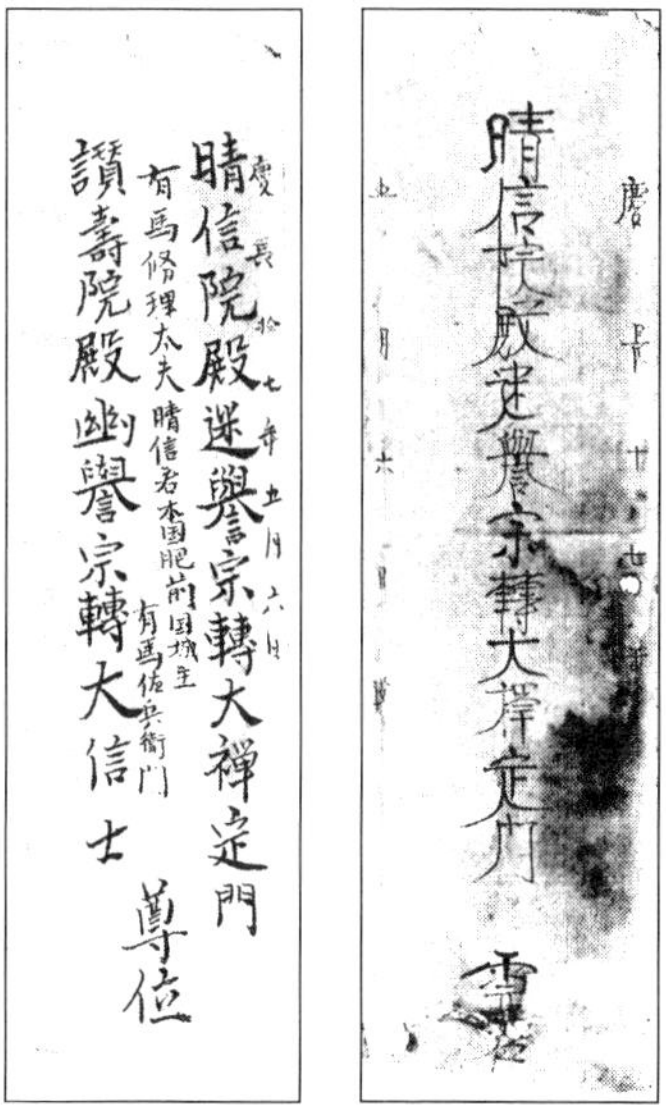

有馬晴信の紙位牌(2枚)
(有賀町子氏蔵、有賀正氏提供)

ジュスタ夫人の子供たちのうち、娘二人は日之江城を追われて京都に向かい、おそらく異父兄の菊亭宣季(慶長十七年「正四位下左少将」)の助力を得て甲斐に下向した。身重の母を援けた可能性がある。晴信死後、ジュスタは谷村に一時期幽閉されたと見られるから、コウロスが上述した「谷村」説は晴信死後のジュスタの幽閉地を書き残した可能性がある。その後ジュスタは京都に戻り、慶安二年（一六四九）死去。同地の盧山《ろざん》寺に葬られた。

晴信の遺領は嗣子直純に新恩給付された。晴信・ジュスタの男児二人は、領内の某所で刺殺された。以降有馬領でのキリシタン禁制が激化されるが、晴信の築いたキリシタン教界は浦上地方に残された。慶応元年二月二十日（一八六五年三月十七日）長崎の大浦教会に現れ、以降のキリシタン宗門復興運動を展開した浦上信徒は、晴信が残した歴史的遺産の一つとなる（『浦上キリシタン資料』六二一頁）。

〈参考文献〉

岩生成一『朱印船貿易史の研究』（吉川弘文館、一九八五）
岡本良知『十六世紀日欧交通史の研究』（原書房、一九七四、初版一九四二）
片岡千鶴子『八良尾のセミナリヨ』（キリシタン文化研究会、一九七〇）
清水紘一『織豊政権とキリシタン』（岩田書院、二〇〇一）
外山幹夫『肥前有馬一族』（新人物往来社、一九九七）
宮本次人『ドン・ジョアン有馬晴信』（海鳥社、二〇一三）
結城了悟『キリシタンになった大名』（キリシタン文化研究会、一九八六）
『新長崎市史』第二巻近世編（長崎市、二〇一二）
『浦上キリシタン資料　四番崩れの際に没収された教理書・教会暦など』（カトリック浦上教会編刊、二〇一二）
『有馬晴信公没後四百年記念祭記念誌』（有馬晴信公没後四百年記念祭実行委員会、二〇一三）
『藤原有馬世譜』（全十巻、東京大学史料編纂所蔵写本）
「有馬家代々墨付写」（『大日本史料』第十二編之六、東京大学出版会、一九七〇、初版一九〇四）
『寛永諸家系図伝』第九（続群書類従完成会、一九八六）
『寛政重修諸家譜』第十一（続群書類従完成会、一九六五）

「甲斐国志」中（『甲斐叢書』第一一巻、第一書房、一九七四）
「九州治乱記」（『肥前叢書』第二輯、青潮社、一九七三）
「国乗遺聞」（国立国会図書館蔵写本）
「駿府記」（『史籍雑纂』第二、続群書類従完成会、一九七四）
「当代記」（前掲『史籍雑纂』第二）
「本朝皇胤紹運録」（『群書類従』第五輯、続群書類従完成会、一九六〇）
フロイス著　松田毅一・川崎桃太訳『フロイス日本史』（全一二冊、中央公論社、一九七九～一九八〇）。P. Luís Fróis, Historia de Japam V, Lisboa. 1984
松田毅一監訳『十六・七世紀イエズス会日本報告集』（全一五冊、同朋舎出版、一九八七～一九九八）
「一五八四年八月三十一日付L．フロイス書簡」（東光博英訳『報告集』第Ⅲ期第6巻、一九九一）
「一五八八年二月二十日付フロイス書簡」（有水博訳『報告集』第Ⅲ期第7巻、一九九四）
「一五八八年度年報」（日埜博司訳『報告集』第Ⅰ期第1巻、一九八七）
「一五九一、一五九二年度年報」（家入敏光訳『報告集』第Ⅰ期第1巻、一九八七）
「一五九九年度年報」（家入敏光訳『報告集』第Ⅰ期第3巻、一九八八）
「一六一二年度イエズス会年報」（高祖敏明訳「没後四〇〇年有馬晴信の追放と死の真相　一六一二年度イエズス会日本年報の記述に基づいて」『キリシタン文化研究会会報』一三九号、二〇一二）
村上直次郎訳『イエズス会士日本通信』上（雄松堂書店、一九六八）
村上直次郎訳『イエズス会日本年報』（全二冊、雄松堂書店、一九六九）
『大日本史料』第十一編別巻　天正遣欧使節関係史料（二冊、東京大学出版会、一九七四、初版一九五九）

〈付記〉

二〇六頁所載「長谷川藤広絵像」は、土佐光則筆、江戸時代初期、京都市立芸術大学芸術資料館蔵、資料番号一三〇〇一一六四二一一〇〇である。

高山飛騨守・右近

中西裕樹

はじめに

高山右近(一五五二?～一六一五)は、日本史上を代表するキリシタン大名であり、洗礼名をジュストという。幾度の困難を乗り越え、信仰を生涯貫いた。その生きざまは、様々な場面で示された。

天正六年(一五七八)の荒木村重の織田信長に対する挙兵に際しては、信長から村重を裏切るか、キリスト教への迫害かを迫られ、苦悩の末に右近は『信長公記』が「伴天連沙弥」と表現する出家姿となった。天正十五年に豊臣秀吉が発した伴天連追放令では、他のキリシタン大名が天下人の棄教命令に屈する中、右近一人は頑として許容せず、大名の地位を捨てた。この後、加賀前田家に迎えられたが、やがて徳川幕府が禁教の姿勢を強める中、慶長十九年(一六一四)に同家を去り、翌年に国外追放先のフィリピン・マニラで最期を迎えている。

右近の信仰と生涯は、ヨハネス・ラウレス『高山右近の生涯—日本初期基督教史—』や海老沢有道『高山右近』などの多くの優れた伝記で叙述されてきた。戦国・織豊期の武将としての歴史的評価も進んでいる(中西二〇一四a)。二〇一五年は右近没後四〇〇年の節目にあたり、今年の二月には、ローマ法王庁から「福者」

に認定された。今後、様々な場面で右近への注目が集まるだろう。

右近の父が高山飛驒守である。飛驒守は畿内にキリスト教が広がる上で大きな役割を果たし、右近が城主をつとめた高槻城下町（大阪府高槻市）での布教を主導した。高山氏が織豊政権下の人名となったのは、この飛驒守の「立身出世」があったためである。

ここでは高山飛驒守を中心に扱い、右近と袂《たもと》を分かった荒木村重の挙兵以前、つまり右近が当主、飛驒守が後見的立場にあった天正六年以前の高山氏を取り上げる。そして、飛驒守の基礎データをふまえた上で、武家被官としての高山氏の動向や布教のあり方を確認したい。

一、高山飛驒守について

（一）諱・通称・発給文書

高山飛驒守に関する一次史料や記録類での記述は非常に乏しく、考察はイエズス会関係者による国外の記録に基づくものとなる。

以下、イエズス会士の書簡は松田毅一監訳『十六・七世紀イエズス会日本報告集』、『フロイス日本史』は松田毅一・川崎桃太訳『完訳フロイス日本史』に拠った（以下『日本史』）。また、ヨハネス・ラウレス『高山右近の生涯―日本初期基督教史―』、松田毅一『近世初期日本関係南蛮史料の研究』、谷口克広『織田信長家臣人名辞典』第二版を参考とした。

飛驒守の諱《いみな》は「友照」とされるが、現時点では一次史料に見出せない。「本山寺文書」（高槻市指定文化財）に

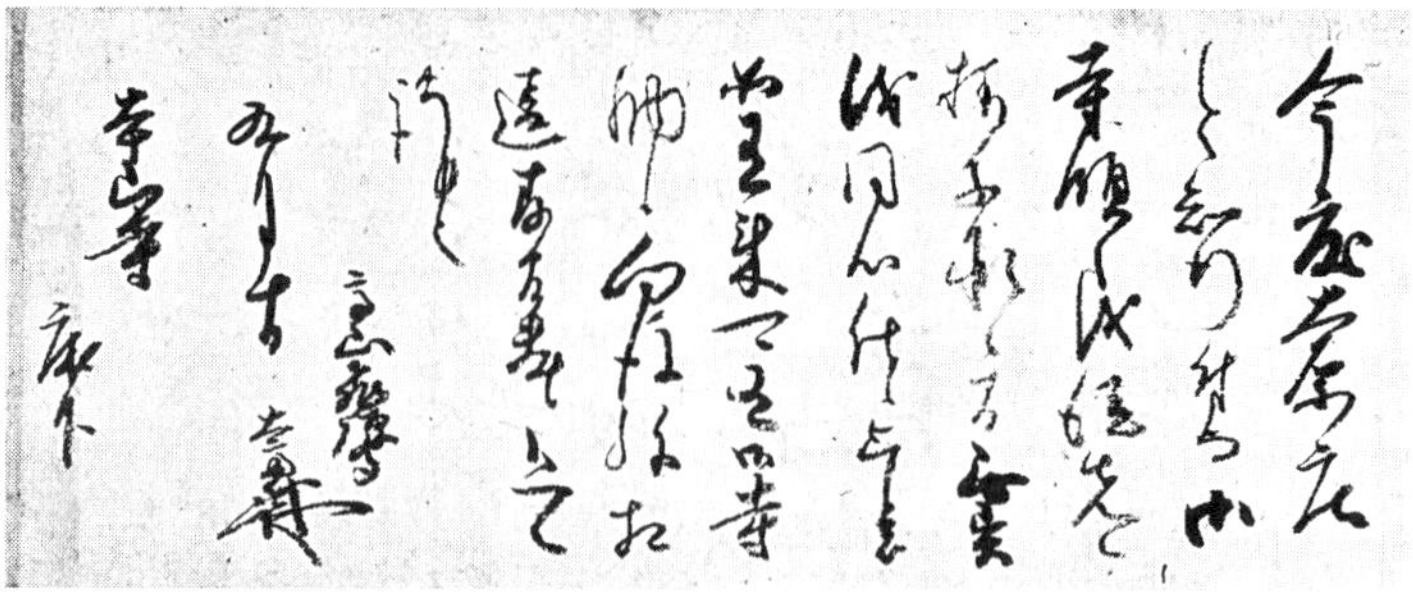

高山飛驒守書状（本山寺文書・高槻市立しろあと歴史館寄託）

所収の書状には「高山飛驒守大慮」と署名があるが、大慮とは洗礼名「ダリヨ（ダリオ・ダリョ）」の読みへの当て字である。諱は不明とせざるを得ない。

通称「飛驒守」は「本山寺文書」の他、『兼見卿記』天正五年（一五七七）十月七日条で確認される。『多聞院日記』天正十一年五月十六日条には「高山厨書」とあり、『日本史』では永禄六年（一五六三）の飛驒守入信時（第一部三八章）に「高山厨書殿」と記す。「厨書」とは「図書《ずしょ》」（図書頭）のことであろう（ラウレス一九四八、海老沢 一九五八）。

両者の使用時期であるが、年紀を欠く「本山寺文書」の書状の発給年代は天正元年～同六年である（中西 二〇一三a）。『日本史』は永禄六年に図書を使用するが後世の編纂物であり、イエズス会士の書簡には洗礼名か飛驒守で登場し、「高飛」と略すこともある。天正十一年（『多聞院日記』）以前に飛驒守を図書に改めた可能性があるものの、通称は飛驒守で知られ、図書も使用した時期があるという理解にとどめておきたい。

飛驒守の発給文書は、先にふれた「本山寺文書」に収められた高山飛驒守書状の一点のみが確認されている。形式は、縦二七・四センチ×横四二・八センチの折紙であり、現状は巻子装になっている。写真と釈文を掲げておく。

今度大原庄令知行付而、御寺領之儀、従先々様子承候間、無異儀同心仕候上者、如有来、可有御寺納候、
向後弥相違存間敷候、恐々謹言

「　高山飛騨守
九月十日　大慮（花押）
本山寺　床下　」

本山寺は北山を寺号とし、大阪府高槻市に所在する天台宗の山岳寺院であり、平安時代以来の歴史を有する。本文書は、本山寺のおよそ原谷を荘域とする大原庄の知行に関して寺領を安堵したもので、高槻城主である子の右近を後見する立場で出されたと考えられる。先述のように、発給年代は高山氏が高槻城主に就いた天正元年以降で、天正六年の荒木村重の挙兵に際して飛騨守が荒木方、右近が織田方へと分裂するまでの間となる。

高山荘（大阪府豊能町）高山氏の拠点であった。

（二）主な経歴

戦国期の高山氏は、勝尾寺領高山荘（大阪府豊能町）に拠点を置く在地領主であった。高山氏は十六世紀の初頭の摂津国守護細川政元と守護代薬師寺元一の対立に際し、守護方として高山荘への支配を強めたが、やがて名主百姓らの強い抵抗を受けて停滞した（中西二〇一二）。

しかし、高山氏は地域内で高い身分を保ち、天文十八年（一五四九）の勝尾寺奥坊の火災では「守護代衆」が見舞う中、勝尾寺は「高山殿」に礼をしている。高山荘の勝尾寺への年貢納帳は天文十三年（一五四四）で途絶えており、同荘における高山氏の領主化を示唆《しさ》する。そして、この高山殿に飛騨守が比定されてい

高山等伯（右近）書状（宮帯文庫蔵）
新出。お灸について記した晩年に近い時期かと思われる書状。

る（『箕面市史』第一巻）。

飛騨守は一五七六（七七）年八月二十日付のフロイス書簡で「ダリオはすでに五十歳を過ぎ」とある。推測するしかないが、大永年間（一五二一～二八）の生まれである可能性が高い。天文十八年の「高山殿」が飛騨守であれば、飛騨守の初見は二十代の行動となる。

飛騨守は三好長慶の政権下で取り立てられ、永禄三年（一五六〇）には松永久秀の与力となって大和国宇陀郡の沢城（奈良県宇陀市）の城主となった。永禄六年に畿内での初期のキリシタンとなり、この翌年に右近らの一族や家臣らを入信へと導いた。

三好長慶が永禄七年に死去した後、三好政権の勢力が変化する中で、飛騨守は摂津高山に帰った。しかし永禄十一年（一五六八）前後には、織田信長が上洛に擁した足利義昭の有力被官である和田惟政《これまさ》（芥川城主。後に高槻城主）の有力被官となる。

元亀二年（一五七一）に惟政が戦死した後、飛騨守は右近とともに惟政の子である和田惟長（愛菊）らと対立し、同四年には抗争の後に追放した。やがて家督を右近に譲り、高槻城主となった右近を支えながら、高槻などで熱心な布教を行っていく。しかし、天正六年（一五七八）の荒木村重の挙兵時には村重の有岡城へと入った。

戦後、飛騨守は織田信長から死を免じられ、越前の柴田勝家の元に預けられた。勝家の居城である北庄（福井市）でも布教を展開し、天正十年に信長が斃《たお》れた本能寺の変の後には右近の高槻へと帰った。

翌天正十一年に勝家が羽柴秀吉に敗れた賤ヶ岳の戦いの後、『多聞院日記』同年五月十六日条には「摂州高ツキノ城高山厨書筑前ヨリ人数取寄責之云々、今度柴田ハ一所ノ衆故也」とある。不詳であるが、飛騨守には柴田方に通じていた嫌疑があったようである。

天正十五年に右近が豊臣秀吉によって追放刑を受け、前田利家に迎えられた後は金沢に住まい、やがて利家子息である前田利長の越中国（富山県）に移った。しかし、文禄四年（一五九五）、病の治療のために赴いていた京都で没した。遺言により、遺骸は長崎のキリシタン墓地に埋葬され、キリスト教式の盛大な葬儀が催されたという。

二、高山飛騨守・右近の動向

（一）三好氏被官（松永氏与力）

当該期の高山氏の評価は、近年の天野忠幸氏による一連の三好氏研究をベースとし、戦国期畿内研究の中に位置付けられるようになった（天野 二〇一〇、天野 二〇一四b）。

永禄二年（一五五九）、三好政権の有力武将である松永久秀は大和国方面への攻撃を開始し、翌年には「摂州衆」（『細川両家記』）を率いて伊勢・伊賀両国との国境である宇陀郡を攻めた。この後、飛騨守が宇陀の拠点城郭の一つであった沢城の城主に抜擢《ばってき》される。

三好政権は摂津国など従来の守護細川京兆家の支配領域を引き継いだものの、権力の中枢の被官は京兆家被官との間に人的系譜が希薄であることが指摘されている（今谷 一九八五）。そしてその反面、従来の武家権力では活動がなかった、京都近郊の陸上交通と淀川水系に関わる領主が取次や検使、申次などの役割を持って中枢を支え

沢城跡（奈良県宇陀市）
中央の山が沢城跡。高山飛驒守が城主となった。

た（天野 二〇一〇）。三好政権において多くの在地領主層が台頭し、その一人が高山飛驒守であった。この結果、飛驒守は本拠の摂津高山から遠く離れた大和国宇陀郡の城主になったと理解される。

飛驒守は、永禄八年に修道士アルメイダを沢城に迎えた。しかし、敵に城を奪われた後は、大和国で三好三人衆らと戦う松永久秀と行動を共にせず、本拠である摂津高山へと戻った。このため、飛驒守は久秀の家臣ではなく、三好長慶の家臣として久秀の与力をつとめたと評価される（天野 二〇一二）。

また、天野忠幸氏は、次の興味深い点を指摘する（天野 二〇一四ａ）。

①沢城は大和国から伊賀・伊勢に向かう街道が分岐する交通の要衝に位置する。久秀は大和国の河内国境に近い信貴山城（奈良県平群町）と、山城国と奈良との間に位置する多聞城（奈良市）を直轄しており、飛驒守を一族並みに信頼したといえる。

②松永久秀は、敵対する三好三人衆方への包囲網を形成するため、永禄九年に足利義昭・織田信長との同盟を成立させた。飛驒守は敵の懐柔や美濃国への使者に立つなど交渉術に長けている。また、永禄七年以降、京都で後に足利義昭の上洛に奔走する和田惟政との接点があり、大和の沢からの街道は尾張にも通じていた。久秀と信長らとの連携に際し、飛驒守は惟政と交渉を重ねた可能性がある。

③松永久秀の多聞城には文化的に優れた建造物が建ち並び、学者や商人らが頻繁に訪れた。家臣は集住して

人質を置いていた。おそらく飛驒守も同様であり、右近がこれらの人々や文化から影響を受けたことが想定される。

この天野氏の見解に付け加えるならば、②の敵方の懐柔や美濃への使者を報じたのは、一五六五年十月二十五日付アルメイダ書簡である。まず、この書簡には「五月七日の月曜日、彼は非常に重要な或る要件に関して、己れと同じような某大身を訪ねるため、当地から四、五里離れた城に赴いた。要件というのは、（その大身が）父に従うことを望まず、父の敵に味方しようとしていたこと」「同大身をして（松永）弾正（久秀）殿に服従せしめた。彼らはともにその（弾正殿の）家臣であった」とある。

単純に同年の事跡だとすると、永禄八年五月一日に三好義継が久秀の子・松永久通らと上洛し、十八日に再上洛の上、翌日に将軍足利義輝を殺害している。久秀はこの事件に直接関係していないが、時期からみて「非常に重要なる要件」は将軍殺害を指し、これに関係して飛驒守は動いていたのかもしれない。

また、同書簡には続けて「彼が使節として美濃の国主のもとに行った時、同国の重立った貴人二名を帰依させ、私が彼らをキリシタンにするために同地に赴こうとしたが」とある。この記述に具体的な日付の記載はないものの、同年に沢城に滞在したアルメイダが美濃へ向かおうとし、書簡の日付の日には肥前福田（長崎市）にいることから、五月七日に近い時期の飛驒守の行動について述べたものと理解される。

このとき美濃の国主は斎藤龍興であり、当時は美濃侵攻を目指す尾張の織田信長と緊張関係にあった。信長は義輝の死後、久秀の下を逃れた足利義秋（昭）による上洛要請にいち早く応えている。十一月に久秀は三好三人衆らと断交するが、この状況をふまえると、飛驒守は将軍殺害後の三好・松永方と斎藤氏との連携を模索する使節に立ったのかもしれない。

また、同じく②に関し、和田惟政と飛驒守の接点を記すのは一五七一年九月二十八（十八）日付フロイス書簡である。永禄八年の足利義輝殺害の直前、飛驒守と親しい間柄にある惟政が京都でガスパル・ヴィレラの話を聴聞したとある。惟政は幕府奉公衆であったとされ、飛驒守はたびたび京都に滞在し、惟政のような他国の武家との間に関係を築いていたと思われる。

飛驒守は松永久秀の家中において、それなりの存在感を持ったといえるだろう。しかし、さほど知名度は高くなく、発給した文書も確認できない。

永禄七年の三好家中における七十三人の洗礼の契機となった前年の奈良における受洗に関し、一五六四年十月九日付フェルナンデス書簡は結城忠正(山城守)と清原枝賢(外記《げき》)の名をあげ、これに飛驒守が加わるのは一五七六(七七)年八月二十日付フロイス書簡である。

実は先に紹介した一五六五年十月二十五日付アルメイダ書簡において、沢城主は「飛驒守」や「ダリオ」ではなく、「ドン・フランシスコ」と誤って呼ばれていた。また、この前年、すなわち集団洗礼があった一五六四年の七月十三(十五)日付ヴィレラ書簡では「高山と称する地より招きを受けた」とあるが、飛驒守の名は登場しない。

飛驒守の名が宣教師にクローズアップされるのは、和田惟政の筆頭家臣として活躍しはじめた永禄十一年(一五六八)以降、さらには右近が高槻城主となった天正元年(一五七三)以降であるように思う。松永久秀被官として活動しつつも、飛驒守は家中を代表する立場にはなかったといえよう。

(二)和田氏被官

和田惟政は近江国甲賀郡(滋賀県甲賀市)の土豪一族であり、永禄十一年(一五六八)十月、惟政は上洛を果たした足利義昭から、宣教師のフロイスが都の「副王」「奉行」と呼んだ権勢にふさわしい、三好政権の居城であった芥川城（芥川山城跡。大阪府高槻市）を与えられ、周辺の支配に乗り出した。後に高槻城へ拠点を移すが、以降の惟政の動向については以前の検討をベースとしたい（中西二〇一三b）。

翌永禄十二年二月、惟政は信長の家臣らとともに堺を訪れたが、そこには都を追われたフロイスがおり、飛騨守から信長への取り成しを請われた。これを受けて惟政は将軍義昭や信長との対面に奔走し、三月二十六日には信長の許可を得たとして、飛騨守がフロイスの上洛を用立て、道中では自らが「城の守将」をつとめる芥川城へと招いた（一五六九年六月一日付フロイス書簡）。飛騨守は惟政が上洛した前後の時点で、すでに有力な家臣になっており、五月下旬に惟政が摂津国内の城郭を巡検した際は高槻城に残った。

フロイスによれば惟政はキリシタンの良き理解者で保護者であったが、自身は禅宗の「異教徒」であり、入信することなく元亀二年（一五七一）に戦死した。キリシタンの保護は、ともに畿内の軍事・行政に関わった信長家臣筆頭の佐久間信盛と行うことが多かったが、両名はキリシタンの多い京都や堺という拠点都市、三好氏が基盤とした摂津・河内両国に地盤は無い。惟政らにはキリシタンである畿内の領主たちを掌握し、新たな家臣に編成する必要が生じていた。

松永久秀与力であった高山飛騨守は、新たな摂津の支配者である惟政にとって無視できない在地勢力の一人であったのであろう。惟政はフロイスと信長・義昭との対面や布教許可を自身の名誉に関わるものと意識し、高槻入城の際には教会建設を表明して「心中はキリシタン」とも述べていた。この惟政の姿勢は、キリシタンである摂津の在地領主層に対する掌握術の一種であり、主君としての体裁や威信とも受け取れる。

さて、フロイスは惟政が「私たちが高槻に到着した際、ダリオの家に泊まろうとしたり、もしくは奉行自身の兄弟が私たちを招こうとしますと、彼には我慢がなりませんでした」（『日本史』第一部九四章）と記し、惟政による宣教師の厚遇を述べる。この弟は和田惟増を指す。

元亀二年八月の惟政戦死後、和田惟長は十二月二十日付で神峯山寺（大阪府高槻市）に寺領安堵状を出したが、同日付で和田惟増も寺領を安堵する内容の書状を発給しており（「神峯山寺文書」〈高槻市指定文化財〉）、惟長の後見人的存在といえる。

やがて惟増は惟長と対立して殺害されたが、その後は「高山殿とその子、彦五郎（高山右近）が城内においてもっとも多数の兵を有し、城主の用務において顧問をつとめた」（一五七三年四月二十日付フロイス書簡）。惟増は和田氏一族の代表、飛騨守は在地領主の代表として、惟政生前から和田家中での有力者であったに違いない。先の高槻における惟政の宣教師厚遇は、惟政による和田家中の主導権をめぐる警戒という意味合いを示すエピソードと考えることも可能である。

惟政が戦死した元亀二年の白井河原の合戦以前、飛騨守の子の一人が戦死しており、合戦に際しては前線の城を飛騨守と右近が守備していた。右近はすでに初陣を遂げ、武将として頭角を現しつつあった。『日本史』第一部九五章には「ダリオは（若い）和田殿の忠告者であり、ジュストは、良き兵士たちの頭」とあり、惟長の「側近」「同郷の知人」らが「高山父子に激しい憎悪」を抱いていた。家中における近江出身者と摂津出身者との対立であろうか。

やがて足利義昭が信長と距離を置くと惟長は義昭に同調し、信長と対立する三好・松永方に与する一方、摂津では国人池田氏の家中から台頭した荒木村重が信長に接近した。この勢力の再編が、和田家中の分裂を表面化させたと思われる。

そして元亀四年（一五七三）三月、高槻城内で惟長と右近が衝突した。『兼見卿記』元亀四年三月十一日条には「於高槻城中致鷹山別心、和田太郎既及生害之処、和太引籠天主也、家中之者以当座扱和太退城、唯今至伏見来也、散々負手難存命云々」とある。惟長は高槻城を退城、高山父子が和田家中を掌握し、右近が高山氏を代表しつつあった。

（三）織田氏被官（荒木氏与力）

和田惟長の高槻退城後、「ダリオとその子ジュストはかの城とこれに付随する俸禄と家臣を領することになった。ダリオはすでに五十歳を過ぎ、戦さで受けた多くの傷により度々病にかかったので、俗世の問題を離れてよりいっそう静穏かつ安楽に己れや隣人の救いのことに専念するため城の統治と俸禄を息子に譲った」と一五七六（七七）年八月二十日付フロイス書簡にある。

そして『日本史』第一部九五章には「荒木信濃（守村重）は、信長に任ぜられて、すでに津の国全領の主君となっており、またダリオは、その地に多くの親族を有したので、荒木は高槻城を右近殿に与えた。荒木は、その際かつて右近殿が有していた封禄だけを付して、高槻の城を彼に与えた。だが、彼は荒木の配下として留まり、戦いにおいて荒木を助けねばならなかった」とある。

一五七三年五月二十七日付フロイス書簡では、飛騨守を「高槻城の主将」とするが、間もなく家督を右近に譲って隠居したのだろう。右近は翌天正二年三月十三日付で本山寺（大阪府高槻市）に対し、禁制を出している（「本山寺文書」）。一方、前項で取り上げた高山飛騨守書状は、飛騨守が城主であった短期間に出された可能性が残るものの、飛騨守が高槻城にあった天正元年～同五年の間の高槻城主はほぼ右近である。このため、本書状は右近を後見する立場で、飛騨守が発給した蓋然性《がいぜんせい》が高いように思う。

また、飛騨守は姻戚を通して摂津の在地武士層と結ばれていた。このため、信長から摂津国支配を任された荒木村重は右近に高槻城を与えたものの、当知行安堵に留まったということであろうか。右近は村重の配下として合戦に参加する、すなわち与力になったと思われる。

右近は村重が天正二年に居城とした有岡城（兵庫県伊丹市）に屋敷を持った。一五七八年九月三十日付フロイス書簡には「伊丹と称するきわめて壮大にして一見に値する城に到着した」「ダリオの子ジュストはその地にはなはだ大きな屋敷を幾つか所有しており、彼の父と私と修道士一人が同夜そこに宿泊した」とある。有岡城の周囲には、堀で囲まれた武家屋敷地が存在した。右近の屋敷は、城内か、この武家屋敷地にあったと思われる。

ただし、当該期の高山氏は摂津国内東部（島上・島下郡）において独自に文書を発給する在地勢力であり、村重との与力関係の脆弱《ぜいじゃく》さが指摘されている（下川二〇一一）。

その中で『兼見卿記』天正五年十月七日条の「青女自摂州上洛、滞留中高山飛騨守馳走之由也」という記事は興味深い。吉田兼見は京都の吉田神社神官であり、その室が有馬温泉に湯治に赴いた際には飛騨守が接待したが、有馬温泉が所在する摂津国有馬郡には高山氏の支配は及ばない。飛騨守は隠居の身分として、直接村重の意を汲んだ活動を行っていた可能性がある。天正六年の村重の挙兵に際し、結果的には右近は信長方、飛騨守は村重方となった。遠因には両者の村重との距離があったのかもしれない。

有岡城跡（兵庫県伊丹市）右手が主郭跡、手前が堀跡。荒木村重の居城で、右近が屋敷を持った。

また、高山氏当主となった右近は、摂津における和田惟政の基盤を引き継いだ。摂津国は千里丘陵を境に東部の上郡と西部の下郡に地域が分かれ、上郡に拠点を置く惟政は千里丘陵周辺の在地領主の被官化を進めた。この結果が下郡を拠点とする池田氏の勢力との衝突を招き、元亀二年（一五七一）の白井河原の合戦が起こったと考えられる（中西二〇一四b）。

荒木氏は池田氏の勢力を引き継いでおり、また村重の下では新たに中川清秀が摂津東部の茨木城主として進出してきた。高山氏は与力でありながら権力構造的に荒木氏と緊張関係にあったとの推定が可能であろう。

三、高山飛騨守・右近の布教

(一) 地域における布教

戦国期の高山氏は村の有力者である名主や侍層との関係が深い、摂津の在地領主であった。土豪とも呼ばれ、領主化を志向する一方、課役賦課や軍事行動においては村を率いて地域社会を代表した。永禄六年（一五六三）にキリシタンとなった飛騨守は、このような地域社会における立場を介した布教を進めていく（中西二〇一四b）。

翌永禄七年に飛騨守は、沢城において妻や子（右近ら）と「身分ある人たちや城兵たち」を入信へと導き、摂津高山では母と「召使いたち」、近隣の余野（大阪府豊能町）と止々呂美《とどろみ》（大阪府箕面市）では「友人」「遠縁」の「クロン殿」一族と家臣らが受洗する（『日本史』第一部三九章）。

飛騨守の布教は、まず家族、そして親族を改宗に導くもので

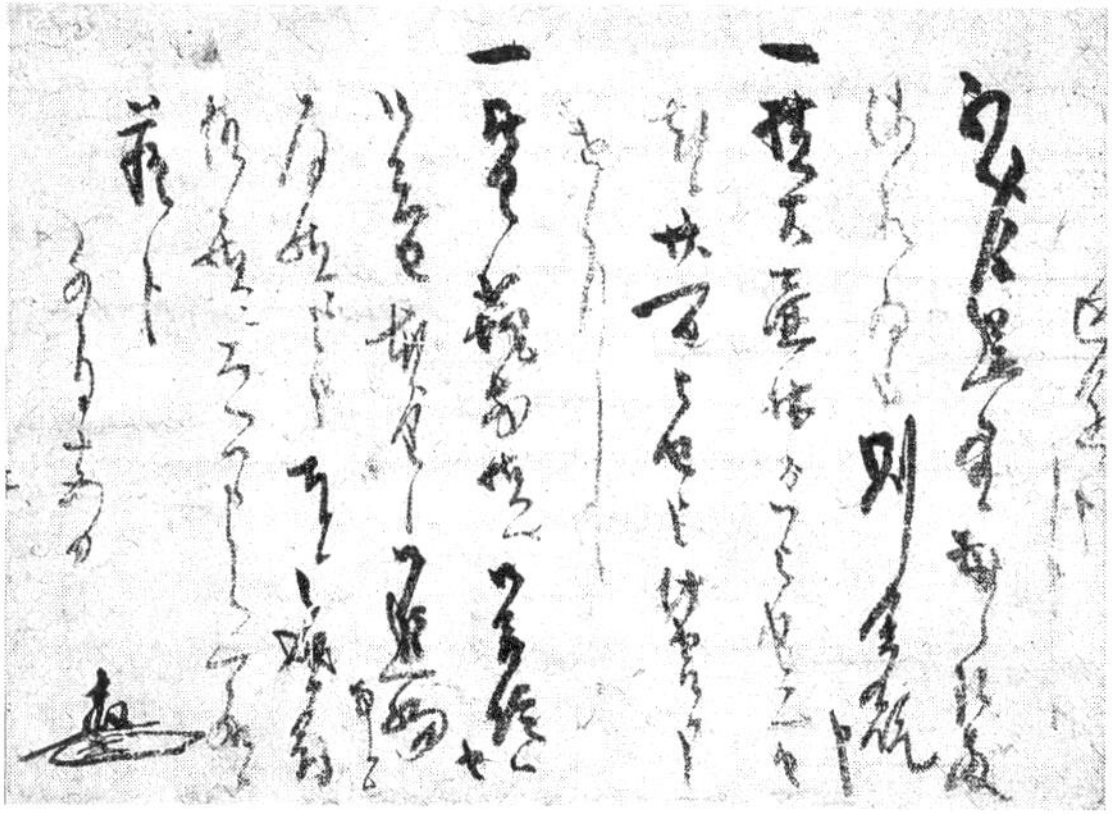

高山等伯（右近）書状（卯月15日付・宮帯文庫 蔵）
新出。瓢を送られた謝辞と横大壺、茶会のことなどについて記した書状。

あった。飛騨守には元亀四年(一五七三)の和田惟長との争いの最中、鉄砲にあたって戦死したキリシタンの甥がいた(一五七三年四月二十日付フロイス書簡)。高山氏当主たる飛騨守の影響で、一族の多くはキリシタンになったことであろう。そのうちの一人が右近である。

飛騨守は、摂津高山の在地領主から沢城主に抜擢された。その家臣には従来から近しい、「召使い」のような関係にあった高山周辺の村落出身者が多くいたと思われる。そして「クロン殿」は、姻戚関係にある近隣の同じく在地領主であった。

飛騨守の布教は、地域社会に根付く従来の立場を通じたものであった。「クロン殿」のような、他の在地領主の布教も同様であっただろう。禅宗の徒である和田惟政がキリシタンを保護したのは、摂津で抱えた家臣=在地領主層の要求に加え、彼らを介した地域社会のキリシタンの存在も視野にあったのではなかろうか。結果として、このような布教の枠組みは、社会の末端にまでキリスト教を受容させたと思われる。数字は要検討だが「一五八一年度日本年報」によれば、天正九年(一五八一)に高槻城主の高山右近の領内は、人口二万五千人のうち一万八千人がキリシタンであった。

(二)高槻城下町での布教

一五七六(七七)年八月二十日付フロイス書簡によれば、飛騨守は高槻の「かつて神の社があった所」に自費で教会を設け、大きな十字架を立てた。そして「四名の組頭」を定め、「異教徒の改宗を促進することや貧者への訪問、死者の埋葬、祝祭に必要な物の準備、各地から来訪する信者の歓待」の役割を担うものとしたが、その第一の組頭が飛騨守であった。また、穢れとして賤視されていた葬礼を取り仕切り、「貧しい二人のキリシタンが城内で亡くなった時」「蔑まれる下賤な聖の代わりに彼とその息子が棺を担いだ」という。

高槻には「城の中には大きな集落」があり、「貴人と兵士」「付近に肥沃な田畑を有する農夫と職工」が住んだ。荒木村重が「阿弥陀の宗派」を支持した際、飛騨守はこの集落に対し、「この二、三年でキリシタンになったすべての貴人と兵士のうち、未だ妻子がキリシタンになっていない者には、その妻子らを教会に来させて説教を聴かせることを切に求め、もし（説教を）理解したならば、キリシタンになるか否かは彼らの自由意志に掛かっていること、また、農夫や職工も聴聞しに訪れるべき」ことを布告した。また、一五七七年七月二十八日付フランシスコ書簡には「重立った百姓を招いて彼らに説教を聴かせ」たとある。

高槻城跡から検出されたキリシタン墓地
（高槻市教育委員会提供）

高槻城下町における布教の中心は城主の右近ではなく、飛騨守であった。組頭を置き、相互扶助を行う組織はキリスト教の民衆宗教共同体「コンフラリア」に相当する。ただし、在地領主は地域社会において、浄土真宗などの他宗教においても布教や道場・寺院などの施設の設置に大きな役割を果たしており、コンフラリアとの類似点も指摘されている（川村二〇一一）。

飛騨守は家臣や在地の有力者を中心に信仰を働きかけ、組織的な布教は扶助を伴って一般民衆にまで及んだ。これは在地領主を介した布教の延長線上にあるとも解釈できるだろう。

また、高槻城下町は、天正六年に信長の攻撃を受けた際、「水を満たした広大な堀と周囲の城壁で堅固」であったといい（一五七九年十月二十二日付フランシスコ書簡）、堀と城壁で「集落」をも囲い込んだ惣構構造であった可能性が高い。この場合、城主は城下の民衆を保護する義務を負い、住民は協力する関係にあったと思われる。なお、高槻城下の発掘調査ではキリシタン墓地が確認されたが、全ての埋葬は木棺直葬で被葬者の年齢や性別、身分に大きな隔たりはない（高橋 二〇〇一）。

高槻城下町での布教は有力者を重視し、かつての在地領主の側面を持つ飛騨守が中心となった。ただし、城主は右近であり、城下町という都市を整備した。高山氏は城主という立場に立ち、さらに幅広い人々に対して布教を展開したといえるだろう。

おわりに

織豊期の大名である高山右近や、当該期のキリスト教を考える上で、飛騨守の存在は無視できない。しかし、高山氏の系譜や豊臣期以降の高山氏、家臣などの詳細については考察できなかった。この点に関しては、既発表であるが、以前の拙稿を参照いただければ幸いである（中西 二〇一四b～d）。

小文では高山氏について飛騨守を中心に取り上げたが、限られた範囲での素描であり、断片的な史料の引用と雑な推論を重ねただけになった。後考を期したいと思う。

〈参考文献〉

天野忠幸『戦国期三好政権の研究』（清文堂出版、二〇一〇）
天野忠幸「松永久秀家臣団の形成」（天野忠幸他編『戦国・織豊期の西国社会』日本史史料研究会、二〇一二）

天野忠幸「三好長慶・松永久秀と高山氏」（中西裕樹編『高山右近 キリシタン大名への新視点』宮帯出版社、二〇一四a）
天野忠幸『三好長慶 諸人之を仰ぐこと北斗泰山』（ミネルヴァ書房、二〇一四b）
今谷 明『室町幕府解体過程の研究』（岩波書店、一九八五）
海老沢有道『高山右近』（吉川弘文館、一九五八）
川村信三『戦国宗教社会＝思想史 キリシタン事例からの考察』（知泉書館、二〇一一）
下川雅弘「織田権力の摂津支配」（戦国史研究会編『織田権力の領域支配』岩田書院、二〇一一）
高橋公一編『高槻城キリシタン墓地―高槻城三ノ丸跡北郭地区発掘調査報告書―』（高槻市教育委員会、二〇〇一）
谷口克広『織田信長家臣人名辞典』第二版（吉川弘文館、二〇一〇）
中西裕樹「摂津国上郡における守護代薬師寺氏―戦国前期の拠点・国人と守護代をめぐって―」（前掲『戦国・織豊期の西国社会』、二〇一二）
中西裕樹編『「本山寺文書」「神峯山寺文書」「安岡寺文書」調査報告書』（高槻市教育委員会、二〇一三a）
中西裕樹「高槻城主 和田惟政の動向と白井河原の合戦」（高槻市立しろあと歴史館編『しろあとだより』七、二〇一三b）
中西裕樹編『高山右近 キリシタン大名への新視点』（宮帯出版社、二〇一四a）
中西裕樹「高山右近への視点―研究整理と基礎的考察―」（前掲『高山右近 キリシタン大名への新視点』二〇一四b）
中西裕樹「織田信長・豊臣秀吉と高山右近」（前掲『高山右近 キリシタン大名への新視点』二〇一四c）
中西裕樹「蒲生氏郷と黒田官兵衛―右近と豊臣政権のキリシタン武将―」（前掲『高山右近 キリシタン大名への新視点』二〇一四d）
松田毅一『近世初期日本関係南蛮史料の研究』（風間書房、一九六七）
ヨハネス・ラウレス『高山右近の生涯―日本初期基督教史―』（エンデルレ書店、一九四八）
『箕面市史』第一巻（本編）（箕面市、一九六四）
『兼見卿記』（『史料纂集』第一、続群書類従完成会、一九七一）
『多聞院日記』（『続史料大成』第四〇巻、臨川書店、一九七八）
『細川両家記』（『群書類従』第二〇輯合戦部、続群書類従完成会、一九八六）
松田毅一監訳『十六・七世紀イエズス会日本報告集』（同朋舎出版、一九八七～一九九八）
フロイス著 松田毅一・川崎桃太訳『完訳フロイス日本史』（中央公論社、二〇〇〇）

小西行長――領内布教の様相を中心に――

鳥津亮二

はじめに

いわゆる「キリシタン大名」の中でも、小西行長（一五八八～一六〇〇）はよく名を知られている人物の一人に違いない。しかし、行長が実際に「どのようなキリシタン大名だったのか」については、まだ十分に解明されているとはいいがたい状況である。

近年筆者は、行長と父・立佐の前半生とキリスト教との関係について検討し、彼らにとってのキリスト教とは、信長・秀吉ら政治権力に接近し、立身出世を果たすために主体的に選択した「政治的手段」という意味合いが強いことを述べたことがある（鳥津 二〇一四）。しかし、これは行長の肥後入国以前の状況のみを踏まえた不十分な「見通し」に過ぎず、キリシタン大名としての行長の全体像を解明するには、その後の生涯も合わせて検討すべきであろう。

小西行長銅像
（熊本県宇土市宇土城跡）

よって本稿では、肥後入国後の時期も対象に加え、特に「領内布教」の様相に注目しながら行長の生涯を概観することとする。領内布教に焦点を絞るのは、この問題に対する行長の行動・姿勢が、その折々のキリスト教に対するスタンスを象徴しており、行長の実像を検討する上でも有効と考えるからである。

なお、本稿で示す参考文献や史料の引用元は、末尾に一括して示したので併せてご参照いただきたい。

一、室津・小豆島での布教

永禄元年（一五五八）に京都で生まれた小西行長は、早くからイエズス会との信頼関係を構築していた父・立佐の影響のもと、幼少期にキリスト教の洗礼を受けている。青年期の行長は、はじめ備前宇喜多氏に仕官していたが、天正八年（一五八〇）には父・立佐とともに羽柴秀吉の配下となったようで、翌天正九年（一五八一）以降は秀吉家臣として一次史料に登場する。その後の行長は、立佐が築いたイエズス会や堺商人とのパイプを背景に、海上兵站《へいたん》輸送で活躍することで秀吉の信頼を獲得し、政治的地位を向上させていった（鳥津二〇一〇）。

さて、行長は秀吉家臣となった直後の天正九年（一五八一）、九州と畿内を結ぶ播磨の重要港湾・室津を所領としている。そして室津では、同年に早速キリスト教の布教が実施されたことがフロイス『日本史』に記されている。

巡察師は、都から三十里の播磨国へ別の布教を命じ、一人の日本人修道士の説教者を（そこに）派遣したが、その機会に（彼をして）信長の武将で、毛利の国の征服に従事していた羽柴筑前（秀吉）殿を訪問させることにした。（筑前殿）は修道士を快く迎え、彼の主要な市に、司祭たちが教会を建てキリシタン宗団を作るために地所を提供した。（修道士が）（小西）アゴスチイノと称する一キリシタンの所領、室の港に滞在した八日間、その地では五十名がキリシタンとなり、村人たちは修道士を慕い、機会があればふたたび戻ってくるようにと懇願した。

（『日本史』五、第二部三二章）

この記述を見る限り、この時の布教を主導したのは巡察師ヴァリニャーノである。当時畿内に滞在していたヴァリニャーノは、同時期に越前や美濃・尾張へも司祭や修道士を派遣して積極的な布教推進に取り組んでいる。よって、この布教も、瀬戸内海の重要交通拠点たる室津でいち早くキリスト教を浸透させるためにヴァリニャーノが主体的に実施したものと考えられる。もちろん、これは領主たる行長の協力支援が前提になっていることは間違いなく、その後も「彼の所領の室の港に一つの大きな教会を建てるための資材を集め」るなど（一五八五年十月一日付フロイス報告書、『報告集』第三期第七巻）、キリスト教拠点構築に貢献する行長の姿が確認できる。

さらに行長は、天正十三年（一五八五）紀州攻めにおける功績によって、秀吉から小豆《しょうど》島《しま》を所領として与えられた（一五八五年十月一日付フロイス報告書、『報告集』第三期第七巻）。その小豆島での布教活動は翌天正十四年（一五八六）から始まり、宣教師セスペデスと日本人修道士ジアンらの手によって千四百人以上の人が洗礼を受け、さらに室津でも三千人に及ぶ改宗活動が行われた（一五八六年十月十七日付フロイス書簡、『報告集』第三期第七巻）。これは行長の所領における初めての大規模布教ともいえる活動であったが、注目されるのはこの時セスペデスらを招いたのが、ほかならぬ行長自身だったことである。

この直前、イエズス会準管区長コエリョは大坂で秀吉に謁見し、天正十年（一五八二）の信長の死によって有名無実化していた日本での布教権再獲得に成功（清水 二〇〇一）。行長が小豆島への宣教師派遣を「何度も」コエリョに要望したのはまさしく、この秀吉による布教「公認」直後のことであった（一五八六年十月十七日付フロイス書簡、『報告集』第三期第七巻）。ここに、布教推進によってイエズス会との関係を深めつつも、主君秀吉の意向を確認しながら、領主として慎重に行動する行長の姿勢がうかがえる。

二、「伴天連追放令」への対応

天正十五年（一五八七）秀吉は自ら大軍を率いて九州に乗り込み、五月には薩摩の島津氏を降伏させる。そして、秀吉はこの九州制圧直後、行長に「海に係る地方のすべての殿たちに及ぶ、一種の監督権」を与えた（一五八八年二月二十日付フロイス書簡、『報告集』第三期第七巻）。この「海に係る地方のすべての殿たち」とは、肥前の松浦氏・有馬氏・大村氏、対馬の宗氏など九州北部沿岸部の諸大名を指し、「一種の監督権」とは秀吉の命令を正確に伝達し、その実現に向けての指導・助言を行う取次役の任務を示している（鳥津 二〇一〇）。

こうして行長は、秀吉の九州統治構想の中で、北部九州における豊臣政権の代行者として極めて大きな権限を与えられたのである。特に、秀吉が行長を有馬氏や大村氏らキリシタン大名らの取次役に任命したのは、行長がキリシタンであり、イエズス会との関係を持っていることを前提とした人事に違いない。

それゆえに、秀吉は天正十五年（一五八七）六月十九日、いわゆる「伴天連追放令」を発令した際に、行長にもキリスト教の棄教を求めたのである。一五八八年二月二十日付フロイス書簡（神田 二〇一一）によれば、秀吉が行長に棄教を求めたところ、行長は「御意次第」と回答。フロイスによると、その理由について行長は「あることを、対面した場で頼んだり命じたりする君主に対して、したくないとか出来ないとか回答することは日本では忌避すべき不作法であり、常に「はい」と回答し、後に本人自身か仲介者を介して、まだそうする勇気がある場合には困難を表明するか釈明を述べることが習慣となっている」と述べたという。そして、行長の棄教意思の確認後、秀吉は行長を使者にして有馬晴信・大村喜前に棄教勧告を伝えさせたが、その際秀吉は「アゴスティーノには他の（二人の）者に対して責任があるという言葉を付け加えた」という。

ここで重要なのは、表向きではあれ、行長が秀吉に対し棄教の意思を示した点である。はじめに述べたように、もともと行長は幼少期に父の影響で受洗したのであり、信仰面から主体的に入信したわけではない。行長にとってのキリスト教は、立佐が築き上げたイエズス会との関係を繋ぐ「政治的手段」としての側面が強かった。よって、秀吉に棄教を迫られた際に、行長が信仰よりも「秀吉家臣」という立場を優先させたのは、いわば当然のことだった。

また、有馬・大村両氏への棄教勧告が行長を仲介して行われ、その際に秀吉が行長の「責任」について言及している点も見逃せない。この「責任」とは、行長に与えられた北部九州のキリシタン大名に対する取次役の任務にほかならない。豊臣政権の代行者としての行長は、秀吉に従順な存在でなくてはならず、秀吉が行長に棄教を求めたのは、むしろ行長が秀吉の九州統治構想の中で重要な存在であったことの証拠といえる（鳥津 二〇一四）。

こうして秀吉に従順な姿勢を示した行長は、この直後に自領である室津や小豆島に滞在中の宣教師たちに退去を促している。これは、秀吉の「伴天連追放令」（松浦史料博物館に案文が現存）が、宣教師たちの国外退去を命じるのはもちろん、領主層（「給人」）による住民改宗と社寺破壊をも禁じる内容であることが大きく影響したのだろう。

しかし、室津に滞在していた宣教師オルガンティーノの必死の説得によって、行長は「もし関白殿がこのことで彼を咎める時には信仰のために死ぬ絶対的な決意」をし、自らがイエズス会の保護に尽力することを表明する（一五八八年十一月二十五日付オルガンティーノ書簡、『報告集』第三期第七巻）。こうして回心した行長は、その後に宣教師や高山右近らを小豆島に匿《かくま》うが、あくまでそれは、イエズス会との関係を保ち続けるための行動であった。

小西一族にとってキリシタンであること、それをもとに構築してきたイエズス会とのパイプこそが最大の個性であり、これを基盤とすることで行長は独自の立場を築き、秀吉の下で出世を果たした。よって、行長は秀吉の下で政治的地位を維持しつつも、イエズス会宣教師たちに理解を示し、信用を保持することでしか活路を見出せなかったのである。こうした秀吉と宣教師たちとの板挟み状態の中でみせる柔軟かつ曖昧な姿勢こそ、行長のキリスト教に対するスタンスを象徴しているといえよう。

三、肥後入国直後の行長とキリスト教布教

天正十六年（一五八八）閏五月、行長は秀吉によって、宇土《うと》を拠点とする肥後南部の領主に任命された。それまで約一万石の官僚武将であった行長は、この時、一気に十四万石余の大名へと大抜擢されたのである。特に行長が統治を任された宇土・八代・天草郡は、九州西海岸の中央に位置し、古くから海上交易拠点とし

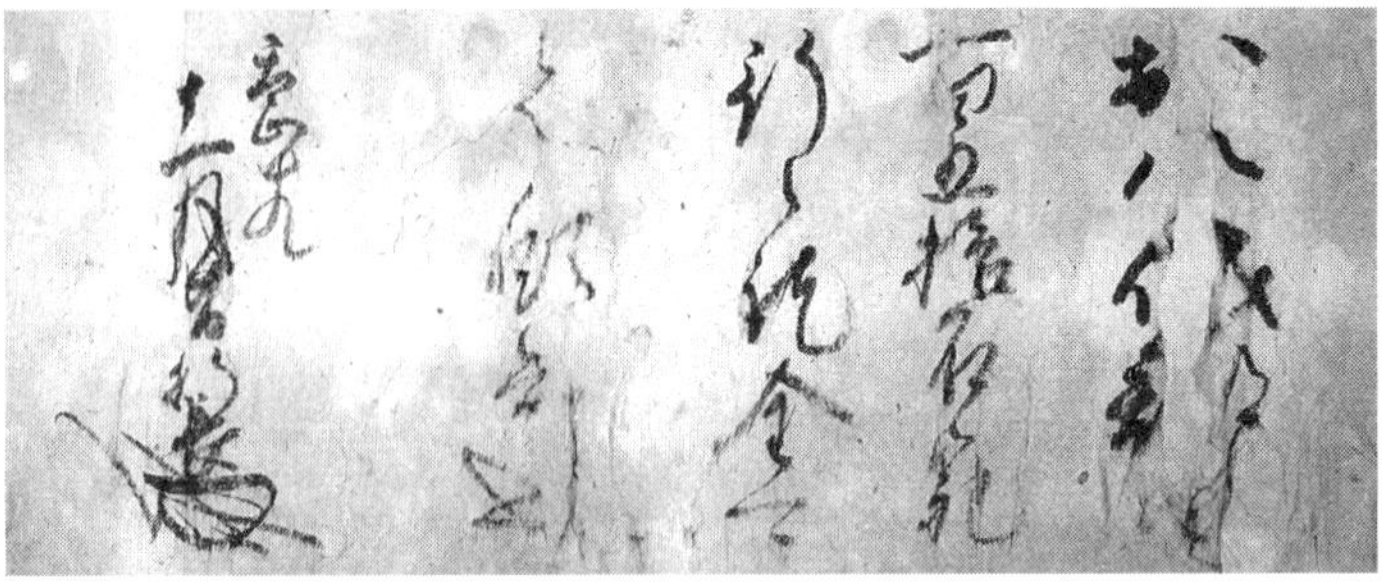
小西行長知行宛行状（天正19年11月20日・個人蔵）

て発展してきた地である。ここに海上輸送監督能力に長けた行長を領主として配置したことは、まさしく秀吉による適材適所の人材配置であるが、それはまた、秀吉が対馬を含む九州全体を自らの政権の意のままに機能させるために中央部に打ち込んだ「楔《くさび》」でもあった。よって行長は、豊臣政権の体現者として秀吉の意向を確実に実現していかなければならないという大きな重圧の中で行動することとなる（鳥津二〇一〇）。

一方、肥前を主たる活動拠点としていたイエズス会は、前年の伴天連追放令の際に教会とキリシタンの保護を表明した行長が肥後の領主となることに期待を寄せた。これについてフロイスは「我らにとって非常に有利で重要なこととなろう」と述べ（一五八八年二月二十日付ルイス・フロイス書簡、『報告集』第三期第七巻）、副管区長コエリュは「我ら一同ならびに下のキリシタン宗団全体にとり、今、生じうることのなかでもっとも好ましいものの一つ」と記している（一五八九年二月二十四日付コエリュ一五八八年度年報、『報告集』第一期第一巻）。実際に行長は肥後入国に伴う家臣団編成に際して、畿内のキリシタンを積極的に登用し、特に有力な人材は「親類衆」＝重臣として厚遇するなど、キリスト教の庇護者としての姿勢を示している（鳥津二〇一五）。

しかし、布教活動に対して行長は慎重な態度を示し、黒田孝高らとともにコエリュに対して「この時期に、日本の改宗事業に大きな波瀾をまきおこすようなことはどうか差し控えていただきたい」と要請している（一五八九年二月二十四日付コエリュ一五八八年度年報、『報告集』第一期第一巻）。もちろん行長のこの態度は、先述の「伴天連追放令」発令時に秀吉が示した領主層による住民改宗禁止方針をふまえてのことであった。そのことについて、行長は後に原マルチノに対して次のように語っている。

司祭たちは（私から）、潜伏して人々を改宗させる熱意を少なからず差し控えるようにと熱心に懇願を受けていることに対して、その目的と私の心中を知らぬ幾人かの人々は、それは私の心の狭小さと弱さによるものであり、またデウスの栄誉を護ることへの熱意が不足しているからであるとの疑問を抱いていることを私は知らぬわけではない。しかし私はまったくそれとは別であることを主張する。なぜなら私は太閤の性格や、胸中を見通しているからであり、また司祭たちがいっそう抑制して潜伏しておればおるほど、その目的をかなえるべき機会がいっそう好都合になることを知っているから、私はこれによって幾らかより厳しい態度をとったのである。しかし私は、デウスに誓って次のように証言する。私はこの件に関しては、デウスのより大いなる光栄と、（イエズス）会の安泰と諸々の霊魂の救済以外の意図はもっていなかった

私は絶えずさまざまな用務に忙殺されており、もしいつかデウスのことや、私の身の救済について考えるいくらかの余暇が生じた場合は、死ぬ前にデウスからあの（救済の）恩恵を受けるべき激しい熱意に燃え立たされているのである。そのためにはすべてのあのような仕事の煩わしさから遠のいて、少なくとも一年間は、私は天上的な諸々の瞑想にふけり、また私の信仰にふさわしいようにキリシタンの諸徳を修練するのに時を費やすことができればと思っている。私の身分上は、デウスの法を種々の領国へ弘めることは許されぬが、私の領国内に多数の教会を建てようと内心から熱望しているのであり、また私の

すべての家臣たちがキリシタンとなり、ヨーロッパにおけるのに劣らぬほどの盛儀と崇敬によってデウスへの礼拝が挙行されるようにと全力を尽くしているのである。

（一五九六年十二月十三日付フロイス日本年報、『報告集』第一期第二巻）

要するに行長が主張しているのは、秀吉家臣としての「身分上」、領内でのキリスト教布教を堂々と推進することはできないが、「内心」は「領国内に多数の教会を建て」、布教を推進しようと考えている、ということである。この発言は、肥後入国後の行長のキリスト教に対する立場と思惑が如実に表れていて重要である。

四、秀吉在世中における肥後領内での布教

しかし、この発言に続いて、行長自身が「私の支配下にある地方である有馬、大村、天草、栖本、上津浦、志岐、大矢野においては、すべての人々がキリシタンの教会へ集まっているのを見るのは私にとってこの上ない喜びである」と述べているように、実際には天草諸島などでは布教が行われていた。フロイスは一五九六年の各地の状況について、記録を残している（一五九六年十二月十三日付フロイス日本年報、『報告集』第一期第二巻）。それによると、コレジオが置かれた天草には、総勢四十五名のイエズス会士が居住し、「二千六百名の告白が聞かれ、百四名の大人が受洗」。上津浦の司祭館には司祭一名と修道士一名が居住し、「今年は二千名が告白の秘蹟によって、その汚れを浄めた」。志岐は天正十七年（一五八九）の「天草一揆」鎮圧後に、行長の「親類衆」の一人である日比屋了荷（洗礼名ヴィセンテ）が城代となり、それ以降司祭館が設置され、「異教徒たち

一同が洗礼を授かってキリシタンたちの仲間となった」。この年には「千八百九十二名が告白し、四百十二名が総告白によって、これまでの全生活のすべての罪を浄めた」とされる。大矢野は「多数のキリシタンの家臣たちを有する宇土の城に非常に近」く、「頻繁に司祭の訪問を受け、また常に多数の未信者たちの新しい改宗の利益を伴って」おり、「主要な祝日には一同が各地からこの大矢野の教会に集まる」という。

こうした天草諸島における活動はイエズス会が主導したものではあるが、その前提となったのは、行長がこの地域をキリスト教政策の推進地として「特別扱い」していたことである。それは、例えば行長が志岐におけるイエズス会の活動拠点建設に対して便宜を図り、その際に「迫害がおさまれば、彼の全領土でも同じことをするつもりだ」と述べていること（一五九〇年十月十二日付フロイス日本年報、『報告集』第一期第一巻）などからも明らかである。さらに一五九一年には加津佐から天草へのコレジオ移転が行われるが、その理由は天草が「人々の往来から外れ」「人目から隠れている」地域であったこと（鳥津 二〇一三）などから考えると、行長は九州本島から離れた天草諸島の地理的特徴を把握し、自らの管理下において秀吉に露見しない範囲内での、イエズス会による布教活動を容認していたのである。そのことは、行長がイエズス会に対して示した精一杯の「配慮」ともいえるだろう。

また、大矢野を拠点に司祭が巡回する形で、宇土・隈庄《くまのしょう》・矢部・八代でもキリスト教への改宗活動が行われていたことが確認できる。一五九六年にはこれらの地域で「三千十七名が罪の告白をし、また（一五）九六年八月二十三日までに、四城下で四百八十三名が洗礼を授かった」という（一五九六年十二月十三日付フロイス日本年報、『報告集』第一期第二巻）。

これら四城下は全て有力キリシタンが掌《つかさど》っていたという点で共通する。すなわち、宇土は行長の本拠地、隈庄城代小西主殿助《とのものすけ》（ペドロ）は行長の弟、矢部城代結城弥平次（ジョルジ）と八代城代小西末郷（小西美作、ジャコベ・ディオゴ）はいずれも畿内出身の有力キリシタンである。行長は各地域の統治を、ベテランかつ宗教規範を同じくする彼ら「親類衆」に委任することで、領内統治にあたっていた（鳥津 二〇一五）。そしてこの時期、彼らのほとんどは行長とともに朝鮮在陣中であったが、これらの地域では「その地の武将夫人の多くの懇望」により司祭が招聘され、布教が行われていた。さらに矢部では、城代結城弥平次自身が司祭派遣を積極的に要請し、それが実現して告白や改宗活動が実施されている（一五九六年十二月十三日付フロイス日本年報、『報告集』第一期第二巻）。

このように、この時期の宇土・隈庄・矢部・八代における改宗活動の主体となっていたのは各城代（あるいはその夫人ら）やイエズス会であった。そこに行長が直接関与していたかは不明だが、おそらく行長は、秀吉在世中においても、彼ら「親類衆」による小規模な布教活動は、天草地域同様に容認していたのではないかと考えられる。

五、秀吉没後の領内布教

慶長三年（一五九八）八月、秀吉が死去し、これにより朝鮮に在陣していた行長ら日本勢は撤退。自身を重用してくれた絶対的主君がいなくなったことで、豊臣政権内部での立場が不安定となった行長は、帰国後もしばらく京都や大坂に滞在して、秀吉死後の権力争いに明け暮れることとなる（鳥津 二〇一〇）。

その一方で、行長にとって秀吉の死は、キリスト教布教の障壁がなくなったことを意味した。よって、行長はこれを機にそれまでの慎重姿勢を翻して、「日本のすべての領主たちに信心を熱心に勧め、全領民と臣下をキリシタンにする事」に尽力する姿勢をみせたという（一五九九―一六〇一年日本諸国記、『報告集』第一期第三巻）。

そのことを象徴するかのように、宇土・隈庄・矢部・八代での布教活動は、慶長四年（一五九九）に爆発的な拡大をみせ、「六ヶ月間に三万名以上」に洗礼が授けられたという。それは、ヴァリニャーノ曰く「日本国の平穏な状態から、我等の仲間の中の数名を各地へ福音を宣布するために派遣する機会を窺い得たから」であり、「この布教は彼ら自身によって大きな成果をもって熱心に行われたが、特に肥後の諸地方、しかも（小西）アゴスチイノの所領において、我等の仲間たちの活動は顕著な効果を収めた」のである（一五九九年十月十日付一五九九年度ヴァリニャーノ日本年報、『報告集』第一期第三巻）。

まず八代では、朝鮮出兵から帰国した八代城代小西末郷が、すぐさま宣教師バプティスタを八代に招聘して、「住民たち」に対する布教を開始。結果としてこの地で「二万五千人」が洗礼を受け（一五九九年十月十日付一五九九年度ヴァリニャーノ日本年報、『報告集』第一期第三巻）、この地に「新たに十四の教会」が建てられたという（一五九九―一六〇一年日本諸国記、『報告集』第一期第三巻）。のち、慶長十四年（一六〇九）に八代で殉教を遂げるジョアン服部甚五郎は、この慶長四年（一五九九）の状況について「美作ディオゴ様が朝鮮戦役からお戻りになり、キリシタンになるよう土地の人たち一同に勧め、人々は彼に従って、全員が受洗しました。私も彼らとともに洗礼を受けたのです」と証言している（ゲレイロ「イエズス会年報集」一六〇五年日本の諸事、『報告集』第一期第五巻）。

宇土では、「わずかな日数で、異教徒たちの中の四千名が福音の光に目を向けるようになり、それから数日を経てから二千名が洗礼を授かった」（一五九九年十月十日付一五九九年度ヴァリニャーノ日本年報、『報告集』第一期第三巻）。これと同時期に隈庄では、行長の甥「忠右衛門」（おそらくは小西主殿助の子）が中心となって布教活動がなされ、「三千人以上」が受洗。この隈庄における布教活動は、「領民が所持していた偶像を一つ残らず持参させた上に、それらを火中へ投じさせ」るなど、かなり過激なものであったという。また、矢部でも城代結城弥平次の布教活動により「四千人」が洗礼を受けたとされる（一五九九―一六〇一年日本諸国記、『報告集』第一期第三巻）。

このように、行長の領内における布教は慶長四年（一五九九）に一気に活況を呈したが、その推進主体が行長の親族、あるいは各城代を務めている「親類衆」たちとイエズス会宣教師であったことは、従来と変わりはない。しかし、ヴァリニャーノが「（小西）アゴスチイノは、都でキリシタンの布教が自分の家臣のもとで順調との報せを受けた時、どれほど喜んだかは驚いたほどである」と記しているように（一五九九年十月十日付一五九九年度ヴァリニャーノ日本年報、『報告集』第一期第三巻）、この布教拡大が行長の意向を受けてのものであることは間違いないだろう。秀吉が没したことを受け、行長は秀吉在世中にイエズス会へ表明していた布教推進姿勢を、ようやく実行できたのである。

これと同時期に、行長は大坂でオルガンティーノらを援助して、修道院や病院を建設。また堺では秀吉が破壊した修道院と教会に代わって、「聖堂付きの立派な墓地」を設置するなど（一五九九―一六〇一年日本諸国記、『報告集』第一期第三巻）、積極的なイエズス会支援活動を推進していた。そのことを合わせ考えると、この時期の肥後領内における布教活発化も、行長にとってはイエズス会との信頼をさらに固め、関係を強化するための活動にほかならなかった。それは、豊臣政権内部での権力争いの中で、少しでも自身の味方となる勢力を確保しようとする政治的行為とも考えられよう。こうして行長は、イエズス会にとっても「日本人の中でのキリシタンたちの支柱」であり続けた（カルヴァーリュ一六〇〇年日本年報補遺、『報告集』第一期第三巻）。

しかし、慶長五年（一六〇〇）九月、関ヶ原合戦において西軍の主力として参戦した行長は敗れ、十月、京都六条河原において処刑され、四十三歳の生涯を閉じた。これによって、行長所領の大半は加藤清正の手に落ち、肥後におけるキリスト教布教活動も終焉を迎えたのである。

おわりに

以上、キリスト教布教に対する姿勢・行動に注目しながら、行長の生涯を概観した。本稿での検討を総括するならば、父・立佐とともに乱世を生き抜く手段としてイエズス会との関係を構築し、信頼を獲得してきた行長にとって、イエズス会が常に志向する布教活動に協力し、領主となった上は自らもその推進に尽力することは、いわば当然の役割・行動であった。しかし、行長の領主（大名）としての政治的地位・権力は主君秀吉によって保証されたものである以上、行長は秀吉の意向を最優先せざるを得ず、天正十五年（一五八七）の伴天連追放令以降の布教に対する消極的な態度はそのことを象徴しているといえよう。

ただし、肥後入国後の領内布教の様相が示すように、行長はその都度の状況を見極め、秀吉に露見しない範囲で宣教師たちに便宜を図り、あるいは小規模の布教を容認するなどして、イエズス会との信頼関係を維持し続けた。それはイエズス会に対する政治的配慮によるものであったが、秀吉とイエズス会との板挟み状態の中で示す、こうした柔軟な対応能力こそが「日本人の中でのキリシタンたちの支柱」たる行長独自の特徴といえるのではないだろうか。

雑駁《ざっぱく》な推論を重ねた感が否めず汗顔の至りであるが、本稿を通じて「一口にキリシタン大名といっても、それぞれいろいろある」ことを感じていただければ幸いである。

〈参考文献〉※引用したもののほか、小西行長関係の基礎文献も含めた。

宇土市教育委員会『小西行長基礎資料集』（『宇土市史研究』第二六号、二〇〇五）
宇土市教育委員会『十六世紀末・小西行長領内キリスト教関係基礎史料集』（『うと学研究』第三五号、二〇一四）
宇土市教育委員会『小西行長基礎資料集―補遺―』（『うと学研究』第三七号、二〇一六）
神田千里「伴天連追放令に関する一考察―ルイス・フロイス文書を中心に―」（『東洋大学文学部紀要』史学科篇三七、二〇一二）
国重（佐島）顕子「秀吉の国内統一過程における小西行長」（箭内健次編『鎖国日本と国際交流』上巻、吉川弘文館、一九八八）
清水紘一「天正十四年の布教許可状をめぐって」（同『織豊政権とキリシタン』岩田書院、二〇〇一、初出は一九八九）
鳥津亮二『小西行長―「抹殺」されたキリシタン大名の実像』（八木書店、二〇一〇）
鳥津亮二「コレジオ天草移転の政治的背景」（豊島正之編『キリシタンと出版』八木書店、二〇一三）
鳥津亮二「小西立佐と小西行長―秀吉側近キリシタンの一形態―」（中西裕樹編『高山右近　キリシタン大名への新視点』宮帯出版社、二〇一四）
鳥津亮二「小西行長家臣団についての基礎的考察」（『うと学研究』第三六号、二〇一五）
松田毅一『近世初期日本関係南蛮史料の研究』（風間書房、一九六七）
『日本史』…松田毅一・川崎桃太訳『フロイス日本史』五（中央公論社、一九七八）
『報告集』…松田毅一監訳『十六・七世紀イエズス会日本報告集』第一期第一巻・第二巻・第三巻・第五巻、第三期第七巻（同朋舎出版、一九八七～九四）

蒲生氏郷

狹間芳樹

はじめに

二〇一六年一月、ヴァチカンのローマ教皇庁は、キリシタン武将高山右近を福者として認定することを発表した。その右近が「このいとも重要人物である若者が改宗することは教会の将来に大いなる成果を齎《もたら》すことになる」(フロイス 二〇〇〇)と考えた人物、それが蒲生氏郷(一五五六〜一五九五)である。

蒲生氏郷像(福島県 西光寺 蔵)

優れた武将であると同時に千利休の高弟としても知られる氏郷が洗礼を受けたとき、イエズス会宣教師は当時の「主要な人物の一人」がキリシタンになったことを喜び、「その地方の今までキリシタンになった者の中で、もっとも重きをなす人」(松田 一九九四)と賞讃を贈ったほどであった。氏郷はどのようにしてキリスト教を選んだのか。そして彼の信仰ははたしてどのようなものであったのか。ここではイエズス会士の書簡を手がかりに、その人物像を探ってみたい。

一、その生涯

氏郷は、弘治二年（一五五六）、近江国蒲生郡日野中野城主賢秀《かたひで》の子として生まれ、鶴千代と名づけられた。母は六角氏の重臣、後藤賢豊《かたとよ》の娘である。藤原秀郷《ひでさと》の流れを汲む鎌倉時代からの名家蒲生家もまた戦国期以降、近江守護六角氏の重臣であったが、六角氏への織田信長の攻撃に賢秀が降伏し、永禄十一年（一五六八）、氏郷は父の人質として信長に差し出され、岐阜城に赴くことになった。氏郷、十三歳の時である。もっとも、「人質」とはいえ信長は当初より氏郷のことをたいそう可愛がり、伊勢北畠攻めで初陣にもかかわらず見事な戦功をあげたことをきわめて高く評価した。それは帰陣後に身柄を解放し、さらに自らの娘である冬姫の輿入《こしい》れを決めたことにもうかがえる。冬姫を娶《めと》って日野城に戻った氏郷は、父賢秀とともに元亀元年（一五七〇）、柴田勝家の与力として朝倉攻めに従軍し、その戦功により五千石の加増を受けたほか、その後も殊功が評価されたことにより、褒賞として信長から羽織を賜るなどしている。信長は武将としての才覚をいち早く見抜いていたのであろう。

ところでこの頃、将軍義昭と信長との間で不和が生じはじめていた。それは信長に擁されて将軍となった義昭が、足利幕府による支配体制の復活を目論んだことに起因する。その後一旦は和解に至ったものの、天正元年（一五七三）、再び義昭が策謀を企てていることに気付いた信長は、宇治真木島（槇島）を攻め落とし、ここに足利幕府は完全に滅ぼされることとなった。また、同じく信長に反旗を翻した六角義治に対しては、愛知郡鯰江《なまずえ》城を攻め、百済寺《ひゃくさいじ》を焼きつくしているが、そのいずれでも佐久間信盛、柴田勝家や蒲生賢秀らが兵をあげて活躍したことから、氏郷父子に対する信長の評価は一段と高まったのである。

信長は翌年には長島の合戦、その翌年長篠の合戦と相次いで出陣し、さらに荒木村重の摂津有岡城を攻め、その後も伊賀国や信濃国を攻略した。そうしたなか天正十年（一五八二）六月二日、本能寺の変がおこり、信長は明智光秀の謀反により非業の死をとげることとなる。このとき氏郷は父とともに手勢五百騎、輿五十丁、馬百頭、駄馬二百頭を支度し、安土城から信長の家族を日野城に呼び寄せてかくまっている。その対応に冬姫が強く感謝の念を抱いたことはいうまでもないが、このことは氏郷を寵愛した信長の鑑識眼に間違いがなかったことを示しているといえよう。

信長亡きあとの氏郷は秀吉に仕え、天正十一年（一五八三）に、伊勢国亀山を攻め、その戦功により亀山城を与えられている。また小牧・長久手の合戦においても活躍した結果、日野六万石から伊勢松ヶ島（現、三重県松阪市松ヶ島町）に移封となったことで所領は倍増する。さらに、同十三年（一五八五）に飛騨守に任じられた氏郷は、その年、高山右近や牧村長兵衛といった茶人仲間の勧めにより、キリスト教を受け入れ、「レオン」（レアン、レオ）という洗礼名を授かった。

その後、九州攻めに参加した氏郷は、同十六年、正四位下左近衛少将となって松坂城を築いた。つづく同十八年には討ち死にを覚悟して肖像画を描かせて出陣したといわれる小田原征伐で功績をあげ、會津を中心に陸奥・越後十二郡四十二万石に奥羽仕置として移封され、黒川城に入城することになった。このとき黒川城を改築し、郷里である近江国蒲生郷の「若松の森」にちなんで若松城と改めている。また、同十九年には九戸の乱鎮定に出動した功により陸奥・出羽七郡十八万五千石を加増された。若松城の天守閣が完成した文禄二年（一五九三）、朝鮮出兵にあたり、秀吉の命により肥前国名護屋（現、佐賀県唐津市）に赴き、在陣中に病にかかり、翌年二月、伏見の自邸にて病没した。

イエズス会士の目にも、「名声と評判は日本国の全諸侯の間では傑出し重立った者」であり、それゆえ「諸国の状況においては、戦争に伴った不断の変転と交替」とを繰り返したと映ったように、その生涯で氏郷は、近江日野城、伊勢松坂城、會津若松城の城主を歴任し、最終的に九十二万石（検地後石高）を領したわけであるが、主君の命とはいえ、各地を変転せざるをえなかった氏郷の心中はいかばかりであったのだろうか。

二、文雅の人――儒学・和歌・茶の湯――

臨済宗の僧侶南化和尚のもとで儒学や仏教を修めた氏郷は文雅を愛し、歌人としても秀で、さらに茶の湯への造詣も深かったことで知られる。武将としての天賦の才と合わせて、まさに当代きっての文武両道に長けた人物であった。

歌人として知られる曾祖父貞秀が連歌師とも交流をもっていたことから、氏郷もまた幼少時より和歌をたしなみ、生涯に多くの歌をのこした。

参陣のため京に向かう道中の近江国武佐で氏郷は、故郷の日野を偲び、「おもひきや人の行方ぞ定めなき我がふる郷をよそにみむとは」（「中山道の記」）との歌を詠んでいる。この歌について、藤田達生氏は、氏郷が人生の流転とその儚さを詠んだことは、この時代の文化人が直面した「不条理への対処、あるいは抵抗」（藤田二〇一二）である、と論じている。忠義をもって接しようとも必ずしも報われない戦国の世で、氏郷はキリスト教から不条理を超克しうる手がかりを得たのであろう。あるいは、キリシタンとして生きることで不条理を不条理として受け入れることができたのかもしれない。

『江岑《こうしん》夏書《げがき》』によれば、氏郷は千利休の門下において特に優れた高弟七人を指す「利休七哲」の一人に数えられ、かつ、その「筆頭」と位置づけられている。七哲といった括り方自体は後世になってからのものであるが、利休自身が氏郷のことを高弟と認めていたことはその通りであろう。くわえて、その後、利休が秀吉の怒りを買い切腹を命じられた際、利休の娘婿にあたる少庵を氏郷がかくまうと同時に、徳川家康とともに秀吉に何度もはたらきかけて、千家の復興を秀吉に願い出ている。こうした行動により、千家の茶の湯が途絶えることなく守られたというエピソードも、彼が筆頭に選ばれた一つの大きな理由である。

ここでキリシタン武将と茶の湯についてふれておきたい。イエズス会が茶の湯について大いに関心を抱いていたことは、イエズス会士ジョアン・ロドリーゲスが『日本教会史』のなかでいくつもの章を割いて茶の湯についての説明にあてていることからも明らかである。フーベルト・チースリク氏は次のように述べている。「教会は全く偶然に茶道と関係を結んだのではなかった（中略）意識的に、信者の司牧のために、また布教のために、教会は茶道をとり入れた」（チースリク　一九七五）。

ロドリーゲスはその書の「現在流行している数寄と呼ばれる茶の湯の新しい様式について、また一般にその起源と目的について」という節において、茶の湯を「数寄 suky という藝道《アルテ》は、禅宗 Jenxos という宗派に属する孤独の哲人たちにならって（中略）創り出された、孤独な宗教の一様式」（ロドリーゲス　一九六七）であると解説している。この点に関して倉澤行洋氏は、ロドリーゲスが「数寄」と呼んでいる新しい様式の茶の湯が「道としての茶湯」「茶道、心茶であり、歴史的に正しい」（倉澤　一九九二）と、その知識の正確さを評している。

こうした「道としての茶湯」は禅仏教の影響のもとにあり、その精神は禅の考え方に基づいているといわれる。また禅仏教にはキリスト教と相通ずるところがあるとの指摘もしばしばなされる。たとえば門脇佳吉氏は仏教諸派のなかでも、とりわけ禅における接心《せっしん》とイエズス会の霊操《れいそう》とには類似点が認められるとの見解を示している（門脇　一九九五）。「霊操」とはイエズス会を創設したイグナチオ・デ・ロヨラが提唱した四週間にわたる観想のプログラムである。そのありかたと、接心あるいは摂心不乱とも呼ばれる七日間の座禅に通底するところがあるというわけである。

なお、霊操はイエズス会の会憲に色濃く投影されており、日本での宣教活動の基盤ともなっている。ザビエルのあとを受けて、日本宣教の中心的役割を担った巡察師アレシャンドゥロ・ヴァリニャーノは、その精神に基づき、展開すべき日本での宣教のガイドラインを決定し、一五八一年に『日本の習俗と気質に関する注意と序言』（日本イエズス会士礼法指針）を編纂した。それを見ると「すべてのカザ（修院）には（中略）茶の湯を設け、またカザにいつも住んでいて、しかも茶の湯についてなにがしかの心得のある同宿《どうじゅく》または他のだれかを置かなくてはならない」とあり、日本宣教を推し進めるにあたって茶の湯の役割がいかに重要であるかを認識していたことがよくわかる（ヴァリニャーノ 一九七〇）。

千利休とキリスト教の関係をはじめ、従来、茶の湯とキリシタンについての言及は少なくない。利休が洗礼を受けた記録自体は見あたらないものの、キリスト教に好意的であったことは間違いないだろう。

三、キリスト教との出会い

氏郷がキリシタンになったことは、いくつかのイエズス会書簡に確認できる。たとえば、のちに小西行長とともに朝鮮に渡った司祭グレゴリオ・デ・セスペデスは、一五八五年十月三十日付の書簡において、このように書いている。

筑前殿〔豊臣秀吉のこと〕の住む大坂の市《まち》においては、我らの主が聖教のために主要な大身を多数お選びになった。そのうちもっとも重立った人は蒲生飛騨（守氏郷）殿で、伊勢に米二十五万（中略）俵以上の収入を持ち、戦さに行く時は、自分の旗の下に六千余の兵を率いる。（中略）名をリアンという。他の一人は筑前殿の年寄衆で小寺（黒田）官兵衛（孝高）と称し、播磨に米六万俵の収入を持っている。（中略）また一人は馬廻衆の頭で、寵遇を受け、近江に米二万五千俵の収入があり、名を牧村長兵衛〔政吉〕という。

（松田　一九九四）

さて、それでは氏郷はいったいどのような経緯でキリスト教に関心を抱きはじめたのであろうか。親友の右近は、初めは興味を示さなかった氏郷に働きかけるに際して、牧村長兵衛の助けを借りることにした。右近の勧めですでに受洗していた長兵衛は、氏郷が秀吉から伊勢を与えられた件で一役買った人物である。氏郷は彼に恩義を感じていたことから、キリスト教についても長兵衛の口から聞くことには前向きであった。そして、彼が説得を進めるなかで、やがて氏郷はキリスト教の説教を好むようになると、今度はむしろ「夜とはいわず昼とはいわず」、四六時中、右近のもとに赴き、キリスト教の教えについて話を聞くまでになった。

なお、ここで右近が氏郷に対し「いっそう信仰への渇望を増し、意欲をかき立てさせることが必要と考え、そうやすやすと奥義を伝授しないことにした」とあるのはおもしろい。ともあれ、それから間もなく氏郷は大坂の教会へ自らすすんで出かけていき、説教を聴き終わると「大いなる励ましにすべて満足」（フロイス二〇〇〇）して洗礼を受けた。天正十三年（一五八五）、キリシタン武将氏郷の誕生である。

キリシタンとなった後の氏郷は、友人や家臣たちといった周りの者たちへも積極的にキリスト教について説き、家臣たちもキリシタンとなったと伝えられる。もっとも、その史料がイエズス会士の書簡である以上、信憑性に疑問を投げかける見方もないわけではない。実際、右近のように、秀吉の不興を買ってまでも強い信仰を維持した者の方が例外であり、多くのキリシタン武将は南蛮貿易の利を目的にしていたに過ぎなかったため、禁令が強まるなかで信仰を棄てたのも事実である。そうしたなか伊勢に戻った氏郷は、自らの領内にいる人々を「全員キリシタンにする方途を探す決意」であったとフロイスが記しているほど、入信した当初からきわめて熱心なキリシタンであった。しかしながら、一方で秀吉に対しても常に忠臣であったことから、二年後に伴天連追放令が発布されると、その信仰を心のうちにとどめ、表向きには積極的な姿勢を見せなくなっていく。小田原征伐後、會津に移ってからは宣教師との関係も絶たれてしまったが、それでも氏郷の信仰心が薄れることは決してなかった。

四、叶わぬ夢

一五九二年、朝鮮への出兵にあたり、名護屋に赴いた秀吉は、かつて厳しく弾じた右近を自らの茶会に招いている。その地でのイエズス会年報には次のように記されている。

信長の娘婿（蒲生）飛騨守（氏郷）殿も、（巡察）師を訪ねて来た。彼は（関白殿が）迫害を開始する少し前にキリシタンとなった人で、当時は伊勢国の一地方の領主に過ぎなかったが、関白殿はこのたび奥州において、（初めの所領の）十倍以上（の領地）を与えたので、彼は今は日本で最大の大名の一人となった。彼は（高山）右近殿の親友であり、二度にわたって（巡察）師を訪れ、時が許せば、自領に大いなるキリシタン宗団を作り、大勢の司祭たちを召喚しようと約束した。このように至るところで、日本全土の改宗に対してきわめて大いなる門戸が開かれ始めているのである。

（松田 一九八七a、フロイス 一九九二）

氏郷は、秀吉の命によりすでに閉鎖されていた長崎の教会を右近とともに訪れ、その折、ヴァリニャーノと今後の宣教方法について話し合ったようである。なお、その際、家臣たちを前にして自らがキリシタンであることを公言しており、そうした姿からは氏郷の強い信仰心の表れをあらためて確認することができる。

ただし、こうした「公言」も、あくまで秀吉不在の場にかぎられていた。つまり氏郷は、秀吉に対していろいろと違和感を拭えない面がありながらも、その忠義心と実直な性格ゆえ、表面上は決して抗うような態度を示さなかったのである。それゆえ氏郷がキリシタンであることを、秀吉には終生気づかれなかったようである。

氏郷としては、ゆくゆく秀吉が亡くなったあかつきには、自らの領内をキリシタン化させ、そこを拠点に伝道の礎を築こうと思い描いていたのであるが、結果的にその思惑は外れてしまう。なぜなら、追放令は解除されるどころか日増しに強まっていき、くわえて秀吉よりも先に氏郷が重い病にかかり臥せってしまったからである。

このとき右近は氏郷のもとを頻繁に訪ねて、看病し励ましつづけた。右近との会話では、氏郷は教会やイエズス会士オルガンティーノのことを毎日憂い、目下イエズス会が置かれている窮状を「非常に不本意」に思っていると繰りかえし話した。そして前掲したヴァリニャーノへの約束事について、自らの病が快復したら、パードレ（司祭）やイルマン（修道士）たちを自領に滞在させ、「全領国がキリシタンとなるようにするため」

に「キリストの福音を宣教する（許可）を願い出よう」との考えを、オルガンティーノに対してあらためて示したのであった（一五九五年二月十四日付オルガンティーノ書簡、松田 一九八七b）。かつて、その忠義心から抗う態度を示さなかった氏郷が、今や追放令の取り下げを秀吉に懇願する心づもりである、と。しかし、すでに重篤な状態にある氏郷にとって、それはもはや叶わぬ夢であった。

病床に臥した氏郷は、自らが「新たに死から生命へ甦った人間のようである」と感じていた。そして、「そのことを、より正しく確かめるために」、もう一度、あらためて司祭からドチリナ（キリシタンの教え）について聴きたい旨を伝えている。こうしていよいよ臨終のときが迫った氏郷に対し、右近はキリストの十字架像を置き、「こんひさん」（告解）を勧めた。氏郷は「主を知る事未だ至らず、仕ふること忠実ならざりしを悔む」と述べ、自らの罪の赦《ゆる》しを乞い、それを聞いて右近が取り出したマリア像を、じっと見つめたまま息を引き取った。文禄四年（一五九五）二月七日、四十歳になったばかりであった。

五、茶の湯の精神とキリスト教

先引の「全領国がキリシタンとなるようにする」との表現は、ともすれば封建支配の強化を氏郷がもくろんでいたかのように思えるかもしれない。実際、キリシタン武将のなかにはそのような思惑が動機となり改宗した者も少なからず存在した。しかし氏郷の場合、単に支配体制の強化を目指していたのではなく、いうならばかつて右近が氏郷にキリシタンの教えを理解させたかった気持ちと同じ思いから発せられた言葉だったのであろう。

残念ながらその思いを達成することはできなかったわけであるが、全領国規模とまではいえないものの、氏郷が周囲の者に影響を与えていたことはイエズス会書簡のなかにうかがえる。氏郷亡きあとの様子について記された一五九六年の「日本年報」を見てみよう（佐久間 一九八〇）。

太閤の主要な武将の一人である飛騨殿の妻の兄弟であり、飛騨殿の重要な武将であるパウロは他のキリシタン〔ジョアン蒲生源左衛門郷成《さとなり》〕と共に、都から非常に遠い奥州地方に住んでいて、そこでキリストの教えを聴くように多数の人々を説得しています。それで、彼の友人や数多い家臣に説教をするためパードレを派遣していただきたいと、都の修院長パードレに求めました。

ここでのパウロとは、氏郷が生前、自らの病が快復したら「己が親戚のパウロ・モアンのもとで文学の勉強がしたい」（松田 一九八七b）と右近に話していた人物であり、氏郷の従兄弟にあたる関一政《せきかずまさ》のことではないかと思われる。

一方、郷成とは蒲生家の家老であり、病床での氏郷の態度に接するなかで入信し、氏郷没後に熱心な活動をおこなったジョアンのことである。郷成は、当地を訪れたイエズス会士のパードレ（司祭）たちに対して、「日本の六六ヵ国のうちで最も大きい奥州という国の人々がキリスト教を受け容れる充分な心構えがあること」、さらに、自らがこれまでに「秀れた説教をして多数の人々を改宗させた」と話している。なお、こうしたジョアンによる説教を初めて聴いたのは、氏郷の息子秀行であった。氏郷を父にもつという環境を考えればすでに受洗をしていてもおかしくはないが、その記録は確認できない。しかし、同年報に、秀行が「自分はその機会が来たらキリシタンになるであろう」と述べたことも記されており、受洗したのか否かについては不明であるものの、キリシタンに親しみ、その教えを理解していたと考えることは可能であろう。

ところで、「日本文化との交渉上注目すべきものに茶道がある」と指摘した海老沢有道氏は次のように述べている。

茶のたしなみの重要性を認め、とくにヴァリニャーノはその手引きまで与えており（中略）ロドリーゲスも茶道を詳しく解説している（中略）高山右近・織田有楽斎・蒲生氏郷らキリシタン大名をはじめ（中略）その他キリシタン茶人として武家や町人ら数多くの人々を見出す。これら茶道の神髄を把握した人々が、キリシタン信仰にも熱心な代表的人物であることに、両者間の思想的・精神的融合の可能性が示されている。（中略）そこにおける和敬静《ママ》寂の精神、象徴的作法、そして宗教的一如の世界は、当時最も宗教的意識の強かったキリシタンの、最もよく徹し得たところであったろう。

（海老沢　一九七〇）

ここでの「手引き」とは、前掲の『日本の習俗と気質に関する注意と序言』のことである。

そもそもザビエルは、日本に先立ち展開されたインドへの宣教方法――いわゆる強制的な集団改宗――では実のある成果を得られないことを学んだ結果、今後の海外宣教に際し、「外国人宣教師による現地言語の習得が不可欠であり、さらにこの言語を用いて、社会、文化、宗教を正しく理解することが必要」と考えた（岸野　一九九八）。そして、その後、日本を訪れたヴァリニャーノは、日本の習慣や文化がヨーロッパのそれとはまったく異なっていることを認識すると、ヨーロッパでのさまざまな規則が日本には合わないことをローマのイエズス会本部に訴え、全面的に日本の文化・習俗への適応と同化の方針を採ることを決定したのである。在日イエズス会の茶の湯重視の方針というのは、まさにこの、「適応主義方策」と呼ばれるものの一つであった。

ヴァリニャーノは当時、武士から町人階級に至るまで広く嗜まれていた茶の湯こそが宣教活動の媒介的役割をなすと考えるに至った。なお、留意すべきは、ここでいう適応主義は単なる日本の流行文化への迎合ではなく、茶の湯にはキリスト教との親近性があるとイエズス会が認識していたということである。

ロドリーゲスの報告には、右近の揺るぎない信仰について以下のような記述がのこされている。

高山ジュスト（中略）は、この芸道で日本における第一人者であり、そのように厚く尊敬されていて、「この道に身を投じてその目的を真実に貫く者には、数寄（茶の湯のこと）が道徳と隠遁のために大きな助けとなることがわかった」とよくいっていたが、われわれもそれを時折彼から聞いたのである。それ故、デウスにすがるために一つの肖像をかの小家に置いて、そこに閉じこもったが、そこでは、彼の身につけていた習慣によって、「デウスにすがるために落着いて隠遁することができた」と語っていた。このことから、数寄について、日本人が何故にあれほどに尊重するかという理由と、国内において習慣なりさらに儀礼上の歓待のことなりの上に及ぼしている数寄の効能とが十分に理解されるであろう。

（ロドリーゲス　一九六七）

ロドリーゲスは右近と特に親しい関係にあったイエズス会士であったが、後に領国を奪われ、マニラに追放されてさえも、自らの篤い信仰を棄てることのなかった右近の態度に、茶の湯を通して培ったことが大きな助けとなったと述べた心情を、「効能」と表現したのであろう。

右近にとって茶室というものが「祈りの場」であったことは確かなことであり、「武士としての生き方と茶の湯の精神とが、キリシタンとしての道を求める精神とうまく嚙み合っていた」と指摘する五野井隆史氏は「茶の湯の世界と同じように、武士の世界には、武士のもののふの道、すなわち、武士道というもの」があり、「鎌倉時代にさかのぼる質実剛健を旨とする武士の生き方」や「禅的な精神に淵源をもつ茶の湯の精神」が、「キリスト教が包摂する求道の精神」とに重なり合うところがあったと論じている（五野井 二〇〇三）。

そして右近の茶の湯に対する考え方として次のような見解を示している。すなわち「つねに有力武将の庇護を求めて戦国の世を生き延びてきた」右近にとって、当時の「政治的圧迫と軋轢から逃れて自らを癒し自由になることのできる世界」がキリスト教の「祈りと茶の湯の世界しかなかった」のではないか、というのである（五野井 二〇〇三）。そうだとすれば、流転の日々に対する刹那的な感情を抱いていた氏郷もまた、キリシタンとなることで、しがらみからの解放を願っていたのであろうか。氏郷が詠んだ歌を想起するなら、当時の時代状況において翻弄される我が身の悲哀を痛切に感じ、そこからの脱却をまったく考えていなかったとは思えないのである。

氏郷が利休七哲の筆頭（一番弟子）に位置づけられることはすでに述べたが、残る六人とは右近、牧村長兵衛、細川忠興、芝山監物《けんもつ》、瀬田掃部《かもん》、古田織部を指す。このうち細川と古田以外は洗礼を受けており、実に七哲のうち五人までもがキリシタンであった。また他にも利休の弟子の中からは曲直瀬道三《まなせどうさん》や黒田孝高（官兵衛）といったキリシタンが輩出されている。道三とは氏郷が晩年病に臥した際、治療を施した医師で、李・朱医学を学び、それを体系化したことにより近世医学の祖と評された人物である。そのため彼の受洗は「筑前殿（秀吉）がキリシタンになったとしても、道三の改宗の方が重要」であり「一万人の改宗よりキリシタンの信用にとっては重要である」と都で騒ぎになったことがフロイスの書簡に確認できる（松田 一九九四）。このとき道三は、イエズス会士から「徳と公平の教義」を聞き、納得した上でキリシタンになったと述べている。このことからは彼の受洗動機が単なる西洋医学の知識・技術への関心のみならず、むしろ道徳性や公平性といったキリスト教の倫理観にあったことが窺えるのであり、いわばこうした精神性がキリスト教への接近を促したのだとすれば茶人の中から何人ものキリシタンが登場したことも決して偶然ではないだろう。

氏郷の死後、蒲生家が断絶に至ってしまったのは、彼の実子が皆いずれも早世してしまったためであるとの見方がある。それが正しいか否かはさておいても、氏郷が当時としてはきわめて珍しくも終生側室を置くことがなかったのは事実である。その考えは生来のものであるからキリスト教の影響を受けての態度というわけではないのだが、一夫多妻については、矯風《きょうふう》活動にも力をそそいだイエズス会が日本の悪しき習慣の一つとして正そうと努めたし、そうしたキリスト教的倫理が、氏郷の心に抵抗なく受け入れられたことは間違いない。

おわりに

氏郷が辞世の歌として詠んだ「かぎりあれば吹かねど花は散るものを心みじかの春の山風」について、かつて幸田露伴は、この歌を「誰しも感歎するが実に幽婉雅麗で、時や祐けず、天吾を亡なう、英雄志を抱いて黄泉に入る悲涼惨凄の威を如何にも美わしく詠じ出した」ものと評釈した上で、「三百年後の人をして猶涙珠を弾ぜしむるに足る」と述べている（幸田 一九八八）。

露伴は多くの作品をのこしたが、日本の古典や漢文学にも精通していた彼は小説以外にも、随筆や史伝などを執筆している。その史伝の一つが、大正十四年九月、『改造』に発表された「蒲生氏郷」である。篠田一士氏は、この作品について次のように述べている。蒲生氏郷という「この稀有な器量人が存分にその力を発揮しないうちに、死を迎えなくてはならなかった運命」に対し、露伴自身が「心から愛惜の念」をいだきつづけたのではないかと（幸田　一九八八）。

確かにこの歌は、氏郷の死から四百年以上経った現代に生きる私たちの心にひびき、戦国の世の無常と儚さを伝えているのではないだろうか。

〈参考文献〉

池内昭一『蒲生氏郷』（新人物往来社、一九八六）
今村義孝『蒲生氏郷』（吉川弘文館、二〇一五）
アレシャンドゥロ・ヴァリニャーノ著　矢沢利彦・筒井砂訳『日本イエズス会士礼法指針』（キリシタン文化研究会、一九七〇）
海老沢有道『キリシタン書・排耶書』（岩波書店、一九七〇）
門脇佳吉訳・解説『霊操』（岩波書店、一九九五）
岸野　久『ザビエルと日本―キリシタン開教期の研究』（吉川弘文館、一九九八）
倉澤行洋『東洋と西洋―世界観・茶道観・藝術観』（東方出版、一九九二）
幸田露伴『露伴小説』五（岩波書店、一九八八）
五野井隆史『日本キリシタン史の研究』（吉川弘文館、二〇〇二）
五野井隆史『大航海時代と日本』（渡辺出版、二〇〇三）
佐久間　正訳「一五九六年度イエズス会日本年報」（キリシタン文化研究会編『キリシタン研究』二九、吉川弘文館、一九八〇）
ミカエル・シュタイシェン著　吉田小五郎訳『切支丹大名記』（大岡山書店、一九三〇）
スムットニー祐美『茶の湯とイエズス会宣教師―中世の異文化交流』（思文閣出版、二〇一六）

フーベルト・チースリク「茶道とキリシタンの出会い」（『キリシタン文化研究会会報』キリシタン文化研究会、一九七五）
中西裕樹編『高山右近―キリシタン大名への新視点』（宮帯出版社、二〇一四）
西村 貞『キリシタンと茶道』（全国書房、一九四八）
藤田達生『蒲生氏郷』（ミネルヴァ書房、二〇一二）
ルイス・フロイス著 松田毅一・川崎桃太訳『フロイス日本史』第五巻（中央公論社、一九九二）
ルイス・フロイス著 松田毅一・川崎桃太訳『完訳フロイス日本史』第四巻（中央公論新社、二〇〇〇）
松田毅一監訳 家入敏光訳『十六・七世紀イエズス会日本報告集』第Ⅰ期第1巻（同朋舎出版、一九八七a）
松田毅一監訳 家入敏光訳『十六・七世紀イエズス会日本報告集』第Ⅰ期第2巻（同朋舎出版、一九八七b）
松田毅一監訳 有水博訳『十六・七世紀イエズス会日本報告集』第Ⅲ期第7巻（同朋舎出版、一九九四）
結城了悟『キリシタンになった大名』（聖母の騎士社、一九九九）
ヨハネス・ラウレス『きりしたん大名』（弘文堂書房、一九四八）
ジョアン・ロドリーゲス著 江馬務訳注『日本教会史』上下（岩波書店、一九六七）

黒田孝高

中野 等

一、黒田官兵衛尉孝高の受洗

「官兵衛」の名で知られる黒田孝高（官途は勘解由次官《かげゆのすけ》、入道後は「如水軒円清」などと称する）は天文十五年（一五四六）に播磨で生まれる。父は播磨御着の小寺家で家老を勤めた職隆《もとたか》（美濃守）、母は明石氏とされる。職隆は主家である「小寺」の苗字を許されており、これに従って、若年の官兵衛尉孝高も「小寺官兵衛尉」と称していた。天正五年（一五七七）十月以降、孝高は織田家の部将羽柴秀吉のもとで播磨経略に従うこととなる。ところが、天正六年（一五七八）二月に三木城の別所長治が信長に謀反し、さらに十一月には摂津有岡城の荒木村重が叛旗をひるがえす。孝高は村重に翻意をうながすため単身有岡城に乗り込むが、説諭には失敗し城内に閉じ込められてしまう。幽閉は翌七年十月の有岡城落城まで続く。孝高の前半生において、極めて過酷・悲惨な出来事であり、その内面に与えた影響も計り知れないものがあったと推量される。

天正八年（一五八〇）二月、織田家を裏切っていた小寺政職が出奔したため、主家たる御着小寺家は没落する。こののち、職隆（法名は宗円）・孝高ともに小寺の苗字を廃して黒田の苗字に復したと考えられる。黒田父子は織田家に属し、天正八年九月に孝高は秀吉から播磨国揖東《いとう》郡内で一万石の知行を与えられる。その後、秀吉はさらに西漸《せいぜん》して毛利領を侵し、孝高は蜂須賀正勝らとともに諸将の調略や毛利家との交渉役を勤めることとなる。

天正十年（一五八二）六月の本能寺の変に際し、秀吉が速やかに軍を返して明智光秀を討ち果たすことになるが、大前提となる毛利家との和睦も孝高の働きに負うところが大きかったようである。そののち進められる秀吉の国内統一においても、毛利家との交渉は孝高に課せられた重要な任務となる。懸案たる境界確定などの課題について、孝高は小早川隆景・安国寺《あんこくじ》恵瓊《えけい》・林就長《なりなが》などを相手取って粘り強く交渉を続ける。

また、天正十三年（一五八五）頃から孝高は上方における茶の湯の世界に登場する。確実な事例と考えられるのが、この年正月十六日に津田宗及《そうぎゅう》が開いた茶会であり、孝高はここに蜂須賀家政（小六正勝の嫡子、初名は一茂）、大文字屋栄清とともに参会している[1]。五月には四国平定戦が開始される。秀長・秀次ら豊臣勢の主力は淡路経由で阿波へ、毛利勢は伊予への侵攻を行うが、孝高は宇喜多秀家や蜂須賀正勝らとともに讃岐に上陸する。四国上陸後の孝高は、秀長の指示を受けて蜂須賀正勝と行動を共にし、各地を転戦する。七月長宗我部元親の降伏によって四国平定戦が終わるが、八月には父職隆が没する。孝高が洗礼を受けたのはまさにこうした時期であった。すなわち、ルイス・フロイスやグレゴリオ・デ・セスペデスの書簡に従うと、官兵衛尉孝高の洗礼は天正十三年（一五八五）のこととされる。洗礼名はドン・シメオン（表記はシメアンとも）である。この年、孝高は四十歳になっていた。八月二十七日付のフロイスの書簡には次のように記されている。

黒田孝高像（部分・円清寺 蔵）

今回洗礼を受けた者の中に、羽柴筑前殿の顧問の一人で、非常に人柄の良い人がいる。そのことでも皆から少なからず尊重され、この人によって、羽柴と山口の国の間の和平が成立した。この人は（高山）ジュスト右近殿が津の国で持っているのと同様の大きな勢力を播磨の国で持っており、部下をキリシタンにするだけでなく、筑前殿の顧問、および彼を父のように思っている備前の国の大身たちを説き伏せようと決心している。水軍司令官アゴスチイノ（小西行長）が、この人を動かし、網にかけたのであるが、ジュスト右近殿と日野の蒲生（氏郷）殿が、彼を洗礼に導いた(2)。

この書簡にはその名こそ見えないが、播磨国に勢力を有し秀吉と毛利家（山口の国）との間の和平に尽くした人物とあることから、受洗したのが官兵衛尉孝高であることは間違いない。これによると、小西行長が受洗の切っ掛けをつくり、実際に孝高を洗礼に導いたのは高山右近と蒲生氏郷であった(3)。

細かなことは分かっていないが、四国平定戦で小西行長も孝高らと行動を共にした可能性が高く、両者の関わりはこのあたりに始まるのかもしれない。さらに、蒲生氏郷と高山右近はともに千宗易（利休）の高弟として知られており、当時のキリシタンの人脈と茶人ネットワークが密接に関わっていたことを示唆している。一五八六年（天正十四）十月十七日のフロイス書簡には「この人（孝高）は大坂の御殿に居る間、数回副管区長を訪問し、教会のためにできることがあれば、何なりと助力しようと申し出ていた(4)」とあり、洗礼を受けたのちの孝高がイエズス会のため積極的な助力を申し出ていたことが分かる。

天正十四年四月、島津家の攻勢を前に、独力で抗しきれなくなった豊後の大友宗麟が秀吉に救援を哀願する。これをうけて、秀吉は四国の諸将や毛利勢を九州に差し向ける。当時は未だ徳川家の帰趨も明らかではなく、秀吉自らが京・大坂を離れることもできなかった。当面、島津方との戦闘は毛利一門と四国勢に委ねられ、秀吉が自らの代理として毛利家に遣わしたのが黒田孝高である。この年のはじめに、孝高は従五位下勘解由次官に叙任されたようであるが、この後も史料には「官兵衛」として登場することが多い。

ルイス・フロイスは孝高と毛利家の関係について、「この偉大な武将は、先年、天下人関白殿と山口の国々の領主毛利殿との間の和平交渉を仲介したため、毛利殿とその叔父から高く評価され、愛されており、また今回は天下人より大きな権限を持って派遣されて来ているので、毛利殿の兵はこの戦さで、彼（孝高）に仕えることになっていて、彼は山口の国主に対し望むことは何でも、上から下まで命令することができた」と述べている(5)。合戦の推移を述べることは控えるが、「今は大いなる権威と権力を持っているので、これを改宗のために利用しないで時を過ごすことを望まず、様々な殿と武士たちに、我が聖教について語り、教理の説教を聴くように説得し始めた。それを一生懸命おこなったので、多くの人を説得し、その人たちが改宗し(6)」と、孝高がこの陣中で盛んにキリスト教の教理を説いて、多くの者を改宗させたとされる。フロイスが「殿」と称した大名クラスの武家としては、大友義統（宗麟の子、のち秀吉の偏諱を受け吉統）や小早川秀包《ひでかね》（毛利元就の末子で、実兄小早川隆景の養子）らの改宗が確認される。また、この頃には孝高の嫡子長政も洗礼を受けている。長政の改宗に対する孝高の立場は「息子が自分自身の掟に従うことであり、息子に何か強制するつもりはないが、説教を聴き、心が動かされれば、キリシタンになってほしいと言った(7)」と伝えられている。

二、「伴天連追放令」とその影響

九州在陣中に秀吉は天正十五年六月十九日付でいわゆる「伴天連追放令」を発している（『松浦家文書』）。また、これと内容的に重複する秀吉発給の「覚」が前日（同年六月十八日）付の写しというかたちで存在する（伊勢神宮蔵『御師職古文書』）。国内のキリシタンは、かねてから寺社の破壊や強制改宗などの行動が非難の対象となっており、秀吉はイエズス会に対して一定の条件を提示し、これに服して国内の諸勢力と協調するよう妥協勧告を行ってきた。しかしながら、イエズス会がこれを拒否したため、その制裁として秀吉はイエズス会宣教師の国外追放を命じたのである(8)。

これに前後して、秀吉はキリシタンとなっていた大名にも棄教を迫る。これに応じなかった高山右近は居城播磨明石城を没収されて追放される。孝高も秀吉の不興をかうものの、その功績の故にか棄教を求められることはなかったという。ルイス・フロイスは書簡のなかで、この間の事情を次のように述べている。

小寺官兵衛殿は、前に述べた通り今はほとんど豊前一国を領する領主であったが、彼も少なからぬ強さと価値を示した。というのは関白殿は彼に転向を迫らなかったが、彼について種々の批判をし、キリシタンになったので、関白殿が胸の中で決めていた国は授けなかったと言った。それにもかかわらず、常に強く信仰固く、もしそのキリシタン信仰に少しでも弱さを示したら、関白殿は以前決めていた所を与えたであろう。というのも、関白殿は彼がキリシタンになったことについて非常な悪口を述べ、彼にきつく、きびしく当たっていたが、他方官兵衛殿が今回の戦さで大いに働き、彼のために功績を上げたことを認めていた。今はキリシタンであるため彼を好みはしなかったが、彼に与えていた所領はそのままにしていた。このすべての過程において官兵衛殿は、信仰については心が堅固で、司祭たちと話し、度々書状を出し、そのなすべきことについて様々な助言をし、キリシタン宗門のために死ぬ用意があることを示した(9)。

九州平定後の「国分け」の結果、黒田孝高には豊前国内の京都《みやこ》・築城・上毛・下毛・仲津・宇佐の六郡が与えられる。ちなみに残る豊前の規矩《きく》（企救《きく》とも）・田川（田河とも）両郡は秀吉古参の家人であった毛利吉成（実名はのちに勝信）に与えられた。ここに至る過程で孝高には筑前国が与えられる可能性もあったようだが、[10]結果的には上記のような結論に落ち着く。秀吉は孝高がキリシタンであったため、「胸の中で決めていた国」を領知させなかったとあるが、これが筑前国をさすのか、あるいはまた別の地域であるのかは詳らかにできない。孝高が与えられた領地をどう考えるかについても評価は分かれるところではあろうが、これまでも関わりの深かった毛利家が山陰・山陽に領国をもつことを考えると、豊前国のもつ枢要性はきわめて大きいといえよう。また、紹介したフロイス書簡の末尾に見えるように、孝高はイエズス会に対する強力な支援を表明し、宗門のためには生命すら惜しまないと並々ならぬ決意を示している。高山右近の追放をうけ、孝高が国内のキリスト教勢力の中核に位置付けられたともいえよう。

詳細は不明ながら、程なく孝高は秀吉の信頼を回復したようである。日本副管区長ガスパル・コエリュは「一五八八年度日本年報」のなかで次のように述べている。

これら西国の九ヵ国の大部分はキリシタンの領主の手中にある。豊前では行なうべきことはきわめて僅かであろう。我らはここにきわめて偉大な柱石および大規模なキリシタン宗団をもっているからである。（中略）豊前の国はシメアン官兵衛殿（黒田孝高）の領地で、彼は熱烈なキリシタンである。今、彼はいささかも信仰を変質させることなく、自らが、昔、関白殿から得ていたと同様の寵愛と優遇を回復している。しかも、関白殿からキリシタンのことをとやかく言われてはいない。[11]

コエリュは孝高を「きわめて偉大な柱石」と評し、彼の庇護によって豊前のキリシタン宗団が殷賑《いんしん》を極めていることが述べられる。この年孝高は副管区長ガスパル・コエリュを長崎に訪ね、「伴天連追放令」への対応策について談合をもっている。

小寺(黒田)シメアン官兵衛殿もまた定航船を見物するという口実でもって副管区長師を訪ねて来た。彼は副管区長師にすばらしい贈り物と、百クルザード以上の価値があろうかと思われる銀の延べ棒を贈った。彼は我らのことに対して、言い尽くせぬほどの熱い想いと愛着を示した上で、さらに大きな改宗が日本で起こることを私はデウスにおいて期待していると言った。彼はこの迫害への対応策と、このキリシタン宗団の利益について、さまざまなことを副管区長師と協議したあと、自らの豊前の国に帰った。彼はこれまたキリシタンである自分の息子に豊前の国を委ね、関白殿の招喚によって政庁に赴いた。そして、彼は従来に倍する関白殿の信頼と寵愛をほしいままにしている。(12)

あくまで、イエズス会のガスパル・コエリュの観察であるが、孝高が秀吉の信頼を回復した様子が看取される。

天正十七年(一五八九)五月、孝高は家督を嫡子吉兵衛尉長政(家督継承の前後に従五位下甲斐守に叙任される)に譲る。既述のように長政も入信してはいたが(洗礼名はダミアン)、伝統的な官位制に依拠する豊臣政権にとって朝廷・公家衆の存在は極めて重要であり、その局面においてキリシタンであることは決して有利に働かない。さらに、孝高の家督移譲によって豊前中津黒田家はある種の「二頭体制」に移行、領国支配を長政と分掌《ぶんしょう》することで、孝高は秀吉に近侍し得る環境を拡充する。京にいる間、孝高はキリシタンの保護にも腐心したようである。日本副管区長コエリュの「一五八九年度日本年報」には、次のようにある。

ジュスト右近殿やその他のキリシタン諸侯の追放後、都では我らの教会や修道院はことごとく焼き払われてしまったが、それでも主の特別の御加護によって同地に踏み留まったキリシタンたちは、聖なる信仰を堅持し続けた。このことについては、単にキリシタン諸侯のみならず、異教徒で、しかも彼らを庇護することによって、関白殿が召し抱えている腹心の諸侯たち幾人かの好意が、かなり重きをなしている。しかし、こうしたことで、どんな時も人一倍好意を示しているのは、シメアン官兵衛殿である。そうしたわけで、あえてキリシタンに迷惑をかけようとする者は一人もいない[13]。

高山右近らの追放後、京にあった教会や修道院は悉く破却されたようだが、それにもかかわらず洛内には多くのキリシタンが残った。彼らは秀吉腹心の家臣たちによって保護されていたが、とりわけ孝高の存在感は絶大であった。秀吉の信頼を取り戻した孝高が洛中のキリシタンを庇護したので、かれらを迫害しようとする者もいなかったとある。

孝高は家督の移譲によって秀吉の帷幄《いあく》を離れたわけではなく、天正十八年の北条攻めにも従い、滝川雄利とともに小田原城の開城交渉に当たっている。よく知られているように、交渉成立の礼として、孝高は北条家から『吾妻鏡』、「日光一文字」の太刀、「北条白貝」の法螺貝《ほらがい》などを贈られている。

図1　黒田孝高ローマ字印「Simeon IOSUI」
（黒田如水書状より）

三、朝鮮出兵と失意の孝高

九州平定に際して、秀吉は筑前箱崎に出仕してきた宗義調《よししげ》・義智《よしとし》に対して対馬の領知安堵を認めるが、その前提として朝鮮国王の来日と参洛を求めた。朝鮮王朝に対する服属要求に続けて、秀吉は琉球中山王に日本への来貢を促す。国内統一の途上から秀吉は国際秩序の再編を企図しており、こうした目論見がイエズス会に対する姿勢にも反映されているようである。たとえば、ルイス・フロイスの手になるイエズス会の一五九一・九二年度日本年報には次のような記述がある。天正十九年巡察師ヴァリニャーノは上洛する途次、播磨の室津で足止めを食うことになる。ヴァリニャーノの迎接は浅野長吉（弾正少弼、のちに実名は長政）が担当することになっていたが、秀吉の周辺では次第にこれを忌避する傾向が顕著になってきた。結局、一行は室津で越年することとなる。

室において（中略）オルガンティーノ師は都から日々悪い報せを届けた。オルガンティーノ師が上洛したのは、巡察師が使節として謁見する手続きのためであったが、関白殿は（巡察師の）上洛を希望していないのみか、不快の意向を漏らしている様子がしるされていたからである。ある日、（黒田）官兵衛殿が、我ら（使節一行）のためを思って発言すると、関白殿は次のように言って咎めた。「汝は（性懲りもなく）伴天連どものことを話すのか、汝がキリシタンであり、伴天連らに愛情を抱いておったため、予は汝に与えようと最初考えていたより低い身分にしたことを汝は心得ぬか」と。こう言って関白殿は（黒田）官兵衛殿の口を封じたので、その後官兵衛殿は我らのことを関白殿の前であえて言うことができなかった。

にもかかわらず、我らに対する愛情から、官兵衛殿は我らの用件を遂行するために別の手段を講じた。ついに、（官兵衛殿は）増田右衛門と呼ぶ異教徒の殿に頼んだところ、殿はただちに決意のほどを示し、（巡察）師の一行のことを関白殿に進言した。そこではじめて関白殿は、（巡察）師（一行）が伺候するのに同意したが、それはただインド副王の使節としてであった(14)。

関東・奥羽平定を終えた秀吉はポルトガルのインド副王に充てて書簡を発し、戦国乱世を収束させたみずからの功績を誇示し、明への派兵について説き、さらにフィリピン政庁に対しても服属・入貢要求を行う。日本における覇権を確立した秀吉は、キリシタンを擁護する孝高に対して再び嫌悪感を露わにした。この一件は、その後孝高が沈黙を守ったため、両者が決裂するといった事態には至らなかったようである。孝高の配慮で巡察師一行は大坂に上陸するが、こうした使節も宗教上のものというより、政治的な服属の使節として読み替えられていったようである。

いずれにしろ、孝高の秀吉への近侍は継続する。天正二十＝文禄元年（一五九二）からはじまる文禄の役において黒田長政は豊後大友勢とともに第三軍に組織され、四月十七日、朝鮮半島の釜山に至り、ついで海路竹島海口に展開して金海に上陸、直ちに金海府城を攻略。その後は西に進んで昌原を落とし、ここから北上して星州を経て、五月上旬漢城（現在のソウル）に入城。その後、六月中旬には平壌に入城し、さらに海州に転じて大友勢ともども黄海道地域の経略を担当する。一方の孝高も、渡海時期は不明ながら、上陸から間もなく毛利輝元・小早川隆景らと同道する。この時期、釜山から漢城に至る経路で渡海を予定する秀吉のための御座所普請が進められており、輝元や隆景はこれに当たった。したがって、孝高もこれに関わった可能性が高い。朝鮮で病を得た孝高は一時日本に帰還するが、十月末には名護屋へ再下向する秀吉に筑前垣生（現・

中間市）で合流・拝謁し、前後して名護屋城へ戻った。

文禄二年には再び朝鮮への渡海を命じられる。孝高は退勢挽回を期した戦線の再構築を命じられたようである。孝高は二月中旬に朝鮮へ再渡海するが、作戦を相談するため秀吉の裁可を得ぬまま名護屋に戻ってくる。ところが、この行為が秀吉の逆鱗《げきりん》に触れ、軍令違反と糾弾されることとなる。孝高は秀吉への拝謁も許されないまま朝鮮に戻り、長政の拠る機張《キジャン》城に赴く。秀吉の孝高に対する怒りは容易には解けず、死を覚悟した孝高は長政に対し文禄二年八月九日付で「遺言」ともいうべき内容の覚書を与えた[15]。一連の動きを報じたフロイスの『日本史』は、次のように記事を載せている。

（老）関白は朝鮮に使者を派遣し、（黒田）官兵衛殿がその武将たちをもって赤国（全羅道）を攻略し、ついで越冬のための城塞工事に着手するように、と命令した。だが、朝鮮にいる（武将たち）の間では、まず城塞を構築し、それを終えた後に上記の国（赤国・全羅道）の（攻略に）赴くべきであるとの見解が有力であったので、彼らは（黒田）官兵衛殿を、他の重臣とともに、（老）関白の許に派遣して、その意向を伝えることにした。朝鮮にいる武将たちのこの回答と意見は、大いに（老）関白の不興を買った。彼は、少なくとも（赤国・全羅道）を一度攻撃した後に、使者を寄こすべきであったと言い、彼らを卑怯者と呼んだ。なおまた、（黒田）官兵衛殿に対して激昂し、彼を引見しようとせず、その封禄と屋敷を没収した。

官兵衛殿は剃髪し、予の権力、武勲、領地および多年にわたって戦争で獲得した功績、それらすべては今や水泡が消え去るように去って行ったと言いながら、如水すなわち水の如し、と自ら名乗った。かくて彼は息子（黒田長政）がいる朝鮮に戻るのが最良の道であると考えて、その地に帰って行った。彼は（老）

関白に謁し得ることを望んでいたが、それはなんら彼の寵愛を得んとしたからではなかった。なぜなら彼（自身）は、もはやすでに年老い、息子の所領である豊前国に隠居し、救霊のことに専念したいと（かねがね）願っていたのである。[16]

記事にある通り孝高は文禄二年八月上旬までに剃髪し、それまでの実名「孝高」に代えて、「如水斎円清」あるいは「如水軒円清」を名乗りはじめる。キリシタンである孝高に自決（切腹）は許されなかったのであり、剃髪・入道は進退窮まったと観念した孝高による自死と同等に重い決断であったと考えてよかろう。ある種の脅迫観念によるものか、その後の孝高は体調を崩し、閏九月の下旬から腫《は》れ物《もの》を患う。十月中旬には快癒するようだが、さらに十一月中旬には腹痛に悩む。十二月に入ると腫れ物が再発する。その後、腹痛は少し軽くなるようだが、三年になると病状はさらに悪化して、孝高も一時は死を覚悟する。二月に入ると病症は少々軽くなったが、三月に入っても快癒には至っていない。結果的には半年以上も病に苦しみつづけることになる。[17]孝高の病状を案じた関白秀次は医師済庵を朝鮮に派遣し、日本への帰還を促しているが、その後も機張に留まっているようである。

秀吉は文禄三年八月十日付長政充の朱印状で、孝高は本来なら「成敗」されるべきであるが、そうなると息子長政の奉公にも支障が生じるであろうから助命することに決したと、告げている。[18]こうして孝高はようやく赦免されることとなり、日本へ戻った後秀吉への拝謁を許されることとなる。すなわち、フロイスの手になる一五九六年度の「年報補遺」には、次のような記事があり、秀吉と孝高の関係修復を確認することができる。

（太閤秀吉）は豊前の国主（黒田）甲斐守（長政）をも呼んで、こう言った。「予は（汝）自身に免じて、父（黒田）官兵衛（孝高）殿を赦す。予は彼の顔を見たいので、会えるよう計らって欲しい。彼を豊前の国の支配者にしよう。(19)

しかしながら、文禄四年（一五九五）七月には篤い親交のあった関白秀次が失脚して自害し、翌年にはサン・フェリペ号事件がおきる。こうしたなか、一応身上を回復した孝高は続く慶長の役でも朝鮮半島に渡海する。ところが、この戦いで孝高は次男熊之助を失う。熊之助は元服前であったが、慶長二年（一五九七）朝鮮半島へ向かう途中で乗っていた船が沈没し、水死してしまったのである。さらに、慶長の役の終盤には長政が蜂須賀家政とともに目付衆から糾弾される。蔚山籠城戦後の戦いぶりに卑怯があったというのである。その報《しら》せを信じた秀吉は激怒して、帰国した両名に拝謁すら許さなかった。こうしてみてくると、朝鮮出兵期の孝高はまさに苦難続きであったといえよう。

救いのない艱難《かんなん》辛苦のなか、孝高から熱心な信仰心は徐々に失われていく。フェルナン・ゲレイロの『日本諸国記』は、朝鮮出兵から帰還したのちの孝高と息子長政の様子に関して次のような記事を載せている。

父（官兵衛孝高）は憚ることなく、多数のキリシタンとともにミサや説教に耳を傾け、司祭や教会の諸事には欠かさず慈愛をもって恩恵を施し、常にキリシタンとして振る舞っていたが、時が経つにつれて悪魔は父からそのような献身的な信仰を奪おうと、能うかぎりのことをし始めた。しかしながら、彼自身が救霊の諸事にやや冷淡になっており、彼の息子（長政）も当然のことながら、キリシタン宗団に好意を示さないことを誰もが知っていたために、彼自らが望んで司祭を傍らに置いていたので、彼を介して、当初はその地で多くの成果が期待されていたが、今日までそれは得られなかった。しかし、国主シメアンの弟である惣右衛門(直之)殿の六百人を超える大半の家臣が洗礼を受けた。彼は優れたキリシタンであり、豊前の全キリシタン宗団の柱となっているが、兄弟ともども司祭のために同地に修道院と教会を建てた。[20]

孝高は以前ほど熱心な信者ではなくなり、九州平定の直後に洗礼を受けた長政もすでにキリスト教への関心は無くなってしまったようである。孝高に代わって末弟の惣右衛門直之(図書助)が、宗団を支えているようである。こうした情報に基づいて巡察師ヴァリニャーノは孝高に書簡を発し、孝高の信仰心が希薄となってしまったことを責め、豊前の黒田領国にいた司祭をそこから退去させると告げた。イエズス会側の強行な姿勢に孝高は周章狼狽《ろうばい》し、宗門に対し冷淡であった自らの態度を後悔したといわれている。しかしながら、この頃の孝高はある種厭世観《えんせいかん》のようなものに苛《さいな》まれていた可能性もあり、どの程度までその信仰心を回復させたのかは定かではない。

四、関ヶ原の戦いと晩年の孝高

慶長三年(一五九八)八月に秀吉が没すると、政局は大きく動き出す。この頃、長政は正室蜂須賀氏(小六正勝の女)を離縁し、保科正直の女を新たな妻として迎える。正直の正室久松氏は家康の異父妹であり、家康は実の姪を養女に迎えて長政に嫁がせた。黒田・蜂須賀の両家は、蔚山合戦後の「卑怯」な振る舞いによって糾弾され、これによって両家の関係が緊張したのも離縁の一因と考えられる。さらに、長政を糾弾した目付福原長堯・熊谷直盛が石田三成と親しかったこともあり、秀吉の没後長政は急速に家康に接近する。それはともかくとして、カトリックが離婚を禁じていることを考えると、この頃にはすでに長政が棄教していたとみなすべきであろう。

大名間の勝手な婚姻は秀吉の遺言によって厳に禁じられていた。前田利家や石田三成らの豊臣家奉行衆が家康を糾弾した際、家康に味方するため徳川邸に参じた諸将の名が『家忠日記増補追加』[21]に見えるが、ここには長政ともども孝高（如水）も見えており、黒田家としてはかなり早くから父子揃って家康寄りの立場であったことが分かる。長政は家康の上杉討伐に従い、そのまま関ヶ原の戦いには徳川方として臨む。

一方の孝高は慶長四年（一五九九）の秋以降に国許である豊前中津に下向し、そこで越年し九州の地で「関ヶ原」を戦うこととなる。慶長五年七月石田三成らの挙兵をうけ、孝高は肥後熊本の加藤清正と連携しつつ、豊後杵築の細川領（当時、細川忠興の本領は丹後）を護る松井康行・有吉立之（細川家家老、杵築領の留守居）を支えようと陣容を整えつつあった。こうしたなか、豊後の旧主であった大友吉統（義統、宗麟の子）が「西軍」に与して豊後に上陸する。黒田・細川勢と大友勢は九月十三日に豊後の石垣原で激突。敗れた大友吉統が将兵の命と引き替えに降伏を申し出たので、孝高は吉統を中津へ連行した。かつて吉統を洗礼に導いたのは孝高であった。バレンティン・カルヴァーリュの「一六〇〇年度年報補遺」は「（黒田）官兵衛殿に最大の功績を期すべきことは、豊後の屋形または国主（大友吉統）が生け捕りにされた時、聖なるカトリック教会に連れ戻されるようにしたことである」[22]と、その後の吉統の動向を伝えている。

豊後北部を制圧した孝高はそののち豊前小倉を攻め、筑後の久留米・柳川と転戦し、加藤清正と合流したのち、最終的には島津領に接する肥薩国境に至る。孝高の活動はイエズス会年報や書簡の随所に見られるが、フェルナン・ゲレイロの『日本諸国記』の記述がもっとも網羅的と考えられるので、以下これを紹介する。

このたびの戦さの当初から、この国主（黒田孝高）は内府様（家康）に味方することを決意し、その全生涯の告白をし、戦さの準備をしながら、多数の家臣たちを集め、自分の兄弟で立派なキリシタンでもある惣右衛門殿とともに、キリストの十字架がついた自分たちの旗を掲げて豊後の国に侵入した。その地において、携えて行った至聖なる十字架の力によって前述の勝利を収めた。そして、絶好の折に、キリシタン宗団、および我らの司祭たちに大いに益するよう諸事において救うところがあった。というのは、まず、自分の意図を有馬と大村の殿に通じ、自ら、および日本の全キリシタン宗団のために大いに有益であるからとて、内府様に従うよう彼らを味方にさせたからである。これらキリシタンの殿たちが内府様に味方すれば、自分たちの国を維持できる以外に、司祭たちにもキリシタンたちにも、（内府様）に背くドン・アゴスチイノ（小西行長）の決意で生じた不祥事は無関係である（と言える）からであった。

このことの他、既述のようにして、ドン・シメアンとその兄弟は、筑後の国の久留米の大いなる城のことで、司祭たちやドナ・マセンシアをその子供たちとともに助け、その後休む間もなく、後述するが、宇土に監禁されていた司祭たちの解放にあたった。[23]

後半の記事について若干の補足を行っておこう。筑後久留米城の小早川秀包もやはり孝高の影響によってキリスト教入信を果たしていた。敵対したとはいえ、孝高には秀包の妻や子たちを見殺しにはできなかったのであろう。また、肥後の宇土は小西行長の居城であったため、多くの司祭・宣教師がいたと考えられる。ここは加藤清正軍の統治下にあったが、孝高は清正を根気強く説得し、教会関係者の身柄解放にも努めた。「関ヶ原」合戦に際して孝高がとった一連の軍事行動が全く宗教的な動機に基づくとは考えられない。とはいえ、期せずして敵方となった教会関係者の救援に尽力したことが分かる。美濃における主力戦がわずか一日で決着したことから、孝高の領土的野心もあえなく潰え去る。論功行賞として、戦後黒田長政には筑前国が与えられた。黒田家新封地について、バレンティン・カルヴァーリュの「一六〇〇年度年報補遺」は「筑前国の博多の市には、千名のキリシタンが居住しており、またそれと同数のキリシタンがこの領国の他の諸地域に居住しているので、我らはその保護者たちが当然キリシタン宗門に接近するであろうと期待することができる」(24)と記している。孝高は大宰府あるいは宗像郡を拠点にしつつ、領国のキリシタンへの庇護を続けたようである。

慶長九年（一六〇四）三月、孝高は伏見において客死する。享年五十九であった。孝高は死に臨んで「息子（長政）に、自分の遺体を運び、博多の教会に埋葬するようにと頼み、教会の建築のために一千クルザード以上の喜捨を残した」(25)という。晩年には禅宗への帰依や八幡信仰・天神信仰なども確認されるが、孝高は最期までキリシタンとしての信仰も持ちつづけたのであろう。

〈註〉

（1）「宗及自会記」（『茶道古典全集』第八巻、四五六頁）。なお、表記は「黒田観兵衛」とある。
（2）松田毅一監訳『十六・七世紀イエズス会日本報告集』第Ⅲ期第7巻、六五頁。
（3）同年十月三十日付のセスペデス書簡には「当八五年は大いなる収穫が集まり、受洗者の数は三千を超えたものと思う。（中略）筑前殿（豊臣秀吉）の住む大坂の市《まち》においては、我らの主が聖教のために主要な大身を多数お選びになった。そのうちもっとも重立った人は蒲生飛騨（氏郷）殿で（中略）他の一人は筑前殿の年寄衆で小寺官兵衛と称し、播磨に米六万俵の収入をもっている」とある（松田毅一監訳『十六・七世紀イエズス会日本報告集』第Ⅲ期第7巻、九九頁）。
（4）松田毅一監訳『十六・七世紀イエズス会日本報告集』第Ⅲ期第7巻、一三六頁。
（5）松田毅一監訳『十六・七世紀イエズス会日本報告集』第Ⅲ期第7巻、一六八頁。
（6）松田毅一監訳『十六・七世紀イエズス会日本報告集』第Ⅲ期第7巻、一七七頁。
（7）松田毅一監訳『十六・七世紀イエズス会日本報告集』第Ⅲ期第7巻、一七七頁。

(8)神田千里「伴天連追放令に関する一考察」(『東洋大学文学部紀要』三七、二〇一一)。
(9)松田毅一監訳『十六・七世紀イエズス会日本報告集』第Ⅲ期第7巻、二二一頁。
(10)「不動院文書」(『新修 福岡市史』資料編近世一「豊臣期資料」史料二)。
(11)松田毅一監訳『十六・七世紀イエズス会日本報告集』第Ⅰ期第1巻、一二頁。
(12)松田毅一監訳『十六・七世紀イエズス会日本報告集』第Ⅰ期第1巻、三四～三五頁。
(13)松田毅一監訳『十六・七世紀イエズス会日本報告集』第Ⅰ期第1巻、一三二頁。
(14)松田毅一監訳『十六・七世紀イエズス会日本報告集』第Ⅰ期第1巻、一二七～一二八頁。
(15)「黒田家文書」(福岡市博物館編『黒田家文書』第一巻、二〇三号)。
(16)松田毅一・川崎桃太訳『完訳フロイス日本史5 豊臣秀吉篇Ⅱ』。
(17)「駒井日記」文禄三年三月廿二日条所載、三月十五日付駒井中務少輔充如水有庵書状(藤田恒春校訂『増補 駒井日記』一四八～四九頁)。
(18)『黒田御用記』乾・毛利甚兵衛所持分(九州大学中央図書館所蔵)。
(19)松田毅一監訳『十六・七世紀イエズス会日本報告集』第Ⅰ期第2巻、三三三～二四頁。
(20)松田毅一監訳『十六・七世紀イエズス会日本報告集』第Ⅰ期第3巻、二〇九頁。
(21)国立公文書館内閣文庫蔵。
(22)松田毅一監訳『十六・七世紀イエズス会日本報告集』第Ⅰ期第3巻、三四一頁。また、同書二九六～九八頁も併せて参照のこと。
(23)松田毅一監訳『十六・七世紀イエズス会日本報告集』第Ⅰ期第3巻、二九五頁。
(24)松田毅一監訳『十六・七世紀イエズス会日本報告集』第Ⅰ期第3巻、三三四頁。
(25)松田毅一監訳『十六・七世紀イエズス会日本報告集』第Ⅰ期第4巻、二六一頁。

毛利秀包

鹿毛敏夫

一、毛利秀包と筑後久留米

カトリック久留米教会（写真1）は、福岡県久留米市にある。明治十一年（一八七八）、フランス人宣教師のミセル・ソーレ神父によって久留米での宣教が行われ、日吉町に教会、六ツ門町《むつもんまち》に医療施設「斯道院《しどういん》」が設立された。施設は昭和二十年（一九四五）の空襲で焼失したが、十年後の昭和三十年に再度六ツ門町に聖堂が建てられて今日に至ったという。

写真1 カトリック久留米教会の「天主堂」の碑（福岡県久留米市）

この久留米の地にキリスト教をもたらしたのは、毛利秀包《ひでかね》である。秀包は、永禄十年（一五六七）に安芸国高田郡吉田（現、広島県安芸高田市）で毛利元就の九男として生まれた。元亀二年（一五七一）に五歳で備後の大田英綱の跡を継いで大田元綱《おおたもとつな》を名乗り、天正七年（一五七九）には兄の小早川隆景の養子となって小早川元総《こばやかわもとふさ》、のち元包《もとかね》を名乗った。

天正十年、毛利氏は備中高松城を拠点に豊臣秀吉と戦ったが、本能寺の変を契機として和議が成立し、元包は人質として大坂の秀吉のもとに

毛利秀包像（部分・玄済寺 蔵）

写真2 久留米城の石垣と堀（福岡県久留米市）

送られた。天正十二年には小牧・長久手の戦いに豊臣家臣として出陣し、秀吉から一字を贈られて秀包と改めた。

天正十三年、人質を許されて帰国した秀包は、小早川隆景とともに秀吉の四国出兵に従軍し、金子元春が拠点とする伊予の金子城（現、愛媛県新居浜市）を攻略した戦功により、伊予国宇和郡三万五〇〇〇石を賜り、大津城（現、愛媛県大洲市）に入った。

翌天正十四年、秀吉の九州出兵軍として出陣した隆景は、その戦功によって、筑前一国と筑後・肥前の各二郡を宛行われた。隆景とともに従軍した秀包にも、筑後の三郡が宛行われ、翌天正十五年七月、秀包は久留米に入ったのである。

久留米での秀包は、九州最大の河川である筑後川に面した久留米城を本拠とした。秀包が入城する前の久留米城は、筑後国一の宮の高良《こうら》大社勢力の拠点の一つとして、高良山座《ざ》主《す》麟圭《りんけい》が居城としていた。肥前の龍造寺氏と結んだ麟圭は、対立する豊後の大友氏からの攻撃を受けながらも、天正十一年から三年間にわたって久留米城に籠城し続けたという。秀包入城以前から堅固な構造であったことを物語っているが、秀吉の国割りによって新城主となった秀包は、さらに改修を加えて、近世大名としての居城整備を実施した。

宝永六年（一七〇九）の『久留米城記』によると、城は現在蜜柑丸《みかんまる》と呼ばれる東側をもともとの大手門としていたが、本丸が手狭だったため、秀包が改築したという。また、秀吉の大坂城の一室を拝受・移築して「大坂書院」と名付けたとも記録されている。この「大坂書院」は、その四面に長谷川等伯の障壁画を配していた。現在の久留米城に残る本丸の石垣と堀（写真2）は、その後の城主となった田中・有馬氏時代の改修後の姿であり、秀包時代の城郭構造についてはこれ以上定かではない。

二、「引地の君」の入嫁

さて、二十一歳の年齢で久留米に入城した秀包は、その年に豊後の大友宗麟の七女である桂姫を妻として迎え入れた。「引地の君」と呼ばれたこの妻は、元来、大友氏から豊臣氏への人質として毛利家に預けられていたという。引地の入嫁は、永禄年間の激しい武力衝突の経緯を有する大友・毛利両家の融和を期したものと考えられよう。

秀包が久留米に入った時期には、すでに大友宗麟は没していたが、キリスト教文化開花の中心地豊後の出身である引地は、熱心なキリスト教信者であった。元亀元年（一五七〇）に生まれた引地は、豊後を訪れていたイエズス会東インド巡察師アレッサンドロ・ヴァリニャーニの影響や、乳母カタリナの信仰援助を受けて、十六歳の天正十三年に入信した。洗礼名はマセンシア。毛利秀包に嫁いだのは、その二年後のことである。

マセンシアの信仰の篤さについては、その後もいくつかのエピソードをもって語られている。天正十六年には久留米城にスペイン人宣教師のペドロ・ラモンを招いて、告解した。慶長五年（一六〇〇）、関ヶ原の戦いが始まると、マセンシアと子どもらは、敵方の黒田孝高や鍋島直茂らの軍勢に攻め込まれ、戦後は黒田家の人質となった。また、夫秀包の没後には、毛利家の当主輝元から棄教を強く求められたが、従うことはなかったという。逆に、宣教師の来訪を容認するよう輝元に進言したとされ、輝元はマセンシアの信仰を黙認するしかなかったらしい。マセンシアは慶安元年（一六四八）に七十九歳で没した。墓は、毛利家の保護を受けた神上寺《じんじょうじ》（山口県下関市豊田町）に祀られている。

一方、秀包がキリスト教に入信した経緯とその時期については定かではないが、前述のような妻引地（マセンシア）の篤い信仰心に強い影響を受けたであろうことは間違いない。秀包の洗礼名はシモン（シメオン）、そして、秀包・引地夫妻の嫡男として家督を継いだ毛利元鎮《もとしげ》はフランシスコである。

三、久留米での布教活動

久留米城主毛利秀包・引地夫婦の保護のもと、久留米とその周辺地域でのキリスト教布教が進められた。天正十六年、秀包は、宣教師ペドロ・ラモンを城に歓待してキリスト教の教理を学び、数日で三六人の家臣が受洗している。

ただし、その布教活動は、必ずしも順調なものとはいえなかった。天正十五年六月に発令された豊臣秀吉のバテレン追放令は不徹底なものであったが、隣国豊後では大友宗麟の跡を継いだ義統（コンスタンチノ）が棄教し、二年後の同十七年には三〇〇人のキリシタンが豊後から筑後に逃れた。また、筑前を領有していた秀包の兄小早川隆景も、秀吉への配慮のためにキリスト教を冷遇していた。かつて日本におけるキリスト教布教の中心地として繁栄した豊後や筑前では、一五八〇年代後半以降、その勢いが急速に衰えかけていたのである。

九州隣国におけるこうした状況に鑑みて、筑後久留米における毛利秀包のキリスト教政策は、細心の注意を払いながら進めなければならなかった。天正十六年に久留米城に招かれた宣教師ペドロ・ラモンは、医師に変装して久留米を訪れたといわれるが、これは、小早川隆景の目を意識したものと考えられる。

さて、天正十七年、久留米にポルトガル出身のイエズス会宣教師ルイス・フロイスが来訪した。秀包・引地夫妻の嫡男毛利元鎮の洗礼のためである。六月の日曜日の午後、久留米城に集められた家臣の前で元鎮は受洗した。その洗礼名フランシスコは、母方の祖父大友宗麟（ドン・フランシスコ）にあやかったものである。

フロイスの久留米滞在は数日に過ぎなかったが、この間に、秀包らの勧めでキリスト教の教えを学んでいた二四人の家臣たちも洗礼を受けた。またこの時、遠方からも家族連れのキリシタンがフロイスのもとを訪れて告白を遂げたという。フロイスは、秀包の保護のもとで短期間ながら宣教活動を進め、帰路では矢部川が有明海にそそぐ最下流の川港瀬高《せたか》（福岡県みやま市）まで護送を受けている。

天正十八年、八年前に日本を出発した少年遣欧使節（伊東マンショ・千々石ミゲル・中浦ジュリアン・原マルチノ）の帰国に伴って、アレッサンドロ・ヴァリニャーニが再来日した。この年の六月、引地の乳母カタリナは、ヴァリニャーニへの面会のために長崎へ向かっている。

ヴァリニャーニはその後、秀吉に謁見するために京都の聚楽第を訪ねるが、秀包と引地は、その上京道中に久留米へ来訪するよう懇願した。しかしながら、インド副王使節としての使命を負ったヴァリニャーニの久留米滞在は、短いものに終わったという。

文禄元年（一五九二）に秀吉の命で朝鮮出兵が始まると、秀包は毛利本家の輝元らとともに二度にわたって出陣した。文禄年間の久留米周辺のキリシタンは約三〇〇人と記録され、京都や堺出身のキリシタンが日曜日に信者を集めて教理を説いていたという。

四、久留米キリスト教界の最盛と衰退

慶長三年（一五九八）八月、秀吉の死により朝鮮出兵は終了となり、日本から出陣していた諸大名とともに秀包も撤兵・帰国した。秀包が久留米城に戻ってからの数年間が、久留米におけるキリスト教の最盛期となる。同年、豊後から訪れたイルマン（修道士）のもとで、約三〇〇人が洗礼を受け、引地もそれを援助した。また、秀包の勧めで四人の重臣も入信したという。

翌慶長四年にも、一人のパードレ（司祭）が久留米を訪れ、引地とカタリナの世話のもと、数日で一七〇人の信者を得た。この中には、武士や大寺院の僧侶も含まれていた。

慶長五年になると、それまで主だった施設がなかった久留米に、待望のレジデンシア（住院）が開設された。秀包は城の近くにパードレやイルマンのための教会堂とレジデンシアを建設し、施設には彼らが常駐した。この年、新たに一九〇〇人が集団受洗している。

秀包が建設した久留米城に近い教会堂とは別に、城下町にはキリシタンたちによってもう一宇の教会堂が建てられた。久留米のキリスト教界は、こうしてパードレ一人とイルマン二人が駐在し、七〇〇〇人の信者をかかえる最盛期を迎えることになったのである。

しかしながら、毛利秀包のもとでの久留米キリスト教界の繁栄は長くは続かなかった。その原因は、慶長

五年九月に勃発した関ヶ原の戦いである。合戦は、五大老の筆頭の地位にあった徳川家康と、五奉行の一人で秀吉没後の豊臣政権を存続させようとする石田三成の対立によるものであった。秀包は、三成側の盟主として兵をあげた毛利輝元とともに西軍として出陣して、大坂城の玉造口を守備し、東軍方の京極高次の籠る大津城（滋賀県大津市）を攻めて陥落させた。しかし、関ヶ原の一戦で西軍が敗れたため、大津城を撤退して大坂へと戻った。

西軍の敗北が確定した十月、秀包が留守中の筑後久留米城は、黒田孝高や鍋島直茂ら三万を超える兵からの攻撃を受けて孤立した。城内には、秀包の妻引地と嫡男元鎮、重臣の桂広繁らと五〇〇余りの兵しか残っていなかったが、数日間の籠城の後、開城勧告に応じて城を明け渡した。この時に開城を勧めたのが、黒田孝高の異母弟でキリシタンであった黒田直之《なおゆき》（ミゲル）である。

秀包の妻子は、黒田直之の手で保護されたが、その後、黒田家の人質となり、重臣桂広繁の子も鍋島家の人質となった。秀包自身は、改易され、京都の大徳寺で剃髪して入道名を道叱《どうしつ》と名乗った。

その後、体調を崩した秀包は、長門の赤間関《あかまがせき》（山口県下関市）で療養したが、翌慶長六年三月に病状が悪化して逝去した。三十五歳であった。

関ヶ原の戦いでの敗北によって毛利秀包・引地夫婦が久留米城を退いた後も、久留米のキリスト教界は、柳川城に入った新たな領主田中吉政の治世下で活動を続けたが、かつてのような隆盛はなかった。秀包が建設した久留米城近くの教会堂は破壊され、パードレやイルマンたちも久留米を離れた。キリシタンとなっていた家臣たちも、主家没落にともない、周辺大名の下へと離散していったのである。

五、教会遺構の発掘

久留米城は、その後近世大名である田中・有馬両氏の時代に改修工事を受けており、毛利秀包時代の様態をうかがうことは難しい。秀包が建てた教会堂とそれに隣接していたレジデンシア、信者が城下に建てたもう一つの教会堂に至っては、これまでその痕跡を知る由もなかった。

現在の久留米城本丸に南側の冠木《かぶき》御門《ごもん》跡から入ると、正面に有馬氏を祀った篠山神社の神殿と拝殿、西方には有馬家伝来の武具などを保管する有馬記念館があり、ここが元和六年（一六二〇）から幕末まで十一代にわたって続いた久留米藩主有馬氏の近世居城であることを実感させられる。

写真3 秀包を祀る小早川神社
（久留米城本丸内）

しかしながら、近年、久留米市役所敷地内の旧両替町に相当する場所の発掘調査によって、田中氏や有馬氏が入城する以前の毛利秀包時代の遺構の一部が発見された。久留米城下町遺跡第二次調査の成果によると、遺構からは、毛利家が家紋の一つに使用する沢瀉《おもだか》紋の鬼板瓦とともに、十字紋が入った軒平瓦が多数見つかっている。毛利家とキリスト教の双方に関わる遺物の出土から、この場所が、慶長五年に毛利秀包が建立した教会堂跡であると考えて間違いないであろう。教会堂やレジデンシアの全貌については、残念ながら依然不分明であるが、久留米城の南方に位置するこの地から、かつての久留米キリスト教界の繁栄の痕跡が確認されたことは、画期的である。

また、有馬氏十一代の居城としての色彩が濃い久留米城本丸のなかにも、毛利秀包時代を思わせる小さな祠《ほこら》がある。篠山神社の脇にある「小早川神社」と名付けられた粗末な石組みと祠（写真3）で、祭神はもちろん毛利（小早川）秀包である。教会遺構とは異なり、こちらは当時のものとはいえないが、その傾いた石組みからは秀包時代の治世に対する後世の人々の思いが伝わってくる。

〈参考文献〉

結城了悟『キリシタンになった大名』（聖母の騎士社、二〇一〇、初出一九八六）
『久留米市史』第二巻（久留米市、一九八二）

〈付記〉

本稿は二〇一五年度名古屋学院大学研究奨励金による研究成果の一部である。

筒井定次

清水紘一

はじめに

天正十五年（一五八七）豊臣秀吉は伴天連追放令を発布し宣教師の布教活動を禁止したが、キリシタン宗門はその後においても大名から庶民まで幅広く受容され、教勢は西日本の各地で累増する傾向を見せた。筒井定次は、大名領主のなかで同宗門を受容した一人となる。定次は大和国郡山城主筒井順慶の後継者となり、秀吉、次いで家康に仕えた伊賀上野城主であるが、御家騒動により慶長十三年（一六〇八）改易された。このため定次の事跡を伝える関係史料は少ない。定次は文禄元年（一五九二）キリシタン宗門に帰依したことが知られており、小文では定次の経歴と受洗後の後半生について一端を垣間見る。

一、筒井定次の生い立ち

江戸幕府が文化九年（一八一二）編纂した『寛政重修諸家譜』（第十七、八〇頁）は、定次について「藤四郎　伊

賀守　従五位下　侍従　従四位下　実は慈明寺左門順国が二男。母は順処が女」、永禄五年（一五六二）生まれと伝える。実父の順国《としくに》は筒井順慶の父順処の娘を妻とする大和慈明寺城主（奈良県樫原市慈明寺町）であり、順慶と定次は伯父・甥の関係となる。

順慶は大和国筒井城（大和郡山市筒井町）を本拠とした戦国武将である。「春日興福寺衆徒の棟梁」となり、多聞山城主（奈良市多聞町）松永久秀と抗争。その後従属した織田信長から、天正四年（一五七六）五月十日「和州一国一円」の支配を認許された（『多聞院日記』二、四一〇頁）。同令は、明智光秀を介して順慶に伝達されている。本能寺の変後、順慶は秀吉に従い大和国の経営に腐心したが、天正十二年（一五八四）八月十一日病没した。

順慶には実子がなく、定次は元亀三年（一五七二）筒井家の養子となり成人、順慶没後の同家を継承した。ただし、順慶死後の相続について秀吉と筒井家の間で軋轢《あつれき》があったようである。奈良興福寺多聞院の僧英俊は天正十二年八月十三日の日記で「筒井名字ハ番原五郎へ（条カ）順慶ヨリモ被申遣、筑州モ同心ニテ雖被申遣全無同心」と伝えている（『多聞院日記』三、三六六頁）。「無同心」の内実については未詳であるが、定次はその後代替わりを承認され同年十月九日大坂に伺候した。定次の同行者について英俊は「寺門・両門国中諸寺諸与力悉参」と記している。定次は後年キリシタン宗門に帰依するが、配下の家臣団は順慶が残した士卒であり、家中の与力層は重厚な仏教風土の下で培《つちか》われた大和の国衆であった。

定次は、翌十三年閏八月十八日伊賀への国替えを命じられた。大和は秀吉の異父弟羽柴秀長領とされている。当時の郡山について、英俊は「右往左往」の状況であったと伝える。その背景として豊臣領国の拡大を企図した秀吉の意向があり、翌十九日には定次支配下の鷹鳥城（奈良県高取町）が秀長方に引き渡されるなど、性急な移封がなされた様子が窺える。定次は同月二十四日、配下の国衆を率いて伊賀に入部している。

順慶の生前、定次は信長三女を正室に迎えた。名前については、伊賀御前・秀子と推測されている（渡辺一九八八）。定次は同女のほか、天正十三年二月旧伊賀守護仁木氏娘の「有梅ノマ、コ」を「手懸ノ女中」とした。彼女について英俊は「美人」であり、定次が「競望」の末「苦労」して同女を手に入れたと、その内幕を伝えている（『多聞院日記』三、四〇六頁）。

子供については嗣子順定《としさだ》を含め、三男四女と伝えられている（『寛政重修諸家譜』第十七、八〇頁）。女子のうち、内藤ジュリアと共に都の女子修道女会で活動し、マニラに追われたマリア伊賀を定次娘とする説がある。同女については未詳であるが、定次娘お亀の方と比定する説がある（籔 一九八五、二二八頁）。他方で、定次の生没年との整合性から右を無理とする指摘がある（片岡 一九七六、六八頁）。

上野城跡（三重県伊賀市・同市提供）

天正十五年秀吉は九州平定に着手し、旗下の軍勢に西下を命じた。定次は「本役千五百　羽柴伊賀侍従　筒井四郎事」（「当代記」『史籍雑纂』第二、五三頁）と軍役を課され、二月十日出陣した。九州平定戦は、島津義久が同年五月豊臣軍に降伏したことにより終結、秀吉は凱旋途上の筑前筥崎（福岡市）で九州国分に着手したが、その過程で六月十九日付の伴天連追放令定五か条を陣中で発布した。同令で秀吉は日本を「神国」とし、キリシタン国の「邪法」を説く宣教師に対し、「廿日」と限る国外退去を制令。以降、各地教会堂の没収や破壊などを指令した。

定次は筥崎の陣中にあり、同令の発布から播磨明石城主（兵庫県明石市）高山右近の改易、イエズス会領長崎の没収、秀吉からキリシタン大名に通告された棄教命令、各地で活動した司祭の立ち退きと平戸集結への動きなど、一連の出来事をつぶさに聞知したことであろう。

二、定次の受洗と後半生

肥前名護屋城跡（佐賀県立名護屋城博物館提供）

秀吉は諸大名に「唐入」を号令し、文禄元年（一五九二）四月二十五日肥前名護屋城（佐賀県唐津市鎮西町）に入った。定次も同時期西下し、長崎に赴いてキリシタン宗門との接触を始める。イエズス会司祭ルイス・フロイス Luis Frois は、その時の状況について次の記録を残している。

もう一人の異教徒の殿は、やはり日本で非常に著名かつ尊敬されている人物で、全伊賀国の絶対的領主であるが、関白は数年前に、その父の領有であった［欠字］という、より大きい国と伊賀国とを取り換えたのである。この殿は、現に我らの教会と修道院が破壊されていた時に長崎に赴いた。彼は名護屋において幾度か我らの聖なるカトリックの信仰についての談義を聞いていたので、それらについてなお多くの話を聞きたがっていた。また彼は、かつて三ケ《さんが》マンショ殿と呼ばれるキリシタンが、三ケ（大阪府大東市三箇）から追放された折に自分のもとに潜伏していて、その人のキリシタンとしての生活に感銘を受けていた。したがってその殿は我らの修道院や教会が破壊されても、そうした気持を失わなかったばかりか、驚くことに、我らとは従来知遇を得る何らの機会もなかったにもかかわらず、キリシタンのことはしばしば承っていることゆえ説教を聴聞したいと人を経て伝えさせた。我らは、彼が本心からそれを希望しているのか、それとももしかすると彼は、我らが関白の命令に反して、あえてキリシタンの教えを説こうとしているのならば、その場所を見つけようとしているのではあるまいかと考えて大いに受諾することを躊躇した。そこで司祭たちは彼に、「殿も御承知のとおり、我らは追放された身であり、御覧のように関白殿は我らの教会と修道院を毀つことを命ぜられた。したがって当今は、殿のように強大な国主が教理の説教を聞くことを望んで、その身を重大な危険に曝される時とは思われない。なぜなら、それは関白に知られないでは済まされぬことだから」と答えた。

それに対して伊賀の国主はこう答えた。「予はその点、関白殿のことなど意に介してはおらぬ。霊魂の救いを得るためには、おのおのもっとも正しいと思う方法を求めねばならない。それゆえ何としても聴聞したい」と。既述のように当時、長崎では現に奉行たちが教会を破壊しつつあったので、このような折に説教するのは危険と思われると司祭たちはその殿とさらに二度三度と伝言のやりとりをしたが、その後、ついに巡察師は、彼が本心から言っていることが判ったので、弁舌に長け、物事の知識が豊かな日本人修道士ヴィセンテを殿のところに派遣した。修道士の説話によって、彼はすっかりキリシタンになることを決心し、教理の説教の聴聞を終えると、洗礼を授けてもらいたいと切々と修道士に願った。彼は実際に洗礼を受けるまでそれを願い続け、我らの教えについて深い理解に達したことを示し、またきわめて優れた性格の持主であったので大いに一同を喜ばせた。こうして一人の強大な殿が、このような時にキリシタンになるのを見ることは、我らイエズス会員にとっても、またキリシタンたちにとっても無上の慰めであった。彼は祈禱文とともに、我らの聖なる教理の内容をことごとく携えて帰国することを望んでいた。そして時勢が許すにいたれば自領に多くのキリシタン宗団を作るつもりであると言っていた。

（『フロイス日本史』一二、一六〇頁。一部加筆）

定次は名護屋から長崎に向かったが、その時期については秀吉が生母大政所重病の報せを受けて名護屋城を留守にした期間（文禄元年七月下旬～十月中旬）となろう。定次は長崎でイエズス会士と接触し、教理について聴聞を願ったこととなる。その動機については、名護屋でキリシタン宗門の談義を聞いていたことと、三箇マンショに感化されたことを挙げている。定次が名護屋で聞いたとする談義については未詳であるが、秀吉は帰洛前名護屋城でドミニコ会士ファン・コボ Cobo, J. をマニラ総督使節として引見しており、キリシタン宗門の噂が在陣将士の口の端に上ったことが推察される。定次が私淑し感化されたとする三箇マンショは、河内国三箇を本貫地とした戦国武将である。マンショは、本能寺の変で父のサンチョ頼照と共に明智光秀に与同し没落した三箇頼連であろう（松田　一九六七、六七三頁）。マンショは河内から退転し定次の旧領大和に潜居したと見られるが、自己の信ずる道を堅実に求め、その風評が定次の耳にも聞こえていた可能性があろう。

定次の申し出に対し、イエズス会の日本巡察師ヴァリニャーノ Valignano, A. は慎重に対応した。ヴァリニャーノはインド副王使節の資格で来日していたが、長崎奉行の寺沢広高が秀吉の命で執行している教会堂の破壊を眼前にしながら、日本教会再建問題に腐心していた時期であった。このため相互に数度の対話が交わされた末、定次の「霊魂の救い」を求める希望を受諾。日本人修道士ヴィセンテがキリシタン宗門の教義教育を担当し、定次受洗に至った経過が知られる。

定次に教理を説いた修道士ヴィセンテはトウインと号し、仏教の教理に精通した「最良の説教師」であったことが知られている。定次の受洗日や洗礼名は不明であるが、三十一歳のこととなる。

定次のその後の信仰生活については未詳である。定次は慶長五年の関ヶ原の戦いで東軍に属し本領を安堵されたが、有力家臣の台頭があり、家中と藩内には動揺が生じていたようである。慶長十二年幕府は安藤正次を伊賀上野に送り、同藩の「制度の是非」を監察させた（『寛政重修諸家譜』第十七、一九五頁）。翌十三年五月には家臣の中坊秀祐《なかのぼうひですけ》が定次の行状を家康に訴えたことにより、幕府は同年六月定次を改易した（『大日本史料』第十二編之五、五九四頁）。

定次が提訴された行状については「色酒ニ溺ル」説と、「被官已下」と対面せず山中に籠り鹿狩《ししがり》に耽《ふけ》ったとする説がある（『当代記』『史籍雑纂』第二、一一五頁）。そのほか「武家記」では「一説に吉利支丹之由露顕」したと記している（『朝野舊聞裒藁』第十三巻、三七三頁）。

キリシタン宗門に帰依した定次の生き方が、藩と家臣団にどのような反響を及ぼしたかは未詳であるが、定次を訴追した中坊秀祐は慶長十四年二月伏見で何者かに襲われ落命している。巷間《こうかん》では秀祐の横死について、主を讒言《ざんげん》した「天罰」と評されたという。

定次は、藩家臣団の統制に苦しんだことであろう。改易後、定次の身柄は陸奥磐城平藩主（福島県いわき市）鳥居忠政に預けられ、江戸ほかで「籠居」した。慶長十九年大坂の役が始まると幕府は定次の動向を疑い、元和元年三月五日嗣子順定とともに切腹に処し、定次系を断絶させている（『大日本史料』第十二編之十七、八五四頁）。

〈参考文献〉

片岡瑠美子『キリシタン時代の女子修道会』（キリシタン文化研究会、一九七六）
松田毅一『近世初期日本関係南蛮史料の研究』（風間書房、一九六七）
籔景三『筒井順慶とその一族』（新人物往来社、一九八五）
渡辺江美子「織田信長の息女について」（『国学院雑誌』第八十九巻第十一号、一九八八）
『寛政重修諸家譜』第十七（続群書類従完成会、一九六五）
『大日本史料』第十二編之五、十七（東京大学出版会、一九六九）
「多聞院日記」二、三（『増補續史料大成』第三十九、四十巻、臨川書房、一九八五）
「当代記」（『史籍雑纂』第二、続群書類従完成会、一九七四）
「武家記」（『朝野舊聞裒藁第十三巻　東照宮御事蹟』汲古書院、一九八三）
松田毅一・川崎桃太訳『フロイス日本史』一二（中央公論社、一九八〇）

織田信秀・秀信

清水有子

はじめに

十六世紀後半の日本でキリスト教宣教が拡大した理由のひとつは、時の織田政権と、続く豊臣政権が、イエズス会の宣教を保護したからである。とくに信長はキリスト教に興味を持ち、生涯に何度も宣教師と会見して、その説教を聴聞した（清水有二〇一五）。

もちろんそれは受洗が目的ではなく彼の政治的関心によるものにすぎなかったが、信長の一族には受洗者が出た。このうち信秀、秀信のふたりについて、本章ではできるだけ内外の諸史料を用い、その生涯を時代的背景なども踏まえて明らかにしてみたい。

一、織田信秀

信長には男女あわせて少なくとも二十三名の子どもがいたとされる。そのうち受洗したことが明らかであるのは、信長の父と同名の、六男信秀である。

日欧双方の史料を合わせても、信秀について多くを知ることはできない。幼名は大洞《おおぼら》、三吉。本能寺の変直後の天正十年（一五八二）六月二十日、領所として美濃国揖斐郡の内の相続を認められた。その後は豊臣家臣となり、同十三年七月に従四位下侍従に叙任、羽柴の氏と豊臣の姓を授けられた。文禄元年（一五九二）朝鮮侵攻時には「御後備衆　三百人　羽柴三吉侍従」（『太閤記』巻十三「朝鮮国御進発之人数帳」）と兵士三百人の軍備を命じられており、その規模から、禄高は一万石程度であったことがわかる。

信秀の受洗については、一五八七年十月一日付で、イエズス会士アントニオ・プレネスティーノが次のように記録している。

> われらの教会に来た者の中に三吉殿 Saqichidono が居り、彼は信長の息子で、稀にみる天分を有し、数か月前、大坂で洗礼を授かった若者である。彼は私が贈った、美しい象牙のロザリオを首に懸けていた。
> (Jap. Sin. 51, f. 64)

またフロイス『日本史』では、次のように伝えている。

> 関白の政庁には、いずれも十七歳になるかならぬかの二人の高貴な若者がいた。両人は近親の間柄にあり、一人は（織田）信長の息子で三吉殿、他は信長の姉妹の子でクマノスケ殿と称した。彼らは大坂の我らの修道院に来て説教を聞き、二人ともそこで洗礼を受けた。
> 信長の息子（三吉殿）の母親は近江の国にいたが、息子がキリシタンになったと聞くと、以前にキリシタ

ンになっていたパウロという家臣が勧誘したのだ（と考えて）同人を厳しく叱責し、その理由で斬首すべきだと言ったが、息子は一笑に付して問題にしなかった。

（第十二章）

これによると信秀は受洗した当時十七歳頃であったというから、元亀元年（一五七〇）頃の生まれであろうか（ただし宣教師史料の年齢に関する情報は、時折不正確である）。信秀の母親は信長死後近江国にいたようであるから、あるいは同国の出身かもしれず、信長との縁は同年の近江侵攻と何か関係があるのかもしれないが、確かなことは何もわからない。

信秀の受洗の背景には、この時期に大坂で盛んな宣教が行われていたことがあげられる。イエズス会は京都と周辺諸国の改宗に力を入れたが、それは一五八〇年に来日した巡察師ヴァリニャーノが、日本宣教における同教区の成果を最も重視したためである。一五八二年に脱稿した報告書「日本諸事要録」第十一章では、その理由として、宮廷があり最大の成果を上げ得る有能な貴人がいること、富裕で複数の領主に従属しているため宣教を拡大しやすいこと、都は日本における評判の基準であること、九州と違い貿易利益と無関係に宣教師を援助すること、などをあげている（『日本巡察記』）。

このため宣教について天下人豊臣秀吉の承認・保護を得ることは重要であり、一五八三年九月、オルガンティーノは大坂の秀吉のもとを訪れ、すでに工事が始まっていた大坂城下に教会建設用地を請い求めた。秀吉はこれに応えて、最良の地所のひとつを与え（「一五八三年度日本年報」）、同年末には大坂の教会ではじめてのクリスマス・ミサが挙行された（「一五八四年度日本年報」）。

一五八五年八月二十七日付、フロイスの書状には、「昨年大坂において上げた収穫を、司祭たちはもっとも重要なものと考えている。というのは、貴族、および貴人だけで約百名が洗礼を受けたが、彼らは後に自分たちの土地の人々を改宗させるためのものとなる」(Cartas do Japam 2. f. 153v) とあり、大坂では諸国から集まる貴人を中心に改宗が進んだことがわかる。このほか堺に新たに教会が建設され、高山右近領の高槻では集団改宗が進み、準管区長のコエリュは、九州からフランシスコ・パシオを増員として派遣することを決定したとある。ヴァリニャーノの思惑通り、都周辺の改宗は順調に進んだことがわかる。

さらに天正十四年(一五八六)三月十六日、秀吉は大坂城を訪れた準管区長コエリュの一行を引見し、キリスト教に対して好意を示したうえ、イエズス会士に日本全国で宣教を認可する旨の教会保護状(五月四日付)を発給した(清水紘一二〇〇一)。同状を得たイエズス会では、西日本を中心に精力的に教線を拡大したが、都教区の宣教にも追い風となったのであろう、前掲一五八七年十月一日付プレネスティーノの書状には、九州出陣前に説教を聴き、洗礼を授かるために集まった武士の数はたいへん多く、名門の者も若干いたとある(Jap. Sin. 51. f. 63v.)。そのひとりが、信秀であった。

では受洗した信秀の信仰生活について、「一五九五年度日本年報」を見てみよう。

信長の子どもである三吉殿 Saquichidono は何年か前から信者で、今病気となり、イルマン・ヴィセンテの薬によって霊魂も体も治された。彼はキリストの御教えを決して棄てなかったが、何年もの間神父らと離れた別の所に住んでいて、やや不熱心になった。今年、病気になった機会にイルマン・ヴィセンテを呼ばせ、彼の薬と良き勧めに大いに助けられた。病気はだいぶ治り、再び熱心に教理の説明を聞いて、少なからず霊的に成長し、彼の母親と、家臣全員を信者にすることを決心した。神の助けによって、そうなるであろう。彼は時々教会を訪れ、神父たちと話すことで［信仰生活を］継続しつつあり、彼ら(神父たち）への親愛のしるしとして、何度もお土産を持って訪問することを［家臣に］命じている。

（Jap. Sin. 52, f. 48）

朝鮮に出陣し環境が変わったためなのか、信仰には不熱心になったというが、この年には宣教師と親交を取り戻したとある。このとき信秀がかかった病とは、日本側史料によればハンセン病だったらしい。その最期については、京都で死去し除封され、浦坊と号したこと以外は、不明である（高柳・松平 一九六二）。

二、織田秀信

織田秀信は信長の長男である信忠の子であり、天正八年（一五八〇）に生まれた。幼名は三法師、その後は曽祖父信秀の通称、祖父信長の元服時の名乗りと同じ、「三郎」を使用したようである（後掲 Jap. Sin. 52, f. 110および織田系図）。同十年六月二日、本能寺の変が起き、わずか三歳で祖父と父を亡くした。このとき岐阜城にいたが、前田玄以に救出されて清州に移り、同年六月二十七日の清州会議では豊臣秀吉の支持を受け、織田家の家督を継いだ。その後、秀吉から一字を授けられ、「秀信」を名乗ったという。

文禄元年（一五九二）、従四位下参議、慶長元年（一五九六）、従三位中納言に叙任され、この頃洗礼を受けた。「一五九五年度日本年報」（同年十月二十日付長崎発信、フロイス筆）の記事を確認しよう。

我が主の恵みで、［都では］六〇〇人ほどが洗礼を受けた。彼らの中にはたくさんの貴人、幾人かの主要な人物、広い領地を有する人がいた。その中の第一人者は、信長の孫で、本当の後継者である三郎殿 Samburon dono だった。彼（信長）が、三郎殿の父であり、自分の嫡子である長男とともに亡くなったとき、この子どもは二歳であり、この太閤様 taicosama が自分の利益を求めて、真実の後継者として彼を天下人として取り立てた。彼の権力下に置いたのではあるが。後に［秀吉は］、彼の後見人および大将と、統治において彼の仲間であった他の人々を殺し、彼自身が天下の殿であると宣言するまでになり、この子どもをいまだに、ある部分では後継者として育てさせている。今彼はすでに十六歳となったので、家督を与えた。信長の孫ないし後継者として得るはずであったものとは違っていたが、それでも偉大な領主にして、美濃国のほとんどすべてを、信長の嫡子で後継者であった彼の父、トノサマのものであった岐阜城をつけて与えた。

この青年には大きな期待がかけられている。生まれつき恵まれており、彼に仕える人の中に数人のキリシタンがいて、とりわけ身分の高い一人の家臣が熱心な信者で、彼と話して次第に我らの聖なる信仰に対する興味を起こさせ、ついに三郎殿は満足してキリスト信者になる決心をし、この教会で他の三人の家臣と一緒に洗礼を受けた。このことは現在のところ秘密にされている。太閤様がこのことを知ったら、再び迫害が燃え上がる危険があるからである。

(Jap. Sin. 52, f. 110)


秀信はこの年十六歳であり、美濃国の大部分と岐阜城を継承したとある。公的な系譜によると、十三万三千石であった（織田系図、『寛政重修諸家譜』所収）。宣教師たちは、秀信の受洗に大きな期待を寄せたことであろう。

秀信の受洗の契機は、家臣に熱心な信者がいたことである。天正十五年（一五八七）六月十九日の伴天連追放令発令の後、都教区でも宣教が回復し（本書一三七頁参照）、受洗した武士が信仰を維持し得る状況のあったことがわかる。しかしそれでもなお、秀信のような身分の高い大名の受洗は、迫害の再燃を避けるため秘密にされたのである。

秀信は熱心な信徒であったようであり、翌年一五九六年度の年報には、秀信に仕える小姓のほか、異母弟で一緒に暮らしていた十四歳の「オキチ」（吉、秀則）、乳母、養育者の兄弟と息子が、秀信の尽力ないし影響により、改宗したとある。しかし秀則（霊名パウロ）と乳母の受洗はやはり秘密にされたことが年報からはうかがわれ、宣教師側でも「我らはまだ潜伏している」との認識を記しており、宣教は決して自由に行われていたわけではなかった。

秀信の信仰は、慶長三年（一五九八）八月の豊臣秀吉の死後ようやく公にされ、一五九九年十月二十日までには、岐阜に教会が建設された（結城 一九八六）。しかしそのわずか二年後の関ヶ原の戦いにおいて、秀信の武運は尽きてしまう。西軍に味方して籠城し、福島正則、池田輝政らの諸将に包囲されて自殺しようとしたところを正則に制せられて投降し、剃髪して高野山に入ったのである。最終的には同地で、五年後の慶長十年五月八日、父信忠と同じ数え年二十六の若さで病死した。諡《し》号《ごう》は、圭巌松貞大善院であった（『寛政重修諸家譜』）。

織田秀信像（部分・岐阜市円徳寺蔵・岐阜市歴史博物館寄託）

宣教師史料には熱心な信徒として記録された秀信であるが、関ヶ原の戦い時の自殺云々《うんぬん》の記事についてはどのように考えたらよいのであろうか。自殺は、キリスト教で厳しく禁じられているからである。記事が事実とすると、キリシタンではなく武家の一員としてのアイデンティティーが、いっとき秀信の中で優先されたのであろうか。しかし結局は福島正則の制止を受け容れ、高野山で生きながらえるという、武士としては不面目と思われる選択をしたところを見ると、秀信の晩年の心中にキリシタン信仰が生き続けていた可能性もまた、指摘できそうである。

おわりに

本文で見たように、織田信秀と秀信は、両者とも豊臣秀吉政権の時代に受洗したうえに、短命であった。このため信長の血筋でありながら宣教師の記録も少なく、その足跡には不明な点が多い。

〈引用参考文献〉

清水紘一『織豊政権とキリシタン　日欧交渉の起源と展開』（岩田書院、二〇〇一）
清水有子「織田信長の対南蛮交渉と世界観の転換」（清水光明編『「近世化」論と日本―「東アジア」の捉え方をめぐって』勉誠出版、二〇一五）
高柳光壽・松平年一『増訂版　戦国人名事典』（吉川弘文館、一九六二）
結城了悟『キリシタンになった大名』（キリシタン文化研究会、一九八六）
ヴァリニャーノ著　松田毅一ほか訳『日本巡察記』（平凡社、一九七三）
『寛政重修諸家譜』第八（続群書類従完成会、一九八四）
『太閤記』（近藤瓶城編、一九〇〇）
『フロイス日本史』一（中央公論社、一九七七）

京極高次・高知

清水有子

はじめに

京極高次・高知兄弟は、キリスト教宣教が「黙認」状態にあった慶長年間（一五九六〜一六一五）の前半期に受洗した武将であり、禁教強化に際して見られるその信仰態度は、キリシタンとなった武家領主の、典型例のひとつとして捉えうるものである。

一、出自と前半生

ここでは京極兄弟の波乱の前半生を、とくに記録の残る高次を中心にたどってみよう。

京極氏は南北朝期以降、代々近江に割拠した名門である。愛知川以北の近江六郡の地頭職をつとめた氏信を直接の祖とし、氏信の子の高氏（道誉）は、足利幕府の立役者として活躍し、若狭・近江・出雲・上総・飛騨・摂津の守護を歴任した。しかし高吉の代には、家来筋であった浅井久政・長政父子に江北を領掌され、高吉は久政の娘を正室に迎えた。この女性が、高次・高知兄弟を産み、後に洗礼へと導いた京極マリアである。

高次は永禄六年（一五六三）、高知は元亀三年（一五七二）に近江国小谷で生まれた。元亀元年（一五七〇）に高次はわずか数え八歳で父高吉の人質として、岐阜の織田信長のもとへ送られた。高吉は信長の軍勢への招きに対して、上平寺城に蟄居剃髪して応じず、代わりに嫡子を差し出し、異心のないことを示したのである。

京極高次像
（部分・徳源院蔵・長浜城歴史博物館提供）

高次が人質生活を送っていた頃、京極高吉・マリア夫妻は洗礼を受けた。安土山の修道院で行われていた説教を四十日間続けて聴き受洗したという。このとき信長に仕えていた「十一、二歳の幼い子息」すなわち高次も受洗する予定であったが、見送られた。受洗後まもなく高吉が急死し、キリシタンになったことが神仏の罰を招いたと恐れられたためである（「一五八一年度イエズス会日本年報」）。

天正十年（一五八二）六月、高次は本能寺の信長を襲った明智光秀に従い、近江長浜城に出陣した。このため豊臣秀吉の追捕《ついぶ》を受ける身となり、越前国の柴田勝家のもとに逃れている。勝家にはおじ長政の妻、市が再嫁していたから、そのつてを頼ったのであろう。しかし翌年四月、勝家は賤ヶ岳の戦いで秀吉に滅ぼされてしまう。

『寛政重修諸家譜』には、その後高次は再び親戚筋を頼り、姉妹（龍子）の嫁ぎ先である若狭国の武田元明のもとに身を寄せたとある。しかし元明は天正十年七月、明智光秀に味方したかどで丹羽長秀に謀殺されていたから、この記事は矛盾している。高次は、あるいは寡婦となった龍子のもとを訪れたのかもしれない。

なおこの間の高知の動向は、不明である。

二、恵まれた親族女性の筋目

ここまでの兄弟の人生は武運家運に見放されたように見えるが、その後高次は豊臣秀吉から許しを得、天正十二年(一五八四)に近江国高嶋郡田中郷二千五百石を領した。また同十四年までに、浅井長政の三人娘のひとり、初を正室に迎えた(福田 二〇一〇)。父の高吉と同じく、浅井家と婚姻関係を結んだことになる。

その後は豊臣政権の天下統一戦で活躍し、同十五年の九州出陣では戦功をあげ、翌年、従五位下侍従に叙任され豊臣姓を与えられた。同十八年の小田原陣後にも加増されて、二万八千石の近江八幡城主となった。弟の高知も天正十九年、近江国蒲生郡に五千石を与えられている。

朝鮮の役で高次は秀吉に従って肥前名護屋に出陣し、文禄二年(一五九三)明使が来日したおりには、名護屋城で配膳の役をつとめ、同四年、近江国志賀郡で六万石を領する大津城主となり、少将に任ぜられた。慶長元年(一五九六)には従三位参議に叙任されており、順調な出世をとげたことがわかる。

弟の高知も兄と足並みをそろえるように、文禄二年十月には舅の毛利秀政の遺領を継ぎ、信濃国伊那郡で六万石を領する飯田の領主となった。つまり高知はこの頃までに秀政の娘と結婚していたことになるが、これは二度目であり、初婚の相手は織田信澄の娘であったようである。さらに文禄四年(一五九五)には加増されて十万石の領主となり、これ以前には羽柴の称号を与えられている。関ヶ原の戦い後には丹後国を与えられ、十二万三千二百石を領した(『寛政重修諸家譜』)。

京極高知像
（部分・曼殊院蔵・京都府立丹後郷土資料館提供）

このように兄弟は豊臣政権期に家運を取り戻すことに成功したが、その背景には当人の武功だけではなく、親族女性の筋目の影響があったようである。まず兄弟が豊臣秀吉からの許しを得ることができたのは、本能寺の変後に夫を亡くした姉妹の龍子が、秀吉の側室（松丸殿）となった影響によるものと考えられる（略系図参照）。

何よりも注目すべきは、高次の正室の初と、彼女につながる親族女性の筋目の効果である。まず初の姉である茶々が、天正十四年（一五八六）正月頃、秀吉の側室となった。初と茶々の関係は良好であったようであり、また茶々は秀吉の嫡子を産んだから、兄弟は豊臣政権内で強力な後ろ盾を得たことになる。

豊臣政権から徳川政権へと政局が移行し時流が変化しても、初の妹の江が文禄四年（一五九五）九月に秀忠に嫁していたことが、次のように兄弟の政治的地位を有利にした。

関ヶ原の戦い直前の慶長五年六月、徳川家康は上杉景勝を討つため大坂を発つが、十八日大津城に入り、高次とその家族の初、松丸、高知と会い、「密約」をかわして吉光の小脇差を与えたばかりでなく、高知を軍勢に加え、高次の家臣三十四氏に会っている。七月に高次は家臣山田良利を人質として江戸に送り、良利は家康と、宇都宮に発進した秀忠に謁した。つまり京極家と徳川家は事前の「盟約関係」を結んだが、初と江の姉妹は、そこで何らかの橋渡し的な役割を果たしたのであろう。

なお関ヶ原の戦いの際、高次は大津に籠城し東軍に味方したため、西軍の大坂方に人質として送った嫡子

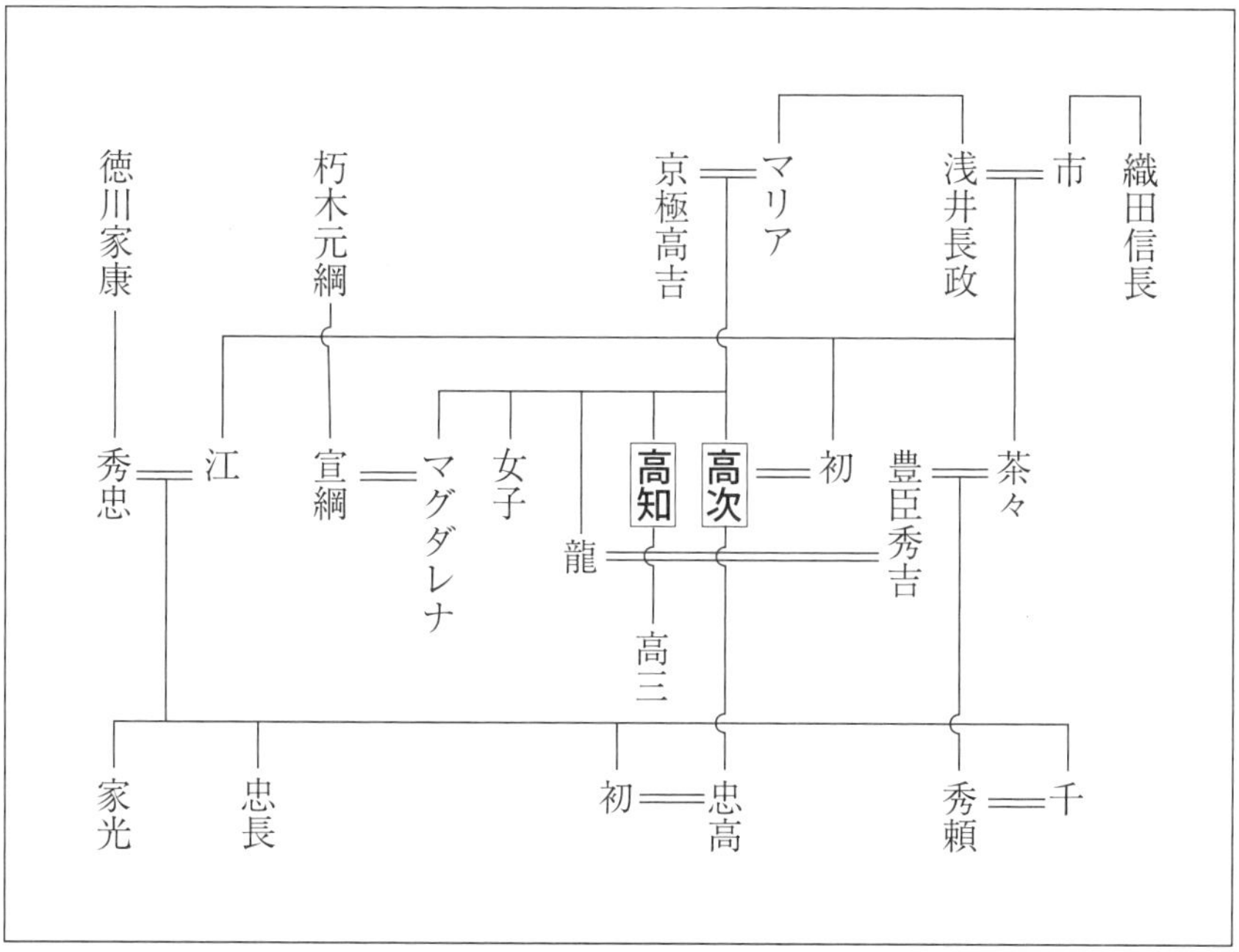

京極高次・高知関係略系図

の熊麿は、本来ならば処刑を免れえないところであった。しかし茶々が熊麿の伯母にあたるという理由で、助命されている（「譜牒餘録」）。ここでも親族女性の筋目に助けられたわけである。

慶長十年（一六〇五）、秀忠が将軍職に就任し江が「大御台」と呼ばれるようになると、京極家は将軍家の親族として、いっそう盤石の地位を固めていく。そのことをうかがわせる文書を『朽木文書』から一点あげておこう。

尚以、内藤兵庫被上候刻、我等かたへ宰相殿（京極高次）より給候書状をも、為御心得うつし候て、懸御目申候、くれ〳〵御次候ハヽ、修理殿（京極高三）へ御物語頼存候、返々修理殿なと、若候条、悪敷被心得候へハ如何候間、乍慮外貴老様頼存事候、以上、

従大坂御上洛被成哉、今晩より路次迄罷下

候、先度者緩々と得御意、満足申候、江戸へ御下向之前ニハ心（必）々罷上、尚以可得御意候、次去年きりしたん事之出入候ニ付て、我等悪申上候様ニも、若狭（高次）・丹後（京極高知）之内儀方ニハ被存候様ニ相聞、迷正（惑）申候、此儀者、前後共貴老様・片市殿（片桐且元）御存之儀候、御所様（徳川家康）へ御理、若狭宰相殿（高次）より貴坊様・市正殿へ御状、使者ニハ内藤兵庫を被差上、又我等へも預御状候、其通を御両所さま御相談之上を以、御耳へも被上、相済申候つる、修理殿近日可被罷上様ニ相聞申候間、其時之仕合、我等躰無粗略通、御次候ハヽ、御物語候て可被下候、乍慮外頼存候、恐惶謹言、

猶々、

朽河（朽木）内守
元綱（花押）

（慶長十二年）
正月十六日

東式法様
人々御中

（現代語訳）

大坂から［京都へ］上洛されたのでしょうか。［私は］今晩から路次まで下向します。先だってはゆるゆるとした御意を得ることができ、満足しております。江戸へ御下向の前には必ず上洛し、なお御意を得るつもりでいます。

次に、去年のキリシタン事件の出入（問題）について、私が悪く申し上げたように、若狭（高次）・丹後（高知）の奥様方には思われているとの噂があり、迷惑しております。この件の経緯について、貴老様と片市殿（片桐且元）は御存知のことです。御所様（家康）への弁明として、若狭宰相（高次）殿から貴老様と

片市殿へ書状をしたため、使者には内藤兵庫を差し上げました。また、私宛の書状も預かりました。その内容をおふたりが相談の上、「家康の」御耳へも入れ、解決しました。修理（高三）殿が近日上洛すると聞いておりますので、その際のやりとりについてですが、私については疎略のないことを、ついでがありましたらお話ししていただけますでしょうか。申し訳ありませんがお願い申し上げます。

追伸、内藤兵庫が上洛したとき、私宛に宰相殿から発給していただいた書状もまた、御心得のため写して、お目にかけます。くれぐれもついでがありましたら、修理殿へのお話しをお頼み申し上げます。かえすがえすも修理殿などはまだ若いので、悪いように心得られれば問題でありますから、慮外ではありますが、貴老様へお願いします。以上

この書状の差出人の朽木元綱は、京極高次の妹でキリシタンであったマグダレナの舅にあたる人物であり、宛先の東式法は、徳川家康の側近くに仕えた東条民部卿法印行長のことである。傍線部「去年のキリシタン事件の出入」とは、慶長十一年、マグダレナの葬儀後に大坂で徳川家康がキリシタン禁令を発令するに至った一連の問題（後述）を指すと考えられる。よって、この文書の年次は『朽木文書』では慶長十九年と推定されているが、慶長十二年であろう。

この書状で元綱が意図するのは、禁教令発令の一件で自分が「悪く」発言したことについて、初や高知の妻から不評をかって迷惑しているから、高知の子である高三の上洛の機会に東条が会って話をし、そうした悪評を是正したい、ということである。末文では、高三はまだ若いから、家康の前で問題とならぬようくれぐれも頼むとくりかえして述べており、元綱の焦燥感が読み取れるようである。

元綱の「悪い」発言内容の詳細は不明であるが、マグダレナの葬儀の一件は結果として禁教令の発令を招

いたから（後述）、マグダレナのキリシタン式の葬儀に当初反対していた元綱が、これに関わる発言をしたということかもしれない。次章で述べるように、この頃までに初と高知室は受洗してキリシタンになっていたから、京極家の女性たちと元綱の関係は悪化していたのであろう。すると京極家の一員である高三が上洛する機会に、元綱の不評が家康の耳に入らないとも限らない。だから高三の誤解をといてほしいということを、元綱は東条に依頼しているわけである。

つまりこうした元綱の行動は、京極家を通じて自らの悪評が家康の耳に届くことを阻止せんとする「保身」である。ここから、京極家と徳川将軍家との親密な関係と、そうした関係の接点に位置した、初ら親族女性の影響力の大きさをうかがい知ることができよう。

以上のように高次・高知兄弟は、当初は家運武運に見放されたが、いわば親族女性の筋目に恵まれることでそうした運命を逆転させることに成功したといえる。しかしながら、兄弟が手にした政治上の優位な立場は、キリシタンとして生きるうえでは決して利点にならなかったようである。章をあらため、高次・高知兄弟の受洗事情とその後の信仰の状況を見ていこう。

三、受　洗

京極兄弟のうち、先に受洗したのは弟の高知である。ルイス・フロイスが作成した「一五九六年度日本年報」には、「青年武士」（この頃二十四、五歳）の「ジョアン修理殿」がイエズス会の住院を自ら訪れ、説教をよく理解して洗礼を受けた。彼は毎日住院を訪問することを強く希望したが、大勢の供を連れなければならない身分のために不可能であった、とある。これは豊臣秀吉の禁教令をはばかり、仰々しい教会訪問はできなかったということであろう。

しかしながら「一六〇一年度日本年報」には、高知の受洗は若いときの、熱心な信者として知られる母、京極マリアの勧めによるものであったうえ、豊臣秀吉による迫害（受洗数か月後に起きたいわゆる二十六聖人の殉教事件と思われる）が起こったために次第に不熱心になり、異教徒のように生活していた、しかしまもなく京極マリアの使徒的な活動が功を奏し、同年中に高知が教会に戻っただけではなく、高次および正室の初もまた受洗したとの記事があるという（結城　一九八六）。

一六〇一年十月以降一六〇三年二月までの出来事を報告した「一六〇二年度日本年報」は「本年、我らの大いなる喜びとともに、京極マリア Qeogocu Maria の息子、若狭の殿である宰相殿 Saixodono がキリシタンになった。この日本のキリスト教界は、長年なかったあの平和を保っているので、あの（若狭）国でも、また彼の兄弟で、キリシタンでもある修理殿 Xuridono の領する丹後でも、大きなキリスト教界が作られ、神の法が大いに宣べられるように」（Jap. Sin. 54, f. 246v.）と高次の受洗を高知の様子とともに明記している。

この頃高次は四十歳手前であったが、受洗の理由はひとつには、母マリアの強い勧めのみならず、家運の鍵を握る正室・初の意向が、大きな後押しになったと想像される。

また同年報には、家康は貴人がキリシタンになることを禁止すると断言したが、ルソンからの托鉢修道士が来日したために黙認する必要があり、京極家以外にも多くの貴人が洗礼を受けたとある（Jap. Sin. 54, f. 247）。家康は慶長七年（一六〇二）九月付ルソン総督宛朱印状で、外国人が外国の法（キリスト教のこと）を持ち込むことを禁止したが（五野井　一九九二）、国内向けにも貴人の入信禁止を断言したことがわかる。しかし同じ時期に家康は、マカオ貿易と同じく宣教師を介在させなければならないルソン貿易に取り組んでいたから（清水二〇一二）、禁教令は厳格に実施されなかった。そうした政治的状況もまた、高次が受洗を決断した背景のひとつにあったのであろう。

四、マグダレナの葬儀と禁教令の発令

しかし京極家の改宗は、秘密にされていたようである。「一六〇三年度日本年報」には、「都の近くに、京極マリア Qiōgocudono Maria の二人の息子がいる。各々一国を有し、彼らと彼らの奥方も洗礼を受けているが、公方様（徳川家康）を怒らせるのではないかという不安のためにそのことをあえて公表していない」（Jap. Sin. 54, f. 171v.）とある。

次に京極家が登場するのは「一六〇六年度日本年報」である。慶長十一年（一六〇六）三月二十日、朽木家に嫁していた京極家三女のマグダレナが死去した。仏葬を準備する「異教徒」の舅と夫、すなわち朽木元綱父子に対し、実母の京極マリアはキリシタン葬儀の執行を力説し、結局は朽木家側が折れるかたちで、壮麗なキリシタン葬儀が京都の聖堂で執り行われた。黒山の人だかりとなった葬儀の場ではイルマンによる説教が行われ、感銘を受けた「若狭国の屋形（高次）の養子」（高次と側室山田氏の間の子で、嫡子となった忠高のことか。当時十一歳）は、受洗したという（Jap. Sin. 55, f. 349.）。

さらに教義に通じたイルマンが鋭い仏教批判を行ったため、これに憤懣した仏僧たちが家康に葬儀における改宗を告訴した。しかし南蛮貿易を考慮する公方（家康）は取り合わなかった。ところが神仏の信仰にあついマグダレナの親戚、秀頼の母（茶々）が家康に苦情を述べると、次の禁令が発令された。ややこなれない文

章となるが、法文であるから、できるだけ厳密に直訳してみよう。

殿下（家康）は、何人かがパードレたちの法と宗教の者になったと聞き、このことをたいへん残念に思っている。彼らのあの法と宗教の者になることは、通常はこの問題に関して作られた、厳格な法に反しているからである。殿下の言葉として、彼（家康）の家臣、貴人、また彼に仕える者の妻たちもまた、彼により制定された前述の法を守るように。それゆえ今後前記の者たちは、前述の法と宗教の者とならぬよう十分に考慮し、また［信徒に］なった者たちは、他の法をとるように。四月二十日。

(Jap. Sin. 55, f. 299v.)

法令の趣旨は、貴人の改宗禁止と棄教命令であるが、葬儀の時点でキリシタンになることは厳格に禁止されていたとする。これは一六〇二年度の年報で、家康が発令したが実効性がないと報告された、貴人の改宗禁止令を指すのだろう。

ではこの事態に対して、高次はどのように反応したのか。まず、禁令発布の六日後、高次が朽木元綱へ認めた書状を見てみよう。この書状は、一六〇六年禁令の日本側史料として藤井譲治氏が注目し、紹介したものである（藤井 一九九七）。

尚々乍自由所労故印判にて申入候、以上、

一昨日者香楽迄之御状拝見申候、彼きりしたん崇躰之事、大御所様（徳川家康）何と哉覧被　仰之通驚存候、最前より其通被仰越候間、尤と存候へ共、無了簡仕合御迷惑尤ニ候、於我等迷惑不過之候、内記・岡飛驒伏見ニ而承候通、具承驚入存候、大形ハ飛驒雖申候、猶右よりの様子幷貴所御父子（朽木元綱・宣綱）少も左様之儀無之由、元来委申含、東法印（東条行長）・片市（片桐且元）・徳法印（徳永寿昌）へ為御談合之内藤兵庫差上せ候、則いつれへも貴所被召連、能々御談合候て、連々を以、　御所様御前無別儀様ニ皆々御取合候様ニ申遣候間、右之旨御分別候て皆々へ可被仰候、今日御内儀かたへも人を上せ申上事候、貴所御父子少も無御存知通ハ頓而　御耳へたち可申候間、可御心安候、猶兵庫可申候、恐々謹言、

（慶長十一年）四月廿六日　　若狭宰相

高次（京極）（黒印）

（朽木河内守元綱）朽河州

御宿所

（『朽木家古文書』）

前日元綱から書状を受け取り、禁令の発令について元綱と同様に驚いていること、以前からの命令であるからもっとももではあるけれども、納得のいかないやり方に元綱が迷惑しているのは当然であり、自分も同様であることを高次は述べている。続けて、東条行長、片桐且元、徳永寿昌へ談合のため、「元綱父子が少しもそのようではないこと」を申し含めた使者を派遣し、また「御内儀方」へも人を派遣し言上する、そのことは家康の耳にも届くであろうから、安心してほしいと述べている。

つまり文脈と状況から判断すれば、この件で問題となった葬儀の主である元綱父子の依頼に応じるかたちで、彼らが家康の禁令に背く意図はなかったということを、東条ら家康の側近と「御内儀方」、すなわち初の姉妹である江、茶々のルートをも通じて高次が弁明しようという趣旨である。既述したようにこの一件

は高次のとりなしで解決するが、このおり発せられた元綱の「悪い」言動がのちに初や高知室の不興を買い、翌年元綱はふたたび、弁明を依頼する書状を東条に出すことになる。

ついで高次は、母マリアの問題に対処している。イエズス会日本年報の記事を確認しよう。

なお聖なる葬儀について我らが聖なる法の大敵は、彼女の母親である京極マリア Qiōgocu Maria を不安にさせるため、たいへん高位の人物を通して、丹後と若狭の国々の領主（高次・高知）に様々な伝言を送らせた。彼女がキリスト教に帰依せず、教会に通わぬよう彼らが母親を説得するためである。良き息子たちはこれに対して、母は信長の時代からの古いキリシタンであるから、そのような忠告をするよりもむしろ自分たちは領土を失う［ことを選ぶ］であろう、と答えた。ある異教徒はそれでも主張して、少なくとも彼らの領国に彼女を呼ぶように、彼女がたびたび教会に行き、その他のキリシタンたちの頭、模範となることで、将軍 Xōgun の注意をひかないようにするためである。そのことは彼らとキリシタン自身に悪い結果をもたらすであろうから、と言った。

（Jap. Sin. 55, ff. 349-349v.）

結局高次は母マリアを領国若狭に引き取り、マリアは全員が敬虔なキリシタンであった下女たちを連れて行くことになった。マリアは異教徒の中での生活にそなえるため、司教に依頼し、堅信の秘跡を受けたとある。

このように、慶長十一年（一六〇六）四月二十日に徳川家康が発令したキリシタン禁令は、以前から発令されていたにもかかわらずいわば野放し状態であった、京都の貴人への宣教活動に対して冷水を浴びせる効果を持ち、受洗した貴人とその親族に緊張感を与えたことがわかる。同年度年報では、「改宗の大いなる支障となり、これ（禁令）により福音の説教を聞きたがっていた多くの人々の熱意が冷めた」（Jap. Sin. 55, f. 301.）としている。

そうした中で高次は、前記の書状で「自分も今回の禁令発令を受けて迷惑している」と、信徒としては第三者的な発言をしており、また、宣教師の役割を果たしていた母を領国にひきとるなど、信徒というよりもあくまで家康のキリシタン禁令を尊重する、徳川家臣としての態度を貫いている。こうした言動は、高次が一六〇六年当時もキリシタンであることを隠し続けていたことを示すが、あるいはこの時点で信仰を断念していた可能性すら疑われる。

いずれにせよ一般的に兄弟の態度は、キリシタンとして許されないものである。しかしそれにもかかわらず、「一六〇六年度年報」にイエズス会士はそうした類の非難を一切載せないばかりか、高次・高知兄弟がかつて受洗したキリシタンであることにすら言及していない。そうすることで、イエズス会士は兄弟の非難すべき態度をいわば黙認し、擁護したのだと考えられる。

このようなイエズス会の妥協的態度は、適応政策を宣教の基本方針とした同会の、禁教下におけるひとつの戦略的な宣教のありかたであったのだろう。つまり、この時期のイエズス会は禁教令下で宣教を維持してゆくために、必ずしも高山右近のように敢然たる禁教への抵抗の意志を示さずとも、隠れた信徒として生きていける余地を、キリシタン領主たちに対して与えていたと考えられる。領主の抵抗（信仰宣言）は、右近の実例が示したように改易必至であり、それは領主たちが領国に抱える、大勢のキリシタンの家族・領民の離散消滅を意味するからである。

おわりに

高次は慶長十四年（一六〇九）五月三日、駿府あるいは若狭で、四十七歳で死去した（『大日本史料』十二―六）。近江徳源院には高次の画像が残されているが、そのふくよかな輪郭が印象深い。高知は元和八年（一六二二）八月十二日、京都で死去し、紫野大徳寺芳春院に葬られた。享年五十一歳。戦国の世では、天寿を全うしたといえようか。

京極兄弟が死去する時点で、胸に信仰を秘め続けていたのか、あるいは棄て去ってしまっていたのかは、不明である。それを明らかにしてくれる史料は問題の性質からいっても、おそらく存在しないのだろう。

〈参考文献〉

五野井隆史『徳川初期キリシタン史研究　補訂版』（吉川弘文館、一九九二）
渋谷美枝子「キリシタン大名京極高次」（『小浜市史紀要』第三輯、一九七二）
清水有子『近世日本とルソン―「鎖国」形成史再考―』（東京堂出版、二〇一二）
福田千鶴『江の生涯』（中央公論新社、二〇一〇）
藤井譲治「史料紹介　慶長十一年キリシタン禁制の一史料」（『福井県史研究』一五、一九九七）
結城了悟『キリシタンになった大名』（キリシタン文化研究会、一九八六）
『朽木文書』第二（続群書類従完成会、一九八一）
『朽木家古文書』下（国立公文書館内閣文庫、一九七八）

津軽信枚

長谷川成一

はじめに

天正十八年(一五九〇)七月、小田原に参陣して天下人の豊臣秀吉から、津軽郡拝領の確約を得た津軽為信《ためのぶ》は、続く徳川政権にあっても領知を安堵され、近世的な支配を領内に敷き、弘前藩の藩祖と仰がれた。

彼には信建《のぶたけ》、信堅《のぶかた》、信枚《のぶひら》の三名の息子がおり、信堅は慶長二年(一五九七)に早世したらしく、家系図に記されるのみで他の史料に見かけることはない(「津軽家系譜」『新編弘前市史』資料編2近世編Ⅰ)。したがって、信建が長男、信枚は次男との認識が当時からなされていたようである。

たとえば、『三藐院記《さんみゃくいんき》』慶長七年(一六〇二)三月十日条には、「津軽越中守、次男也」とみえ、当時、信枚は為信の次男と公的に認められていたことが判明する。信建は、各種史料に世子、嫡子、嫡男の文言が見られることから、為信の嫡男・世子としての地位にあったとみてよかろう。この序列が後に家中騒動の原因となるのである。

一、慶長期津軽氏のキリスト教との接触――信建と信枚の受洗について――

当然のことながら、現存する日本側史料に信建と信枚がキリスト教の洗礼を受けたか、もしくは父の為信がキリスト教にいかなる態度で接していたのかなどについての記録は、いっさい見当たらない。したがって、日本側以外のキリスト教関係者の証言や報告などによって、慶長期における津軽氏のキリスト教への関わりについて述べることにしたい。

佐久間正氏訳「一五九六年度イエズス会年報」（『キリシタン研究』第二十輯、吉川弘文館、一九八〇。以後、「年報」と略記）によると、津軽為信は男児のジョアン・小字（オンギ）（津軽信枚）が十一歳に満たない年齢だったが、最近洗礼を受けさせ、キリシタンになったという。信枚の受洗名はジョアン、小字とは為信など津軽家当主の幼名が扇（おうぎ）であったことを指していよう（「津軽家系譜」）。

津軽信枚像（部分・高野山遍照尊院蔵）

為信自身については、何年も前に大坂でイルマン・ヴィセンテの説教を聞き、今年（慶長元年〈一五九六〉）説教を聞いてキリシタンになる決心をしたものの、太閤（秀吉）の命令で帰国したため、それは叶うことがなかったという。ついで信枚にも言及し、為信の帰国に際して、すでにキリシタンになっている息子＝信枚を同道すれば、領内教化にわざわざイルマンを同行する必要はないと、信枚の信仰心に厚い信頼を寄せている。加えて神父たちは信枚を高く評価していることから、彼のキリスト教理解は深いものであったようだ。

(一)信建について

「年報」によると為信は、太閤(秀吉)に仕えていた嫡男の信建を、説教を聞くようにと都に残し、後に信建はキリシタンになる決意であるから説教を聞きたいと依頼したという。慶長十二年(一六〇七)、ジョアン・ロドリゲス・ジランの「一六〇七年度日本年報」(ローマ・イエズス会文書館蔵)は、信建を次のように記録している。

(前略)高貴で裕福な一領主Sōrが、前記パードレ(神父)を訪れて接触する機会を得た。この者は日本全体の最も東、しかもその端にある奥州国reino de Vōxuの多くの領地を有する領主スガルドノSugarudono(Tsugarudonoの誤記)の嫡子であった。その者はパードレとの友誼を回復して、キリスト教徒たちの事柄(教理)を聴きたいと言って、彼の許に来た。パードレは他のことは望まず、すぐに彼に説いた。彼はすべての説教をじっくり聴いたのち、キリスト教徒になることを決意した。彼が言うには、「私はじきに死ぬことを知っている」と。

彼はキリスト教徒になるとすぐに、彼に随っている家臣全員もまたキリスト教徒になることを希望し、彼らがキリスト教徒にならないならば、彼らをまったく信頼しないと言った。彼はそのパードレに、領内の全員をキリスト教徒にするためにパードレ一人を同行し、また領内に立派な教会を一つ造る意向である、と言った。こうして、彼はまもなく都に赴いたとき、同地に造られていた新しい教会を見て、その構想に満足し、彼の領内に教会を造るために調査するよう命じた。しかし、この領主が急に死んだために、このすべての期待は短時日のうちに消散してしまった。

右によれば、パードレ（神父）から教理を熱心に聞いた信建はキリスト教に改宗すると、彼の家臣のみならず領民をもキリスト教に改宗させる構想をもっていたようである。そのために京都から津軽への帰途、神父を同行することとし、領内には京都で見たような美麗な教会を建てたいとの希望をもっていたという。しかし、彼が急死したため、これらのプランは全て消滅したと右史料は記している。ちなみに右の史料の五年前の慶長七年に信建が津軽に帰国したことは、「時慶卿記」等にもみえ歴史的な事実である（『青森県史』資料編近世一）。ただし、改宗や神父を同行しようとしたことなどは日本側史料では確認できないが、キリスト教に対する信建の熱心な姿勢を窺うことができよう。

前述のように、津軽に帰国した信建は、参議までつとめた中堅公家の西洞院時慶との交流を継続させ、上方の情報収集には余念がなかったと推察される。慶長九年八月、信建は領内十腰内《とこしない》村（現、弘前市）観音堂（巌鬼山神社）に鰐口《わにぐち》（青森県重宝）を奉納した。その刻銘には「奉納大檀那津軽物領主宮内大輔藤原臣信建」とみえ、明らかに父為信の後継者であることを領内に宣言したものであった。各史料にもみえるように、信建は病弱であったらしく、津軽家の菩提寺長勝寺の位牌によると慶長十一年十二月二十日（一六〇七年一月十八日）に死去した。為信は、翌十二年十二月五日、京都で死去。津軽家の嫡子と当主が、相次いで亡くなるという事態に至り、当然のごとく、跡目を争う家中騒動が勃発した。

（二）大熊騒動

京都に滞在中の信枚は、父為信の死後、早速、江戸へ下向し、同年十二月二十一日、幕府年寄衆の一人である安藤直次から跡目相続を正式に伝達された（「津軽編覧日記」弘前市立弘前図書館蔵）。それに異議を申し立てたのが、信建の子津軽大熊《おおくま》である。慶長十三年（一六〇八）五月、大熊は同じく幕府年寄衆の本多正信と正純両名へ訴状を呈し、自分は津軽家の正統な血筋を継承する「物領之筋目」だと主張し、叔父信枚への相続がなされると津軽が「庶子之国」になってしまうので、嫡孫承祖《ちゃくそんしょうそ》の原則を貫いてほしいと懇願した（「津軽旧記」前掲『青森県史』）。その後、津軽では信建の子飼いで大熊を擁立する新参家臣であった津軽建広らの勢力と、信枚を支持する津軽家譜代の家臣である高坂蔵人《こうさかくらんど》らとの争いとなり、慶長十四年一月二十五日、幕府年寄衆連署奉書が津軽年寄衆へ下され、津軽仕置は信枚に委任され建広らの津軽追放が決まった（「松野文書」前掲『新編弘前市史』）。二代藩主信枚の正式な誕生であった。ただ、信枚の治世の出発は、幕府の強力な後押しと津軽年寄衆つまり高坂をはじめとする門閥譜代層を支えとしたことから、この後、多くの火種を抱えることになったのである。

二、信枚による施政の展開

弘前藩の二代藩主となった信枚は、領内外の課題の解決に精力を傾注した。なかでも、幕府との関係には特に留意し、慶長十六年（一六一一）には、大御所徳川家康の側近の天海《てんかい》を介して、家康の養女満天姫《まてひめ》を娶って、徳川家との縁戚関係を築いた。家康死後は、いち早く元和三年（一六一七）に東照宮を城内に勧請した。そのほか、幕府から課せられた慶長十四年の下総国海上《うなかみ》郡銚子（現、千葉県銚子市）築港の普請役（「津軽家文書」国文学研究資料館蔵）や同十九年の大坂冬の陣への出陣も果たした。

（一）築城と城下町建設

信枚は、慶長十五年正月、高岡《たかおか》（当時の弘前の地名）への築城を決め、幕府検使の検分も済ませ、築城を開始した（「封内事実秘苑」前掲『新編弘前市史』）。石垣に用いる石材は、石切場のある長勝寺西南の石森や、兼《かね》平《ひら》山（現、弘前市）のほか、大光寺《だいこうじ》（現、平川市）、浅瀬石《あせいし》・黒石（現、黒石市）などの古館からも運搬した。

正保二年（一六四五）末の「津軽弘前城之絵図」（弘前市立博物館蔵）によれば、城内は各郭が堀によって区切られ、本丸・二の丸・三の丸（三の郭）・四の丸（四の郭）・小丸（北の郭）・西の丸（西の郭）からなる輪郭式の構造をもつ平山城《ひらやまじろ》であった。本丸には築城当時は五層からなる天守があったが、寛永四年（一六二七）の落雷によって焼失した。当地に築城を開始してのち、翌十六年に弘前城が完成し、堀越《ほりこし》（現、弘前市）から神社・仏閣、大小諸士屋敷、工・商の屋敷が当地に移転して、ようやく城下町の体裁が整った。

（二）初期お家騒動と移封問題

新たに建設された城と城下町において、慶長十七年、津軽大熊排斥に功があり、信枚擁立の立役者であった重臣高坂蔵人が反乱を起こして成敗された（高坂蔵人の乱）。信枚の小姓をめぐる衆道《しゅどう》のもつれから両者が対立し、高坂が藩主信枚に反旗を翻したといわれる（『津軽一統志』）。内実は典型的な初期お家騒動であって、近世的な支配機構の成立とそれに伴う藩主権力の強化に対して、戦国期以来の譜代有力家臣が不満を爆発させたものであった。

元和五年（一六一九）、福島正則の津軽への減転封《げんてんぽう》に伴って、信枚が越後へ転封されることになった。信枚は、いったんは国替えも止むなしと覚悟して、国元に越後への転封の準備を下命した（「津軽家文書」国文学研究資料館蔵）。しかし、北奥羽の情勢を勘案した幕府は、正則を津軽へ移した場合、津軽領内において百姓一揆が勃発し深刻な混乱が生じる恐れがあるのではないかと考え、最終的に正則は信濃国川中島へ移され、信枚の越後への転封は沙汰やみになった。

（三）青森開港

弘前藩の代表的な港町である青森は、中世以来、外浜《そとがはま》（現、青森市・東津軽郡の西側、津軽半島東部）と称された地にあり、陸奥湾に面して夷島《えぞがしま》との交易において重要な役割をもち、中世国家では異域として把握されていた。『津軽一統志』寛永二年（一六二五）五月十五日条によれば、信枚は、津軽から江戸への廻船運行を許可する、幕府年寄衆土井利勝と酒井忠世の連署奉書を拝領した。津軽から同藩江戸屋敷への御膳米《ごぜんまい》（江戸藩邸で費消する台所米）の廻漕を許可したもので、東廻り海運、すなわち太平洋海運への参加を促した。翌寛永三年（一六二六）四月、信枚は家臣の森山弥七郎へ黒印状を与えて、青森の町づくりを命じ、積極的な人寄せを行うとともに、十年間の年貢・諸役を免除する特権を与えた（『新青森市史』資料編3近世Ⅰ）。「封内事実秘苑」寛永三年条によれば、右の町づくりを下命したほかに、外浜中の商人船を青森へ集中させ、高岡の城下町と同様の特権を町人へ与え、六斎市（一カ月に六度の市）の開催を許可した。寛永六年（一六二九）十一月、重臣乾四郎兵衛と服部長門守両名は三カ条の定書を発給して、木綿・小間物の青森での売買の促進、青森への商船の集中と、商人を町人身分に確定する旨を令達した（「封内事実秘苑」）。青森町並びに同湊の発展を促進させようとの意図に基づいて出された定書であった。

（四）鉱山開発

信枚は、領内の鉱山開発にも熱心であった。元和九年（一六二三）宗岡弥右衛門宛の、信枚の領内鉱山開発に関する全十三カ条の金山定書《かねやまさだめがき》（個人蔵）は、領内の金銀鉛銅など非鉄金属鉱山の開発を山師の宗岡弥右衛門に一切任せるとした文書である。既存の鉱山の再開発、新たな鉱山の見立てと開発を宗岡へ全権委任しているのであり、宗岡へ開発の独占権を付与したと言っても過言ではない。その結果、多くの産銀を獲得し、領国貨幣の発行に至ったようである。寛永九年（一六三二）八月、成田左介が知行一〇〇石を拝領したことに対して、「次銀《なみぎん》」一貫目を礼銀として藩へ献上したという、成田左介宛の乾四郎兵衛・服部長門守連印黒印状（弘前市立博物館蔵）は、最も早い時期の領国貨幣「津軽銀」の記述である。次銀とは津軽領内で通用する領国貨幣であり、幕府発行の慶長金銀よりも低品位の貨幣であった。このように、信枚が推進した鉱山開発が奏功して、寛永期津軽領では、領国貨幣の発行・流通が可能な産銀量を継続的に供給・確保できるようになったことを、成田宛黒印状は物語っていよう。

おわりに

信枚の治世は成立期弘前藩にあって、基礎的な近世支配体制の構築期であった。築城や城下町建設、青森開港など、彼の数々の施策は幕府の支援と了解のもとに実施され、藩体制の整備は着々となされた。領内宗教勢力の支配統制も強力に推し進められ、城下町には領内の寺社が集住させられ真言五山の制など寺院統制の仕組みが作られ、各寺院はそれに編成された。

キリシタン統制に関しては、慶長十八年十二月（一六一四年一月）、江戸幕府が宣教師の追放とキリスト教の禁圧を実施し、命に従わない信徒を奥州外浜へ流刑に処しており、流刑先は津軽領であった。『日本切支丹宗門史』によると、津軽領内で元和三年（一六一七）にマチヤス等六人が火刑、寛永元年（一六二四）、津軽でキリシタン一四人が投獄、翌二年、高岡でトマス・スケザエモンが火刑、同五年、津軽で五人が殉教。そのほか同三年に高岡でキリシタン一〇人が処刑されたという（「松野文書」）。このように、信枚はキリシタン弾圧には躊躇した形跡がなくむしろ積極的であったとさえいえよう。このことから彼の棄教は、慶長十八年以前の、かなり早い時期であったと想定される（慶長十二年の跡目相続やその前後の天海との邂逅《かいこう》あたりの時期か）。幼少の時期に受洗し、キリスト教へ深く帰依した信枚は、過酷な弾圧者へと変貌したのである。

寛永元年、信枚は師事した天海から天台《てんだい》止観《しかん》の奥義を会得し、帰国後、求聞持《ぐもんじ》の秘法を修めたという（前掲『青森県史』）。天海を通じて奥義を究めるまでに天台宗へ転回した信枚は、本来、宗教への深い理解力の持ち主であった可能性がある。すでに棄教した彼が弾圧する側に立った場合、キリスト教への理解が深かっただけに、幕藩体制が危険な信仰として禁圧した同教への態度が厳しさを増したとも考えられよう。こののち信枚は、北奥の近世領主として着実な歩みをみせ、弘前藩の基礎を盤石なものとしたのである。

〈参考文献〉

石戸谷正司「津軽藩侯とキリシタン」（『弘前大学國史研究』一二号、一九五八）
長谷川成一「文禄・慶長期津軽氏の復元的考察」（同編『津軽藩の基礎的研究』国書刊行会、一九八四）
長谷川成一『北奥羽の大名と民衆』（清文堂出版、二〇〇八）

長谷川成一『郷土歴史シリーズ Vol 4 津軽信枚』（弘前市立博物館、二〇一七）
『新編弘前市史』資料編2近世編Ⅰ（弘前市、一九九六）
『青森県史』資料編近世一（青森県、二〇〇一）
『新青森市史』資料編3近世Ⅰ（青森市、二〇〇一）
『三藐院記』（続群書類従完成会、一九七五）
レオン・パジェス著 吉田小五郎訳『日本切支丹宗門史』（岩波書店、一九三八）

蜂須賀家政

須藤茂樹

はじめに

蜂須賀家政《はちすかいえまさ》が「キリシタン大名」だったと言うと、「本当ですか？　聞いたことがありませんね」という答えが返ってくることだろう。史料はあまり残っていないが、間違いなく「キリシタン大名」であった時期があったと断言できるのである。

本稿では、蜂須賀家政の一生と人物像を概観した後に、蜂須賀家政がキリスト教に入信した事実を物語る史料を紹介し、「キリシタン大名」としての一面について触れてみたい。

一、蜂須賀家政の人物像

蜂須賀家政は、永禄元年（一五五八）尾張国海東郡蜂須賀村（愛知県あま市）に生まれた。一茂、政家、可慶、茂成、秋長、宗一などと名乗った。通称は父正勝と同じ小六、彦右衛門尉、阿波守と称し、隠居後は蓬庵《ほうあん》と号した。

父とともに織田信長、ついで豊臣秀吉に仕えた。元亀元年（一五七〇）の姉川の戦いを皮切りに、天正三年（一五七五）の長篠の戦い、天正十年の山崎の戦い、天正十一年の賤ヶ岳の戦いなどの諸合戦で戦功を上げた。合戦での活躍の一方で、外交的手腕に長けた人物でもあった。天正十年から十三年にわたり毛利氏との間に行われた領土協定、いわゆる「中国国分」において黒田官兵衛尉孝高（後の如水）・父蜂須賀正勝とともに交渉にあたった。また、天正十三年（一五八五）の豊臣秀吉の四国平定戦においても孝高・正勝とともに戦い、かつさまざまな交渉にあたった。いわゆる「四国国分」においても応分の役割を果たしたのである。その功績により、阿波一国を宛行われ、領主としての一歩を踏み出している。天正十四年（一五八六）に正勝が死去すると、その跡を継承して九州出兵、小田原出兵、朝鮮出兵（文禄・慶長の役／壬申・丁酉の倭乱）などに従軍した。慶長五年（一六〇〇）九月の天下分け目の関ヶ原の戦いでは、阿波一国を豊臣秀頼に返上し、剃髪して蓬庵と号して高野山に登り、一方で嫡子至鎮《よししげ》を家康に付けて蜂須賀家の存続を図った。背景には、「家」の存続、徳川家との姻戚関係もあったが、石田三成との確執もあり、家康への接近を図るのは自然の成り行きであったともいえるのである。

蜂須賀家政像
（部分・中津峰山如意輪寺蔵・徳島市立徳島城博物館提供）

関ヶ原の戦いが、東軍（徳川方）の勝利に終わると、蜂須賀至鎮《よししげ》に改めて阿波一国が与えられた。家政は阿波国勝浦郡中田村（徳島県小松島市）に隠居した。慶長十九年（一六一四）の大坂冬の陣には、至鎮が徳川方として出陣し、博労《ばくろう》ヶ淵の戦いなどで大きな戦功をあげた。その結果、将軍徳川秀忠から感状が与えられ、松平姓が下賜された。また、至鎮の七人の家臣に徳川家康と秀忠から感状が与えられた。蜂須賀家に与えられた感状は、後に蜂須賀家の名誉として参勤交代の際に携行された。
大坂夏の陣で豊臣家が滅亡すると、蜂須賀家には淡路一国七万石が与えられ、徳島藩二十五万七千石が確定した。元和六年（一六二〇）に至鎮が三十五歳で死去すると、その子忠英《ただてる》が藩主の座に着いたが、わずか十歳であったため、家政は徳島城西ノ丸に入り、その後見役の地位についた。それ以降、忠英が元服する寛永四年（一六二七）まで家政は藩政を主導した。家政は、寛永十五年（一六三八）、波瀾に富んだ生涯を閉じた。享年八十一歳であった。仙台の雄、伊達政宗は家政を評して、「阿波の古狸」と呼んだといわれている（『名将言行録』）。

蜂須賀家政銅像
（徳島中央公園〈徳島城跡〉内）

蜂須賀家政の入信については、すでに結城了悟『キリシタンになった大名』の「蜂須賀家政」の項で詳しく述べられているが、同書に学びながら考察を加えてみたい。

二、一五九六年度年報に見える蜂須賀家政の入信

まず、一五九六年十二月十三日付長崎発信、ルイス・フロイスの「一五九六年度日本年報」の関連部分を引用してみよう。

或る領国（阿波国）の別な国主（蜂須賀家政）は、すでに洗礼を受ける覚悟でこう言った。自分の領地や生

命を失っても、その時にはキリシタン信仰を捨てない固い決心をもってキリシタンになる、と。彼は自分がキリシタンになったことを、異教徒の殿たちに気付かれぬよう十分に注意を払っていたが、我らの法についての熱意に燃え、それについて大いなる感情を込めて語り、機会があると我らのことについて話さないでいることはできぬほどである。つまり彼は、日本人の考えとは違って世界が球状であること、天体の運行のこと、日月蝕のこと、その他の天文学上の不思議な諸問題について議論し、更にこれらの長く続いた議論によって、ついには宇宙の創造主と支配のこと、我らと同じく死すべき人間であった神と仏のことについて議論した。そしてついに彼は、こう結論した。おお、日本人たちは救済の道から、いかに遠のいていることだろうと。

これらの対話によって一同は、少なくとも彼がキリシタン宗門に対する好意を退けていないと理解したものと言い得る。彼がキリシタンになる少し前に、娘は（前田）玄以法印のキリシタンである長男（前田秀以）と結婚した。彼女は以前はキリシタンの法を知っていなかったが、夫が洗礼を授かって以後は、彼女も同様な心を抱き始めたので、彼女も間もなくキリシタンになるため受洗するであろうと思われる。

このような経緯で、家政は洗礼を受けるに至った。

フロイスによれば、家政の入信は京極高知の影響によるという。家政三十八歳の時である。家政は全領地や生命を失っても信仰を捨てない覚悟でキリシタンになるという決心の一方で、キリシタンであることを思慮無く表明しない用心深いところもあった。しかし、教えには強い熱意を抱いて議論に参加した。世界は丸いこと、天体の動きや日蝕・月蝕など天文学上の諸問題、宇宙の創造主と支配のこと、死を免れない人間であるという神と仏の問題などについてである。

サン・フェリペ号事件（一五九三）と二十六聖人の殉教（一五九七）がおこり、キリシタンへの迫害が厳しくなった。家政の娘を室とした前田玄以の長男がキリシタンであったが、その三年後、玄以の怒りを買った時に家政は彼を阿波に引き取り、父の許しが出るまで滞在させた。

三、一六〇八年度年報に見える蜂須賀家政と阿波のキリシタン

蜂須賀家政在世中の慶長十三年（一六〇八）に、阿波出身のキリシタンであるディオゴ結城了雪が、神父とともに故郷阿波を訪れている。結城ディオゴ了雪は、天正二年（一五七四）阿波国に生まれた。祖父は足利将軍の弟、妹の祐賀は阿波公方（平島公方ともいう）足利義種の妻である。一五九五年イエズス会に入会した。「実直、仕事熱心」といわれ、布教に尽力したが、寛永十三年（一六三六）二月に大坂で穴吊りの刑で死去した。六十二歳であった。

ディオゴ了雪が阿波に下った時の阿波の領主は蜂須賀至鎮であった。その父家政は蓬庵と号し、勝浦郡中田村（徳島県小松島市）に隠居していた。家政は前述のように文禄五年（一五九六）に洗礼を受けたが、その後教会と連絡をとっていなかったようである。了雪は家政・至鎮父子に説教を行った。さらに了雪は阿波国平島（阿南市那賀川町平島）の地を訪れ、了雪の親戚にあたる阿波公方（平島公方）の足利義種に面談している。

一六〇八年度のイエズス会年報にはこの伝道の旅が記録されている。前掲結城了悟『キリシタンになった大名』やH・チースリクの『キリシタン時代の邦人司祭』（三木計男『ディオゴ結城了雪と阿波公方』）などを参考にみていきたい。

阿波には現在、キリシタンの古いのも新しいのも合わせて約百二十人が居住している。なかなか機会がなく、彼らの告解を受けられず、ミサにもあずからせられなかったが、今回前領主で現領主の父である阿波守（蜂須賀家政）の好意で、信者の告解を聴き、ミサを挙げ、彼らを信仰において強からしめるために一人の神父をそこへ派遣することになった。神父はそこのキリシタンから大きな喜びのうちに迎えられた。信者たちはみな告解し、棄教した何人かが立ち上がってデウスと和解し、彼ら自身も他の者もみなそれで大きな慰めを得て、彼らは新たに教義の説教を聴くようになった。ほかの者も多く、聖なる信仰のことをもっと深く把握し、またその周りの異教徒の質問にいっそうよく答えられるように、日本の諸宗派の教義を知るために説教を聴いた。教理をよく勉強した上で新しく洗礼を受けた大人は二十七人もいた。

神父と修道士結城ディオゴは阿波の出身であって、そこで親戚をもっているので、よく知られている結城ディオゴはそこの家政・至鎮父子に会いに行った時、二人と城中のすべての人から快く迎えられた。特に父家政は、以前に洗礼を受けていたので、神父と修道士を四回も自分の屋敷へ食事に招いた。またある時家政は教理の説教を聴きたいと言い、しかもそれは何人かの日本で権威をもつ重立った坊主《ボンゾス》たちの前でであった。彼らはあえて話をしようとせず、また修道士が我らの聖なる教えの真理と彼らの虚偽を証明した諸理由に対して反論しようともしなかった。家政はその時、この説教についてたいへん良い理解を見せた。すなわち彼がキリシタンとして生きることを怠ったのはすでに長い歳月であり、これから立ち上がってキリシタンらしく生活しなければならない、そして我らの聖なる教え以外には救いの道はないとはっきりわきまえており、かつまたすでに年をとっているから自分の霊魂について決算する時期が来ているなどということであった。その上に、家政は前の坊主たちの前で、彼らの聖なる教えとそれが基づいている真理と諸理由を賞賛した。

それから、今その国の統治を行い、やはり阿波守と称する彼の若い息子である蜂須賀至鎮も説教を聴きたいと望み、そのために修道士を呼ぶように命じた。彼も、彼と一緒に多くの貴族も注意深く聴き、修道士の話をよく理解した。すなわち修道士はまず第一に、日本の諸宗派に巧みに反駁《はんばく》し、次に宇宙万物の創造主の存在を数多くの理由で証明したが、居合わせた人々はみな大変満足していた。しかし、至鎮は駿河駿府の大御所徳川家康のところへ行く途中であったので（『阿淡年表秘録』慶長十三年二月条に記事あり）、その説教を続けることはできなかった。もう一度説教をすることはできなかったが、修道士が神父の代わりに別れの挨拶に行った時、彼に「仏法」――これは仏の教えの意味である――結城ディオゴの幾つかの箇所を渡した。彼はそれでたいへん満足しており、またの機会にもっと詳しい説教を聴きたいという希望をあらわした。至鎮の重立った家臣も五十人ほど、幾つかの説教を聴いたが、至鎮の意思をはっきり知らないうちに聖なる洗礼をあえて受けようとはしなかった。しかし、家臣たちは教理についてよい理解を示していたので、主君至鎮が許しを与えさえすれば、彼らは自分の望みに従って洗礼を受けるであろう。そればかりか、何人かがそれを約束し、そして年配の家政は家臣らの希望が叶えられるように息子の至鎮から許可をもらうことを引き受けた。また、家政は神父を招くつもりだ、その時までには実現するであろうと言った。

説教を聴いた人々の中には、もう長い年月のあいだそこに追放されている古い日本の公方、すなわち阿波公方もいた。結城ディオゴはその親戚にあたるので、阿波公方の屋敷へ行ったが、公方も説教を聴きたいと望み、そして結城ディオゴが説教で説明した真理に満足していた（一六〇九年三月十四日付ロドリゲス・ジランの書簡）。

おわりに

少ない史料からではあるが、蜂須賀家政・至鎮父子のキリシタン大名としての側面をみてきた。家政はキリシタン大名と考えてよく、子息至鎮もまたキリスト教に興味を示したことは明らかである。加えて、蜂須賀家の重臣たちも入信に積極的であったことや、阿波公方とその周辺における布教の状況が理解できたと考える。

なお、結城ディオゴ了雪とその縁辺の顚末については、『切支丹祐賀一件』（「近藤家文書」徳島県立文書館蔵）などの史料があり、三木計男氏の研究を参照されたい。また、家政棄教後の徳島藩領におけるキリシタン禁制、キリシタン取締りなどについては、小出植男氏『蜂須賀蓬庵』にまとめられているので、参照されたい。

〈参考文献〉

小出植男『蜂須賀蓬庵』（徳島県、一九一四）
松田毅一『キリシタン研究』第一部（創元社、一九五三）
三木計男『ディオゴ結城了雪と阿波公方』（私家版、二〇〇七）
三木計男『福者ディオゴ結城了雪を尋ねて』（私家版、二〇〇九）
結城了悟『キリシタンになった大名』（聖母の騎士社、一九九九）
『豊臣秀吉と阿波・蜂須賀家』（徳島市立徳島城博物館、一九九七）
『蜂須賀三代 正勝・家政・至鎮―二五万石の礎―』（徳島市立徳島城博物館、二〇一〇）
松田毅一監訳『十六・七世紀イエズス会日本報告集』第一期第二巻（同朋舎出版、一九八七）

宗 義智——キリシタンとなった対馬領主——

鳥津亮二

はじめに

宗義智（一五六八～一六一五）は、激動の中・近世移行期を生きた対馬の領主である。その名は、朝鮮侵略戦争（文禄・慶長の役）前後の対朝鮮交渉におけるキーパーソンとして著名であり、特に対外関係史研究において多くの研究が積み重ねられている（中村 一九六九、田中 一九七五、田中 一九八二、荒野 一九八八など）。

宗義智像
（部分・万松院蔵・対馬市教育委員会提供）

その義智も、一時的ではあるがキリシタンとなった。そのことは同時代の日本側史料はもちろん、近世に編纂された記録類などにも記されていない。しかし、フロイスの『日本史』などが伝えるところによれば、確かに義智はダリオという洗礼名を持つキリシタンであった。それでは義智はなぜキリシタンとなったのか。彼にとってキリスト教への接近はどのような意味を持ったのか。本稿は、これらの問題について、義智の前半生を概観しつつ考えていきたい。

一、秀吉と朝鮮との間で

朝鮮半島の近く、耕地が少ない対馬において、宗氏は代々、朝鮮との交易を主要な経済基盤として権勢を維持していた。このような環境の中、義智は宗将盛（一五〇九～七三）の五男として永禄十一年（一五六八）に生まれた。このときの領主は兄・茂尚（一五四七～六九、将盛二男）であったが、茂尚は病弱のため、永禄十二年（一五六九）に弟の義純（?～一五八〇、将盛三男）に家督を譲渡した。しかし、義純も天正七年（一五七九）に隠退した。このとき家督を継承したのが義純の弟にあたる義智である（以上、『寛政重修諸家譜』）。

義智は初め彦三・彦七と称し、天正五年（一五七七）に足利義昭から一字を与えられ昭景を名乗っていたが、家督継承時は弱冠十二歳。そのために、隠居していた宗義調《よししげ》（一五三二～八八）が補佐役となり、対馬島内の政務にあたった。縁戚関係上、義調は義智の甥にあたるが、義智より三十六歳も年上で、かつて天文二十二年（一五五三）から永禄九年（一五六六）まで守護の地位にあった重鎮であった。

こうして対馬にあった義智・義調らの運命を大きく変えたのが、豊臣秀吉の九州平定である。天正十四年（一五八六）四月、宗義調は秀吉に音信を送るが、その返書の中で秀吉は、自ら出陣しての九州平定の意向に加え、朝鮮（「高麗国」）への派兵の際には忠節を尽くすよう通告した（天正十四年六月十六日付宗讃岐守宛豊臣秀吉書状、「宗家文書」）。朝鮮との交易活動に大きく依存していた宗氏にとって、この秀吉の意向はまさしく青天の霹靂《へきれき》であった。

翌天正十五年（一五八七）、大軍を率いて九州に進軍した秀吉は、五月に薩摩川内に到達して島津氏を屈服させる。義調はその陣所に重臣柳川権助（調信《しげのぶ》）らを派遣したが、その際にも秀吉は改めて朝鮮派兵の意向を示し、その準備にあたるよう要求した（天正十五年五月四日付宗義調宛豊臣秀吉朱印状、「宗家文書」）。そして、義調と義智は同年六月七日に筑前筥崎へ出向き、帰洛途上の秀吉に拝謁し、対馬一円の所領安堵を受けることができた（天正十五年六月十五日付宗義調・義智宛豊臣秀吉所領安堵状、「宗家文書」）。しかし、これと同時に、秀吉は朝鮮国王を参洛させるよう要求した（天正十五年六月十五日付宗義調・義智宛豊臣秀吉書状、「宗家文書」）。これは宗氏にとってあまりにも無理難題であった。

かといって、秀吉の指示を拒むこともできない義調たちは、どうにか事態を打開するべく、同年九月、家臣の柚谷康広を朝鮮に派遣し、「朝鮮国王の参洛」という秀吉の要求を「日本の新国王に対する通信使派遣」の要求にすり替えて交渉にあたらせた（中村　一九六九）。しかし、朝鮮側は「水路迷昧」を理由にこれを拒絶した。そして交渉は膠着《こうちゃく》状態に陥り、宗氏が秀吉と朝鮮王朝との間で板挟み状態となる中で、大黒柱である義調が天正十六年（一五八八）末に急逝した。当時二十一歳の義智は、この難局を一人で乗り越えていかなければならなくなった。

二、小西行長との対朝鮮交渉

この対朝鮮交渉の過程で、義智が関係を深め、親密になったのが小西行長である。行長は秀吉の天下統一戦争において、主に兵站の海上輸送を担当して秀吉の信頼を獲得し、天正十五年（一五八七）の九州平定後には九州北部沿岸地域の「すべての殿たちに及ぶ、一種の監督権」が与えられた人物である（一五八八年二月二十日付フロイス書簡、『報告集』第三期第七巻）。先述した天正十五年五月四日付秀吉朱印状においても「小西日向守申すべく候也」と記され、このとき以来行長は、宗氏を監督し、秀吉の命を伝達する取次役を務めることとなった。

その直後、行長は義調に宛てて書状を送っているが（天正十五年五月八日付宗義調宛小西行長書状、「宗家文書」）、その内容は主として対朝鮮問題の速やかな遂行指示であり、「交渉が遅れるようだったら軍勢を対馬に差し向ける」と述べるなど、まさしく取次役として秀吉の「御内証」を伝達するものであった。さらに別の書状では、義智に対して「御用何事にても御隔心無く仰せ付けらるべく候」とも述べている（天正十五年九月二十九日付宗義智宛小西行長書状、「宗家文書」）。しかし、先述したように義調・義智による朝鮮との交渉は一向に進展せず、次第に行長自身も焦りはじめる。宗氏による対朝鮮交渉の停滞は、秀吉に取次役たる行長の失態と見なされかねない。行長もまた秀吉と宗氏との間で完全な板挟み状態に陥ったのである。

天正十七年（一五八九）三月、ついにしびれを切らした秀吉は、義智に対して朝鮮国王の参洛遅延を責める書状を送る。さらに、義智自身が朝鮮に赴き、この夏までに国王参洛を実現させるよう厳命し、実現できなければ小西行長・加藤清正に九州の軍勢を率いさせて朝鮮へ渡海させると通告した（天正十七年三月二十八日付宗義智宛豊臣秀吉朱印状、「宗家文書」）。

この直後の同年五月初旬、行長は博多に滞在している（『宗湛日記』）。ついに窮地に追い込まれた義智は、おそらくこのタイミングで、今までの朝鮮との交渉の実態を行長に「御隔心無く」打ち明けたと考えられる。そして、少しでも交渉を進展させて秀吉に対する面目を保ちたい行長も、義智による要求すり替え交渉の方針を承諾した。こうして義智は、博多聖福寺の僧景徹玄蘇と、行長が自らの代役として随行させた博多の商人島井宗室とともに、同年六月朝鮮に渡海した（天正十七年十一月八日付浅野長政宛小西行長書状写、『武家事紀』）。八月に漢城で朝鮮国王に拝謁した義智らは、実際に、国王参洛という秀吉の要求を、通信使派遣要求にすり替えて交渉を実施し、最終的には朝鮮側からの通信使派遣決定を得ることができた。そして、行長はこれを国王服属の使者として秀吉に報告したのである（鳥津 二〇一〇）。

翌天正十八年（一五九〇）三月、義智は朝鮮使節団を伴って漢城を出発した。四月末に対馬に到着して約一ヶ月ここに滞在するが、このとき義智は、島井宗室に対して「生中へち儀（別儀）あるまじき事」「宗室申聞せらる丶儀、いさ丶か之儀も他言あるまじき事」などを誓う起請文を送っている（天正十八年五月三十日付島井宗室宛宗義智起請文、「島井文書」）。こうして義智は、自らの死活問題である対朝鮮交渉の内情を知る者同士の結束強化を図ったのである。

三、行長娘との結婚、そしてキリシタンに

これと同時期の天正十八年（一五九〇）、義智は行長の娘マリアと結婚した。このことについてフロイスは「この屋形（宗義智）は日本人で、関白に従属していたので、（関白）は彼と関係を保ち、その援助を得るために、彼にアゴスチイノ津の守殿（小西行長）の娘マリアを娶らせた」（『日本史』第三部四六章）と記している。確かに対朝鮮交渉の鍵を握る義智と、豊臣政権の監督担当者たる行長との間の縁談であるから、最終的には秀吉の了承を得た上でのことであろう。しかし、先述した対朝鮮交渉の重要局面というタイミングから考えると、元々この結婚は義智と行長が連携してこの難局を乗り越えるべく、互いの結束強化のために画策した「政略」

の可能性が高い。このとき義智は数え年で二十三歳。マリアの年齢は父・行長が三十三歳であることからすると、おそらく十代前半ぐらいであろう。こうして、義智はわずか十歳しか違わない行長の娘婿となり、血縁的紐帯を深めたのである。

マリアは父・行長の影響からか「きわめて善良なキリシタン」であり、対馬に赴く際には「自分に仕えるキリシタンの下男や下女を伴った」。そして、天正十九年（一五九一）初頭、義智は京都へ旅立つ際にマリアから「好都合にも（目下）都には巡察師（ヴァリニャーノ）が（インド副王の）使節として滞在しておられ、同師父は（キリシタンの）教えを説くことができる修道士を伴っていることだから、是非ともキリシタンとなって帰国していただきたい」と要望され、義智は「大いに妻を愛していたので、彼女の言葉に完全に従うように努力した」という（『日本史』第三部四六章）。実際に、義智は上洛途中の播磨室津でヴァリニャーノに面会して「ごく親しい間柄」となり（『日本史』第三部一三章）、「極秘のうちに（受洗した）」（『日本史』第三部四六章）。

しかし、義智のキリスト教への改宗は、マリアの影響のみではなく、行長の意向も色濃く反映されている。そもそも、行長はこの結婚について、マリアが「キリシタンのままであることを容認するとの条件」を義智に付していた。その理由は「そうすれば彼（義智―著者注）もキリシタンとなる時もあろうから」であったという（一五九九―一六〇一年日本諸国記、『報告集』第一期第三巻）。小西家は行長の父・立佐以来、イエズス会に接近することで独自の政治的地位を獲得してきた一族である（鳥津 二〇一四）。したがって、娘婿となった義智を改宗へと誘導するのは、行長にとって当然のことであった。

しかも当時、秀吉は天正十五年（一五八七）に発令した伴天連追放令を解く気配を見せず、キリシタンにとってはまさしく冬の時代であった。その状況にあって義智は「関白にそれを気づかれて所領をやすやすと奪われてしまうようなことがないよう気を配り」、秀吉の意向に反するとわかっていながらも洗礼を受けたので

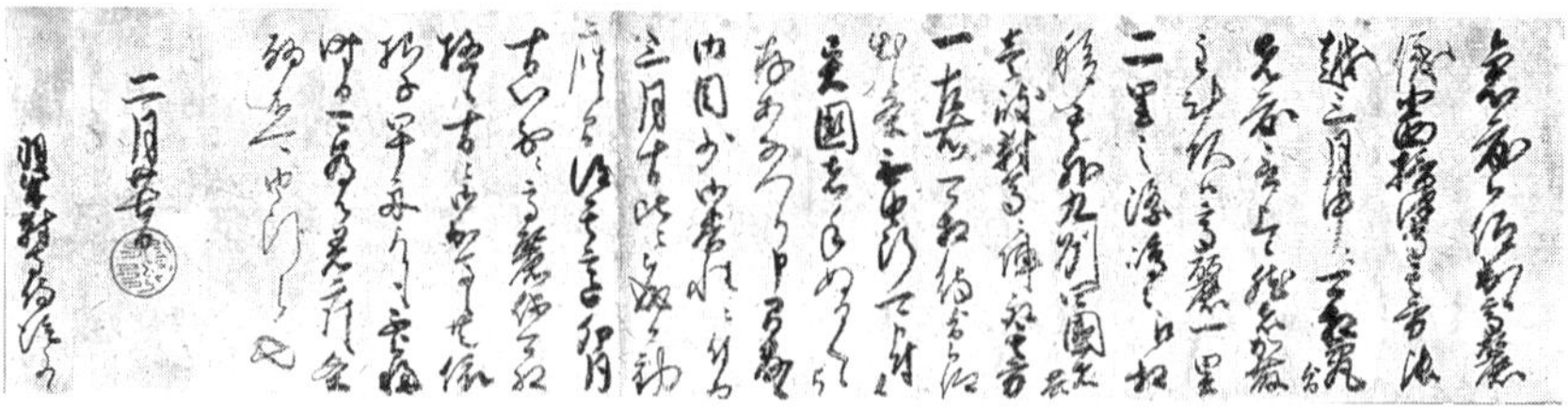

宗義智宛 豊臣秀吉朱印状（堺市博物館蔵）

ある。さらに義智は、「この（関白による）迫害が終熄《しゅうそく》したならば、（自）領を挙げてキリシタンにする」意向をも示すが、それを約束した相手はほかならぬ「アゴスチイノ（行長）」であった（『日本史』第三部一三章）。

豊臣政権の取次役、そして共に対朝鮮交渉にあたり、さらには義父でもある行長は、義智にとって当時最も関係を強め、信頼を得るべき人物であった。そのための政治的手段がキリスト教への改宗とイエズス会への接近であり、義智は秀吉の意向に反する行為と知りながらも、それを選んだのである。

その後、キリシタンとしての義智の姿がうかがえるのは、朝鮮出兵中の文禄二年（一五九三）末、行長や義智らの拠点である熊川陣中を訪問した宣教師セスペデスの書簡である（『日本史』第三部五一章）。これによれば、「アゴスチイノの娘婿ダリオ対馬殿」は「妻のマリアから贈られた河馬《かば》の皮で作られた美しいコンタツ（ロザリオ）を首にかけ」ており、家臣たちへ洗礼を授けるようセスペデスに要請し、義智の甥や身分の高い家臣たち三十名余りが受洗した。さらに義智は「自国（対馬）に司祭たちを迎えることを切望し、日本軍が（朝鮮から）引き揚げた暁には、司祭はなんら妨げられることなく安全にその国に滞在でき、誰も彼を拒む者はいない。すでに六十名もの重立った人々が受洗しているので、国を挙げてキリシタンとなるのに困難はなく、先にキリシタンとなった者は、きわめて（信仰に）熱心で、その妻子や家族が洗礼を受けることを希望している」と述べたとされる。

これを見る限り、義智は熱心なキリシタンとなり、領内布教にも積極的な姿勢を示しているように見受けられるが、注目すべきは、この義智の様子を真っ先に歓迎したのが行長だったことであり、セスペデスは義智の行動と発言を記した直後に「アゴスチイノは、以上（述べたような）成果を見て、非常に喜びました」と述べている。このことも、キリシタンとしての義智の行動が、義父行長への政治的配慮に基づくことを象徴しているのではないだろうか。

四、慶長五年、マリアとの離別

義智のキリスト教への接近は、実際に対馬にも影響を及ぼしたのであろうか。当該期の日本側史料でそれを示すものは管見の限り見当たらない。むしろ、慶長五年（一六〇〇）二月二十八日に、代々琴崎大明神の祭祀を司る「きんさきミやうふ（琴崎命婦）」に対して、先例どおり「ミやうふ職」を務めるよう重臣柳川調信が命じているように（「対馬米田家文書」）、この時期に従来の宗教政策を大きく変化させたような形跡は認められない。

一方、イエズス会の記録には、対馬とキリスト教に関する記事が二つ確認できる。第一は文禄二年（一五九三）末の宣教師セスペデスによる布教である。セスペデスは、先述した熊川訪問の直前、対馬に「十八日間ほど滞在」した際、義智の重臣四人を含む二十名の家臣に洗礼を授けた。さらに「鰐浦《わにうら》港」（現対馬市上対馬町）に滞在した際には、「アゴスチイノの娘で対馬侯の奥方であるマリア」の書状を携えた「同地にいて付近の港を統治している役人」から厚遇を受け、やがて彼にも洗礼を授けている（『日本史』第三部五一章）。

第二は、慶長五年（一六〇〇）、義智上洛の留守中に妻マリアが出産に伴い、告白のため巡察師ヴァリニャーノに司祭派遣要請をしたことである。これにより、司祭と修道士各一名が対馬に派遣され、二ヶ月間で「三百人以上が受洗した」。そして、帰国した義智も司祭たちを厚遇し、義智はヴァリニャーノへの返礼の書状の中で「その島に建設を決心している教会堂の設計」を依頼したという（一五九九―一六〇一年日本諸国記、『報告集』第一期第三巻）。

このように、義智がキリシタンとなったことで、対馬においてキリスト教布教の道が拓かれたことは事実であろう。しかし、これら二つの記録を見てもわかるように、実際に対馬での布教に力を注ぎ、主体的に行動していたのは義智ではなく妻マリアであった。義智はそれを許容し、イエズス会の活動に協力姿勢を見せたものの、結果的にはそれも長続きすることはなかった。

慶長五年（一六〇〇）九月の関ヶ原合戦によって行長は捕縛され、十月に刑死した。この一連の戦乱の中で、義智は行長と共に西軍に与していたが（『寛政重修諸家譜』）、朝鮮との国交回復交渉のキーパーソンであることが考慮されたのか、最終的に家康から咎めを受けることはなかった。

そしてこのとき、義智は行長の娘である妻マリアを離縁して長崎に退去させたのである。「なぜなら（小西）アゴスチイノの娘婿であるこの小国主は、己が義父（アゴスチイノ）が極刑にされたことを知ると、夫人との関係で自分が何か大きな不幸に遭うよう強いられはせぬかと恐れた」からであった（カルヴァーリュ一六〇〇年度日本年報補遺、『報告集』第一期第三巻）。

もともと「政略」によってなされたマリアとの結婚は、皮肉なことに家康との政治的関係を重視した義智自身によってあえなく終焉を迎えた。そしてこれを機に義智は棄教したようで、これ以降、キリスト教徒としての義智の姿はイエズス会の記録においても確認することはできない。

なお、長崎に送られたマリアは「そこで隠遁し、世俗のことを遠ざけて、髪を切り、貞潔の誓願を立て、以後、きわめて模範的な生活を送り」、慶長十年（一六〇五）に死去した（「一六〇五年の諸事」、『報告集』第一期第五巻）。また、マリアが慶長五年（一六〇〇）に産んだ子を、寛永元年（一六二四）にイエズス会に入会し、寛永二十一年（一六四四）ごろに殉教を遂げた司祭・小西マンショと同一人物とする説があるが（チースリク二〇〇四）、真相は明らかではない。

おわりに

巡察師ヴァリニャーノは、文禄元年（一五九二）に記した「日本諸事要録補遺」の中で婚姻における宗教の相違の問題に触れ、「聖パブロが言ったように、信者である妻によって未信の夫が改宗し救われ」ることがあり、その例として「アグスティン（摂）津守殿が娘（マリーア）を異教徒たる対馬の屋形（宗義智）に嫁せしめ、この者が妻やアグスティンとの接触によって結婚一年後にキリスト教徒になった」ことを挙げている。おそらく義智の改宗は、イエズス会にとって誇るべき成果であったに違いない。

しかし、ここまで述べてきたように、義智にとってマリアとの結婚は、対朝鮮問題を乗り切るべく、行長との結束を強めようとした「政略」に他ならなかった。そして、その延長線上に位置づけられるキリスト教改宗も、義智にとっては「政略」の一環だったのである。したがって、慶長五年（一六〇〇）の行長の死により、「政略」のメリットが失われたことで、義智がマリアとの婚姻解消とともにキリスト教棄教の道を選んだのは、必然的な結果といえよう。それもまた、対馬という地理的環境の中で領主権を維持しつつ、新たに家康との関係を強めようとする義智の主体的な行動であった。

〈参考文献〉

荒野泰典『近世日本と東アジア』（東京大学出版会、一九八八）
田中健夫『中世対外関係史』（東京大学出版会、一九七五）
田中健夫「宗義智―離島の勇将―」（同『対外関係と文化交流』思文閣出版、一九八二）
H・チースリク「小西マンショ」（同『キリシタン時代の日本人司祭』教文館、二〇〇四）
鳥津亮二『小西行長―「抹殺」されたキリシタン大名の実像』（八木書店、二〇一〇）
鳥津亮二「小西立佐と小西行長―秀吉側近キリシタンの一形態―」（中西裕樹編『高山右近　キリシタン大名への新視点』宮帯出版社、二〇一四）
中村栄孝『日鮮関係史の研究』中（吉川弘文館、一九六九）
『寛政重修諸家譜』第八（続群書類従完成会、一九六五）
「島井文書」（福岡市博物館展覧会図録『博多の豪商島井宗室』一九九七）
「宗家文書」（武田勝蔵「伯爵宗家所蔵豊公文書と朝鮮陣」『史学』第四巻第三号、一九二五）
「対馬米田家文書」（『上対馬町誌』史料編、上対馬町、二〇〇四）
『武家事紀』中巻（山鹿素行先生全集刊行会、一九一八）
『宗湛日記』（『茶道古典全集』第六巻、淡交社、一九五八）
『日本史』…松田毅一・川崎桃太訳『フロイス日本史』二（中央公論社、一九七七）
『報告集』…松田毅一監訳『十六・七世紀イエズス会日本報告集』第一期第三巻・第五巻、第三期第七巻（同朋舎出版、一九八七～九四）
「日本諸事要録補遺」（松田毅一訳『日本巡察記』平凡社、一九七三）

寺沢広高

安高啓明

はじめに

本論は、唐津領主時代を起点に、キリシタン大名から棄教して、弾圧に転じた寺沢広高の事績について紹介するものである。キリシタン大名として、そして弾圧者としての寺沢をイエズス会はどのように認識していたのか。そして、寺沢のキリスト教観およびキリシタン大名としての動的傾向についても寸見する。

天文十八年（一五四九）、フランシスコ・ザビエルが鹿児島に上陸して以降、多くの宣教師たちによりキリスト教が布教されていった。日本にキリスト教の種をまいたザビエルは、来航する前にインドに滞在しており、ここで日本での布教の成果を挙げるべく、次の点に注目している。

ひとつは、日本人は知識欲に富み、道理に動かされる国民であること。そして、日本国王（天皇）は中国の国王と親交があり、今後の中国布教の可能性を秘めていること。さらに、固有信仰が神道と仏教であり、回教の影響が全く及んでいないことであった（『長崎県史』対外交渉編）。現実としては、国王に対する認識の誤りや、国土が大名によって分国支配されていたことなどの誤算があったものの、結果として、西国を中心にキリシタン大名と称される領主を創出した。

キリシタン大名の誕生は、布教活動に連動する南蛮貿易での利益が後押ししたことはいうまでもない。そのため、豊臣秀吉が禁教の意向を示したことによって棄教するキリシタン大名も多くみられたが、本稿で取り上げる唐津城主寺沢広高はその一人である。つまり、ザビエルが描いていた布教の成果とは、一線を画した実態が繰り広げられていたのであった。

一、出自と唐津支配・長崎奉行就任

寺沢広高の事績について簡単に紹介しておこう。『寛政重修諸家譜』第十一によれば、永禄六年（一五六三）に尾張国に生まれ、豊臣秀吉に仕えて肥前国唐津の六万石を拝領すると、天正十七年（一五八九）に従五位下志摩守に叙任される。朝鮮出兵にあたっても軍功を挙げたことから、慶長三年（一五九八）に筑前国怡土《いと》郡の二万石を加増されている。関ヶ原の戦いにあたっては大谷刑部少輔吉継を退けると、慶長六年（一六〇一）に肥後天草郡の四万石を受け、計十二万石を治めた。寛永三年（一六二六）に従四位下となり、同十年四月十一日に死去している。これにともない家督を継いだのが、広高の次男にあたる堅高で、島原・天草一揆に出陣したことでも知られる。

寺沢広高は、唐津城はもとより、加増された天草の地にも富岡城を築造している。富岡築城は、慶長七年（一六〇二）から着手され、三年の月日を経て完成したが、ここには城代を配して遠隔地支配を行った。また、本領では松浦川の改修や虹ノ松原の防風林植樹、新田開発といったように、治水事業と農地開拓を推進している。このなかでも、松原の保護育成に尽力し、寺沢の思い入れが特に強かった七株については、厳重

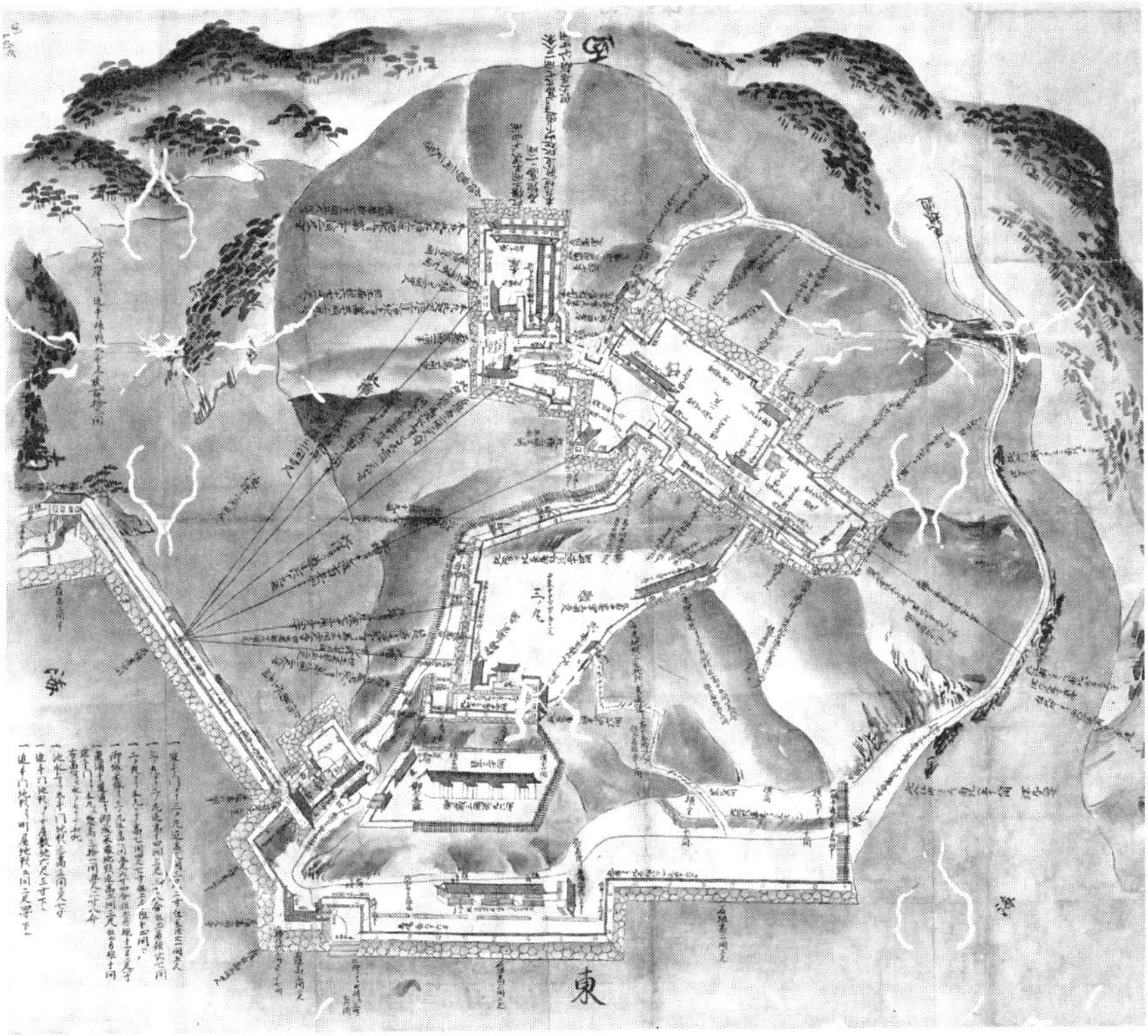

肥前甘草富岡城図（部分・国立国会図書館蔵）（同館ウェブサイトから転載）

な管理をしていた。これに傷をつけた者があったら重罪に処すといった布達までしていたようである（『唐津市史』）。

文禄元年（一五九二）、唐津城主兼帯の長崎奉行に就任する。この頃、九州域の動向をみると、天正十五年（一五八七）に博多筥崎で、豊臣秀吉が五ヶ条からなる伴天連追放令を発布し、日本は神国であり、キリスト教は邪法であると明示し、伴天連たちに二十日以内の国外退去などを命じた。その翌年には、イエズス会に寄進されていた長崎が収公され、公領となっている。こうした豊臣秀吉による一連のキリシタン政策を、寺沢広高は長崎奉行として担うことになる。しかし、寺沢自身は長崎に赴任しておらず、専ら家臣を派遣して職務にあたらせていた。実質的には、長崎頭人（後の町年寄）が長崎の自治運営にあたっている。長崎は秀吉による収公後、天正十六年（一五八八）から慶長十九年（一六一四）まで、豊臣氏の御料所となっており、この時に長崎奉行を命じられた寺沢広高は、豊臣秀吉の意向を受けながら支配にあたっていたのである（『長崎市史』風俗編）。

この間、寺沢広高はキリシタン弾圧を命じられている。例えば、文禄二年（一五九三）、豊臣秀吉はスペイン総督使節で通訳のファン・デ・ソリスの中傷を理由として、長崎の岬《みさき》にあったイエズス会の教会と修院の破壊を寺沢広高に命じている。これは、寺沢が前年に長崎奉行に就任していたためであり、その任に忠実にあたったのである。

二、キリシタン大名時代

寺沢広高には、かつてキリシタンだった時代がある。イエズス会副管区長が文禄三年（一五九四）から翌年十月までの間に授洗してキリシタンになったといわれ、その後、再び迫害者に転じたようである（松田一九七五）。慶長元年（一五九六）には京都・伏見に滞在していた司教ペドロ・マルティンスを出迎えるために船を出すなど、キリシタン大名としての行動の一端が知られている。

寺沢広高はキリシタン弾圧を行っていながら、イエズス会を支援する立場のキリシタン大名となり、豊臣秀吉の意向を受けて再び弾圧側に転じている。高山右近のような信仰を貫いたキリシタン大名がいた一方で、寺沢には深い帰依の姿勢はみられない。しかし、一五九五年（文禄四）のイエズス会報告書（『十六・七世紀イエズス会日本報告集』第Ⅰ期第2巻）には、有馬晴信や大村喜前と並んで、「寺沢（広高）殿」彼がキリシタンとなったことを、デウスに感謝する」とあり、その報告書からは〝キリシタン大名〟寺沢広高を歓迎しているイエズス会の様子が看取される。

同じ報告書によれば、一五九五年に、長崎地方で洗礼を授かった者は四一二名あった。ここには寺沢も含まれており、その受洗については次のように記されている。

長崎地方で洗礼を授かった者は四百十二名であったが、その中に寺沢（広高）殿がいた。彼の改宗がキリシタンのことを弘めるのにどれほどの力があったかは、別に彼について記されたことから容易に理解できるであろう。彼の改宗に際しては、聖なる福音の効果がいかに大きく、また彼の改宗に際して目立っていた、このひとつの原理（キリストの福音）によって、他の人々について今後どれほど期待すべきであるか確かに明瞭に現れている。なぜなら（寺沢広高殿）は二十七歳という若者盛りであり、そのような年齢は若者たちを欲望の誘惑によって極端な生活に走らせるのが普通であるのに、福音に反するものをまったく取り除いたからである。また（寺沢広高殿）は日増しに、太閤様から新しい栄誉をもって高められているが、われらの聖なる信仰を守ることによって、己が身をすべての運命の危険に曝してはいるものの、いつかはすぐれた徳によって飾られ、よりいっそう齢を重ね年齢に応じて一同のもとでのより大いなる権威がともなうという豊かな収穫をもたらすであろう。彼はそういう効果的なデウスの恩恵のもっともあきらかな印を示している。

これによれば、寺沢広高の受洗という出来事は、イエズス会から非常に好意的にとらえられている。それは布教活動にあたっての期待からであって、年齢の若さと人格はもとより、秀吉からの寵愛を日増しに強めていることも、今後の布教の展開に有効と考えられていたようである。また、信仰面においても福音に沿った生活をおくっており、今後の徳と権威をデウスの恩恵によって授かることになるであろうと記されている。イエズス会は寺沢広高を、福音による人格形成の成果として位置付け、日本での今後の布教にあたっての重要人物とみなしていたのである。

これ以降の寺沢広高については、慶長二年（一五九七）のイエズス会報告書「二十六殉教者報告」（『十六・七世紀イエズス会日本報告集』第Ⅰ期第3巻）などに詳しい。例えば寺沢は天皇に対して、イエズス会の司祭たちは少人数のため、地方を布教するには不十分であり、静穏であると報告する書状を出しており、あわせて、寺沢自身も「福音の布教が進展しないようにとあらゆる努力をはらっている」と言及している。つまり、キリシタン禁制を徹底している旨を伝えているのであるが、寺沢広高がこのような書状を書いた理由をイエズス会は次のように理解している。

この頃、フランシスコ会の司祭が勝手に説教や洗礼を授けており、その事態を天皇が知ったら、イエズス会にも損害が生じる。そこで「我らに対して抱いていた友情から、我らに切迫している危険を避けようと努めた」と評価している。そして、フランシスコ会の司祭に対して、振る舞いを反省するようにと忠告したものの、それがみられなかったことから、上記のような書状を認め、結果として天皇の前で読み上げられたのだと結んでいる。フランシスコ会の行為が、キリスト教界によるものと日本側に把握されることに対してイエズス会は危惧している。そして、その誤解を解消するため交渉する寺沢広高を依然として好意的な存在ととらえ、寺沢の加護のもとで活動できる環境が整えられていると認識していることがわかる。

また、一五九八年度年報（『十六・七世紀イエズス会日本報告集』第Ⅰ期第3巻）でも、イエズス会と寺沢は、友好関係を保っていることを確認できる。同年、二人のフランシスコ会の托鉢修道士が乗っていた船が日本の海岸に漂着する事件が起こる。すると、寺沢は朝鮮出兵中にもかかわらず長崎に派遣していた家臣に事の詳細を求めている。これをイエズス会は「寺沢殿は、自分自身も、他のキリシタン諸侯も今回の事件によって何らかの災厄に巻き込まれることがないようにするため」と認識しており、また、外国人宣教師が日本の侵略を企てていると思っていた秀吉への対処でもあったと結論付けている。

さらに、イエズス会副管区長のペドゥロ・ゴーメス自身も寺沢のもとへ使者を送り、「キリシタン諸侯や長崎その他の地のキリシタン信徒が、生命と財産の危機に陥ることがないように取り計らってもらいたい」と懇願するなど、先の事件はまさにイエズス会にとって危機的状況に追い込まれるものだった。寺沢自身もこの請願を受け入れはしたものの、フランシスコ会士を捜索し、身柄を押さえたらフィリピンへ送還するよう指示を出している。

豊臣秀吉のもとで、そして徳川家康への統治機構の移行にともなって、寺沢は彼らの意向に添った形で、キリシタンに柔軟な姿勢を示しているようにも感じる。例えば、慶長六年（一六〇一）に天草に入部すると、志岐にガルシア・ガルセス神父、上津浦・大矢野にマルコス・フェラーロ神父の居住を許可している。しかし、大矢野の教会は加藤清正勢によって破壊されると、寺沢広高も志岐・上津浦以外の住院を警戒して破壊したとされる（五野井二〇一四）。

以上のことから、寺沢はキリシタンに対して一貫性のない対応をみせていることがわかる。そこには、キリスト教への強い信仰心は感じられず、政治的な言動に終始している。こうした姿勢が、イエズス会との今後の関係にも影響を及ぼすことになったのである。

三、棄教、そして弾圧者として

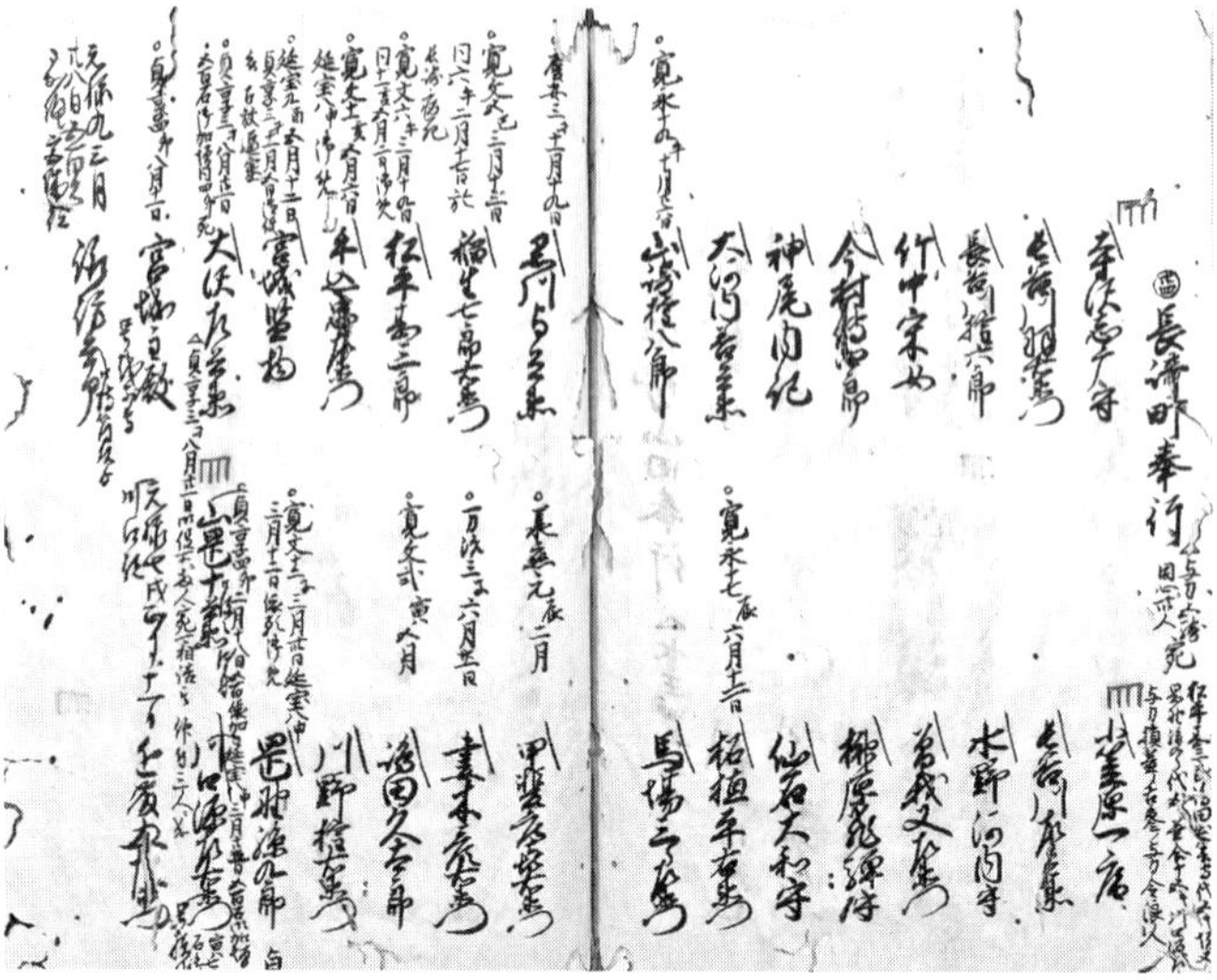

『武家仕官継録』（個人蔵）
「長崎町奉行」欄の1行目上段に、「寺沢志摩守」（広高を指す）の名がみえる。

キリシタン大名としての事績については、先に取り上げた通りであるが、一連の行為はキリスト教を保護するばかりではなかったことを示した。そこには、豊臣秀吉や徳川家康の意向をくみとりながら、順応していた政治的な姿があった。そこで、以下、禁教に転じた頃の寺沢広高の様子についてみていきたい。

一五九八年度年報によれば、イエズス会へ危害が加えられないように寺沢広高が一定の配慮をしていたことは前述した通りである。このことはイエズス会も理解しているところであり、若くして影響力をもち、秀吉とも良好な関係にあった寺沢への期待通りの対応だった。しかし、一五九九年度年報（『十六・七世紀イエズス会日本報告集』第I期第3巻）をみると、こうした両者の関係が微妙に変化している。

これまではイエズス会のために尽力している様子がつづられていたものの、「寺沢広高殿はイエズス会の人々に対して、ほとんど平静さを失っている態度を示した」と非難するようになっている。さらに、イエズス会が天草の志岐に司祭館を再建しようとしたことに対して、「寺沢広高殿は、特に彼の命令なしに私がオルガンティーノ師を都へ派遣したことで、これを理由に我らを手こずらせた」ともある。寺沢広高がこうした態度に出たことをイエズス会も分析しており、それは自身の長崎奉行職の進退に関わるためと認識しているようである。

そして、イエズス会は長崎のキリシタンたちにふりかかるであろう災難を危惧していた。そこには、寺沢広高が自身の家臣や長崎の頭人たちへ、キリシタンへの強硬な姿勢を伝えていたことがある。こうした態度を軟化させるために、小西行長に書簡をしたためたり、さらには寺沢広高にも使者を遣わしている。その内容については次の通りである。

寺沢広高殿は我らについて抱いている憎悪に満ちた嫌疑を棄てて欲しい。なぜなら我らはキリストの福音の光を日本人に伝える以外の理由で日本国へ来たのでは決してなく、我らはそれを守るためには、デウスの御加護によって我らの血を流すことを躊躇していない。もし彼が我らの苦労に対して好意を抱いているのなら、我らは長崎の市の支配が彼自身によって継続されるよう特に望んでいる。

寺沢広高のイエズス会への対応が一変し、これに動揺している様子が看取される。その一方で、布教への強い意志もみられ、行為の正当性を主張している。イエズス会は「寺沢広高殿も落ち着きを取り戻すであろう」とも考えており、以前の友好関係に戻ることを期待していることがわかる。

徳川家康は、当初、キリシタンに対して好意的な態度を示しており、「長崎のキリシタンに自由に思うままに生活する許可」を与えている。イエズス会からの働きかけや家康の態度を受けて、寺沢広高も「司祭たちへと同じくキリシタンたちにも平和に生活させるよう」に命じている。これには司祭たちも安堵したようで、「旧に復した」と思ったようである。しかし、これも長続きすることはなかった。

慶長十九年（一六一四）十月、寺沢広高は江戸城召喚のうえで伴天連追放の命令を受けている。「台徳院殿御実紀」には次のようにある。

寺沢志摩守広高江戸より参謁す。すみやかに唐津に帰り。長崎の代官長谷川左兵衛藤広と相計て。伴天連追放すべし。河内国渋川郡の半を広高に所管せしむれば。さるべきものを留置て。諸事沙汰せしむべしと命ぜらる。

この時の長崎代官（奉行）の長谷川藤広と協議して、伴天連追放の断行を命ぜられていることがわかる。また、河内国渋川郡の半分を所轄させるにあわせて、捕えた者をここで滞留させて裁くようにと伝えられている。こうして寺沢広高は、幕府からの命をうけて禁教政策に着手し、さらに、唐津に戻ると、天草領富岡城代の三宅藤兵衛を呼び出して、キリシタン弾圧を厳命している（『唐津城寺沢御代記』）。

寺沢広高は長谷川藤広とキリシタン対策について協議している。この長谷川藤広は、慶長十一年（一六〇六）五月に長崎に赴任し、「日本皇帝陛下の代官にして、長崎の奉行を兼ねたる人」（『大日本史料』十二編之六）である。長崎以外に、堺や小豆島等の代官を兼務し、徳川家康の禁教政策の断行、長崎・堺間の物資輸送などを命ぜられ、それらに腕をふるった功により、藤広の地位は向上した。慶長十七年（一六一二）に発せられたキリスト教禁止令以降は、長崎代官は特に信者の多い長崎周辺の大名領に対して、監督・指導を強化しており（清水 一九六九）、こうしたなかで、寺沢広高とも同様の対応をとったといえよう。つまり、寺沢以降の長崎奉行の職権、特にキリシタン取り締まりの権限は、こうして築かれていったといえる。

おわりに

寺沢広高は受洗しキリシタン大名になってはいたものの、その振る舞いは常に唐津領主としての、時勢を見極めた対応に終始している。決してキリシタン大名としてイエズス会に傾倒しているのではなく、豊臣秀吉、そして徳川家康のキリシタンに対する意向に、常に目を配っていた。さらに、長崎奉行として、長崎支配を仰せつかった者として、在任中にキリシタン弾圧の指示があれば、それを忠実に断行していたのである。

それはイエズス会にも理解されてはいたものの、彼らの眼には奇異にも映っていたようである。受洗当初、イエズス会からの期待が高かった寺沢広高へ、宣教師たちは従前の配慮を求めており、時折みられる寺沢の豹変ぶりに動揺している感さえある。結果的に禁教の世になると、長崎奉行兼唐津領主として、その政策を着実に履行していった。イエズス会が抱いていた寺沢への期待はもろくも崩れたといえよう。

当時のキリシタン大名に、深く帰依してキリスト教の教義に忠実な〝救済的信仰〟者と、時勢を見極め、現世利益の獲得と、既得権益の確保のための〝政治的信仰〟者があるとすれば、寺沢は確実に後者にあたる。その転機は一五九九年頃から見え隠れし始め、政治情勢に左右されながら、唐津藩主としての確固たる地位を獲得していく姿がみられる。こうした中近世移行期におけるキリシタン大名の様相の一端を、寺沢広高の行動からもみることができる。

〈参考文献〉

五野井隆史『島原の乱とキリシタン』（吉川弘文館、二〇一四）
清水紘一「近世初頭長崎代官の一役割について—特に長谷川藤広を中心として」（『歴史教育』十七、一九六九）
松田毅一『キリシタン研究』第二部論攷編（風間書店、一九七五）
『長崎県史』対外交渉編（吉川弘文館、一九八六）
『長崎市史』風俗編（清文堂出版、一九六七）
『唐津市史』（唐津市、一九九一）
『寛政重修諸家譜』第十一（続群書類従完成会、一九六五）
『大日本史料』十二編之六（東京大学史料編纂所、一九七〇）
「台徳院殿御実紀」（『徳川実紀』第一篇、吉川弘文館、一九八一）
『唐津城寺沢御代記』（唐津新聞社、一九七五）
松田毅一監訳『十六・七世紀イエズス会日本報告集』第Ⅰ期第２巻（同朋舎出版、一九八七）
松田毅一監訳『十六・七世紀イエズス会日本報告集』第Ⅰ期第３巻（同朋舎出版、一九八八）

第四章　キリシタン領主（国人領主）

河内の領主 池田教正・三箇頼照

松本和也

一、河内キリシタン

河内キリシタン（河内のキリシタン宗団）の歴史は、永禄三年（一五六〇）に三好長慶が河内を制圧したことがきっかけで、長慶の家臣達によって始まった。京都では将軍足利義輝と三好長慶がイエズス会に禁制を与え、ガスパル・ヴィレラによる京都宣教が本格化した。しかし、順調に京都布教が進展したわけではなく、延暦寺をはじめとする仏僧達によるキリシタン迫害が行われた。彼らのキリシタン追放の要請を受けて、永禄六年（一五六三）、松永久秀は結城忠正と清原枝賢《しげ(えだ)かた》にキリスト教の教義を吟味するよう命じた。ところが、両者はロレンソ修道士の説教に納得して、ヴィレラから洗礼を受けてキリシタンになった（一五六四年十月九日付フェルナンデス書翰）。同年、結城忠正の息子結城左衛門尉《さえもんのじょう》も受洗した。結城左衛門尉の屋敷は、飯盛城下の砂寺内（現四條畷市）という旧寺院跡にあったが、翌永禄七年この地に河内初の教会が建立された。また、結城左衛門尉は同年飯盛城下でキリスト教の教えを勧め、ロレンソの説教を聞いた七三名が入信を決意した。その中には、三箇頼照・池田教正・結城弥平次ら長慶の家臣がいた（一五六四年七月十七日付ヴィレラ書翰、フロイス『日本史』第一部三八章）。これにより、河内は領主クラスのキリシタンの勧めで信者が拡大し、畿内におけるキリシタン宗団の一大拠点となっていった。永禄八年足利義輝が殺害され、その後まもなくして伴天連追放の女房奉書が出されたことにより、宣教師ガスパル・ヴィレラとルイス・フロイスは京都退去を余儀なくされた。彼らを迎え入れ、支えたのも河内キリシタンであった。

永禄十一年（一五六八）、織田信長が足利義昭を奉じて上洛したことにより、京都の支配は織田信長と足利義昭に握られることになった。その後、信長と義昭の関係が悪化すると、河内の領主達も両陣営の狭間で戦乱に巻き込まれることになった。こうした混沌とした状況の中で、フロイスは畿内の戦局に注目し、自分達の身の置き場の一つとして三箇の地を選んでいる。この頃の河内は、イエズス会にとって援助を得られる重要な地になっていたのであろう。また、織田権力が安定するまで信長のみに依存しない、イエズ

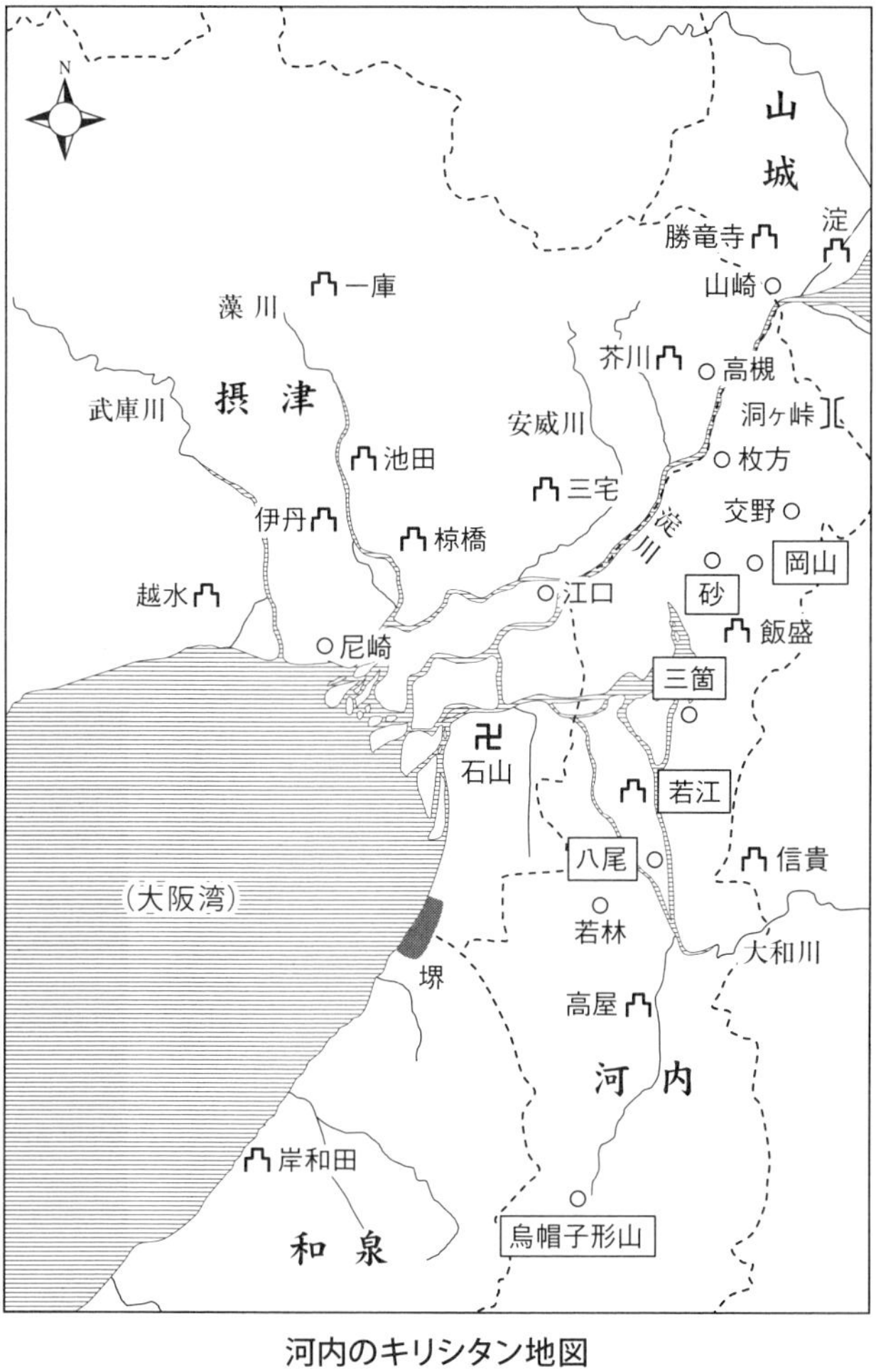

河内のキリシタン地図

ス会の姿勢が読み取れる。

年号が天正に移り変わり、織田権力が安定していく頃、河内のキリシタンは変わらず信仰を堅持した。河内キリシタンは、三箇頼照・頼連が領する三箇（現大東市）と、結城ジョアン・結城弥平次の岡山（現四條畷市）、池田教正の若江（現東大阪市）が中心地となり、その後は八尾（現八尾市）や烏帽子形（現河内長野市）など、河内全域にキリシタンが増えていき、畿内における確固たるキリシタン宗団となっていった。しかし、天正十年（一五八二）の本能寺の変によって織田信長が亡くなると、河内キリシタンも崩壊に向かうことになった。池田教正は秀吉方につくものの、三箇頼照・頼連父子は明智方についたため土地を逐われ、河内キリシタンの一角が崩れた。天正十一年の大坂城築城に際して、河内岡山の教会が大坂に移されることになった。翌十二年の小牧・長久手の戦いでは、結城弥平次の甥の結城ジョアンが戦死した。池田教正も秀吉によって美濃に移され、後に羽柴秀次に仕えることになった。こうして、河内キリシタンは離散することになったのである。

二、池田教正

次に、河内のキリシタンを支えた領主のうち、中心的な人物である池田教正と三箇頼照を取り上げたい。まず池田教正について話していこう。先に述べたように、教正は結城左衛門尉アンタンの勧めにより、永禄七年（一五六四）に飯盛でキリシタンになった一人で、シメアンという洗礼名を受けた。この年、主君三好長慶が飯盛城下で病死したことにより、以後は三好義継に仕えている。

永禄八年（一五六五）に十三代将軍足利義輝が弑逆《しぎゃく》されたが、教正は三好方に加わって将軍義輝を攻めている。翌永禄九年には、松永久秀方について摂津国越水城（現西宮市）を守ることになった。永禄十一年に織田信長が足利義昭を奉じて入京すると、三好義継と松永久秀が信長に降伏したのにともない、河内国北半分が三好義継に与えられ、主君義継は池田教正に若江城を守らせた。同年末に三好三人衆が京都を目指して兵を動かした時、教正は義継の家臣として和泉国家原城（現堺市）で交戦した（『多聞院日記』永禄十二年正月五日条）。翌永禄十二年、和田惟政らの尽力により、堺に避難していたルイス・フロイスは京都に復帰することが叶うが、教正は都復帰を果たしたフロイスを訪問している（一五六九年六月一日付フロイス書翰）。

池田教正が若江城を守っていた時、異教徒三人が反乱を企てて教正や三箇頼連らを殺害しようとしたが、三好義継の知るところとなり、異教徒三人は殺害されて事なきを得た（一五七三年四月二十日付フロイス書翰）。その後、三好義継が足利義昭に同調して信長に敵対するようになると、教正は織田軍の佐久間信盛を若江城に引き入れたことから、天正元年（一五七三）義継は奮戦の末に自刃することになった。この結果、教正は同じく義継に背いた多羅尾綱知や野間長前とともに、若江三人衆として若江城を預けられ、河内国北半分の統治を任された（『信長公記』第六、天正元年十一月四日条）。

これ以降、教正は信長の家臣として行動するようになる。それとともに畿内のキリシタンを支えるべく、イエズス会を支援していった。天正四年（一五七六）若江に教会を建築し、翌年には織田軍の和泉攻めの際、破壊した寺院から鐘を持ち帰り、京都の教会に運ばせたという（一五七七年九月十九日付フロイス書翰）。また、多羅尾綱知の謀略によって、三箇頼照・頼連父子が窮地に追い込まれた時、教正は佐久間信盛に従って三箇父子の手助けをし、また三箇の地が敵に襲撃された時にも援軍を送り、その後三箇城の再建と守備を行った（一五七八年七月四日付ジョアン・フランシスコ書翰）。その後、教正は八尾に居城を移す。天正九年、ヴァリニャーノは上洛する途中、教正のいる八尾を訪問しており、教正はヴァリニャーノを盛大にもてなした。また、この年の都での馬揃えに教正も参列しており、信長は高山右近と池田教正の兜を賞賛した（一五八一年四月十四日付フロイス書翰）。

天正十年（一五八二）本能寺の変で信長が横死すると、秀吉の家臣となる。天正十一年には秀吉から美濃へ増封された（一五八三年度日本年報）。教正は、天正十二年の小牧・長久手の戦いにも参戦し、奮戦した功が認められて秀吉から加増されたという（一五八四年八月三十一日付フロイス書翰）。天正十三年からは豊臣秀次に仕えることになった（一五八五年十月三十日付グレゴリオ・デ・セスペデス書翰）。キリスト教への信仰心は変わらず、天正十五年の伴天連追放令後も信仰を堅持し（一五八七年度日本年報）、翌年のイエズス会総長宛日本人キリシタン文書には、「シメアン丹後」として名を連ねている。文禄三年（一五九四）、「清須御奉行」として「池田丹後」の名があるように（『駒井日記』四月三日条他）、この頃尾張国にいたことがイエズス会書翰からも読み取れる（一五九五年二月十四日付オルガンティーノ書翰）。しかし文禄四年、秀次が切腹になると、家臣であった教正は、「シモ」に移ることになった（一五九六年度日本年報）。その後についてははっきりしない。

三、三箇頼照

次に三箇頼照を見ていこう。三箇頼照の所領である三箇の地は、河内国飯盛城近くにあった深野池《ふこのいけ》の中にある島々にあたる。現在は大阪府大東市にあたり、深野池は残るものの、江戸時代の大和川の付け替え工事や新田開発によって、戦国期の様相とはかなり異なっている。

この地にキリスト教が本格的に入ったのは、永禄七年(一五六四)である。結城左衛門尉アンタンが飯盛にガスパル・ヴィレラとロレンソを招き、彼の勧めで三箇頼照がロレンソから説教を聞き、一緒にいた池田教正らとともにヴィレラから洗礼を受けた。洗礼名はサンチョである。その後、家族もキリシタンとなり、妻はルチア、子頼連はマンショと呼ばれた。

永禄八年(一五六五)、伴天連追放の女房奉書が出されるが、京都から追放された宣教師を受け入れた一人が三箇頼照であった。三箇に移ったフロイスは深野池に建てられていた小教会を訪れている(一五六五年八月三日付フロイス書翰)。頼照とその家族および家臣はキリスト教の信仰を堅持した。同年に三好義継から仏教信仰を命じられるが、頼照はそれを拒否して三箇の地を逃れ、フロイスのいた堺に向かった。その後、三好三人衆の一人(三好長逸《ながやす》であろう)によって、頼照は三箇に戻ることになるが、主君である三好義継からは長いこと引見を許されなかったという(フロイス『日本史』第一部七五章)。三箇に戻った頼照は、たびたび宣教師を三箇に招き、復活祭や降誕祭を盛大に行ったり、さらにキリシタンを増やしたりするなど、熱心なキリシタンであった。また、篠原長房や三好三人衆と協議し、宣教師の京都復帰を説得して、長房からの同意が得られた。この長房を介しての京都復帰は、信長の上洛によって畿内の政局が変わったため実現しなかったが、和田惟政の尽力によって、フロイスは京都復帰を果たした(一五六九年六月一日付フロイス書翰)。しかし、河内キリシタンの支柱ともいえる、この頼照も一時期その熱心さを失ったようである(一五七七年三月十九日付ジョアン・フランシスコ書翰)。松田毅一氏によれば、それは

現在の深野池(深北緑地パートナーズ提供)

一五七五～七六年のことで、宣教師オルガンティーノに叱責されて再び熱心な信者に戻ったという（松田一九六七）。

天正六年（一五七八）には、三箇頼照はすでに息子頼連に家督を譲っており、三箇城に足を運ぶことはなかったという（一五七八年四月七日付ジョアン・フランシスコ書翰）。その頼連が若江城の守将の一人である多羅尾綱知によって苦しめられることになる。多羅尾は三好義継の家老で、若江三人衆の一人でもあった。多羅尾は三箇父子が毛利と手を組んで陰謀を企んでいると広めた。時は本願寺攻めの最中であり、木津川口の戦いで大敗していることもあったと思われるが、信長はこれを知り、激昂して息子の三箇頼連を捕えた。これを救ったのが、本願寺攻めの総大将であった佐久間信盛であり、彼は三箇父子の無実を訴え、彼らは許された。しかし、多羅尾は執拗に三箇父子を讒言《ざんげん》したことから、信長は三箇頼連を処刑するよう佐久間信盛に命じた。ここでも信盛が再び説得したことにより、頼連は救われることになった。しかし、頼照は三箇の所領を離れて近江国永原に移ったという。また、この頃畿内で大洪水が起こり、その混乱に乗じて敵が来襲して三箇城を奪い取った。若江の池田教正が救援に向かい、三箇を奪還したが、これを受けて信長は三箇頼連に三箇城を返し、父の頼照には三箇への帰還を命じた（一五七八年七月四日付ジョアン・フランシスコ書翰、フロイス『日本史』第二部二八章）。頼照が三箇に戻ったのは、天正六年（一五七八）のことであった。そして、本能寺の変で信長が亡くなるまで、三箇のキリシタン宗団は再び発展していくのであった。

しかし、本能寺の変後、三箇氏が明智方に与《くみ》すると、光秀が討たれたことにより、三箇父子も命を狙われ、三箇の地を逐われることになった（一五八二年度日本年報追信）。頼照は大坂に移ったようで（一五八五年十月三十日付グレゴリオ・デ・セスペデス書翰）、天正十五年（一五八七）の伴天連追放令の時には、宣教師オルガンティーノの小豆島への潜伏を支援した（一五八八年十一月二十五日付オルガンティーノ書翰）。その後の動向については判然としない。

ところで、谷口克広著『織田信長家臣人名辞典』の「三箇頼照」の項は、頼照の官途名を「備後守」とし、姓ははじめ「白井」であったとする。そして、『天正事録』に基づいて、文禄四年（一五九五）七月十三日の秀次事件に連座して頼照は切腹し、妻も自害したとしている。第二版では、この時切腹した「白井備後守」を別人とする説もあると加筆するものの、特に訂正していない。谷口氏が何を根拠に「白井備後守」を三箇頼照としたか気になるが、辞典という性格上同書からは読み取れない。そこで、松田毅一氏の『近世初期日本関係南蛮史料の研究』に手がかりが見いだされるので、そこから三箇頼照と白井備後守の関係を見ていきたい。

同書によれば、シュタイシェン氏の著書が両者を結びつけた始まりである。シュタイシェン氏は著書『切支丹大名記』において、一五六四年十月九日付フェルナンデス書翰にある「シカイ（Xicay）殿」を「シライ」の転訛《てんか》とし、しばしばイエズス会書翰に出てくる三箇サンチョと同一人物とした。氏の著書を翻訳した吉田小五郎氏が、この「シライ」を白井備後守範秀と比定したことから（ただし再版時に、白井範秀は子の頼連と改めている）、『天正事録』にある秀次事件に連座しての切腹に結びついていく。しかし、シュタイシェン氏が「シカイ（Xicay）」を白井の転訛とする点については、松田氏がXicayはXinsaiの誤記と指摘して否定する。Xinsaiはイエズス会書翰ではXinçayと書かれる可能性もあり、欧文表記する際のnの脱落や、çをcとする誤記は十分あり得る。したがって、松田氏の指摘通り、シュタイシェン氏の説には無理がある。また、XicayがXinsaiならば、これは結城山城守進斎（忠正）であることは明らかなので、Xicayと白井備後守を結びつける根拠はないことになる。

加えて、谷口氏も指摘していることだが、一五六七年七月八日付フロイス書翰に、三箇サンチョ頼照は五十歳ほどであると記されている。この年齢が正しければ、秀次事件に連座して切腹した時の年齢は八十歳ほどになっている。頼照は天正六年(一五七八)以前に子頼連に家督を譲っており、その後のイエズス会書翰には「老三箇殿」と書かれていることが多い。連座で切腹したのが家督を譲った後の頼照のみで、息子は許されたということになるのであろうか。何より、長いこと河内のキリシタンを支えたサンチョ頼照が、秀次事件に連座して死去したならば、イエズス会にとって大事件ともいえる。しかしながら、秀次事件が詳細に記された一五九五年度日本年報補遺には、「白井備後守」の名こそ挙げられているものの、それが三箇サンチョ頼照であるとの記述がないことには疑問が残る。この点については、白井備後守が息子の三箇マンショ頼連であると考えても同じことがいえる。

したがって、三箇頼照と白井備後守の関係については、私も別人とする説を採りたい。

〈参考文献〉

東京大学史料編纂所『日本関係海外史料 イエズス会書翰集』(一九九〇~二〇一四)
松田毅一監訳『十六・七世紀イエズス会日本報告集』(同朋舎出版、一九八七~一九九八)
松田毅一・川崎桃太訳『フロイス日本史』(中央公論社、一九七七~一九八〇)
※本文で取り上げたイエズス会書翰、フロイス『日本史』については、右の訳書を参考にした。
松田毅一『近世初期日本関係南蛮史料の研究』(風間書房、一九六七)
結城了悟『キリシタンになった大名』(キリシタン文化研究会、一九八六)
シュタイシェン著 吉田小五郎訳『切支丹大名記』(大岡山書店、一九三〇)

ジョルジ結城弥平次

滝澤修身

一、五畿内で

ジョルジ結城弥平次という人物を理解するためには、五畿内のキリスト教布教から理解しなければならない。松永久秀の反対にもかかわらずキリスト教が五畿内に浸透していく以下の歴史的経緯はよく知られている。比叡山の僧が、松永久秀にパードレを追放せよとの請願書を出し、山城守、清原外記といった有識の侍たちが、パードレ・ガスパール・ヴィレラ、イルマン・ロレンソと問答をするために派遣された。しかし、この二人の侍たちは、逆にイルマン・ロレンソに説き伏せられて、洗礼を受けてしまった。二人の侍の中の山城守とは、結城山城守忠正であり、彼の洗礼名はエンリケであった。その後、キリスト教は畿内に広がり、結城家は五畿内でのキリスト教擁護者となっていく。一五六三年には、忠正の息子である結城左衛門尉も父の勧めで洗礼を受け、アントニオと名乗った。左衛門尉の従弟であり忠正の甥であった結城弥平次も、おそらく一五六四年の初夏に飯盛城で受洗したと考えられる。ルイス・フロイスは、弥平次の家族に関し次のように記録している。

結城弥平次には美濃に住む法華経の熱心な信徒であった母と四人の兄弟がいました。兄弟のうち二人は僧侶でしたが、弥平次は家族の者全員を岡山に呼び寄せキリスト教信者になるように取り計らいました。城主結城ジョアンも弥平次の感化を受けてキリスト教信者になりました。弥平次は受洗後も長いこと独身生活を送ろうと望んでいましたが、家老という立場ではそれも困難であったので三十歳の時結城ジョアンの姪を妻に迎えました。彼女はマルタと呼ばれ、生涯を通じて弥平次の良き伴侶となりました。やがて二人の間に娘モニカが生まれました。

（Luis Frois, Cartas de los Padres, I, f.390　※1豊後、一五七七年九月十七日）

畿内でのキリスト教布教の進展により、一五七六年、京都に南蛮寺が建てられた。弥平次は、同南蛮寺の建立に尽力した。彼は、建築作業のために四十人の大工を京都に送り、自らも作業に従事した。この京都の南蛮寺建立と同時期に、岡山（大阪府四條畷市岡山）でも教会が建設された。この教会は五畿内で最も美しい教会であったと称えられ、結城ジョアンと弥平次は同教会の建立にも尽力したといわれる。フロイスの記録には、この岡山教会も登場する。

（岡山教会は）瓦葺で、内部には百枚の畳が敷かれ、司祭や修道士たちがそこに来た時に彼らのために用立てられる非常に清潔でよく設備された幾つかの居間が付いていました。

（ルイス・フロイス『日本史』第二部七七章、川崎桃太訳）

その後、一五八四年、岡山教会建設の尽力者である結城ジョアンが小牧・長久手の戦いで戦死した。パードレ・セスペデスは、彼の死について報告しているが、その記述の中で弥平次についても触れている。

結城ジョアン殿が死に結城の家は断絶しました。マルタ夫人と御子息たちは彼女の父の丹後殿のもとに身を寄せ健在です。弥平次殿は、高山右近殿にお仕えすることになりました。弥平次殿は、妻と共に元気で以前と同様に立派な信者生活を送っています。

（Gregorio de Cespedes, Jap.Sin. 45, f.74　※2大坂、一五八五年十月三十日）

弥平次がいつから高山右近に仕えるようになったかは定かではない。それはおそらく岡山が他の領主の所領になった頃からではないかと考えられる。弥平次は高山右近の家臣として岡山教会の大坂移転に携わった可能性もある。ともかく、弥平次は熱心なキリスト教徒であり、自分の信仰を決して隠そうとはしなかった。彼は最も人目を惹く兜に堂々と金の十字架とイエスの御名を飾り付けたほどであった。余談ではあるが、この十字架は、奇遇にも、彼の命を救ったこともあった。それは、次の通りである。

一五七〇年の河内古橋で米を徴収していた時のことである。そこは、二つの出入り口しかないほどの狭い場所であった。弥平次の家臣四百人余りが働いていた。すると突然二千五百人の敵兵が襲撃してきた。弥平次は熟練した弓の使い手であったので、攻めてくる敵を次々に射倒していったが、衆寡敵せず味方の大半はすでに殺されていた。彼は頭に兜をかぶっていた。その兜の正面には塗金した真鍮のJESUSという大きな文字がついていた。そこへ相手方の指揮官らしい武士が現れた。三木判大夫というキリシタンで、のちにイエズス会に入ることになる息子（長崎で殉教した二十六聖人の一人パウロ三木）がいた。兜を見た三木判大夫は大声で「汝はキリシタンなりや」と訊ね、戦場での習わしに従い、名を名乗るように促した。弥平次は、「我こそはキリシタンにて、ジョルジ弥平次と申す」と答えた。三木判大夫はただちに馬から降り、鎧の上に着ていた虎皮の衣を脱ぎ、その衣を弥平次に着せて「御安心なされよ。何ぴとか御身を殺さんといたす者あらば、某《それがし》、先んじて死に申さん」と言って彼を馬の上に乗せた。敵兵たちは、三木判大夫への尊敬と畏怖から弥平次に対して手を下す者はいなかった（ルイス・フロイス『日本史』第二部八二章、川崎桃太訳）。

高槻のキリシタン教会の大旦那であった高山右近は、一五八五年に高槻から明石に移封された。この時、弥平次が高山右近に同伴していったのか、この時から小西行長に仕えることになったのかは定かではない。弥平次が次に宣教師の書簡に現れるのは一五八七年の暮である。彼は、小西行長の家臣となって、行長所領である室に知行と屋敷を構えた。

この年、豊臣秀吉が高山右近に追放令を発したが、その後も高山右近と弥平次の仲が途絶えることはなかった。追放された高山右近勢は、弥平次の屋敷がある室に移動し集会を開くほどであった。高山右近が追放された時、パードレ・オルガンティーノは、その頃すっかり意気消沈していた小西行長に会見しようと室に急いだ。その後、高山右近一行、オルガンティーノ、小西行長は、結城弥平次の屋敷に参集することになった。この時の様子をパードレ・オルガンティーノが詳しく記録している。

皆は、ジョルジ弥平次の屋敷で、弥九郎アウグスティーノ（小西行長）と共に、聖なる過ぎ越しのような祭りを祝いました。翌日の日曜日には、全員が告解と聖体拝領の秘跡に与り、一同は大きな慰めに満たされました。そして、彼らは、お互いを力づけ、また励まし合い、キリストの愛のために死ぬ覚悟を決めました。そして、悪魔にそそのかされて恐怖に捕われることのないように、決心いたしました。

（Organtino Gnecchi-Soldo, Jap.Sin. 45, II, 121-121v　※3都、一五八七年十一月二十九日）

この時、小西行長は、弥平次に室の近辺で新たに知行を与えた。それは、パードレ・オルガンティーノや彼と共に追放された者がそこから収入を得て生活できるようにとの配慮からであった。そして、弥平次に彼らの世話をさせた。しかし、この任務は長くは続かなかった。それは、翌年に小西行長が肥後に新領地を得て、家臣たちと共にそちらに移ってしまったからである。こうして弥平次も肥後の地へと移ることになった。肥後に移ると弥平次は、小西行長から矢部の愛藤寺城を授かることになった。ルイス・フロイスの報告によると、肥後の城代となった弥平次は、そこで充実した生活を送ったようである。さらに一六〇一年の年報には、弥平次が矢部で一万石の知行を得ていたことが報告されている。

二、愛藤寺城

弥平次は、一五八八年、四十四歳の時に、矢部の愛藤寺城城代となった。弥平次にとって、この矢部の山地で過ごした十三年間は、戦場とは離れた落ち着いた生活であった。この地方の農民たちは熱心な仏教徒であったため、初めのうち小西のキリシタン武士たちは、住民に馴染《なじ》めなかったようである。城内にはまことに敬虔なキリスト教の雰囲気が漂っていたが、農民たちの回心は非常にゆっくりとしたものであった。この時期に秀吉による朝鮮出兵があったが、弥平次は肥後に留まり、城代家老として数々の問題に賢明に対処した。

一五九三年、一人のパードレがドン・パブロ志賀に生まれた子供に洗礼を施すために、志賀の地に赴いた。

パードレは、加津佐への帰途、矢部の愛藤寺城を訪れた。この訪問の様子もフロイスによって記録に残されている。

矢部の愛藤寺城でジョルジ結城は、城代として小西の治めている肥後国の半分を任されています。弥平次もマルタ夫人も、古くからの信者で、数日間の宿を、パードレに提供しました。パードレは彼らと城内の信者たちの告解を聴き、彼らを慰めました。

(Luis Frois, Apparatos para a Historia Ecclesiastica, Biblioteca de Ajuda, Mss. Cod.49, Iv, 57, cap.33)

一五九四年、結城家を突如として深い悲しみが襲った。弥平次には当時二十歳になるモニカという一人娘がいた。彼女は既に小西行長の縁家の者に嫁いで一人の女児をもうけていたが、モニカの夫は、小西と一緒に朝鮮に渡ったまま、その年同地で戦死してしまった。悲嘆にくれたモニカは信仰生活に命を捧げる決心をした。矢部の山々の厳しい雰囲気の中でも、愛藤寺城の教会は美しく咲いていた。ルイス・フロイスは、一五九六年の聖週間について、次のように詳述している。

肥後国には矢部という城があります。この城はアウグスティーノ津守殿(小西行長)のもので、城代は、都地方で最初に信者となった者の中の一人で、身分も高く、イエズス会の偉大な恩人でもあるジョルジ弥平次という人です。三十年ほど前に、弥平次と家族の者の洗礼を授けた神父が、今年の聖週間の典礼のために、矢部に赴くことを望んでいました。しかし、不調をうったえ、行くことができなくなりました。肥後の国境まで出迎えた人々が、このことを知ると、弥平次は改めて準管区長に他のパードレを派遣するように要請し、準管区長の承諾を得ました。パードレが矢部に向かっている時に、弥平次は一同の殊勝な願いを叶えるために、城の界隈に住む千人ほどの信者を集め、華麗な装飾の施されている大広間の祭壇の前に通し、終日祈りを行うように取り計らったのです。このため、そこに集まった男女は、数日間祈りを続け、聖母のロザリオを四千回(カ)唱えました。祈りは主に二つの目的で捧げられました。一つには、日本人の改心と、パードレたちが元通りの自由を得られること、並びに教会内の様々な必要事のために向けられました。二つ目には、パードレが無事当地に到着し、一同が告解の秘跡を受け、聖週間の典礼に与り、復活の祭日を祝うことができるようにということのためでした。パードレは、その週の火曜日に、やっと到着しました。自分たちの願いが叶えられたということで、信者一同の喜びも、この上ないものでした。日暮になりましたので、一同はできる限り告解をするように努めました。ひっきりなしに頼まれる告解のために、パードレは夜中も、数時間の睡眠と休息を、犠牲にしなければなりませんでした。

一方、広間には、おびただしい人が集まり、長い祈りを唱えた後、最初は男たちが、次いで女たちが、祭壇の前で、鞭打《むちう》ちを行うのが毎晩の慣わしでした。

聖金曜日になると、城から鉄砲を撃って届くほどの所にある山頂の十字架まで、これまたおびただしい数の人が、自らの体を鞭打ちながら、ゆっくりと、そして、極めて敬虔に登って行きました。鞭打つ人々の中に、城主、奥方、一人娘の姿もありました。

やがて、彼らは家に戻り着替えを済ませると、パードレのもとに、挨拶と神についての話を伺いに集まってくるのでした。その時、彼らは鞭打ちを行った気配を露ほども見せず、顔には微笑さえ浮かべているのでした。次第に、未信者の中にも、こういった厳しい苦行や信者間に溢れる友愛の精神に触れて深く感動した者が、説教の聴聞を願い出るようになりました。そこで、イルマンが説教に当たり、間もなく四十人の大人が洗礼を受けました。

(Luis Frios, Jap.Sin. 52, f.186v-187　※4長崎、一五九六年十二月二十八日)

弥平次が矢部に移り住んで約八年を経て、ようやくキリスト教は広がり始めたのであった。一方、愛藤寺城内では、依然として、キリスト教信者としての信徒的生活が積極的に続けられていた。一六〇〇年、弥平次は、城に常駐する宣教師を迎え入れた。また、愛藤寺城内にはイエズス会のレジデンシアが建設されることになった。それは、朝鮮より帰還した小西行長が、精力的に領内でのキリスト教布教に力を注ぎ始めていたからである。パードレ・ファン・バウティスタ・デ・バエサは、宇土、八代、矢部の諸地方で、合計三万人にものぼる人々に洗礼を授けた。イエズス会のレジデンシアが完成する一五九九年の暮頃、矢部地方には既に四千人を数える信者が存在し、他にも多くの教理受講者がいた。

パードレとイルマンが、各々矢部で布教活動を開始してから、愛藤寺城の信仰生活は、ますます敬虔なものになっていった。弥平次は家族の者三十名と、修道院のような規律正しい生活を始めた。彼は、自ら毎朝鐘をつき、一同の者を祈禱に導いた。矢部の宣教師によると、彼らは、一時間ばかりの間、ある人は黙想し、ある人はロザリオを持って祈っていたと報告している。夕方には、再び一族の者たちが祈禱のために集まった。一同の者たちは、就寝前に、さらにもう一度参集し、弥平次の先唱のもとに連禱を繰り返した。こうして、十二年間にわたる弥平次の努力は、実を結び始めたのであった。

一五九九年のクリスマスに、弥平次は愛藤寺城のミサに集まった一五〇〇人の参集者全員に食事を振舞った。一六〇〇年には、弥平次の影響で四〇七〇人もの大人が受洗した。しかしながら、関ヶ原の戦いと小西行長の死によって、こうした教会の発展に突如終止符が打たれることになった。矢部の愛藤寺城は、戦乱の影響を直接受けることはなかったが、同城は加藤清正の手に渡り、弥平次は、一介の武士と成り果てて、熊本に落ちていった。

三、熊本の戦

加藤清正は小西行長の遺臣に取り入るために、最初はキリスト教の信仰生活を許していたが、南肥後を完全に手中に収めると、キリスト教徒の信仰を失わせようと弾圧にかかった。しかし、一六〇一年、一六〇二年に熊本、八代のキリスト教信者たちは、弥平次と内藤ジョアンを中心に一致団結した。有馬からはセルケイラ司教、イエズス会準管区長フランシスコ・パッシオが、書簡をよこしたり、使節を遣ったりして、彼らを指導し、激励を与えた。

一六〇二年の年報には、弥平次が認めた二通の書簡が紹介されている。

日本人のパードレ・ルイスがいらっしゃいましたので大きな慰めを得ました。これから殉教を迎えるというまことによい時に来られ、私たちを励ましてくれました。さらに、信者一同みな慰めを受け、魂の救いを得るための霊的な力を新たにいただきました。いつか某パードレがこちらに来られる折には、わずか一日もお泊めできないのではないかと懸念いたしました。と申しますのも、未信者が、すぐに大きな騒動を起こすからです。しかし、今度はどうしたことか、既に数日間パードレがここに宿泊し、未信者もこのことをよく承知しているはずであるのに、町では一向に例の騒ぎが起きる気配がありません。

そういうわけですから、私は彼が当地に長く逗留されることを望む次第です。というのは、殉教も、遅からず必ずやって来ることと思われるのです。

（Gabriel de Matos S.J. British Museum, Add. Mss. 9859, f.201v　※5長崎、一六〇三年一月一日）

二通目の書簡で、弥平次は、パードレ・ヴァリニャーノに次のように書き送っている。

当地では、このところ毎日、十五人ないし二十人ほどの未信者が信者のもとに詰めかけてきては、なんとかその信仰を失わせようとして、彼らに考え付く最上の方策を考え、脅迫したり、懐柔策に出たりしています。しかし、信者一同は、既に、一身をことごとく神に捧げきっており、たとえ妻が凌辱を受け、子供に拷問が及ぶようなことがあっても、一切の苦難を耐え忍ぶ決心が固まっています。ですから、今更、未信者に譲歩することはありません。私は、できますなら、ここで彼らが答弁したことや、こういった機会に示した彼らの勇気を書き綴ってみたいのですが、長くなりますので、省かせていただきます。後日、パードレは、詳細をお知りになることでしょう。

（Gabriel de Matos S.J. British Museum, Add. Mss. 9859, f.202v-203　※6長崎、一六〇三年一月一日）

加藤清正はキリスト教徒に対し、最も熱心な信者を肥後から追放するか、あるいは自ら国を去る機会を与えるなどの措置を講じて、問題を終結させた。追放された者の中には、弥平次と内藤ジョアンも含まれていた。こうして、一六〇一年、弥平次は、一族の者と共に、有馬の地に移っていった。

四、金山城主

有馬晴信は、弥平次を喜んで自らの家臣として迎えた。一六〇二年の年報によれば、有馬晴信は、弥平次に知行三千石を与え、有馬領の北方警備を司る金山城主に任命した。さらに、彼には数々の奉仕を免除した。弥平次は既に五十八歳であったが、全住民が信者という環境に囲まれ静かな生活を送り始めていた。日本年報は、この地方の出来事を有馬の学校に属す西郷のレジデンシアに含めて報告している。この西郷のレジデンシアは、一五九九年にパードレ・ジョアオ・ロドリゲス・ジラムによって開設されたもので、一六一二年まで存続した。

一六〇九年以降は、金山に関する宣教師記録が存在する。パードレ・ジョアオ・ロドリゲス・ジラムが名を伏せて書いたものであるが、内容から察して、弥平次について記したと思われる箇所がある。

ある大きな町に、新しく教会が建設されました。その際、この地方の信者が大いに尽力しましたが、中でも殊に抜群の協力を惜しまなかったのは、敬虔で篤心なその町の殿でした。

(Joam Rodriguez Giram S.J., Jap.Sin. 56, 196v-197　※7長崎、一六一〇年三月十五日)

引き続いて、「殿」の信仰生活が詳述されている。それによれば、弥平次の生活は、愛藤寺城にいた時と少しも変わらず、以前と同様に、彼は祈りの時間をとり、苦行、連禱、霊的書物の朗読といった一連のつとめを家族一同で行っていたそうである。

一六一〇年の年報にも、名は伏せられているが弥平次と思われる人物のことが報告されている。

ある町に、一人の極めて篤心の信者が住んでいます。この人は、旧来の信者で、一族郎党の霊的利益にかけてはまことに熱心です。

(Joam Rodriguez Giram S.J., Jap.Sin. 56, 196v-197　※8長崎、一六一〇年三月十五日)

さらに、弥平次は、四十時間の祈りを行い、その祈りの意向を定め、一同の者を祈りに招くために自ら鐘を鳴らした、とも記されている。この四十時間の祈りには、特別な意向があった。この年、ポルトガル船ノッサ・セニョーラ・ダ・グラッサ号（通称マドレ・デ・デウス号）が撃沈され、宣教師たちは経済的に困窮に瀕《ひん》していた。弥平次は、自領内に住む宣教師たちのために、祈るだけではなく、経済的な援助も惜しまなかった。

上述のポルトガル船の撃沈事件は、一六一〇年長崎港外神の島沖でカピタン・モールのアンドレア・ペッソアのナオ（大型帆船）であるノッサ・セニョーラ・ダ・グラッサ号を有馬晴信が撃沈した事件である。この事件の起こりは、マカオで日本人とポルトガル人が商売をめぐり争いを起こした後、ペッソアが四十人ほどの日本人を殺害したことであった。この報復に、有馬晴信は、ペッソアのナオが長崎に来た時に撃沈したのであった（片岡 二〇一〇、一二一～一二四頁）。ノッサ・セニョーラ・ダ・グラッサ号事件は、有馬教会とその領主である有馬晴信並びに重臣たちにとっては、まことに大きな試練であった。

一方、弥平次にとっても、この船の一件は、金山城での静かな生活を乱すものとなった。パチェコ・ディエゴ「結城城主 ジョルジ結城弥平次」に従うと、弥平次は一六〇九年一月初頭、当時既に六十六歳の老体でありながら、彼は長崎に馳せ参じ、ノッサ・セニョーラ・ダ・グラッサ号攻撃に協力したようである。一月三日の夜、日本側の記録によれば、六艘の中の一艘が弥平次の指揮のもとペッソアの船に攻撃をかけた。戦いは六日まで続いたが、六日の夜十時頃、ついにペッソアの船は長崎港の入り口で爆沈した。この時、ポルトガル人と数人の有馬の家臣が戦死した。戦死者の中には、弥平次の親戚の一人と考えられる結城七郎も含まれていた。戦いが終わると、有馬晴信は凱旋将軍として日野江城に迎えられ、弥平次は再び静かな生活に戻るために金山に戻った。

一年後、有馬晴信は我が子有馬直純に裏切られて追放の身となり、ついには死刑に処せられることになった。直純は徳川家康と長崎奉行長谷川藤広に従い、一六一二年六月九日に江戸から帰還するとすぐに、信仰を棄てる命令を家臣一同に申し渡した。しかし、その命令には例外があった。それは、新大名を迎えるため、金山から島原に赴いていた弥平次に対してであった。有馬直純は、キリスト教を家康の命により禁じるが、弥平次だけは、今後従来通りの信仰生活を継続しても差し支えないと、言い渡した。次のローマのイエズス会古文書館の一史料「マテウス・デ・コーロスの書簡」にはその理由が記されている。

有馬殿がジョルジ弥平次にこの許可を与えた理由は、弥平次がパードレ・ガスパル・ヴィレラから洗礼を受けた信者で、信仰のためには、既に数回知行を失っているほどの者であったからです。（中略）彼は最後に肥後で一万石の知行を得ていました。そこで、今更彼を責めても功を奏さないであろうし、試みた後、万が一にも彼を屈服させることができなかったとなれば、当然、不成功の不名誉を負わなければならないであろうと考えたからです。同時に、それが最良の家臣を失う危険にも繋がると察したからでしょう。

（Matheus de Couros, Jap.Sin. 57, f.221 ※9長崎、一六一三年一月十二日）

一六一二年、有馬直純は直ちに宣教師たちの追放も始めた。一六一二年の教会名簿には、有馬の教会の中では金山教会の名前がただ一つ書き留められているのみであった。有馬直純は、宣教師を追放したにもかかわらず、弥平次にだけは特別許可を与えた。一六一二年の年報には、次のように報告されている。

彼は、公に信者として生活し、また金山で私たちのレジデンシアを所有することも従来通り許されました。ですから、この家に住むパードレもイルマンも迫害前と変わらない自由を得ています。

(Matheus de Couros, Jap.Sin. 57, 218v, 221　※10長崎、一六一三年一月十二日)

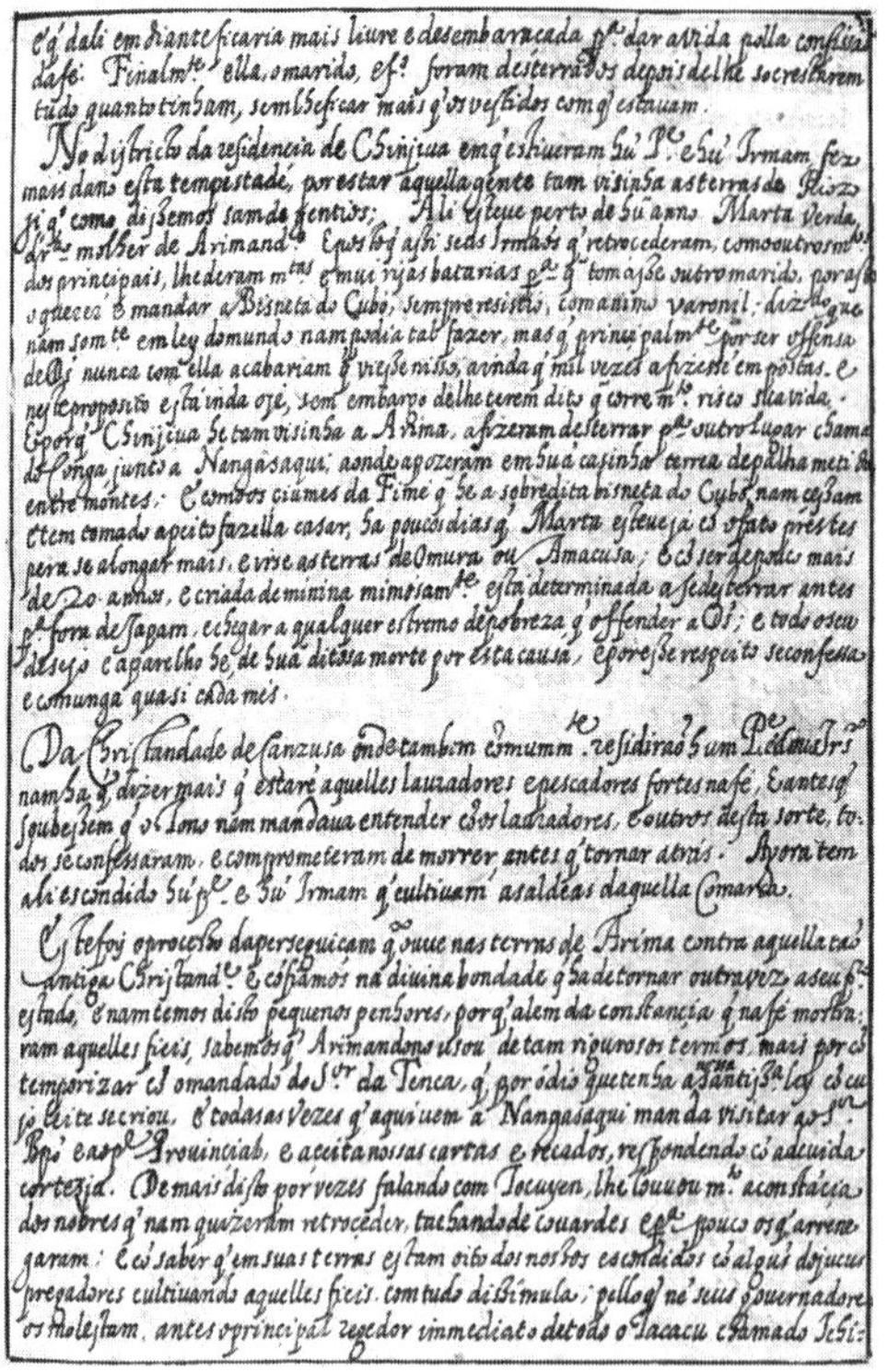
e q̃ dali em diante ficaria mais liure e desembaracada p.a dar a vida polla confissam
da fé. Finalm.te ella, o marido, e f.o foram desterrados depois delhe socrestarem
tudo quanto tinham, sem lhe ficar mais q̃ os vestidos com q̃ estauam.
No districto da residencia de Chinjiua em q̃ estiueram hũ P.e e hũ Irmam fez
mais dano esta tempestade, por estar aquella gente tam visinha as terras de Arima
ja q̃ como dissemos sam de gentios; Ali esteue perto de hũ anno Marta Verda
dr.a molher de Arimand.o e pois logo assi seos Irmãos q̃ retrocederam, como outros m.tos
dos principais, lhe deram m.tas e mui rijas batarias p.a q̃ tomasse outro marido, por as
o querer o mandar a Bisneta do Cubo, sempre resistio, com animo varonil, dizendo que
nam som.te em ley do mundo nam podia tal fazer, mas q̃ principalm.te por ser offensa
de Ds nunca com ella acabariam q̃ viesse nisso, ainda q̃ mil vezes a fizesse em postas. e
neste proposito esta inda oje, sem embargo delhe terem dito q̃ corre m.to risco sua vida.
E porq̃ Chinjiua he tam visinha a Arima, a fizeram desterrar p.a outro lugar chama
do Conga junto a Nangasaqui, aonde a pozeram em hũa casinha terrea de palha meti da
entre montes. E com os ciumes da Fime q̃ he a sobredita bisneta do Cubo, nam cessam
e tem tomado a peito fazella casar, ha poucos dias q̃ Marta esteue ja co o fato prestes
pera se alongar mais, e ir se as terras de Omura ou Amacusa; e co ser de pouco mais
de 20 annos, e criada de minina mimosam.te esta determinada a se desterrar antes
p.a fora de Japam, e chegar a qualquer estremo de pobreza q̃ offender a Ds; e todo o seu
desejo e aparelho he, de hũa ditosa morte por esta causa, e por esse respeito se confessa
e comunga quasi cada mes.
Da Christandade de Canzusa onde tambem co mumm.te residirao hũ P.e e hũ Irmão
nam ha q̃ dizer mais q̃ estaré aquelles lauradores e pescadores fortes na fé, e antes q̃
soubessem q̃ o Tono nam mandaua entender co os lauradores, e outros desta sorte, to
dos se confessaram, e comprometeram de morrer antes q̃ tornar atrás. Agora tem
ali escondido hũ P.e e hũ Irmam q̃ cultiuam as aldeas daquella Comarca.
Este foj o processo da perseguicam q̃ ouue nas terras de Arima contra aquella tam
antiga Christand.e e confiamos na diuina bondade q̃ ha de tornar outra vez a seu p.o
estado, e nam temos disso pequenos penhores, porq̃ alem da constancia q̃ na fé mostra
ram aquelles fieis, sabemos q̃ Arimandono usou de tam rigurosos termos mais por co
temporizar co o mandado do S.or da Tenca, q̃ por odio q̃ tenha a Santiss.a ley co cu
jo leite se criou. E todas as vezes q̃ aqui uem a Nangasaqui manda visitar ao S.or
Bpo e ao P.e Prouincial, e aceita nossas cartas e recados, respondendo co a deuida
cortezia. De mais disto por vezes falando com Tocuyen, lhe louuou m.to a constancia
dos nobres q̃ nam quizeram retroceder, tachando de couardes e p.a pouco os q̃ arrene
garam; e co saber q̃ em suas terras estam oito dos nossos escondidos co alguns dojucus
pregadores cultiuando aquelles fieis, com tudo dissimula; pello q̃ ne seus gouernadores
os molestam, antes o principal regedor immediato de todo o Tacacu chamado Ieshi

マテウス・デ・コーロスの書簡
（ローマ イエズス会文書館蔵）

一方、信者たちは背教を命じられたが、容易に直純に従わず、そのため、この年、有馬で最初の殉教者の血が流れた。ところがその殉教は、信者に恐怖を抱かせるどころか、かえって公に信仰を伝播する励ましとなった。一六一三年一月、江戸に向けて発った有馬直純は、道中、信者が信仰を棄てよという命令に従わない旨報告してきた家老の書簡を受け取った。それに対する返書にしたためられた命令によって、信者の指導者たちのうち、ある者は殺害され、ある者は追放された。弥平次も追放を免れることはできなかった。

かくて六十九歳の老鶴は、今や一介の浮浪人と成り果てて、妻子、孫ともども路頭に迷うことになった。その後、金山城に入る者はなかった。将軍の命令で、それまで結城城と呼ばれてきたこの城が破却されることになったからである。こうして、城と共に有馬最後の教会も姿を消した。冬の寒い日、追放された者の一行が有明海に向かって山道を降り行くその後ろ姿が、私たちに残されたジョルジ結城弥平次についての最後の便りである。

五、現存する金山城址

結城（金山）**城 本丸址**
（長崎県雲仙市・同市国見神代くうじ歴史民俗資料館提供）

長崎県でもあまり知られていない古城の一つに、雲仙市国見町宮田の金山城、別名結城城という城がある。城跡は多比良港から雲仙の方向へ約五キロの地点にある小さな丘の上に残っている。壮大なものではないが、二つの清流に挟まれて、なだらかな坂と有明海に面している。今も二の丸、三の丸、本丸の址《あと》が認められ、諸所に石垣が残っている。

城址のほとんどは、畑や杉林あるいはみかん畑に変わってしまったが、本丸の址だけは村の公園として保存されている。

公園の一方の端には馬頭観世音を祀る祠が、またもう一方の端にはこの城に関する記念碑が立っている。

〈参考文献〉

五野井隆史『日本キリスト教史』(吉川弘文館、一九九〇)
片岡弥吉『日本キリシタン殉教史』(智書房、二〇一〇)
川崎桃太『続 フロイスの見た戦国日本』(中央公論新社、二〇一二)
パチェコ・ディエゴ著 朝川 徹訳「結城城主 ジョルジ結城弥平次」(『長崎談叢』五三号、一九七二)
松田毅一『近世初期日本関係南蛮史料の研究』(風間書房、一九六七)
ルイス・フロイス著 松田毅一・川崎桃太訳『完訳フロイス日本史』一～一二(中央公論新社、二〇〇〇)
Cartas que os Padres e Irmãos da Companhia de Jesus escreverão dos Reyes de Japão & China, Evora 1598. I, II. (Tenri University, 1995).
A.R.C.I. Jap. Sin. 45, II, f. 121-121v; 52, f. 186v-187; 56, f. 196v-197, 227v-231; 57, 218v, 221, 266v.

〈付記〉

文中に登場するイエズス会宣教師の書簡の邦語訳出に際しては、パチェコ・ディエゴ著「結城城主 ジョルジ結城弥平次」の訳者朝川徹氏の訳も参照させていただいた。

天草五人衆

鶴田倉造・平田豊弘

はじめに

キリスト教が天草に伝来する十六世紀中頃、天草島は天草《あまくさ》氏・志岐《しき》氏・大矢野《おおやの》氏・栖本《すもと》氏・上津浦《こうつうら》氏の五氏が支配していた。彼らを称して「天草五人衆」と呼ぶ。彼らは、周辺諸国からは「天草一揆中」として認識されており、連携して島外交渉にあたったが、島内においては勢力拡大を競っていた。図1は当時の状況である。

天文十二年(一五四三)種子島に来航したポルトガル船により、我が国に初めて鉄砲がもたらされた。当時の日本は戦国時代であり、鉄砲は急速に全国に広がっていく。その鉄砲が天草で最初に使われたのは、永禄三年(一五六〇)の志岐氏と栖本氏の戦いにおいてであった。平戸松浦家に残る「松浦家世伝」には、その経緯が次のように記されている。

当時、上津浦氏と栖本氏は領地を争っており、志岐領主志岐鎮経《しげつね》は上津浦方にあった。養子に島原の有馬晴純の子諸経《もろつね》を迎えており、諸経の兄には大村氏の養子となっていた大村純忠がいた。志岐鎮経は大村純忠を通じて、平戸の松浦隆信に鉄砲隊の派遣を依頼した。城の石垣に人影が見えると、直ちに鉄砲を撃たせた

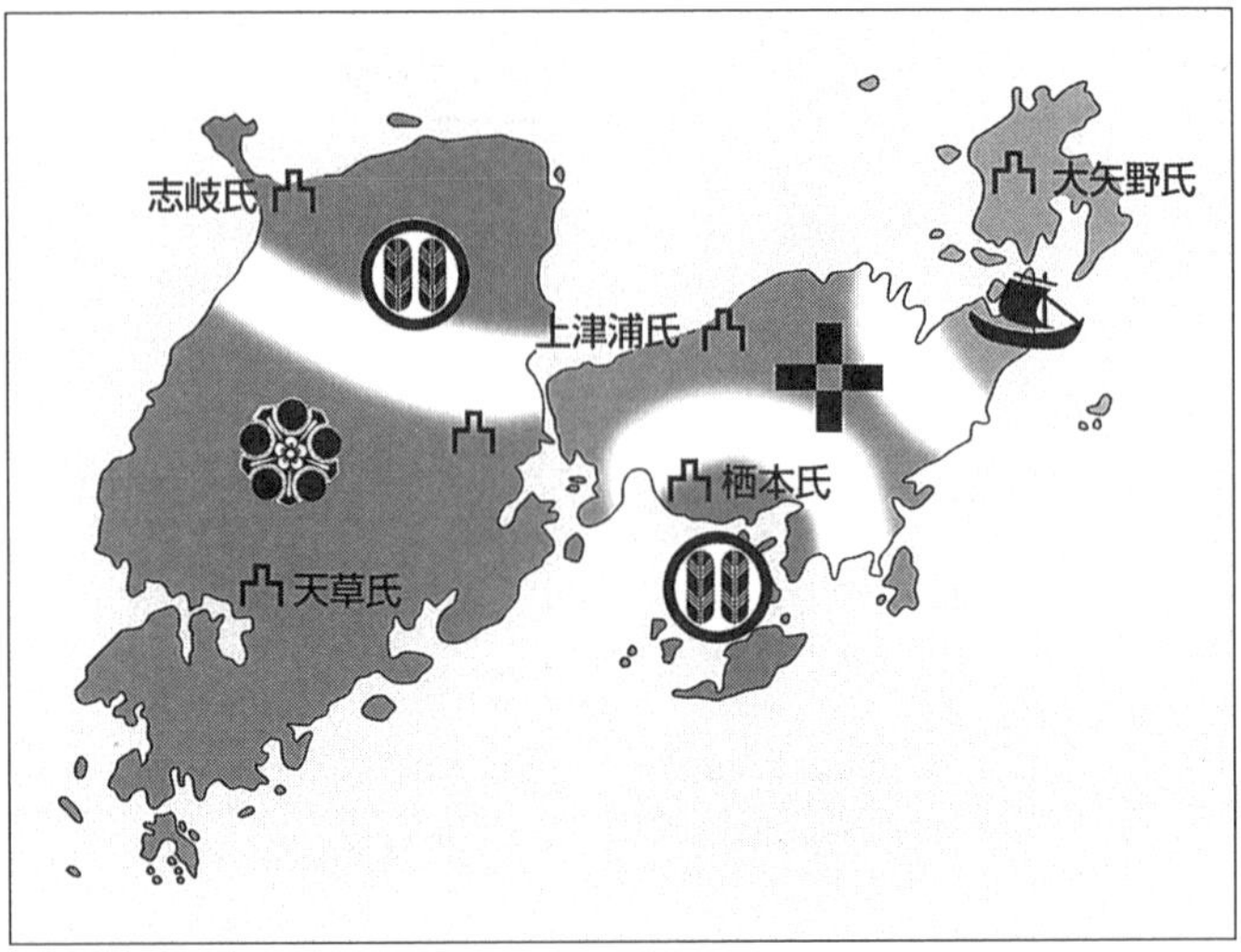

	洗 礼 名	洗礼年	授洗宣教師
志岐鎮経（麟泉）	ドン・ジョアン	1566年	アルメイダ修道士
天草鎮尚（尚種）	ドン・ミゲル	1571年	カブラル布教長
大矢野種基	ドン・ジャコベ	1587年	ゴンザレス神父
栖本親高	ドン・ジョアン	1589年	ゴンザレス神父
上津浦種直	ドン・ホクロン	1590年	

図1 天草五人衆支配図

（表：フロイス『日本史』をもとに作成。地図：玉木譲『天草河内浦キリシタン―イエズス会宣教師記録を基に―』より転載）

志岐鎮経《ジョアン》――諸経――親昌
（諸経）有馬晴純の五男
（親昌）寛永九年加藤忠広改易により志岐に退去
寛永十年母の実家薩摩に渡り島津氏に仕える

図2 志岐氏略系図

が、敵はたちどころに撃ち殺されたので、人々は驚いて「これは素晴らしい武器だ」と噂した。

この時の鉄砲の威力に驚いた志岐氏と天草氏は、有馬氏を介してトルレス神父に宣教師の派遣を要請している。こうして、永禄九年（一五六六）修道士ルイス・デ・アルメイダにより、天草にキリスト教が伝来する。その後、天草五人衆は天正十五年（一五八七）佐々成政の、翌年キリシタン大名小西行長の与力となり、天正十七年（一五八九）天草合戦後に配下に組み入れられた。大矢野氏・栖本氏・上津浦氏は、豊臣秀吉の宣教師追放令発布後に入信し、天草島には、文禄元年（一五九二）の時点で六十以上の教会と二三〇〇〇人以上の信者が存在していた。以下本稿では、五人衆のキリスト教への入信・政策変化・棄教を中心に天草島での動向を概観する。

一、志岐氏

(一)志岐鎮経(入道名麟泉)の入信

天草下島の覇権を争っていた志岐鎮経は、肥前高来の有馬氏を介して口之津にいたイエズス会のトルレス神父に宣教師派遣を要請し、永禄九年(一五六六)修道士のアルメイダが志岐に着いた。鎮経のキリシタン取り入れの動機は、先に述べたとおり南蛮貿易、特に鉄砲の魅力にあった。

一五六六年十月二十日付でアルメイダが志岐から書いた手紙には、鎮経の入信について次のように記してある(『イエズス会士日本通信』下。以下イエズス会士の書翰は同書による)。

私は島に着いて、殿(鎮経)およびその養子(諸経)にお目にかかり、大変なもてなしを受けた。殿は附近の家臣達を皆呼び寄せたので、さしもの大広間もいっぱいになった。殿は注意深く説教を聞いて聖教の真理を理解した。私の宿舎は街の最も立派な家であったので、殿様の前に出ることを許されない者のため、別に説教をしなければならなかったし、新たに聴講を希望する者のために、二日以内に今一回の説教をしなければならなくなりそうだ。

これから推測すると、鎮経のキリスト教入信は十月二十日か、その直後と考えられる。間もなくガスパル・ヴィレラ神父も志岐に来て、鎮経の兄弟一人と親類など主だった人々をキリシタンにした。

(二) 志岐キリシタンの展開

志岐キリシタンの展開についてはイエズス会士の書翰に記されており、主な出来事は次の通りである。

会堂の増築

アルメイダやヴィレラらの働きで、志岐の教勢はますます盛んになった。永禄十年(一五六七)になると、信者増加のため教会堂が手狭になったので、鎮経は会堂を増築することにした。工事に際しては鎮経も現地を訪れたが、家来の中には寺社を壊して用材を会堂工事のために運搬する者も現れた。志岐の人々は非常に信仰心が強く、病気になっても椰子油《やしゆ》や少量の軟膏など簡単な薬をつけるだけで病気が治るというし、発熱しても一日一、二回祭壇の前にひざまずくだけで病気が治ると言っている。

トルレスの来島

当時、日本布教長トルレス神父は口之津にいたが、永禄十一年(一五六八)諸王の祝日を志岐で祝うため、まず修道士ミゲル・ヴァスを先に遣わし、割礼の日(降誕祭の八日目)に志岐にやって来た。トルレスは鎮経や志岐の信者達から大変歓迎され、童男童女の聖歌隊は「イスラエルの神なる賞《ほ》むべき主」や「我等はデウスを賛美す」その他暗唱している様々な歌を歌って行列を海岸から会堂に導いた。異教徒達も昼夜ミサにあずかり説教を聞きに会堂に集まり、洗礼を受ける者が相次ぎ四旬節に至るまでの間に三〇〇人がキリシタンになった。四旬節の金曜日にはラダイニャ（連禱）を唱え、受難の一節についての説教があった。その後、ジシピリナ（鞭打ちの苦行）が始まったが、みな入信してわずか一月半ぐらいの新しい信者であったにもかかわらず「デウス、予を憐れみ給え」と唱えて熱心に鞭打し、鐘が二、三回鳴ってもやめなかった。また、復活祭には盛大な舞踏会も行われ、口之津からは七艘の船で男女や子供がやって来て、会堂で劇も行われた。

（三）志岐宣教師会議

志岐では、一五六八年と一五七〇年に九州各地の宣教師を召集して会議が開催されている。

第一次志岐宣教師会議（一五六八年の七月初旬と思われる）

集まったのは召集者の日本布教長コスメ・デ・トルレス神父をはじめ、豊後のベルショール・デ・フィゲイレド、平戸のバルタサール・ダ・コスタ、口之津のガスパル・ヴィレラ、アレキサンドレ・バラレッジョらの各神父とルイス・アルメイダ、ミゲル・ヴァス両修道士であった。協議内容は明らかでないが、バラレッジョが本部からもたらした諸通達、情報交換およびそれぞれの宣教師の部署を定めることなどであったようだ。なお、この時ドチリナ（公教要理）が一冊もたらされたが、それを翻訳する仕事を、学問もあり宗教語に精通している一青年が始めた。それを使って児童に教育したところ、二月とたたないのに早くも覚えたとある。

第二次志岐宣教師会議（一五七〇年の七月はじめ）

インド管区長クアドゥロスは、日本で宣教のための人手が不足していることをよく知っていた。特にコスメ・デ・トルレス神父が高齢と重病のため教会を統率してゆくことが不可能であり、日本布教のために別の布教長を任命してほしいと切に要請したので、管区長はフランシスコ・カブラル神父を派遣することにした。カブラルと同行してオルガンチノ神父が来日した。このオルガンチノは、後に織田信長と親交を結び安土に南蛮寺や神学校を建て、豊臣秀吉とも交渉した神父である。両神父は志岐の港に来航したエステヴァン・レイテのジャンク船でやって来た。志岐に上陸した日は元亀元年（一五七〇）五月十五日であった。

第二次志岐宣教師会議についても、議題などの詳細は分かっていないが、諸書によって幾つか判明する。①召集者は新布教長のカブラルであること。②インド管区長が規定した幾つかのこと、例えば、イエズス会員は絹の衣服を着てはいけないとか、マカオと日本の間の南蛮貿易に手を出してはいけない等を伝えたこと。③日本各地のレジデンシア（司祭館）に神父達を配分したこと。④トルレスとカブラルによる日本布教長の交代がなされたことである。最も大切なのは④であったろう。会議に集まったのは、着任したカブラル、オルガンチノをはじめ、トルレス、ガスパル・ヴィレラ、バルタサール・ダ・コスタ、バルタサール・ローペス、メルシオール・デ・フィゲイレド、ジョアン・バウチスタ・モンテ、アレキサンドロ・ヴァラレジョらの神父とアルメイダ、サンチェス両修道士で、京都にいて参加できなかったフロイス神父をはぶいて全神父が集合したという。当時、九州は日本で最も布教が盛んな地方であったし、しかもその会議が天草の志岐で行われたことは特筆すべきである。

（四）トルレス神父の帰天と志岐氏の棄教

第二次志岐宣教師会議の結果、参集した宣教師達はそれぞれ任地に赴いた。トルレスは志岐に留まったが、彼の病状は悪化し、元亀元年九月三日（一五七〇年十月二日）に帰天した。ヴィレラは「彼の顔は綺麗で死んだ人のようには見えなかった」（『十六・七世紀イエズス会日本報告集』。以下年報をはじめとするイエズス会士の報告は同書による）と報告し、フロイスは「彼の容貌は、他界しても明朗さと美しさを保っていて、畏敬の念を起こさせるに十分であった」（フロイス『日本史』。以下フロイスの叙述は同書による）と述べた。この頃、志岐には二〇〇〇人近い信者と三か所の教会堂があった。

ところがこの前年、突如として領主志岐鎮経は棄教を宣言し、家臣に対しても自分にならうよう厳命した。新布教長のカブラルは、「この領主（鎮経）はポルトガル船のその港に赴く利益のため偽ってキリシタンになりしが、キリシタンになりたる後、再び異教に立戻り、現実に悪魔（仏僧）を拝し彼と話す由なり」（一五七一年九月二十二日付書翰）と述べている。しかし、この非難は当たらない。なぜならば、大友宗麟にしても大村純忠にしても、大名の多くは南蛮貿易の魅力のため宣教師達を保護したのであり、宣教師側でもそのことは十分承知の上だったはずである。赴任したばかりのカブラルには、そのことについての認識がなかったのである。

実際は、隣の天草領で領主天草鎮尚《しげひさ》がアルメイダを招き、キリスト教の布教を図ったことに端を発してお家騒動が持ち上がり、鎮尚も一時河内浦から本渡に退却する大騒動が起こっていた。グスマンの『東方伝道史』には、「天草（河内浦）の僧侶達は、志岐の人々と結んで、天草と同じようなことを領主（志岐鎮経）に説き、伝道している修道士の追放に尽力した。志岐の僧侶達は好機と見て、領主の信教禁止とイルマンの退去公布を熱心に説いた」と述べられている。また、この直前、カブラルが乗って志岐にやって来たエステヴァン・レイテの乗組員と志岐の侍とのトラブルも関係があろう。事情は不明であるが、ポルトガル船乗組員が、志岐氏の家臣に手打ちにされており、カブラルと鎮経の間は気まずい関係になっていた。これらのことが重なって、鎮経は棄教に踏み切ったと考えられる。

二、天草氏

(一)天草鎮尚の入信

永禄十二年(一五六九)二月、天草氏の重ねての要請に応じアルメイダが天草領に入る。当時、天草氏の当主は天草鎮尚で河内浦を本拠とし、本渡から久玉までの一帯と西海岸では都呂々までを領地としていた。

一五六九年二月二十三日、大村を発ったアルメイダは﨑津《さきつ》(佐志之津あるいは﨑之津と呼ばれていた。写真1)に着いた。﨑津から羊角湾をさかのぼり、河内浦へと到着すると、鎮尚の邸宅に近い一寺院に泊められたが、二十日たっても鎮尚は説教を聞こうとしなかった。というのは、鎮尚の重臣は非常に熱心であったけれども、兄弟二人と妻が僧侶達と一緒になって、キリシタンの取り入れに反対したからである。アルメイダは領内に留まる条件として五か条の要求を持ち出し、鎮尚にそれを認めさせた。五か条とは、①領内にデウスの教えを広めることについて許可を与えること。②鎮尚自身、八日間説教を聞くこと。③鎮尚の子息の一人に洗礼を受けさせキリシタンの頭とすること。④河内浦に教会のための土地を与え、また教会を建てさせること。⑤河内浦から志岐に至る七里の沿岸の布教を許可すること、などであった。また、アルメイダは、この地でも領主が南蛮貿易を期待し、南蛮船を来航させたいと願っていることを知った。そこで、南蛮船を迎え入れる港があるか聞いたところ、鎮尚の家臣によって寒村の﨑津の港を案内された。アルメイダは入江の山上に木製の水槽二基と、鉄製の小砲二門を配置させた。また、教会を建造し河内浦の人々は大いに喜んだという。

しかし、これがお家騒動となり、鎮尚は一時河内浦を兄弟達に明け渡し、領内第二の城であった本渡城に退去することになる。鎮尚がカブラルから洗礼を受けてドン・ミゲルを称するのは、この本渡城においてで

写真1　崎津集落の遠景（天草市河浦町）
アルメイダ修道士がキリスト教を伝えてから、江戸時代の潜伏を経て明治時代に復帰を遂げ、今日に至る漁村集落。「長崎と天草地方の潜伏キリシタン関連遺産」の構成資産として、世界文化遺産の登録を目指している。

あった（長子久種《ひさたね》はドン・ジョアンと称した）。鎮尚の本渡滞在は五、六か月で、豊後の大友宗麟の援助によって地位を回復し、反対に兄弟達を久玉に追放した。以後河内浦はキリシタンの中心として発展する。

天正九年（一五八一）の年報によれば「天草氏の領内には一五〇〇〇人の信者がいる」とされ、さらに翌年の年報には「下地方（九州西部）の主だったキリシタン領主の一人は天草殿で、家臣と諸城の人は皆キリシタンで、聖堂は三十か所またはそれ以上ある。領主はドン・ミゲルと称し、すでに老人ではあるがコンパニヤ（イエズス会）の父である」とある。間もなく鎮尚は、「皆信仰を堅くし、決してデウスの教えを棄てるな」との遺言を残して没した。彼の葬儀は天正十年（一五八二）八月五日、盛大に行われている。また、翌年（一五八三）十月には、アルメイダも河内浦で帰天している。

（二）天草氏と天正天草合戦

天正十五年（一五八七）、秀吉の九州征伐によって天草五人衆は佐々成政与力となり、翌年の成政失脚後、小西行長の与力を仰せつけられた。しかし、この与力の意義について、秀吉側では成政、行長の支配する家臣団の中に組み込んだつもりであったが、天草五人衆の方では、行長と対等の立場にあって、単に有事の際に協力すればよいものと考えていた。天正十七年（一五八九）、行長が宇土城を築くにあたって、家臣同様に五人衆に対しても課役を申し付けたことを発端として、天草五人衆と行長らの戦いへと発展する。もちろん、これ以前にも大矢野氏や栖本氏はキリシタン禁教令を無視してキリシタンに入信していたし、天草氏も秀吉の年貢課役を拒否するなど、天草攻めの原因は単純ではないが、宇土城の築城協力拒否が合戦の引き金になったのは確かである。戦いは、①袋浦合戦②志岐城攻め③本渡城攻めの三段階に分けられる。この戦いで天草五人衆のリーダーシップを取っていたのは、志岐氏と天草氏であった。行長は、天草氏はキリシタンであるからできれば救いたいと考えていたし、志岐氏が滅ぶと天草氏も降伏すると考えたので、志岐氏を攻めることにした。結局この志岐城攻めで、志岐鎮経は薩摩に退き、養子の諸経は有馬に落ちのびた。天草氏は講和に耳を貸そうとせず、小西行長・加藤清正の連合軍が天草に侵攻し天草氏の第二の城である本渡城を包囲した。

本渡城攻防戦は、天正十七年(一五八九)十一月二十日から二十五日にかけて行われ、二十五日の戦いで城主種元《たねもと》は自刃し本渡城も落城した。この時激しく戦ったのは、種元夫人を頭とする婦女子で、その模様は当時城内にいた宣教師によって遠くヨーロッパまで伝えられた。これを受け、河内浦にいた天草久種(ドン・ジョアン)は、抵抗が不可能であることを悟り宣教師を通して行長に降伏を申し出た。また、大矢野氏・栖本氏・上津浦氏もこれにならったので、天草は行長による一円支配となり、天草五人衆時代は終わる。

行長によって志岐城代に取り立てられたのは、堺の豪商日比谷了慶の子、兵右衛門了荷で、志岐には十四の村があり十四の教会があった。一方、天草氏は、宣教師の仲介で行長から所領を安堵され、迫害を受けるキリスト教界のためコレジヨの天草移転を推進した。

三、大矢野氏

（一）天草五人衆と志賀親次

天正十四年（一五八六）、薩摩の島津義久が大友義統に対する攻略を開始する。天草の諸豪は義久の弟義弘に従い、阿蘇路を越えて進撃し、豊後の一万田城の守備に就いた。天正十五年（一五八七）三月、豊臣秀吉の大軍が九州征伐のため進攻すると島津軍は退却し、天草五人衆は一万田の城で孤立無援に陥った。この時、城を包囲していた豊後竹田城主志賀親次（ドン・パウロ）は、籠城する天草久種に対し、キリシタンのよしみで久種を救出したいと思った。そこで、彼に使いをやって「私は貴殿とはお目にかかったことはないが、キリシタンであることは承知している。貴殿と家臣はお助けしたい。しかし、他の者達は大友氏に対してばかりでなく、天下に対して背いたのだから助けることはできない」と申し送った。それに対し天草久種は、「城内にいる五人はお互いに隣同士で、友情を結んでいるだけでなく親戚同士でもある。自分だけ助けてもらう訳にはいかない」と断った。志賀親次は、「もっともなことだ」と、五人すべてを許したのである。

同年五月、九死に一生を得た五人衆は筑前秋月の豊臣秀吉に参向し、島津攻めの先陣を務め、それぞれ天草の所領を安堵された。五月八日、島津義久は秀吉に降参し、九州一円が秀吉の支配下に入る。六月十九日、秀吉は宣教師追放令を発布するが、大矢野氏・栖本氏・上津浦氏は、「キリシタンのよしみ」という人間性に感動し入信への道を歩む。

（二）大矢野種基の入信

天正十五年（一五八七）、大矢野種基《たねもと》が入信する。彼は領地に帰って秀吉の迫害を聞いたが、ゴンサレス神父に書簡を送り説教師を派遣することを請うた。彼はキリスト教の教理を聞き、親戚および家臣と相談しキリ

シタンとなるが、ドン・ジャコメと称し、天草久種の甥（フロイス『日本史』には従兄弟とある）である。年報には、
パードレたちが、関白殿がキリシタンおよびパードレたちに対しかくの如く大なる迫害を起こした際、何故に部下と共にキリシタンとならんとするか右の殿に尋ねたところ、彼は答えて、「キリシタンの間に存する愛が自分に生命を与えた。もしドン・パウロが異教徒（仏教信者）であったならば、日本の掟によって殺したであろう。彼がキリシタンであったため自分は生命を得たのである。故に、デウスおよびドン・パウロに感謝するため、最もよく生命を用うるはキリシタンとなることである。また、キリシタン教会が各地で繁栄する際よりも、今、教会がかくの如き迫害を受くる時キリシタンとなることを喜ぶは、魂を救うためのみに動かされたことを示さんと欲するからである」
と言ったと記してある。

大矢野種基はゴンサレス神父から洗礼を授かり、妻はジョアナ、長子種量はジョアンの霊名を受けた。この後大矢野では、仏像の焼却や破壊が行われ、領民は「ゼズス・マリア」と唱え、彼らはお互いをキリシタン名で呼び合っているばかりか、飲み物を飲む時も茶碗の上で十字の印を切っている。また、人々は多くの寺社を破壊し、その後には十字架を建てた。その一つは百二十段の石段の岡の上に建てられており、現在の上八幡宮と推測される。

天正十六年（一五八八）一月二十四日付のグレゴリオ・フルヴィオ神父の手紙では、「大矢野では子供達までが遠いところから風雨や寒さをものともせず集まってきて、『アヴェ・マリア』や『パーテル・ノステル』などの聖歌を歌う」と報告されている。天草合戦後、天草は熱心なキリシタンである小西行長の領地となる。行長は宇土・

八代・天草の肥後南部を支配したが、北部は仏教信者の加藤清正がいた。このため、清正領に近い宇土での宗教活動は、露見する可能性が高く、天草での宗教活動が活発となる。慶長五年（一六〇〇）、関ヶ原の戦いで行長が滅ぶまで、宇土は政治、八代は貿易、天草はキリスト教の拠点として領内が統治されたと考えられる。

四、栖本氏

(一) 栖本親高の入信

栖本親高《ちかたか》が洗礼を受けてキリスト教徒になるのは天正十七年（一五八九）六月十七日である。親高がキリシタンになろうとした動機は、天正十六年（一五八八）五月に、天草がキリシタン大名である小西行長の領地になったこと、親高の姉（ドナ・ジョアナ）が天草鎮尚の息子久種の妻になったことであろう。

洗礼を授けたのは、河内浦の上長アフォンソ・ゴンサレス神父で、彼は間もなく栖本を訪れて親高の妻（ガラシャ）や多くの家臣に洗礼を授けた。親高の父鎮通は改宗にあたり、家臣に「予は妻子家人とともにキリシタンになるが、何人も無理にそれに従う必要はない。説教を聞いて正しいと思えばキリシタンになればよく、そのようなことは自発的にすべきである」と諭したという。しかし、家臣達は、河内浦の天草氏の領地でも、大矢野でも人々が満足して生活しているのをよく知っていたので、喜んで洗礼を受けた。

(二) 栖本キリシタンの展開

鎮通の改宗について、フロイス神父は次のように書いている。

殿（鎮通）は昼食後、折からの猛暑の中を奥方・娘・孫たち、親族等約三八〇人を伴って来た。夫人たちは、日本の習慣にならって豪華な衣装をまとい、五、六挺の駕籠に乗って来た。老栖本殿（鎮通）は神父たちにこう言った。「自分たち一同が生まれ変わるめでたい日なので、過去の悲しみはすべて忘れたい」と。そして最初に洗礼を受けて、ドン・バルトロメウの霊名を与えられ、奥方はドナ・クララと呼ばれた。

その日、八〇〇人ほどに洗礼が授けられ、午後フロイスは天草（河内浦）に帰ったが、ゴンサレスは栖本に留まって、翌日は宮田に行き三三〇人ほどに洗礼を授けた。さらにその翌日は、シモン修道士・ニコラオ修道士・クレメンテ修道士も加わり付近の三か村で八三〇人ほどに洗礼を授けた。城の傍らには一五〇〇人ほどの信者がいて五か所に十字架が立てられた。親高にはさらに大きな教会堂を建てる計画があった。村々からは洗礼にあずかったお礼に食物が贈られたが、それはすべて参加者にふるまわれた。

天正十七年（一五八九）栖本のレジデンシアには、ポルトガル人のアントニオ・アルバレス神父と日本人の滋賀アレイショ修道士がいた。栖本に造られたレジデンシアはその後も存在したが、文禄二年（一五九三）、栖本氏が梅北一揆に関連して栖本を離れると共に閉鎖されたと考えられ、文禄三年（一五九四）の記録には見られない。

五、上津浦氏

（一）上津浦殿の入信

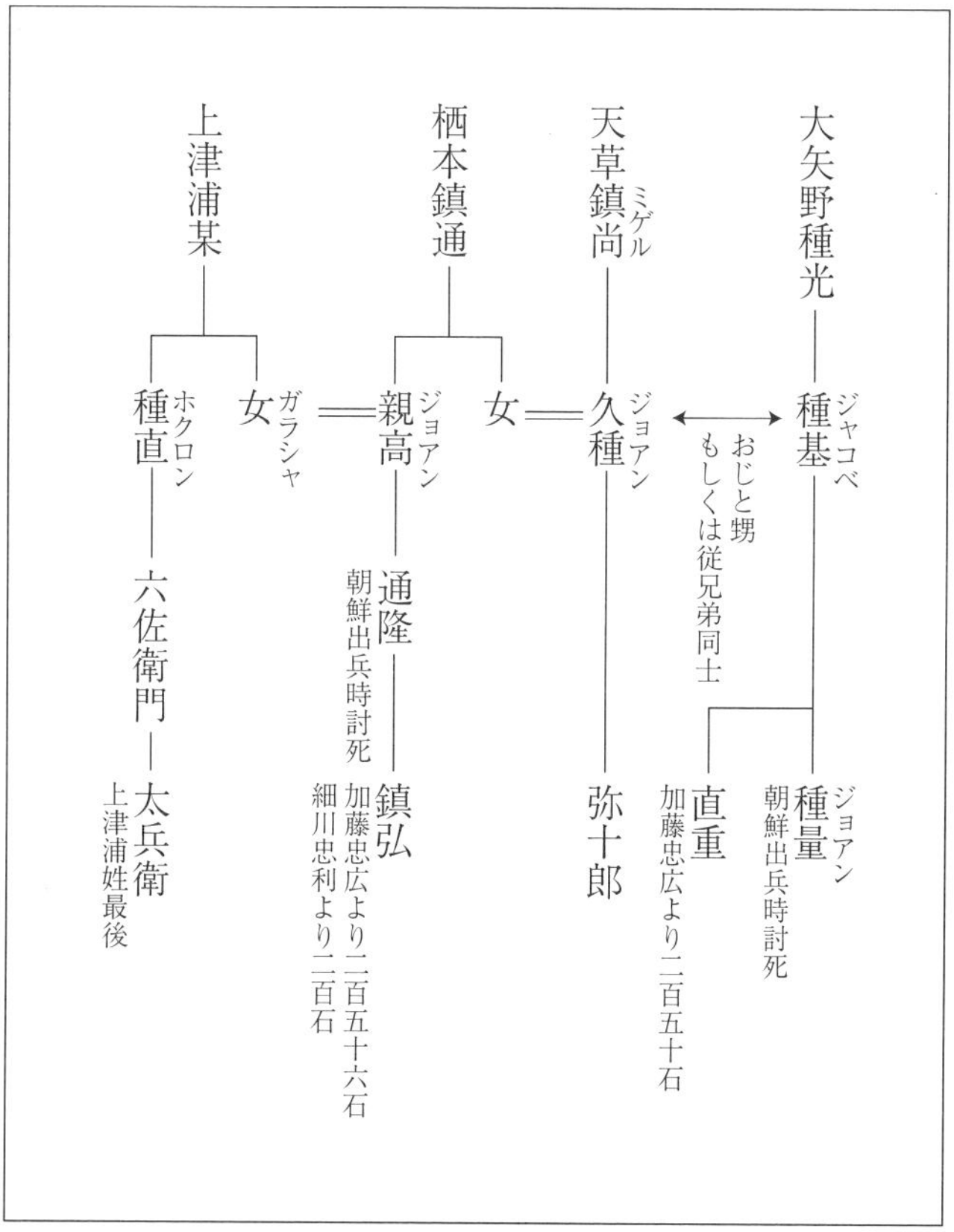

図3　天草・大矢野・栖本・上津浦氏関係略図

天草五人衆の中で、最後にキリシタンになるのが上津浦氏である。栖本氏の翌年、天正十八年（一五九〇）一月、上津浦氏も洗礼を受けるが、当主上津浦殿は九歳～十歳の子供であった。この少年の姉が栖本親高に嫁いでおり、上津浦殿の改宗は親高の父鎮通の説得によるとされることから、鎮通の妻も上津浦から嫁いだと思われる。栖本親高の妻は上津浦殿の姉であり、天草久種の妻は栖本親高の姉であり、大矢野種基と天草久種は甥とおじあるいは従兄弟同士であった。天草氏・大矢野氏・栖本氏・上津浦氏はお互い姻戚関係・血縁関係で結ばれていて、キリシタン信仰もその関係により天草（河内浦）から大矢野・栖本・上津浦に伝わっていったことが分かる。上津浦殿について、グスマンは「少年ホクロン殿」（『東方伝道史』）としており、訳者は上津浦種直《たねなお》をあてているが史料が少ないため疑問の点も多い。

（二）上津浦キリシタンの展開

天正十八年（一五九〇）、上津浦では信者が三五〇〇人以上に達し、レジデンシアも設置された。慶長五年（一六〇〇）、関ヶ原の戦いの後、小西行長は処刑され天草は加藤清正を経て寺沢広高に与えられた。広高は慶長七年（一六〇二）に一六〇〇年に破壊された志岐の教会の再建を認め、天草下島の河内浦、上島の上津浦での教会建設を許可したので、レジデンシアの活動も再開された。しかし、慶長九年（一六〇四）広高は河内浦のレジデンシアの閉鎖を命じ、領内の教会堂や十字架を破壊させた。上津浦のレジデンシアは上島や大矢野島のキリシタンの救済にあたることとなった。

慶長十九年（一六一四）、江戸幕府が禁教令を発布するが、天草東部の広い地域で信仰を継続したのは上津浦のレジデンシアであった。このレジデンシアの所在地と推定されているのが円明山正覚寺である。正覚寺は島原・天草一揆後の正保三年（一六四六）建立の曹洞宗寺院であるが、昭和六十年（一九八五）に改築のために本堂を解体したところ、床掘中にキリシタン墓碑が出土した。そのうちの一基（写真2）は、砂岩でカマボコ型を呈し、横幅五〇センチ、高さ三三・五センチ、長さ五三・四センチである。右側に洗礼名「大つ□いんた」、中央に「ＩＨＳ」と「Ｈ」の上に十字架、左側に「慶長十一年一月□□日」を印刻している。また、境内では天保八年（一八三七）、屋敷開きの際「ロザリオの聖母子銅牌」が発掘され、キリシタン遺物として貴重である。

写真2 正覚寺キリシタン墓碑
（天草市有明町）

六、キリシタンの教育施設　画学舎とコレジヨ

志岐に画学舎が作られた時期は判明しないが、少なくとも天正二十年（一五九二）には存在している。この年十一月の記録によれば、志岐には副管区長ペトロ・ゴメス神父やモレホン神父の他十八名の同宿がおり、そのうちニコロ修道士が大多尾マンショ、ジョアン・マンショといった日本人修道士らに絵画を教えていたとある。

このニコロというのはイタリア出身のジョヴァンニ・ニコラオのことである。一五八三年七月来日、長崎や有馬および志岐で絵画の制作にあたった。これは、教会の発展と共に、教会や信者の聖画に対する需要が増大し、西洋から将来する聖画だけでは不足し、日本で聖画を製作する必要があったことによる。

日本での布教進展に伴って、それに携わる宣教師が不足するようになった。そこで、巡察師ヴァリニャーノは日本人宣教師の養成を考え、天正八年（一五八〇）京都と有馬にセミナリヨ、その卒業生に対する修練機関としてのノビシアド、さらに専門知識を授けるコレジヨを豊後府内に創設した。

天草ではノビシアドが天正十六年（一五八八）五月頃、河内浦に設けられたが、翌年天草合戦が起こり、それを避けるため大村に移された。そのノビシアドがコレジヨと共に再び河内浦に設けられたのは天正十九年（一五九一）である。当時コレジヨは有馬領の加津佐にあったが、加津佐では人目について危険であった。さらに秀吉が朝鮮出兵のため名護屋に赴くことを布告したことにより、コレジヨは天草に移されることとなった。有馬晴信・大村喜前《よしあき》も同意し、加津佐の大きなレジデンシアは解体され、加津佐のセミナリオは八良尾へ移され、コレジヨと大村のノビシアドは天草久種が安堵された河内浦に移転された。

セミナリオが加津佐から八良尾に移転したのは天正十九年五月初旬と推定され、「その少し後に、コレジヨとノビシアドも天草に移された」と記されていること、七月二十五日には、ヴァリニャーノに伴われた天正遣欧少年使節一行が河内浦のノビシアドでイエズス会に入会していることから、天草のコレジヨとノビシアドの移設は六月頃であったと推測される。このコレジヨは文禄二年（一五九三）に一時、河内浦・久玉・大江に分散したこともあった。

写真3 イグナチオ・ロヨラのメダイ。﨑津で確認された3つの白蝶貝のメダイのひとつ（日本二十六聖人記念館蔵）

一五九六年度のイエズス会年報には、

天草のコレジヨには本年、イエズス会の二十三名（司祭六名、修道士十七名）が住んでいる。昨年一五九五年十月に、副管区長は十五名を新会員に入れたが、その中の五名はヨーロッパ人であり、十名は日本人である。（中略）コレジヨの中の離れた場所にラテン語と日本語のための印刷所が設けられている。今年はトリエント公会議で定められた「カテキズム」がラテン語で刊行されたが、それは神学校で読まれている。また、「コンテムツス・ムンヂ」という小冊子がラテン語と日本語で刊行された。

とある。天草コレジヨの特異性は、遣欧少年使節一行が帰国後、入学し学習したこと、彼らがヨーロッパから持ち帰った活版印刷機を使って、『平家物語』や『イソホ物語』、『羅葡日辞典』など貴重な本が出版されたことである。また、印刷所はコレジヨの中の、校舎と離れた場所にあったことが分かる。慶長二年（一五九七）、天草で華開いた河内浦のコレジヨとノビシアド、印刷機は長崎に移転した。

天草氏の領内にあった﨑津では、三個の白蝶貝のメダイが確認されており、現在、ローマ、日本二十六聖人記念館、﨑津教会に所蔵されている（口絵参照）。メダイの表には「ＩＧＮＡＴ．ＳＯＣＩＥＴ．ＩＥＳＵ．ＥＵＮＤＡＴ．」の文字とイグナチオ・ロヨラの顔が、裏にはＩＨＳの紋章が刻まれており、ヨーロッパから請来した金属メダイを手本に日本人が製作したと考えられる。三個のメダイは「ＦＵＮＤＡＴＯＲ」のＦがＥになっており、同じ誤字が見られることから同一人物による製作であろう。これは、コレジオの付属印刷所で印刷された本の表紙がエッチングで制作されていることから、その技術が継承された遺物で、キリスト教の伝播と浸透の経過を示している。

七、天草のコウロス徴収文書

元和三年（一六一七）、管区長マテウス・デ・コウロスの依頼によって、全国各地のキリスト教信者代表七〇〇人余りが証言を寄せ署名した文書は、「コウロス徴収文書」と呼ばれている。天草からは二通の文書があり、一通は大矢野島および天草上島の代表者達のもの、他一通は天草下島北西部の村々の代表者達のものである。前者には二十五人、後者には三十四人の署名があり、表１の通り関連事項が整理される。コンフラリア（信徒の共同体）の役職は惣代と慈悲役である。惣代はコンフラリアの長である親組の指示などを通達する役で、慈悲役は組員の世話にあたり、慈悲物を管理する役もいた。看坊はコンフラリアの顧問であり助言者の役を果たしている。

天草上島資料に記載されている上津浦・大矢野はそれぞれキリシタンとなった上津浦氏と大矢野氏の居城地で、天草における布教の中心であった。署名者二十五人の中に、庄屋が五人、肝煎が二人、公職を務める村役が七人いることは注目される。すなわち、村の統治制度が宗教組織であるコンフラリアに用いられており、信徒たちが、村落の体制を基盤として信仰を保持していたことを示している。この両地域は、寛永十四年（一六三七）に勃発する島原・天草一揆の拠点となるが、コンフラリアは一揆の指導者としての役割を果たしたと推測される。天草下島資料には肩書きがないため断定できないが、内野の長嶋氏、二会（二江）の松田氏、志岐の平井氏、福路（富岡）の荒木氏、下津深江の西嶋氏、今福（今富）の大矢敷氏、大江の赤崎氏などは、他の史料からも庄屋またはその一族であろうと思われる。文化二年（一八〇五）下島の今富村・﨑津村・大江村・高浜村の一部で潜伏キリシタンが発覚する「天草崩れ」が起こる。この地域は島原・天草一揆に参加しなかったため、コンフラリアを母体に潜伏して信仰が継続されたものと理解されるが、潜伏期の村組織とキリシタン組織の集落における関係性については、今後の調査を待ちたい。なお、大江村では村組織の有力者が信仰組織の指導者を務める事例がある。発覚後も信仰は継続され、明治時代の再布教により﨑津・大江ではカトリックへ復帰し、今富ではかくれキリシタンとして昭和三十年代まで続いた。

表1　コウロス徴収文書（天草からの証言文書）署名者についての関連事項一覧表

資料	証言文書			参考事項			
	町村（）内は現在	署名者の肩書	署名者の氏名	署名者についての関連文献等	一揆後の庄屋の姓 一七九六	一八三三	一八五九
天草上島資料	上津浦（天草市有明町上津浦）	庄屋	梅屋七兵衛	四郎乱物語・耶蘇天誅記	脇山	脇山	脇山
		きも入	鷹（高）戸市良兵衛	四郎乱物語			
		同	神代喜兵衛	四郎乱物語			
		惣代	楠甫勝（庄）介	四郎乱物語			
		組親	長井二左衛門				
		同	馬場新右衛門				
		同	富田忠介				
		同	前田三良左衛門				
		同	池井善右衛門				
		慈悲役	大平次右衛門				
		看坊	溝口市左衛門				
			中村与左衛門				
			渡辺九良右衛門				
			町薗五左衛門				
			中村伊右衛門				
		看坊	松井小左衛門				

天草上島資料	大矢野（上天草市大矢野） ※島原・天草一揆後は、登立村・上村・中村に分かれていた。	惣代	渡辺小左衛門	四郎乱物語、耶蘇天誅記外	（登立）光瀬	光瀬	光瀬
		庄屋	同　九右衛門				
		庄屋	内田与右衛門				
		庄屋	会津次右衛門		（中村）浦本	浦本	浦本
		庄屋	内田清左衛門				
			越地将監 山下与左衛門		（上村）吉田	吉田	吉田
天草下島資料	内野村（天草市五和町手野・城河原）		大長嶋九兵衛 さゝ原与兵衛 飛瀬外記	「大」は大庄屋のことか	長嶋	長嶋	長嶋
	二　会（天草市五和町二江）		松田杢左衛門 宮崎権兵衛 茂嶋与三兵衛	伝承に一致	長嶋	池田	池田
	坂瀬川（天草郡苓北町坂瀬川）		川崎市右衛門 構野上与四衛門 前田弥右衛門		岡部	岡部	岡部
	志　岐（天草郡苓北町志岐）		平井与右衛門 中村四郎左衛門 橋本金助		平井	平井	平井
	福　路（天草郡苓北町富岡）		大丹田与三左衛門 鶴田理左衛門 荒木惣左衛門	日本切支丹宗門史	荒木	荒木	荒木
	同下町（天草郡苓北町富岡下町）		橋本又左衛門 同　五右衛門				
	都呂々（天草郡苓北町都呂々）		佐渡九兵衛 益福助左衛門		酒井	酒井	酒井

下津深江（天草市天草町下田北）	西嶋金七郎 同　右馬丞		西嶋	西嶋	西嶋
小田床（天草市天草町下田南）	橋口市左衛門		伊野	伊野	伊野
高　浜（天草市天草町高浜）	内田与七郎 立石藤右衛門 中村次郎兵衛		上田	上田	上田
今　福（天草市河浦町今富）	大屋敷彦三郎		大崎	上田	上田
崎之津（天草市河浦町崎津）	松永治部左衛門 野田玄蕃左衛門 松長二兵衛		吉田	吉田	吉田
大江村（天草市天草町大江）	赤崎孫右衛門 馬場喜介 田中広介 香月与左衛門 内田助八郎	天草年表事録	松浦	松浦	松浦

〈参考文献〉

五野井隆史『島原の乱とキリシタン』（吉川弘文館、二〇一四）
玉木　譲『天草河内浦キリシタン史』（新人物往来社、二〇一三）
鶴田倉造『天草鶏肋史』（二〇一一）
東　昇『崎津・今富の集落調査報告書』史料編（天草市教育委員会、二〇一三）
松田毅一監訳『十六・七世紀イエズス会日本報告書』（同朋舎出版、一九八七〜九八）
村上直次郎訳『イエズス会士日本通信』下（雄松堂書店、一九八三）
フロイス著　松田毅一・川崎桃太訳『フロイス日本史』（中央公論社、一九七七〜八〇）
グスマン著　新井トシ訳『グスマン　東方傳道史』上巻（天理時報社、一九四四）
グスマン著　新井トシ訳『グスマン　東方傳道史』下巻（養徳社、一九四五）

一条兼定

鹿毛敏夫

一、一条氏と四国

愛媛県の南部、宇和島港から出港する高速船あさかぜは、四国と九州が向かい合う豊後水道に突き出た愛媛県側の半島や島々を一時間四〇分ほどで周遊する。船は、急斜面に連なる段々畑が重要文化的景観に選定された遊子《ゆす》の水荷浦《みずがうら》や、蒋淵《こもぶち》半島の中部を掘削して通る細木運河を抜け、出発からおよそ五〇分で戸島《とじま》の港に入港する。

宇和海に浮かぶ戸島は、面積が二、四一平方キロメートルほどの小さな島で、集落の人口は四〇〇人あまり。平安時代に藤原純友が拠点とした日振島《ひぶりじま》などとともに、足摺《あしずり》宇和海国立公園に含まれ、海域ではブリやハマチの養殖が盛んである。

この戸島の本浦漁港に面した集落の道路をしばらく歩き、民家に囲まれた細い通路を登ると、山の斜面に龍集寺の石垣が見えてくる。キリシタン領主一条兼定の墓を守る寺院である。

京都五摂家の一つの一条氏と四国との直接的関わりは、兼定のおよそ一〇〇年前の一条教房《のりふさ》に始まる。応永三十年（一四二三）、一条兼良《かねよし》の長子として生まれた教房は、室町期の公卿であり歌学・有職《ゆうそく》の学才で誉れ高い父の威光も受けて、左大臣そして長禄二年（一四五八）には関白にまでのぼりつめた。しかし、応仁の乱の勃発によって京都から奈良の大乗院に避難、応仁二年（一四六八）に下向してきた父兼良一族に奈良の宿所を譲って、みずからは全国に散在する一条家領のうちの土佐の幡多荘《はたのしょう》に下り、中村（現、四万十市）に館を構えた。

文明十二年（一四八〇）に没した教房のあとを継いだのは、同九年に生まれたばかりの房家であった。幼い時期の房家は、家臣の内訌《ないこう》のため、中村の館から足摺岬《あしずりみさき》の金剛福寺に移るなど不安定な生活をおくっていたが、やがて明応三年（一四九四）に元服して家督を継ぎ、土佐一条氏の初代となった。房家の時期の一条氏は、幼い時期の長宗我部国親（元親の父親）を養育するとともに、高岡郡を根拠とする津野氏とは戦うなど、公家出身でありながらも、戦国期土佐国内の軍事情勢のなかで、領域支配者としての権力機構の確立に力を注いでいる。

二、土佐一条氏五代の盛衰

土佐一条氏初代の房家のあとの十六世紀前半は、二代房冬、三代房基が家督を継いで周辺諸勢力との攻防を繰り広げた。そして、四代目として家督を相続したのが、兼定である。

一条兼定は、父房基と、九州豊後の戦国大名大友義鑑《よしあき》の娘である母の間の子として、天文十二年（一五四三）に土佐国幡多郡中村で生まれた。天文十八年、父房基の逝去によって幼くして家督を継ぎ、同二十年に元服して従四位上、翌二十一年には従三位へと昇進した。しかしながら、高い官位が必ずしも領域支配を安定化させたわけではなく、弘治三年（一五五七）には吾川《あがわ》郡を本拠とする本山氏との攻防で、森山城と秋山城（ともに現、高知市）を攻め取られ、また高岡郡の蓮池《はすいけ》城も奪われている。

十六世紀の一条氏の土佐国外との外交政策では、九州豊後の大友氏との縁戚関係が重要視され、房基が大友義鑑の娘をめとったのみならず、その子の兼定も大友宗麟（義鎮）の娘を迎えた。さらに、天文年間からの大友義鑑・宗麟二代の西伊予侵攻政策に積極的に呼応し、法華津《ほけづ》、御荘《みしょう》の諸城を攻めて、伊予国宇和郡へ支配を広げている。

しかしながら、本国の土佐では、永禄年間に入って長岡郡の長宗我部元親が、西方の土佐郡・吾川郡方面に侵攻して勢力を拡大してきたことにより、兼定の領地は圧迫され、土佐国西部の幡多・高岡の二郡に押し込められてしまう。その後、長宗我部氏勢力の圧力に窮した兼定は、天正元年（一五七三）、家督を子の内政に譲ってみずからは出家し、五代目となった内政もやがて長宗我部元親の軍門にくだる。そして、天正二年、隠居の身の兼定は、土佐を追われて、九州豊後の大友氏のもとに身を寄せることになったのである。ちなみに、長宗我部氏の本拠である岡豊《おこう》城に近い大津城に入って、しばらくは元親の後見を受けていた内政であったが、やがて長宗我部氏家臣の謀叛にくみして追放され、土佐一条氏は五代で滅亡するに至った。

三、豊後滞在と受洗

さて、土佐中村を追われて豊後に移った兼定。鎌倉時代以来の豊後の名門守護家であり、天正年間前半には北部九州一帯に勢力を拡大していた大友氏を兼定が頼ったのは、大友がみずからの母と妻の出身家であることも考え合わせれば、当然のことであろう。そして、そのことが、その後の兼定の人生を大きく左右することになる。

兼定が身を寄せた一五七〇年代の九州豊後では、当時の日本においてはトップクラスといえるキリスト教文化が花開いていた。豊後の大名大友宗麟がイエズス会の宣教師フランシスコ・ザビエルを府内（現、大分市）に受け入れたのは、天文二十年（一五五一）のことであるが、それ以降、府内のキリスト教界は、長崎のそれに二十年ほど先だってその基礎を築いていった。天文二十二年、府内に教会堂と司祭館、墓地が大友氏の庇護を得て整備され、弘治元年（一五五五）に育児院を開設、翌二年には拡張された敷地内に個別隔離治療に対応した病院施設が設けられた。そして、天正九年（一五八一）には、隣接地にコレジオ（サン・パウロ神学院）が設置されて、ポルトガル人やイタリア人の複数の神父、修道士を教師とした日本人司祭養成の教育が施されるようになる。また、同じ豊後の臼杵にも、天正八年には二棟の建物からなるノビシアド（修練院）が完成して、院長ペドロ・ラモンのもと十数名の修練者への教育が行われていた。すなわち、天文末年から弘治・永禄・元亀そして天正年間まで（一五五〇年代から八〇年代にかけて）の豊後は、日本のキリスト教界の中心地として多くの施設が拡充されてキリスト教文化が開花した、一大宗教センターとして繁栄していたのである。

大友宗麟の保護を受けて天正年間初頭の豊後に滞在した兼定が、こうしたキリスト教の文化と思想を目の当たりにして、その影響を受けたことは間違いないであろう。兼定は、イエズス会日本布教長カブラルに接して教化を受け、ジョアン・バウチスタの手で受洗、ドン・パウロの霊名を授かった。天正三年（一五七五）、三十三歳のことである。

四、渡川の合戦と戸島隠棲

受洗の年、大友宗麟の援助を受けた兼定は、土佐の旧領を回復すべく軍船を調《ととの》えて豊予海峡を渡り、伊予国西岸の法華津に上陸する。法華津氏、御荘氏、津島氏ら南伊予の諸勢力の支援を受けた兼定は国境を越えて土佐へと進軍し、まずは宿毛《すくも》を回復した。そして、みずからのかつての本拠である中村を目指して東進し、四万十川（渡川）西岸の栗本に陣を張った。一方、長宗我部元親は、一条軍の進攻を防ぐべく大軍を率いて岡豊を出発し、四万十川東岸の中村に入った。ここに、四万十川を挟んだ東西両軍の攻防、渡川の合戦が始まったのである。

この戦いで、勢いに勝る長宗我部軍は三日のうちに栗本城にこもる一条軍を攻め落としたとされ、その後、幡多郡一円が元親によって平定された。

一方、渡川の合戦に敗れた兼定は、伊予に逃れて法華津氏のもとに身を寄せ、やがて、宇和島沖の戸島に隠棲することとなった。宇和海に浮かぶこの島にも長宗我部氏の刺客がおよび、負傷したとされるが、静かな孤島で兼定は信仰の生活を送っていたようである。

天正九年（一五八一）、イエズス会の東インド巡察師アレッサンドロ・ヴァリニャーニが、京都で織田信長の歓待を受けたのちに豊後へと移動する途中、戸島近隣を通過した。この時、兼定は数名の家臣と連れ立って、小船に乗って面会に来た。兼定は、みずからがキリシタンの人々とともに生活できず、かつ、居住する戸島の人々をキリシタンに改宗させる力もないことを嘆き、ヴァリニャーニから慰めを受けたという。

天正十三年（一五八五）、兼定は熱病のために戸島で没した。四十三歳であった。戸島の龍集寺にあるその

写真1　一条兼定墓（龍集寺）

写真2　一条兼定キリシタン風墓廟（龍集寺）

墓は、小さな宝篋印塔《ほうきょういんとう》の形式で、現在はその一部が欠けている（写真1）。戒名は天真院殿自得宗性家門大居士。墓石を守る廟は、生前にキリシタン葬を望みながら果たせなかった兼定のために、昭和四十八年（一九七三）に建立されたもので、ステンドグラス風の窓が印象深い（写真2）。龍集寺の山の斜面の墓地に建つこの小さな宗廟から振り返ると、眼下に戸島本浦の港が見渡せる。

〈参考文献〉

『中村市史』（中村市、一九六九）
『高知県史』古代中世編（高知県、一九七一）

毛利高政

鹿毛敏夫

一、豊臣政権下での活動

毛利高政は、豊後の佐伯藩（現、大分県佐伯市）の初代藩主である。永禄二年（一五五九）に尾張国海東郡（現、愛知県）に生まれ、父の森九郎左衛門尉高次は豊臣秀吉の家臣であった。幼少期には森勘八あるいは勘八郎を名乗り、自身も秀吉に仕えて、天正五年（一五七七）に播磨国明石郡（現、兵庫県明石市）で三〇〇〇石を与えられたという。天正七年には、秀吉による三木城攻略に参戦して負傷している。

天正十年、秀吉は備中（現、岡山県）に入り、対立する毛利氏方の高松城主清水宗治を攻めた。世に有名な高松城の水攻めであり、この時、高政も従軍した。数ヶ月の攻防の後、本能寺の変への対応のため秀吉と毛利輝元は和睦するが、『徳川実紀』によると、この際に、高政が交換人質として毛利方に入り、その後、輝元から同音の苗字を授かったことにより、「森」を改めて「毛利」を称することになったというが定かではない。

天正末年からの高政は、豊臣政権下での活動記録が増えてくる。天正十一年、柴田勝家を相手とした賤ヶ岳の戦いでは槍を持って奮戦し、同年の大坂城築城の際には石材運搬の奉行を務めた。また、天正十四年の京都方広寺大仏殿造営においても、高政は石材・木材の搬送役を命じられている。

天正十五年三月、大坂を出立した秀吉は九州平定に向かう。この時、赤間関（現、山口県下関市）から九州豊前への渡海船奉行を務めたのが高政である。その後の天正十八年には、関東の小田原攻めに参陣し、後陽《ごよう》成《ぜい》天皇の聚楽第行幸にも従っている。

このように豊臣政権下の一武将として活動していた高政が、近世大名としての足がかりをつかむ契機となったのが、朝鮮出兵であった。

文禄元年（一五九二）、秀吉は九軍団、一五万八〇〇〇余りの軍隊を名護屋城（現、佐賀県唐津市）に集結させ、対馬海峡を渡って朝鮮半島へ進軍させた。この文禄の役で、高政は船奉行の一員として軍船輸送などの海上任務を務め、自身もその後、第四軍として島津義弘、毛利吉成らとともに朝鮮半島中央部の江原道《カンウォンド》へ攻め上っている。しかしながら、翌文禄二年一月、平壌《ピョンヤン》を制圧していた第一軍の小西行長らが李如松率いる明軍の反撃に窮して京城へと退き、小西軍から救援を求められた第三軍の大友義統（吉統。大友宗麟の息子）も鳳山から京城へ退却した。厳しい攻防戦は三月に講和交渉へとこぎつけるのであるが、秀吉はこの時の不戦功を理由に大友義統を改易し、その領国であった豊後（現、大分県）を直轄領とした。翌文禄三年、豊後は七藩に分割されて豊臣政権下の武将に与えられることになるが、この時に「豊後国日田郡之内、高二万石」（現、大分県日田《ひた》市内の二万石）を宛行《あてが》われたのが毛利高政であった。文禄四年九月のことである。

朝鮮から帰国した高政が、秀吉のいる大坂に参勤して朱印状を受け、封地の日田に入部したのは翌慶長元年（一五九六）であったが、明使が提示する講和条件に激怒した秀吉は、早くも同年九月に朝鮮再出兵を決断した。厭戦《えんせん》気分が漂いながらも諸大名らは再び大軍を率いて朝鮮半島へ渡った。高政も、第四軍の軍監として渡海した。

高政の奮戦ぶりは、この慶長の役でも際立ったという。半島南西部の珍島《チンド》沖では、朝鮮水軍を率いる李舜《イスン》臣《シン》との激戦の末に船を沈められて藤堂高虎の船に救われ、南原城の戦いでは宇喜多秀家、加藤嘉明、藤堂高虎らとともに包囲して三日で陥落させたとの武勇伝が伝わる。

慶長三年八月、秀吉が没するとともに慶長の役は終戦を迎えた。多くの武将たちとともに高政も帰国した。その後の関ヶ原の合戦では、高政は秀吉への忠義から西軍石田方についた。戦いは東軍徳川方が勝利したが、その直後、高政は藤堂高虎の配慮を受けて家康に降った。そして、慶長六年、高政は同じ二万石のまま日田から佐伯へ転封となったのである。

二、佐伯城造営と城下町建設

慶長六年四月十五日、高政は家臣を引きつれて佐伯に入部した。これ以降、高政を初代に、高成―高尚《たかなお》―高重―高久―高慶《たかよし》―高丘《たかおか》―高標《たかすえ》―高誠《たかのぶ》―高翰《たかなか》―高泰―高謙《たかかた》までの、十二代にわたる近世豊後佐伯藩主毛利家の系統がつながっていくのである。

佐伯に入った高政は、まず居城の造営を行った。中世までの佐伯荘には栂牟礼城《とがむれ》（現、佐伯市弥生）という堅固な山城が営まれていた。標高二二三メートル、比高差二一〇メートルの栂牟礼山上に位置するこの城は、十六世紀前半の大永年間に大友義鑑《よしあき》家臣の佐伯惟治《さえきこれはる》が築いたもので、戦国期の難攻不落の城であるものの、険阻な立地環境で城下町経営には不向きなものであった。そこで高政は、佐伯を流れる番匠川の河口に近い八幡山（城山）に新たな城を造ることにした。縄張りは織田信長の安土城築造に関わった市田祐定《すけさだ》が設計し、石垣造りには天正期の姫路城の石垣師を招いたという。

高政が築いた佐伯城は、別名鶴屋城あるいは鶴ヶ城とも呼ばれる。三層の天守閣をもつ本丸を中心に、その西方に二の丸、西南に西の丸、北東に北の丸を配した縄張りは、翼を広げた鶴をイメージさせる。慶長十一年に完成した城は、元和三年（一六一七）の火災で本丸と二の丸部分を焼失するものの、その復興は行われず、寛永十四年（一六三七）に山麓《さんろく》の「下屋敷」に藩庁機能を移して、ここを三の丸として居館を営んだ。以来、佐伯藩政は山城ではなく麓の三の丸で執られることとなった。現在、大分県有形指定文化財となっている三の丸櫓門《やぐらもん》（写真1）は、この三の丸の藩庁の正門跡である。

こうして造営された佐伯城の麓には、城下町の建設も進んだ。場所は、城の東部、番匠川が豊後水道に注ぐ河口北側の平野部一帯で、城に近い西側に武家町、その東側に内町、そして南側の川沿いに船頭町が形成された。近年の武家町の発掘調査で確認された山中家の屋敷跡からは、近世後期から明治期にかけての陶磁器や金属製品、ガラス製品などの日常生活用品が見つかっており、また、建物の礎石や縁石、庭石などの配置から、上級家臣の住居の間取りや庭園の構造が判明している。現地は、文政九年（一八二六）の城下絵図に描かれている山中加左衛門の屋敷に一致し、実際に平成八年（一九九六）までは旧邸が残されていた。武家町の一角には、この他にも八代藩主の毛利高標に仕えていた藩医の今泉元甫《げんぽ》が、飲み水の確保に苦しんでいた城下町の人々のために掘った「安井《あんせい》」と呼ばれる井戸も史跡として残されており、初代毛利高政以来脈々と続いた佐伯藩毛利家による治世の足跡を今に伝えている。

写真1 佐伯城三の丸櫓門（大分県佐伯市）

三、「切支丹寺」の建立

このように、豊臣政権から徳川政権初期にかけて佐伯藩政の基礎をかたち作った高政であるが、そのキリシタン領主としての性格を証する遺物はほとんど残されていない。

レオン・パジェス『日本切支丹宗門史』には、「慶長十一年エルナンド・デ・サン・ヨゼフが佐伯城下に小さな修道院を建て、毛利高政も一度は改宗したことのある背教者ではあったが、自費で天主堂と大修道院を建てた」との記述があり、また、比屋根安定『日本基督教史』にも、「毛利高政は豊後佐伯の城主にして洗礼を受けて以来十数年、切支丹大名大友氏の故地に封をうけ、基督教のために尽す所多かりしが、家康の睨視《げいし》に触れて其の信仰を維持する能はず、一旦は棄教を表明せしも、さすがに恥ずる所やありけん、慶長十一年の頃、再び改心して宣教師に好意を表し、其の領地に切支丹寺を建立せしが、是ただ一時の良心の煩悶《はんもん》を避けるの手段に過ぎざりしと見へ、全く棄教し反対の態度を表するに至れり」と記録されている。

高政がキリスト教に入信した年代は定かではないが、豊臣政権下の武将として活動していた天正十年代に比定する説は多い。その後、家康の時代に棄教したものの、再び改心して天主堂と大修道院からなる切支丹寺を建立したとされるのが慶長十一年である。この年は、高政が造営した佐伯城の完成年にあたる。十七世紀初頭の毛利高政によるキリスト教関連施設の建立は、佐伯における新たな居城とその城下町の建設事業の一環として当初進められたもので、やがて江戸幕府の禁教方針の徹底に伴って破却されたと考えることができよう。

寛永四年（一六二七）六月、高政は江戸藩邸で病み、翌年十一月没した。法名は養賢寺殿乾外紹元大居士。

写真2 佐伯藩主毛利家の菩提寺養賢寺
（大分県佐伯市）

写真3 養賢寺にある毛利家の墓塔

高政は江戸高輪の東禅寺に葬られたが、菩提寺の臨済宗妙心寺派の養賢寺（写真2）は、九州豊後の佐伯城の東麓に立地する。大書院や禅堂などが建ち並ぶその伽藍《がらん》の裏手には、佐伯藩主毛利家歴代の墓塔（写真3）が営まれ、今も佐伯の城下を見守っている。

〈参考文献〉

『佐伯市史』（佐伯市、一九七四）
『大分県史』近世篇一（大分県、一九八三）

後藤寿庵

佐々木　徹

はじめに

後藤寿庵《じゅあん》は、仙台藩の初代藩主となった伊達政宗の家臣であり、同家中にいる主要なキリシタン（キリスト教徒）として知られている。奥州伊沢《いさわ》郡見分《みわけ》（現、岩手県奥州市水沢区）の領主であり、洗礼名がジョアン（寿庵）であった。

明治時代初期に「ジアン後藤」（平井編　一八七六）として紹介されて以降、彼の存在と足跡はたびたび注目され、その研究史を振り返ると、彼に触れずして東北地方のキリシタン史は理解できないといった位置付けにあることが分かる。しかしそれが故か、従来の研究における寿庵の足跡や人物像については、いささか行きすぎた解釈や確かな裏付けのない言説を典拠にして論じられてきた側面も見受けられるようである。

そこで本稿では、これまでの研究にも触れながら、彼の動向を確実に記した同時代の文献史料を中心にして、その足跡を再構成していきたいと思う。

一、キリシタン領主後藤寿庵

まずは後藤寿庵のキリシタンとしての側面を簡単に紹介しておこう。仙台藩への外国人宣教師の来訪とそこでの布教許可は、記録上、慶長十六年十月（一六一一年十一月）のフランシスコ会宣教師ルイス・ソテロが嚆矢《こうし》とみられ、この時期以降、仙台藩でもキリスト教が公認されていったようである。一六一五年にローマで刊行されたアマーティ著『伊達政宗遣欧使節記』第十五章（『仙台市史』特別編八 慶長遣欧使節、『支倉六右衛門常長「慶長遣欧使節」研究史料集成』一。以下同史料は両書による。また、以下両書を『市史』『集成』と略記する）には、伊達政宗の「宮廷」（仙台城）がある仙台の城下町に二軒、クサノカミ（内蔵頭）の領地に一軒、ゴト（後藤）の領地に一軒の教会堂があり、これらの教会堂は各地のキリスト教徒が出資し、カトリック教理を教える説教師たちによって建てられ、人々はそこで喜びと霊的満足を得ていたと記されている。すなわち仙台藩には、一六一五年（元和元年）以前からいくつかの教会堂が建設され、後藤寿庵の領地にもそれはあり、周辺のキリスト教徒らもそれぞれの教会堂を中心に活動していたことがうかがえる。

一六一五年のイエズス会宣教師ジェロニモ・デ・アンジェリス書翰（浦川 一九五七）によれば、同年四月（慶長二十年三月）に彼は江戸から政宗の領国へ向かい、仙台城下に十八日間留まって信者たちの告白を聞き、のちに後藤寿庵の領地で四十日間滞在し、出羽の仙北地方へと向かったというから、仙台や寿庵の領地に宣教師・キリシタンらの拠点があったことも首肯《しゅこう》されよう。ただし、この年寿庵は大坂の陣へと出兵中であり、この両所にはいなかったとされる（浦川 一九五七）。

また、一六二〇年十月のイエズス会宣教師ディオゴ・カルヴァーリョ書翰（『北方探検記』）によれば、その往来に厳しい取締りが実施されていた盛岡藩領と仙台藩領の間にあって、盛岡藩領内にいるわずかな信者が、領土境にある寿庵の知行地見分へと告解《こっかい》に赴く習わしがあったといい、カルヴァーリョが見分にいた時期（元和五、六年頃）には彼ら信者の帰途に同宿を同行させ、そこでわずかな人々に受洗させたこともあったという。仙台藩領北辺にあった見分が、奥羽布教に従事する宣教師らの拠点あるいは周辺の信者らの拠点であるに止まらず、盛岡藩領の信者の拠点ともなっていたとする記述は大変興味深い。

元和三年十月（一六一七年十一月）、後藤寿庵をはじめとする仙台藩領内の三八名のキリシタンが、日本イエズス会管区長マテウス・デ・コウロスに宛てて三種類の言上書をしたためている。寿庵はこれらのうち二種に見出され、一つは城下町仙台のキリシタン八名の一人として、もう一つは伊沢郡見分・岩井郡矢森・同郡志津（清水）の三村一六名のキリシタンの一人としてみえている。いずれにおいても一番格上であることを表す日付の下（日下《にっか》）に署判し、アンジェリスによる奥州布教の様子などを報じている（チースリク　一九六一、『市史』三一九号・三二〇号）。

実はこれらの文書は、六九カ所・七五二名の署判者からなる、全国の主要なキリシタン集団の指導者からコウロスのもとに集まった六〇通近い文書群の一つであることが知られている。それらは、日本に滞在する宣教師や高山右近・原マルチノらが国外追放された慶長十九年十月（一六一四年十一月）以降、キリシタンの取締りが一層強化される中で、日本の信者を見捨てているなどとしてフランシスコ会宣教師らがイエズス会宣教師らの行動を非難したため、コウロスがそれに反駁《はんばく》する目的でイエズス会宣教師らの尽力の様相を各地から「証言」として募ったものであった（シュッテ　一九五七）。その範囲は、仙台藩領内はもとより京都・大坂・堺、中国・九州地方の諸地域などに広がっており、後藤寿庵はそうした全国の主要なキリシタン集団の中で仙台藩領内の信者の指導者であり、かつそれらを代表するような立場にいたことが分かる（チースリク一九六一）。

二、出自と知行高

このようにキリシタン領主後藤寿庵の動向は、後述する事績も含めて一六一〇年代頃から記録上にはっきりと現れてくるが、それ以前の事績については確実な史料がない。そのため、彼の出自についても諸説さまざまにいわれている。

比較的よく知られているのは、次のような説である。後藤寿庵は、奥州葛西氏の一族で家臣であった東磐井郡藤沢城主岩渕近江守秀信の次男又五郎であり、天正十八年（一五九〇）の岩渕氏没落ののちに志を立てて長崎へ行き、そこでキリスト教の教えを聴聞していたところ、宣教師・キリシタンらへの処罰と殉教の様子を目撃して松浦郡五島の宇久島へ逃れ、ここで洗礼を受けて五島如安と称した。その後、メキシコから帰朝した田中荘介（勝助）のもとを訪ね、親交を結んでいた折、伊達政宗が西洋の国情を知ろうと田中のもとへ支倉六右衛門を遣わしたことを契機に支倉を通じて政宗に推挙され、政宗は彼を後藤肥前信康の義弟として福原《ふくわら》（奥州市水沢区）・三分（見分）に石高一二〇〇石を与えて家臣となし、後藤寿庵へと改称させたとするものである（菅野　一九二七・一九五〇、浦川　一九五七、小林　一九八二など）。

この出自譚は明治時代に記された家譜に基づくものだが、その内容については粉飾がみられ、伝説的であるとする点で既に批判的な意見が出されている（チースリク　一九五六、司東　一九八一）。確かに田中勝助・支倉六右衛門の件《くだり》など、明らかに事実とは認められない部分が含み込まれており、これらの記事をそのまま受け入れるのには難しい面がある。出自についてはその他にも、伊達家家臣の後藤四郎兵衛信家の子息（鈴木一九二五）、蒲生氏郷《がもううじさと》家臣の後藤喜三郎高治の子・蒲生千世寿である（司東　一九八一）など諸説あるが、残念ながらいずれも明証がなく、はっきりしないというのが現状である。

知行地および知行高については、次の関連史料が知られている。

①寛永二年（一六二五）三月三十日付　横沢将監《しょうげん》御預所御年貢納方算用目録（『市史』三六五号）

②寛永十三年（一六三六）九月二十三日付　玉虫次郎左衛門尉宛　伊達忠宗黒印状（『大日本古文書　伊達家文書三』一二五八号）

③寛永十三年九月二十四日付　玉虫次郎左衛門宛　知行申渡書（仙台市博物館蔵）

④寛永十四年十月十日付　玉虫次郎左衛門宛　知行替地申渡書（仙台市博物館蔵）

①は、初期仙台藩のキリシタン取締りに関わる文書群である「仙台吉利支丹文書」（天理図書館蔵）中の一通である。②～④は、仙台藩の家臣であった玉虫氏の関係文書で、いずれも仙台市博物館所蔵の「伊達家文書」中に収められている。寿庵の知行地は、元和九年十二月（一六二四年二月）頃に寿庵が盛岡藩領へと追放された後、政宗家臣で一時期キリシタンであった横沢将監やその子新次郎がそれを預かったうえで年貢算用などを請け負っているが（後述）、①～④の文書がこの点などに関わりをもつことから、寿庵の知行地や知行高を導き出す史料とされているのである。①により上伊沢の南下葉場《みなみしたはば》村・塩竈《しおがま》村・都鳥《とどり》村に六五貫三一五文、②～④により上伊沢見分村に三二貫文、合計九七貫三一五文を拝領していたと指摘されている（司東　一九八一、小林　一九八二）。これを仙台藩寛永検地以前の換算率である一貫＝一二石（仙台市　二〇〇一）で計算すると約一二〇〇石となり、前述の出自譚にある記事とほぼ合致するともみられている。

ただしこのうち、見分村分については再考の余地があろう。まず②③からは、寛永十三年、横沢新次郎が預かっていた見分村のうち一六貫文など計三カ村分・四〇貫文が、年貢負担者の名前を記す「百姓名付」とともに玉虫次郎左衛門へと与えられたことが分かる。そしてその翌年の④からは、玉虫に与えられた見分村のうち一六貫文は古内伊賀（義実）に預けるとの仰せがあったため、同じ見分村の御蔵入（藩直轄）分から一六貫文をその替え地として玉虫へ与え、新たな名付のもとで所務するよう命じられていることが分かる。また③の「百姓名付」部分には、無効になったことを意味する×印が見分村のところにのみ紙面全体にわたって書き加えられており、この点からも替え地の支給があったことを読み取ることができる。

前述の研究では、②③の一六貫と④の一六貫を合計して三二貫文としているようであるが、その間には替え地があっただけなのであり、これらの文書から分かる見分村での寿庵の知行高は一六貫文とみるべきであろう。よって、これに①を合わせた知行高は合計八一貫三一五文であったと考えられるのである。試みにこれを一貫＝一二石で計算すると九七五石七斗八升となり、伊達家中では中級クラス（中の上）の家臣であったことになる。ただしこれも最終的な知行高であったとは言い切れないし、そこにいたる経緯もまた詳らかでない。

三、慶長遣欧使節派遣の立役者として

後藤寿庵は、慶長遣欧使節の派遣に深く関わっていたといわれている。慶長遣欧使節とは、慶長十八年九月（一六一三年十月）、伊達政宗がソテロと家臣の支倉六右衛門（長経、または常長）を大使として、スペイン領メキシコ（ヌエバ・エスパーニャ）経由でスペイン、さらにはローマへと派遣した外交使節のことである。

伊達政宗像
（部分・狩野安信筆・延宝4年〈1676〉頃・仙台市博物館蔵）

仙台藩領内への宣教師派遣の要請とメキシコとの直接貿易（南蛮貿易）を実現するために派遣された同使節は、メキシコとの貿易を望んでいた徳川家康ら江戸幕府の認可を得たうえで行われた一大事業であった。結果的にこの使節派遣は、日本におけるキリシタン迫害の激化や、スペイン・ローマなどで外交交渉を主導したソテロの言動への疑念などが原因となって成功を収めることなく終わったが、東西交流の架け橋となってしっかりとその足跡を残し、関係した国々の歴史にその名を留めている（佐々木二〇一三・二〇一六）。

　寿庵と慶長遣欧使節の関連を述べる史料として著名なのは、アンジェリスが伊達政宗による遣欧使節の真相を書きしたためたいとしてイエズス会総会長ムーティオ・ヴィテレスキに宛てて送った、一六一九年十一月三十日付けの書翰である（『市史』三三三号、『集成』）。これによればソテロは、日本で司教になるための策謀として、懇意であった寿庵を通じて政宗と知り合いになり、その後は同じく寿庵を介してヌエバ・エスパーニャへの派遣船の建造を献策し、利得に関する大きな期待を政宗に抱かせたという。しかもソテロは、政宗が多量の銀を費やして船の建造を進め、艤《ぎ》装《そう》された後になってスペイン国王とローマ教皇への使節派遣の話を持ち出したために、寿庵は余計な出費を強いられた政宗とソテロの間で苦況に直面していたともされ、加えて大使支倉の人選の内情にも言及している。そしてこれら使節派遣にいたる経緯は、実は寿庵自らがアンジェリスに語った内容であるとし、寿庵はこの件の全てを担当した人物であったと述べている。

これまで本書翰からは、寿庵が使節派遣に反対していた（チースリク 一九五六・一九六一）、寿庵は遣使の実現に陰で関わった中心人物の一人であり、造船・艤装・大使の人選の一切について把握し、政宗への取次人となってソテロの要望を伝えていた（佐藤 一九八九、五野井 二〇〇三）などの見解が出されている。前者については、文意からみてそれは当たらないであろうが、本書翰の内容をそのまま受け取ると後者のように理解でき、仙台藩による海外への使節派遣事業において寿庵もまた立役者の一人であったことになる。ただしその一方で、本書翰が日本で司教になろうと目論むソテロを批判する目的で記されたものであるために、政宗とソテロの間で板挟みに遭う寿庵の立場や役割についてもそのまま受け取ってよいものか、扱いに難しい面があるのも事実であろう。

ここであらためて紹介したいのは、寿庵の署判がみえる前述の元和三年言上書の一通（『市史』三一九号）である。その中の五カ条目には、ソテロの仙台初来訪時に政宗と「船之御談合」があったことや、使節出帆前後におけるソテロらフランシスコ会宣教師の動向などがその年月とともに簡単に記され、それが『貞山公治家記録』（江戸時代半ばに仙台藩が編纂した政宗の伝記）の記事と一致する（佐藤 一九八九）だけでなく、同時代史料であるビスカイノ『金銀島探検報告』第八章（『市史』四二号）やアマーティ『伊達政宗遣欧使節記』第十四章・第十五章、『貞山公治家記録』のもととなった『政宗君記録引証記』巻二三（『市史』五二号、五五号、五七号）の記述とも概ね一致しているのである。すなわち寿庵が使節派遣事業に直接関わっていたからこそ、ソテロと政宗をめぐる一連の経緯を言上書の文面に表すことができたと考え得るのである。

元和三年言上書には、実際にメキシコへと渡航し（『政宗君記録引証記』巻二三『市史』六一号）、のちに帰国したと考えられる松木忠作の署判もみえるから、松木をこの件の情報源とみる余地もあるが、仙台藩領内におけるキリシタンの指導者・代表者的な立場にいて、領内での禁教令発令後に政宗が寿庵の動向を大変気にかけていたこと（後述）、すなわち主君政宗との距離感などを勘案すると、より直接的な情報源は寿庵であったとみてよいであろう。

したがって、寿庵が使節派遣事業全般の担当者としてそれらの情報を把握し、ソテロと主君政宗の取次役を担っていたというアンジェリス書翰の骨子自体は認めてよいように思われる。しかも慶長遣欧使節の派遣には、ソテロの動向や国外からの宣教師派遣の要請といった、キリスト教をめぐる事態が大変重要な要素になっていた。この点を考え合わせると、キリシタン領主寿庵がこの事業と伊達家中で果たした役割は決して小さくなかったと思われるのである。これら一連の出来事は、ソテロの仙台来訪頃から慶長遣欧使節の出帆以前、すなわち慶長十六年十月頃から慶長十八年九月以前であったことになり、これが確実な史料のうえで寿庵の足跡が確認できる最初の動きとなる。

なお、政宗とソテロの邂逅《かいこう》については、異国人であった政宗の愛妾の病気を修道士ペドロ・デ・ブルギリョスが江戸で治療したことをきっかけにしているとする史料（アマーティ『伊達政宗遣欧使節記』第四章）もあることから、大泉光一氏はアンジェリス書翰を信頼し得る史料としながらも、寿庵を通じて出会ったとする記述部分については誤りであると指摘している（『集成』一四五頁）。誤りであると言い切ってしまえるかはともかく、確かにこの点についてはなお議論の余地があるように思われる。

四、大坂の陣と寿庵堰

寿庵の足跡として従来からもよく知られていることに、大坂の陣への従軍と寿庵堰《ぜき》の開削がある。

慶長十九年十月（一六一四年十一月）から始まる大坂冬の陣と慶長二十年四月（一六一五年五月）から始まる大坂夏の陣に際して、後藤寿庵が伊達勢の陣立書に名を連ねていたことが、これまでの研究の多くで指摘されている。すなわち寿庵は、徳川家が豊臣家を滅亡へと追い込んだ大坂城攻めに従軍していたのである。

冬の陣の陣立書では横山弥次右衛門尉とともに鉄砲六〇挺を備える軍勢を指揮する立場に置かれ（『大日本古文書　伊達家文書二』七八〇号）、夏の陣の陣立書では横山弥次右衛門・馬場蔵人主とともに鉄砲一〇〇挺を備える軍勢を指揮する立場に置かれている（同八〇四号・八〇九号）。

横山弥次右衛門は、延宝五年（一六七七）の「御知行被下置御牒」（仙台藩士の知行地の由緒書、『仙台藩家臣録』五）にみえる「横山弥右衛門」と同一人物とすれば、彼は寛永十一年（一六三四）に伊達家に召し出されたとされる。それ以前は「葛西浪人」、すなわち豊臣秀吉の奥羽仕置により滅亡した戦国大名葛西氏の旧臣であったと述べられており、大坂の陣では浪人身分（客臣扱い）で参陣していたということになろうか。馬場蔵人主は馬場親成のことである。慶長年間における知行高はわずか二十七貫文（約三二〇石）に過ぎないが（「仙台古文記」菅野 二〇〇九）、政宗側近で足軽頭や藩財政をあずかる財用惣司（のちの出入司）をつとめた家臣として知られている。のちに彼の子孫は平賀氏を名乗るが、寛政四年（一七九二）に完成した『伊達世臣家譜』の平賀氏の項（『仙台叢書　伊達世臣家譜一』三九～四二頁）には、足軽頭として「後藤入道寿庵・横山弥次右衛門」とともに夏の陣に出兵し、鉄砲一〇〇挺の軍勢を率いて道明寺口で戦って「首四級」をあげたとして、合戦の様子の一端が伝えられている。

寿庵堰とは、後藤寿庵が開削を始めたとされる堰および灌漑《かんがい》用水のことである。胆沢川の上流（奥州市胆沢区若柳金入道《かなにゅうどう》）から取水されたのちに大違《おおたがい》（胆沢区小山二枚橋）と呼ばれる場所で二条に分かれ、そこから南東流する上堰は奥州市胆沢区・前沢区の水田を、東流する下堰は胆沢区・水沢区の水田を現在も潤している（略

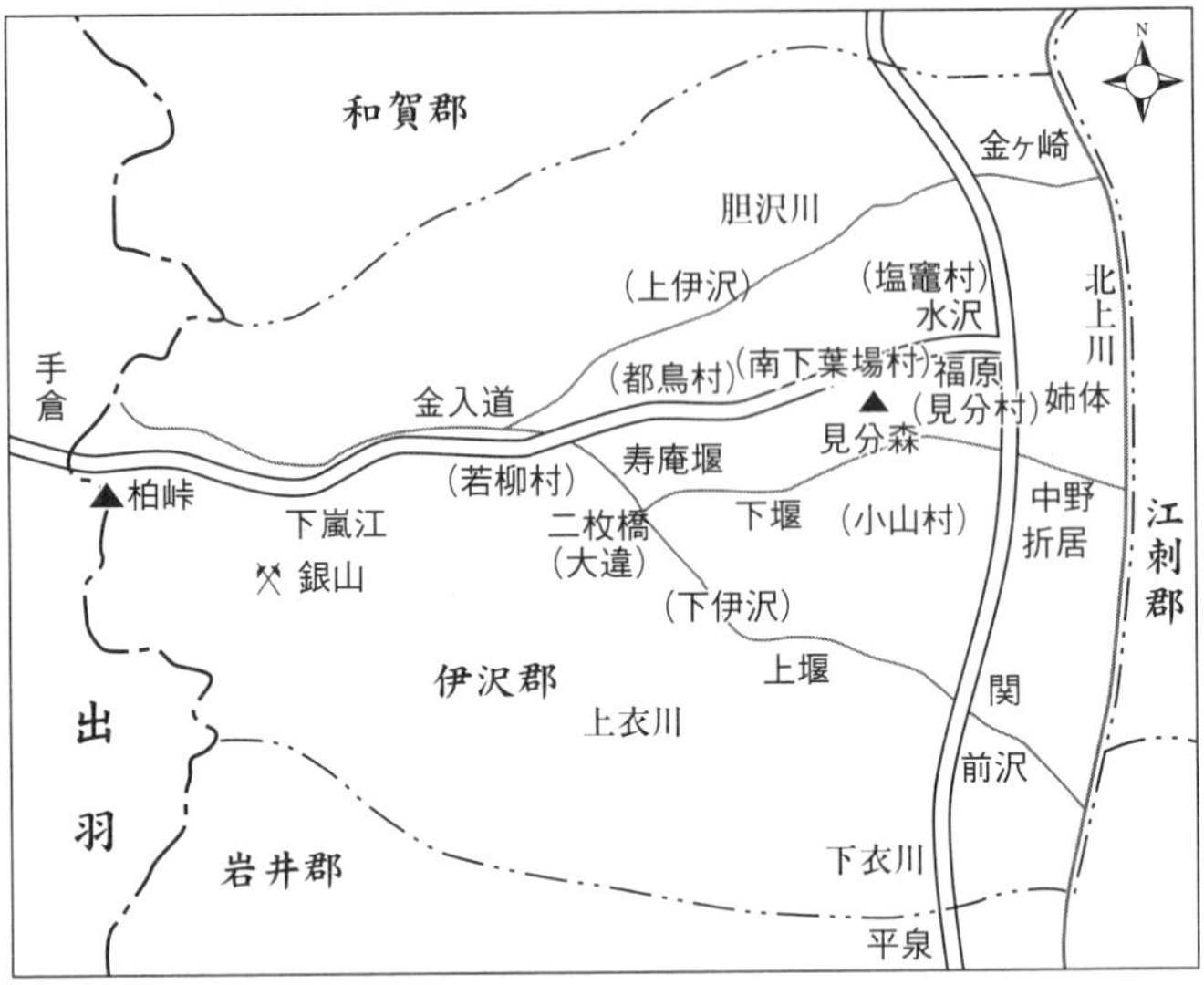

後藤寿庵関係略地図

地図参照）。明和九年（一七七二）成立の仙台藩の地誌『封内風土記』巻十九（伊沢郡若柳村の項、『仙台叢書　封内風土記』三）や安永五年（一七七六）「若柳村風土記御用書出」（『宮城県史』二八）にも「寿庵堰」の名がみえ、その水路は現在とほぼ同じ範囲に当たる若柳村・南下葉場村・塩竈村と下伊沢の数カ村の入会用水であったことが知られる。

寿庵堰開削の経緯は、寿庵が着工して大違まで開発を進め、寛永初年に伊沢郡関村（奥州市水沢区古城）の肝入であった千田左馬らに引き継がれて上堰（左馬堰とも）が開削されたというのが通説となっている（小林　一九八二など、下堰は由来未詳）。これらは、寿庵追放以降の十七世紀半ば頃の文書や前述の明治時代の家譜が根拠とされ、現在のところ同時代史料はみられないが、伊達政宗による大規模な開拓政策の一環をなしていたとする従来の指摘（チースリク　一九五六、板橋　一九六〇）は、寿庵堰を考えるうえで示唆に富むように思われる。

政宗による新田開発政策については、慶長十年代（一六〇五～一四）前半頃から領内の荒地対策に関する指示が出され（『仙台市史』資料編一二　伊達政宗文書三　二二四一号・一七四〇号）、元和二年（一六一六）十月に大崎地方（遠田郡など）の三カ所の谷地（低湿地）に「五年かうや《（荒野）》」（新田開発のため五年間免税にすること）を認めたのを早期の例（同一九〇六号）として、その後も同様の黒印状がいくつも発せられている。胆沢平野近辺では、江刺郡内の二カ所の野谷地に五年荒野を認めた元和五年二月の黒印状（同二〇三八号）や下伊沢郡姉体《あねたい》村（奥州市水沢区姉体）で新田開発分の知行を認めた元和七年八月の黒印状（同二二八二号）が確認される。また政宗は、元和四年四月〜五月に行った仙台藩領北部（岩井・伊沢・江刺・気仙・本吉の各郡）の巡見に際して、百姓らの訴えや「荒地」の状況、堰・堤・川除《かわよけ》（河川工事）が必要な場所、新田を開くべき場所などについて報告するよう家臣らへと命じている（『仙台藩重臣石母田《いしもだ》家文書』六号）。

初期仙台藩における家臣の堰の構築といえば、宮城郡岩切《いわきり》村（仙台市宮城野区岩切）周辺で新田開発などを進めた兵藤大隅信俊の事例がある。彼はまず慶長年間（一五九六〜一六一五）に岩切村に新道を築き、六斎市を立てて、のちに足軽町となる今市《いまいち》を開いたとされる。その後、政宗に願い出て新田開発を許され、元和七年から寛永年中（一六二一〜四四）にかけて一二〇〇石余にも及ぶ開発を進めて年貢を上納するようになり、用水には寛永二、三年頃から隣村の松森村（仙台市泉区松森）の薄ケ沢《うすがさわ》に新たな堰を築いて利用したともされている。新町取り立てと新田開発（五年荒野）については政宗の免許黒印状写しが残されており、ある程度信頼し得る事例であろう。のちにこの薄ケ沢用水は、岩切村のほか、同村端郷《はごう》の余目《あまるめ》や今市、近隣の燕沢《つばめさわ》村（仙台市宮城野区燕沢）・小鶴《こづる》村（同区小鶴）といった村々の入会用水となっていたことが知られる（佐々木・中武二〇一三）。

寿庵堰の着工の時期については、元和初年や同三年、同四年など諸説存在するが（詳細は小林 一九八二に譲る）、現時点ではそれを明確にする材料は乏しい。寿庵による着工が認められるとすれば、年代的には政宗による新田開発政策が本格化する元和初年頃から寿庵追放の元和九年頃まで、すなわち板橋源氏（板橋一九六〇）も述べるように元和年間あたりとみておくのがひとまず穏当であろう。

五、仙台藩によるキリシタン取締りのなかで

元和六年八月（一六二〇年九月）、政宗によって海外へと派遣された大使支倉らは多くの文物（ユネスコ記憶遺産および国宝の慶長遣欧使節関係資料など）を携えて仙台にたどり着き、七年間の苦難の旅を終えている。政宗はその直後から仙台藩領内にキリスト教の禁教令を発して取締りを進め、その波はまもなく寿庵にも襲いかかった。

当初、寿庵は、周辺にいた宣教師らに向けて行動を慎重にするよう伝えるなど、何とか摩擦を抑えようと奔走している。例えば、出羽国仙北地方にいて政宗がキリシタン取締りを開始したとの報に接したカルヴァーリョは、多くのキリシタンを励ますために奥州へ向かおうとしていたところに、寿庵の家臣によって派遣された使者三名が到着し、政宗が寿庵の知行地に監視人を置いたために、あなたが見分《みわけ》に来ればかえってキリシタンたちに禍害が及ぶことになるから当分来ないように、時期が来ればあなたを呼ぶであろうと知らせてきたという（前述の一六二〇年十月カルヴァーリョ書翰）。

元和六年十一月頃までには、仙台藩領内で六、七名のキリシタンが殉教した。仙台城下で斬首されたジョーチン・トマ・トメの三名、水沢で斬首されたジョーチンとアンナの夫婦らである。この時、前者三名の遺体は市外にある小教会の祭壇の下に、後者二名の遺体は寿庵の知行地にある小教会の祭壇の下に埋葬されたという。これらの情報は、一六二〇年十二月のアンジェリス書翰（『市史』三三九号、『集成』）、および一六二一年三月の日本管区長マテウス・デ・コウロス書翰（『市史』三四一号）にみえるものだが、後者の書翰によれば、これらの情報は寿庵がマテウス・デ・コウロスに書き送った長文の書翰から忠実に書き取ったものであると

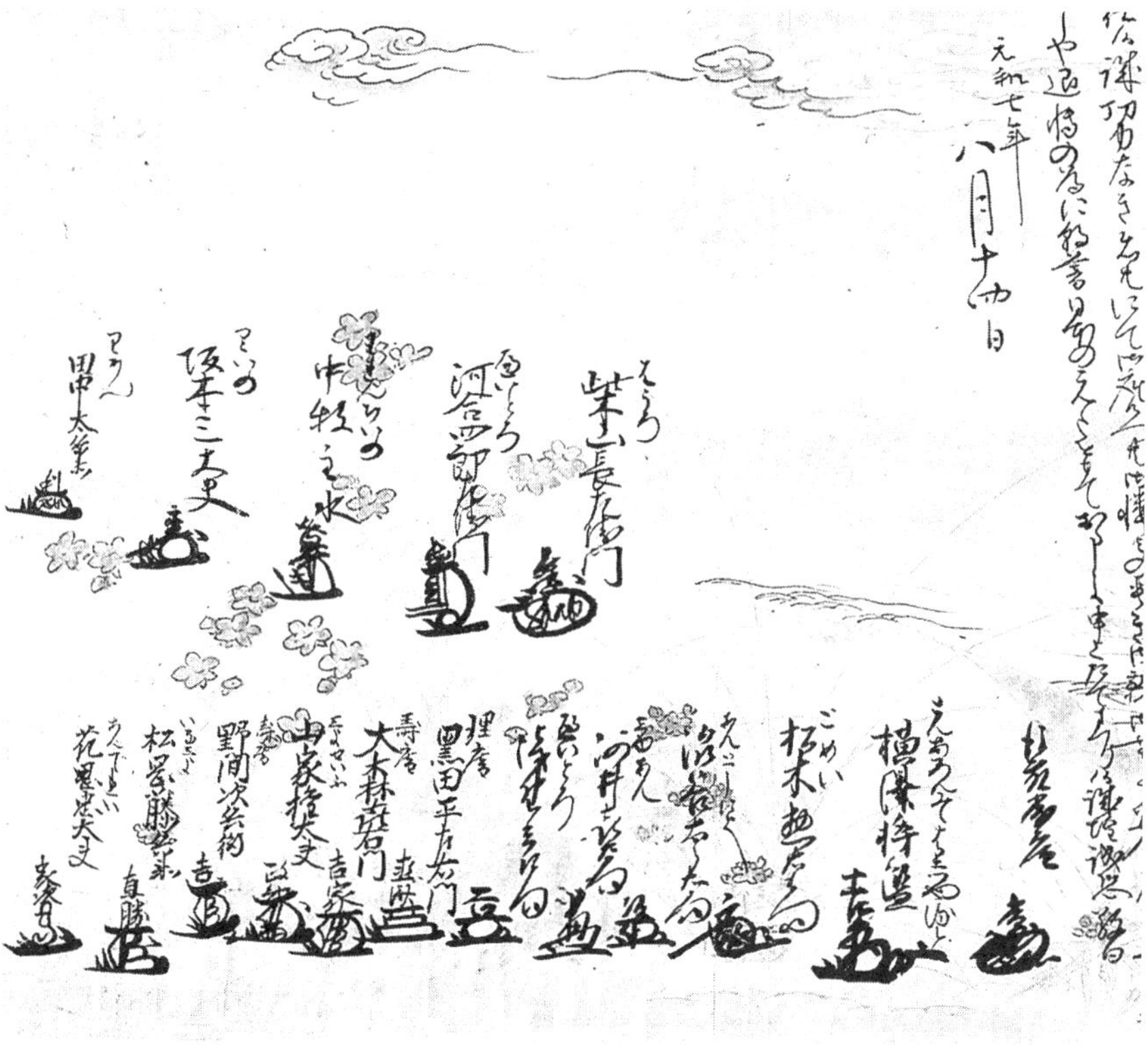

奥羽キリシタン奉答書（部分・後藤寿庵顕彰会提供）（Barb. or. 152 f.5）、“© Biblioteca Apostolica Vaticana” per concessione della Biblioteca Apostolica Vaticana, ogni diritto riservato

いう。同じ書翰の中でアンジェリスが寿庵の庇護のもと仙台において隠れて生活していると記され、両通の書翰とも仙台城下でのキリシタンの動向について似たような内容を詳しく述べていることに鑑みれば、寿庵は仙台にいるアンジェリスからも情報を得、マテウス・デ・コウロスへと書翰を書き送っていたのであろう。

　元和七年八月（一六二一年九月）、後藤寿庵ら奥羽のキリシタン一七名が、ローマ教皇パウルス五世から到来した書翰への返書をしたためた（ヴァチカン・アポストリカ図書館所蔵文書、『市史』三五〇号）。冒頭部分では「貴き御書」に対して「感涙肝にめい《（銘）》し、有かた《（難）》く奉存候」などと述べて謝意を表し、続

ローマ教皇パウルス5世像
（部分・ユネスコ記憶遺産・国宝・17世紀・仙台市博物館蔵）

けて奥羽におけるキリスト教の布教の様子を伝えるとともに、「去歳上旬《（ママ）》の比、伊達政宗天下を恐れ、私の領内におゐて、へれせきさん《（ペルセギサン）》（迫害）をゝこ《（起）》し、あまたまるちれす《（マルチレス）》（殉教者たち）御座候」と述べて伊達政宗によるキリシタン取締りの開始を報告している。花や雲などの装飾をあしらった料紙を用い、書翰の奥には上下二段に十七名の署判者がみえる。前述した元和三年言上書と同様、後藤寿庵が日下に署判しているから、仙台藩領内のキリシタンの指導者・代表者である彼が、奥羽のキリシタンをも代表する立場にいたことを示している。その左には横沢将監が署判している。彼はスペインからメキシコへ戻ってきた慶長遣欧使節一行を迎えるためサン・フアン・バウティスタ号に船長として乗船し、使節一行とともにメキシコからフィリピン（マニラ）へと赴き、そして日本へと帰還した人物である。メキシコ上陸後に洗礼を受けてドン・アロンソ・ファハルドを名乗り、元和六年に日本に帰国した後もしばらくキリシタンとして活動していたことがうかがえる。

　以上のように寿庵は、仙台藩領内におけるキリシタン取締りの開始以降、禁教と取締りの内情を把握しながら、他領にいる神父らの動きを抑え、時には仙台に匿《かくま》い、殉教したキリシタンらの遺体の保護・埋葬を許し、ローマ教皇に向けて返書を送るなど、慌ただしく対応する動きをみせていたのである。

六、寿庵への転宗勧告と盛岡藩領への追放

そうした寿庵に対して主君政宗は当初、彼だけがキリシタンであることを容認していたようである。「一六二一年度イエズス会日本年報」（『十六・七世紀イエズス会日本報告集』第Ⅱ期第三巻、以下「イエズス会日本年報」はすべて同書による）によれば、政宗は寿庵の奉公に大変満足していたことから、三つの条件を誓約させることで彼にキリスト教徒として生きるための許可を与えたという。その三つの条件とは、第一に宣教師らを寿庵の家に留めないこと、第二に何人《なんぴと》にもキリスト教の教えを説かず、決して改宗を勧めないこと、第三に政宗が寿庵にキリスト教徒として生きるための許可を与えたことを他言しないことであった。すなわち政宗は、秘かにキリスト教徒として生きよという条件の下に、政宗家臣としての立場の存続を認めようとしていたというのである。しかし寿庵は、神父（アンジェリス）とも相談してそれらの誓約を拒否し、政宗も一時《いっとき》立腹したものの結局そのままにしたという。「一六二一年度イエズス会日本年報」は一六二一年十月四日付で記されているから、これら一連の出来事は元和八年八月以前に起こっていたことになる。前述の一六二一年三月のマテウス・デ・コウロス書翰においても、寿庵自身が書き送ってきたこととして、政宗は寿庵がキリシタンであることを容認していたと述べられている。

政宗のこのような態度は、伊達家中に複雑な様相をもたらした。「一六二四年度イエズス会日本年報」によれば、政宗は領内でのキリシタン取締りを開始する際、キリシタンの数を調査して報告するよう命じる一方、寿庵のことは放っておくようにと述べたとされる。ところが、奉行衆で一番位の高かった茂庭石見はキリスト教に大変冷酷であり、寿庵もこの迫害から除外するつもりはないとほのめかしたために、同じく奉行であった石母田大膳は危険を察知して寿庵にすぐ連絡をし、妻とともに転宗するよう促したという。この時も寿庵は「信仰を捨てるつもりはない」ときっぱり断ったとされる。

茂庭石見とは政宗重臣で仙台留守居をつとめた茂庭石見守綱元のことである。仙台留守居とは、政宗の江戸滞在時に仙台城において藩政を総覧する城代家老というべき立場である。彼は元和四年に出家して了庵と号したが、その後も仙台藩政に参与し続けている。家老のことを奉行と呼ぶ仙台藩において、奉行衆で一番位が高かったとされるのも仙台留守居であった彼の地位をよく言い表している。一方の石母田大膳とは、当時水沢城主であった石母田大膳亮宗頼のことである。石母田家に伝来した史料には、慶長遣欧使節が海外へと持参した書翰類の案文を書き留めた「慶長十八年元和二年 南蛮への御案文」（個人蔵）や前述の「仙台吉利支丹文書」などがあり、石母田大膳は仙台藩のキリシタン政策に深く関わる立場にあったことが知られる。茂庭石見がキリスト教に冷酷であったことを示す史料は他にないが、こうした立場からすれば石母田大膳が寿庵と大変近しい間柄にあったことは十分に首肯されよう。

しかしその後、寿庵の信仰に寛容さを示していた政宗にも変化の日がおとずれた。同じく「一六二四年度イエズス会日本年報」によれば、政宗は石母田大膳に宛てて自筆の書状をしたため、できる限り棄教するよう忠告し、もしそれを拒否すれば領内から追放するよう命じたというのである。大膳はこの書状を持参して繰り返し棄教を懇願したものの寿庵は首を縦に振らず、見分やその地方出身の貴族を呼び集めてさらに激しく棄教を迫ったが、結局態度を変えることはなかったという。その後、奉行の茂庭周防（綱元の子良綱）の役人らが寿庵周辺で迫害を引き起こし、大膳も彼の気持ちに変化を与える良い機会と捉えて自らの配下を遣わしたものの、寿庵の態度は少しも変わらず、一六二四年二月頃、ついに寿庵は南部氏の盛岡藩領へと追放された。その様子は非常に楽しげであったとされている。

元和九年十二月（一六二四年二月）、石母田大膳は政宗の側近である中島監物《けんもつ》貞成に宛てて次のように書き送っている。「きりしたん御法度」がきつく（江戸幕府から）命じられていることについて、かねてからキリシタンであった後藤寿庵には内々意見を申してきたが合点することはなかった。そんな中この度、「御直書」（政宗からの書状）を賜った。それにより、自分の近辺にいる衆や藤田但馬宗和（江刺郡岩谷堂要害の城代か）、伊達（留守）武蔵宗利（伊沢郡金ケ崎要害の城主）の年寄衆らを水沢へ集め、「数年御重恩」を訴えて何度も転宗するよう意見したが結局聞き入れてもらえなかった。もはやどうしようもないと（御屋形様へ）申し伝えてほしい、と（「仙台吉利支丹文書」『市史』三五九号）。「一六二四年度イエズス会日本年報」とほぼ同様の内容を伝えており、寿庵を失うまいとする政宗の意向や、周辺家臣らもまじえて行われた石母田大膳の説得工作、キリスト教に対する寿庵の頑強な信仰心が決して偽りでないことを裏付けている。

七、後藤寿庵の残影

その後の彼の行方は判然としない。盛岡藩領から秋田藩領へ入り殉教した（姉崎 一九三〇）、仙台藩領内の登米郡米川村（登米市東和町米川）で終焉を迎えた（小原 一九六一、只野 一九八二など）、城下町仙台へと戻って隠れ住み、再び盛岡藩領へ潜入して和賀郡岩崎（岩手県和賀町岩崎）で生涯を終えた（司東 一九八一）など諸説みられるが、今のところいずれも十分な論拠がない。

ただし寿庵の追放後、彼の残した足跡がキリシタン取締りの嵐が吹き荒れる中でいくつか浮上している。一つ注目されるのは、「師匠ハ水沢之後藤じゆあん」あるいは「水沢寿庵弟子」とされた町人や百姓・侍らが、寛永十二年（一六三五）、盛岡藩領内においてキリシタンとして取締りを受けていたことである（「南部家文書」）。それによれば、盛岡では屋根葺《ふ》きであった市助夫婦と助六夫婦、侍の瀬川五郎左衛門、郡山では大迫村（岩手県大迫町）の町人理衛門とその一族ら六名、花巻では八日町（花巻市）の町人であった尾張、湯口村（花巻市）の百姓弥右衛門、黒沢尻村（北上市）の百姓掃部とその子ども三名がそれぞれ摘発されている。さらに「大迫村理衛門弟子」とされる者が五名確認される。「寿庵弟子」とされた者が計十六名、それに孫弟子を加えると計二一名が寿庵関係者であったことになる。果たして彼らが、寿庵の盛岡藩領への追放以前から「弟子」であったのか、追放後にそうなったのかはよく分からない。同じ頃、仙台藩領内においても寿庵関係者は取締りを受けているが（『仙台吉利支丹文書』『仙台藩重臣石母田家文書』二六〇〜二六一頁など）、これらの事例は、キリスト教に対する信仰が、寿庵を起点に仙台藩領のみならず隣藩へも確実に広がっていたことを示しており、その痕跡がここで明るみに出たことを意味していよう。

それればかりではなかった。寿庵の追放後、寿庵の借銭の返却や彼の知行地からの年貢算用が問題となり、その対応を任されたのが横沢将監であった。彼はこの段階では既に転宗していたのであろう。その中で横沢将監は、寿庵が年貢の減免を年々行っていたとする証言を見分村の肝入らから得て、それを石母田大膳へと報告している（『仙台吉利支丹文書』『仙台藩重臣石母田家文書』五八〜六〇頁）。これなどは、寿庵による「仁政」を物語る史料として早くから注目されているが（村岡　一九四〇）、そこには寿庵の領主としての一面はもとより、彼を慕う領民らの心性までもが読み取られている（板橋　一九六〇、小林　一九八二）。

現在、奥州市水沢区福原には、福原小路と呼ばれる一区画がある。寿庵が家来の屋敷地として設けた場所とされ、そこには寿庵追放後に棄教した旧臣（八十七戸）が残ったといわれる。彼らはその後、福原足軽として把握されていく一方、キリシタン類族の扱いを受けていたことも知られる。東西約六〇〇メートルに及ぶ小路で、かつてその両端には二本の柱からなる衛門があったという。

その小路周辺には、天主堂跡とされる毘沙門堂があり、「旁鉄列孟《バンテーレーモン》」（伴天連あるいは十二使徒の一人バルトロマイのことかとも）を祀っていたと伝えられるほか、聖フランシスコ・聖ザビエルの二個のメダイを収めた天

寿庵記念堂（奥州市水沢区福原）

明二年（一七八二）の小箱があったという観音堂、黒洲《クルス》場と呼ばれる墓地など、かつてキリシタンに関係したと伝える遺跡が残り、近辺の畑や家の床下からもメダイが発見されていたという。

さらに小路のすぐ西側には後藤寿庵屋敷（館）跡とされる場所があり、その地には昭和六年（一九三一）に寿庵の足跡を讃えた記念堂（あるいは廟堂とも）が設けられ、現在にいたっている（以上、菅野 一九二七・一九五〇、チースリク 一九五六、小林 一九八二など、および現地調査による）。大正十三年（一九二四）には、「碩学益世」を理由に従五位を贈られている（鈴木 一九二五）。

おわりに

後藤寿庵の動向を確実に記した同時代の文献史料をもとにその足跡をたどると、それは慶長遣欧使節派遣にいたる動きから盛岡藩領への追放まで、すなわち一六一一年頃から一六二四年まで、わずか十数年の期間にとどまっていることが分かる。伊達政宗が抱えたキリシタン家臣としてよく名の知られた彼ではあるが、現在知られている史料からうかがえるのはここまでが限界であり、調べを進める中でいささか驚かされた事実でもある。

その出自や終焉をはじめ、寿庵堰着工の経緯など、なお判然としない事柄が多いものの、彼が仙台藩、さらには東北地方のキリシタン史を代表する人物であることは、この短期間の足跡の中からでも理解されるように思われる。とりわけ仙台藩政の中においては、外交（慶長遣欧使節）・軍事（大坂の陣への出陣）・内政（胆沢平野での開発や知行地内での農政）など、多方面にその足跡を遺していたこともうかがえた。本稿において彼の足跡の骨格があらためて見えてきたとするならば、その肉付けが引き続き大きな課題といえるであろう。

それとともに、後藤寿庵の足跡をたどることには、もう一つ大きな意味を見出すことができる。初期仙台藩の諸政策については、いまだ詳しく分かっていないことも多く、家臣層の動向やキリシタン政策の具体相もその一つである。したがって、後藤寿庵の研究の意義は東北キリシタン史の究明のみならず、仙台藩政史の究明につながる点にも見出せるのであり、彼に注目することの意味が決して小さくないことを物語っているように思われる。

〈参考文献〉

姉崎正治『切支丹迫害史中の人物事蹟』（同文館、一九三〇）
安彦公一『寿庵の道』（胆江日日新聞社、一九九三）
板橋　源「後藤寿庵」（胆沢平野土地改良区、一九六〇）
浦川和三郎『東北キリシタン史』（日本学術振興会、一九五七）
太田俊穂「後藤寿庵の道―キリシタン武士の実像と虚像―」（平泉　澄監修『歴史残花〔三〕』時事通信社、一九六九）
小原　伸「仙台切支丹史」（『宮城県史』一二　学問宗教、宮城県史刊行会、一九六一）
菅野義之助「後藤寿庵の事績とその住地附近の切支丹史実に関する調査」（『岩手県史蹟名勝天然記念物調査報告』八、一九二七）
菅野義之助著・及川大渓補訂『奥羽切支丹史』（佼成出版社、一九七四、初出一九五〇）
小岩末治「誓紙言上書（後藤寿庵）」「後藤寿庵知行所の年貢と家役」（岩手県『岩手県史四　近世篇一』杜陵印刷、一九六三）

小岩末治「胆沢扇状地と後藤寿庵の足跡」（同『岩手郷土史一　大墓公と悪路王―日本史と東国の蝦夷―』大墓公と悪路王刊行協会、一九六八）
小岩末治「後藤寿庵の生没と近世・近代」（同『岩手郷土史二　日高見国と蝦夷―新しい日本の歴史―』日高見国と蝦夷刊行協会、一九六九）
後藤寿庵福原就封四〇〇年記念事業実行委員会記念誌部会編『後藤寿庵福原就封四〇〇年記念事業記念誌　寿庵の大地』（後藤寿庵福原就封四〇〇年記念事業実行委員会、二〇一二）
五野井隆史『支倉常長』（吉川弘文館、二〇〇三）
小林晋一「後藤寿庵と福原」（水沢市史編纂委員会編『水沢市史』三　近世下、水沢市史刊行会、一九八二）
齋藤駿一郎『日本切支丹史を背景にした 奥州、和賀の信仰の流れと後藤寿庵終焉の地』（私家版、二〇一五）
佐々木 徹「伊達政宗と慶長遣欧使節―大洋の向こうに見た夢―」（『特別展図録 伊達政宗の夢―慶長遣欧使節と南蛮文化』仙台市博物館、二〇一三）
佐々木 徹「慶長遣欧使節」（高橋充編『東北の中世史五 東北近世の胎動』吉川弘文館、二〇一六）
佐々木徹・中武敏彦「岩切」（『仙台市史』特別編九 地域誌、仙台市、二〇一三）
佐藤憲一「『支倉常長追放文書』の年代について」（『仙台市博物館調査研究報告』八、一九八九）
司東真雄『奥羽古キリシタン探訪―後藤寿庵の軌跡―』（八重岳書房、一九八一）
ヨゼフ・シュッテ「元和三年（一六一七年）に於ける日本キリシタンの主な集団とその民間指導者―全国六十九カ所からの貴重な文書―」（『キリシタン研究』四、一九五七）
鈴木省三「贈従五位故後藤寿庵」（『贈位八譜』小原保固、一九二五）
仙台市史編さん委員会編『仙台市史』通史編三 近世一（仙台市、二〇〇一）
只野 淳「切支丹史料石母田文書」（『宮城県史』一二 学問宗教、宮城県史刊行会、一九六一）
只野 淳『みちのく切支丹』（富士クリエイティブハウス、一九八一）
フーベルト・チースリク「後藤寿庵」（『奥羽史談』六―三・六―四・七―一、一九五六）
フーベルト・チースリク「元和三年における奥州のキリシタン―三つの古文書とその解釈―」（『キリシタン研究』六、一九六一）
フーベルト・チースリク「後藤寿庵」（『国史大辞典』五、吉川弘文館、一九八五）

平井希昌編『伊達政宗欧南遣使考』（博聞本社、一八七六）
村岡典嗣「後藤寿庵とその史料」（『カトリック研究』二〇―一、一九四〇）
『十六・七世紀イエズス会日本報告集』第Ⅱ期第三巻（松田毅一監訳、同朋舎出版、一九九七）
「仙台古文記」（菅野正道「史料紹介 仙台古文記―近世初期の仙台藩家臣団史料―」『六軒丁中世史研究』一四、二〇〇九）
『仙台市史』資料編一二 伊達政宗文書三（仙台市、二〇〇五）
『仙台市史』特別編八 慶長遣欧使節（仙台市、二〇一〇）
『仙台叢書 伊達世臣家譜』一（宝文堂出版、一九七五、初出一九三七）
『仙台叢書 封内風土記』三（宝文堂出版、一九七五、初出一八九三）
『仙台藩家臣録』五（歴史図書社、一九七九）
『仙台藩重臣石母田家文書』史料編（大塚徳郎編、刀水書房、一九八一）
『大日本古文書 家わけ第三 伊達家文書』二・『同』三（東京帝国大学文科大学史料編纂掛、一九〇八・一九〇九）
「南部家文書」（『奥羽史談』二九、一九六〇）
『日本歴史地名大系三 岩手県の地名』（平凡社、一九九〇）
『支倉六右衛門常長「慶長遺欧使節」研究史料集成』一（大泉光一訳註・解説、雄山閣、二〇一〇）
『北方探検記―元和年間における外国人の蝦夷報告書―』（フーベルト・チースリク編、吉川弘文館、一九六二）
『宮城県史』二八 資料編六（宮城県史刊行会、一九六一）

〈付記〉

奥州市水沢区・胆沢区における現地調査等にあたっては、後藤寿庵顕彰会会長・高橋栄蔵氏、および同会常任理事・田村忠信氏、カトリック水沢教会・高橋昌神父、福原の菊地直吉氏に多くのご協力を賜った。末筆ながら、記して謝意を表したい。また本稿の脱稿（二〇一五年六月）後、大澤慶尋氏が「慶長遺欧使節と支倉常長～後藤寿庵の役割を含めて」と題する講演を行っていたことを知った（後藤寿庵顕彰会主催、二〇一五年五月）。その講演時の資料によれば、アンジェリス書翰や元和三年言上書、ビスカイノ『金銀島探検報告』などの考察から後藤寿庵を慶長遺欧使節派遣の立役者と評価する内容を含んでおり、本稿の立論と似た内容のあることをここに申し添えておきたい。

第五章　キリシタン武将

内藤ジョアンと織田信長

福島克彦

はじめに

内藤ジョアン（如安・如庵）は、十六世紀後半から十七世紀前半まで活躍した人物で、丹波出身のキリシタン武士として知られている。しかし、天正三年（一五七五）頃、丹波を離れ、流転の後、豊臣期は同じキリシタンであった小西行長に仕官した。文禄・慶長の役では、明との外交交渉という大役を担当している。十七世紀からは、加賀前田家に寄寓《きぐう》していた高山右近を頼り、加賀国へ移住した。加賀ではキリシタン集団が維持されていたが、慶長十九年（一六一四）に徳川権力によるキリシタン禁令のため、右近らとともにマニラへ追放され、その地で客死している。後に、彼の子孫は、棄教して日本へ帰国し、「転びキリシタン」として、加賀前田藩に監視されつつも、家は存続したという(1)。このようにジョアンとその周辺の活動は、当時の武将としては、地域的にも、社会的地位にしても広範囲に及んでおり、キリシタン武士として波乱の人生を送ったことになるだろう。

一般に戦国期畿内・近国のキリシタン武士といえば、摂津国衆の高山氏、河内国衆の結城氏、田原、三箇氏などが想起される。そうしたなかで、内藤氏は丹波守護職細川京兆家の内衆で、十五世紀前半より丹波守護代職の家であり、前述した諸家よりも相対的に地位や家格が高い存在であった。しかし、内藤ジョアンに関しては、国内の同時代史料も、キリシタン関係史料（欧文史料）も、断片的にしか残っていない。彼については、キリシタン関係史料から集約した松田毅一氏らの詳細な研究がある。[2]松田氏の研究はイエズス会報告を集約したものであり、この分野は氏の独壇場といった感がある。ただし、国内史料との検証については、二次史料に限定された点に問題を残した。一方、内藤氏については丹波守護・守護代職について検討した今谷明氏の研究によって、その発給文書がまとめられている。特にジョアンの父親である宗勝の文書が集成されたことにより、宗勝が松永久秀の弟長頼であった事実が、一般に周知されるようになった。[3]ただ、今谷氏の研究では、宗勝戦死後の考察はなされず、ジョアンについてもほとんど触れられていない。

その後も国内史料とキリシタン関係史料の隔絶は続き、ジョアンの研究は充分に進展しなかったと思われる。そこで、筆者は今までの考証を批判的に継承しつつ、国内史料とキリシタン関係史料を分けて考察した。[4]その際、彼の実名は「曇華院文書」「阿弥陀寺文書」に見られる丹波守護代職を継承した五郎貞弘、後に備前守貞弘であると推定した。[5]今まで、江戸期に記された『通航一覧』などから「忠俊」の実名が評価されてきたが、少なくとも十六世紀後半の丹波時代は「貞弘」であったと考える。

さて、前稿では、この実名確定を主眼に置いたため、国内史料とキリシタン関係史料を充分融合して論じきれなかった。この時期は、織田権力が丹波国と関わりを持った時期であるが、天正三年以後の明智光秀の丹波攻略直前は充分地域史が語られてこなかった。近年一部、ジョアンに関する史料も新たに確認されたため、改めて前稿の内容を整理し、両方の史料を時系列にまとめてみたい。特に本稿では、織田信長との関わりを検討してみたい。

一、内藤宗勝の時代

内藤ジョアンを考える際、彼の父親である内藤宗勝は、欠かせない存在である。この宗勝は、前述したように松永久秀の弟長頼のことである。長頼は、兄久秀とともに、三好長慶権力のもとで、さまざまな軍事行動に参加しており、大きな役割を果たしていた(6)。

さて、その三好長慶であるが、彼は天文二年（一五三三）以降、阿波出身で細川京兆家の細川晴元を支えてきた。しかし、晴元が同じ三好一族の政長を重用したため、長慶は次第に晴元から離れ、京兆家家督をめぐって晴元と争った氏綱方へ寝返ることになった。

天文十八年（一五四九）、明確に晴元に反旗を翻した長慶は、同年六月、淀川と神崎川が分岐する江口（大阪市）において、晴元方を打ち破った。この江口合戦によって、晴元政権は崩壊し、長慶は以後京都を確保することになる。一方の晴元は丹波北部へ退き、以後も入洛の機会をうかがい、何度も長慶と干戈を交えた。しかし、長慶の京都占拠を揺るがすところまでは至らなかった。その意味でも、この江口合戦は、三好長慶権力の方向性を決定付けた重要な戦いと評価されている(7)。

この細川晴元と三好長慶の対立は、丹波国衆にも影響を与えた。元来、十五世紀前半より船井郡の内藤氏が丹波守護代職を世襲し、国内の国衆を統率していた。ところが十六世紀前半より多紀郡の波多野氏が台頭し始めた。特に、京兆家の細川晴元を支えていたのが、多紀郡八上城（兵庫県篠山市）の波多野秀忠であった。元来、内藤氏の惣領は、丹波守護代職を継承するにあたり「備前守」の官途を名乗っていたが、秀忠も天文二年（一五三三）には備前守を称して、守護代職を強く意識し「丹波守護」と呼ばれた（『言継卿記』『大館常興日記』）。その権限は次第に丹波国全域に拡大しており、[8]やがて内藤氏とも衝突したものと考える。秀忠は晴元の後援を得て、内藤国貞と天文七、十四年と、二度にわたって戦い、これを追い落とした（『鹿苑日録』『細川両家記』）。この時、国貞は晴元から離脱し、当時京兆家家督をめぐって晴元と抗争していた細川氏綱方に服属していた。以後も、丹波では内藤氏と波多野氏の抗争が続いたが、基本的に波多野氏が攻勢に出て押し気味であったことがうかがえる。

さて、江口合戦では、こうした構図が大きく変わっていく。すなわち、晴元の重臣三好長慶が氏綱方に寝返ったため、内藤・波多野は攻守の立場が逆転した。両者の戦いが最も目立ったのが、天文二十二年（一五五三）頃の桑田郡別院（亀岡市）周辺の戦いである。この時、波多野氏の庶流である与兵衛尉秀親は、当初両方の間に位置していたが、晴元と、秀忠の後継者元秀による強い勧誘を受け、結果として晴元方に属したようである。そのため、三好方とそれに属した内藤軍が「波多野与兵衛尉城」を攻撃対象とした（『細川両家記』）。この与兵衛尉の城は、丹波数掛山城跡（亀岡市）と考えられる。[9]

ところが同年九月十九日、「内藤備前守（国貞）、池田、堀内、同紀伊守、松山、岩成等討死云々」（『言継卿記』）と、攻城軍は散々な結果となり、敗北を喫し、内藤氏当主の国貞は不慮の死を遂げてしまう。ただし、この時「但松永弾正忠無殊事云々」（『言継卿記』）と記されているように、久秀は無事に戦線を離脱したようである。さらに、弟の松永長頼は内藤氏の家督を継承する契約を、前もって国貞と結んでいたため、丹波に在国した。『細川両家記』には「此時内藤方の城丹波八木難儀候所に、松永甚助（介）は内藤備前守聟也ければ、此八木城へ懸入、堅固なる働ども見事なるかなと申候也」とあり、国貞の婿であることを根拠に、八木城（南丹市）に懸け入ったという。ここでわかることは、長頼が国貞の娘婿であり、早くから内藤氏と婚姻関係を結んでいた点である。以後、長頼は内藤家中に入り、宗勝と称して、三好権力を背景に丹波に君臨することになった。

もっとも、内藤氏は十五世紀前半より丹波守護代職を担った名族であり、家中には松永一族の長頼が内藤家中に入ったことに抵抗があったようである。[10]そのため、前稿でも示したように長頼は「分別」をもって、自らは当主を辞退し、彼の子息「千勝」に相続させるようにした。ただし、宗勝の八木城の「在城」は続けられたようであり、強い権限は確保していたようである。

さて、千勝は、後に貞勝と名乗る人物と考えられる。貞勝は、内藤氏惣領が代々守護代職として名乗っていた「備前守」を称した。永禄四年（一五六一）六月二十日付の貞勝書状が残されているが、これは宛名の長尾蔵助に対して、神崎村（亀岡市神前）・並河村（亀岡市並河）の跡職を認めるものである（「雨森善四郎文書」）。この史料では「備前守」を貞勝が名乗っており、この段階では内藤氏当主は、この貞勝であったと考えられる。ただし、宗勝も永禄五年八月十二日付小林日向守宛の書状では「備前守」を名乗るようになっており、[11]内藤氏惣領を継承したようである。以後、彼は波多野秀親を味方に付け、八上城の元秀を追い落とし（「波多野文書」内閣文庫）、氷上郡を中心に勢力を広げつつあった黒井（丹波市）の赤井時家も丹波から一時駆逐した。したがって、宗勝は、この段階でほぼ丹波国全域を席巻したようである。

ただし、この頃になると三好権力は次第に暗雲が立ち込めてくる。永禄七年六月、三好権力の主導者長慶が病死した。さらに同八年には、松永久通（久秀の嫡男）、三好三人衆が十三代将軍義輝を襲撃して、これを殺害した。この事件は結果的に、三好・松永権力に対して強い反発を招くことになり、後に十五代将軍となる覚慶（義秋・義昭）は、東海から北陸にかけての諸勢力に、対三好・松永の戦いを呼びかけた。こうしたなか、同年八月、宗勝も氷上郡の荻野直正との戦いで敗死し、丹波の三好・松永勢力は後退を余儀なくされた。同年十月には、波多野・須智・柳本氏が赤井方へ寝返った（『多聞院日記』）。この頃になると、今度は久秀と三好三人衆の対立も表面化していき、三好権力全体の基盤が崩れ始めた。永禄九年二月には、八上城に詰めていた松永孫六が退城を強いられ（『細川両家記』）、丹波における三好・松永権力の後退は不可避の状況となった。当然、その後援を受けていた内藤氏も、また以後勢力を振るわなくなる。

以上、述べたように、十五世紀前半から丹波守護代職を世襲してきた内藤氏は、十六世紀中葉の混乱期に大きな曲がり角にきていたこと、そして畿内の新興勢力であり、三好権力のもとで台頭しつつあった松永長頼が家督を相続し、内藤家中に介入しつつあったこと、さらに長頼が改名した内藤宗勝が三好権力の後援を受けて、一時丹波を席巻したことなどが理解し得る。

こうした政治的混乱は、前稿でも触れたように丹波の宗教動向にも大きく関わっていた。この時期、丹波においてキリスト教が受容される点も、こうした政治的な変化と大きく関わっていたものと思われる。次は父宗勝の跡を継いだ内藤ジョアンの登場について検討してみたい。

二、ジョアン貞弘と織田権力

三好・松永権力の退潮によって、内藤氏の膝下でもその影響が現れつつあった。永禄九年四月二十一日には、姫宮岡御所が佐伯北荘・「くつれ北」荘の回復を武家に依頼するが、これは「波多野」方へ命じられている（『言継卿記』）。この「波多野」が、多紀郡八上城の惣領家を指すか、桑田郡の与兵衛尉の庶流家を指すか、現段階ではわからない。ただ、これらの地域は桑田郡南部（亀岡市域）に属しており、内藤氏の居城八木城の南側に位置する。つまり、内藤氏の本拠地に近い荘園が、宿敵である波多野氏の影響下に置かれた様相がうかがえる。

こうした事態が変化するのが、同十一年九月、足利義昭と織田信長による上洛であった。この段階で、丹波国衆は、基本的に義昭・信長の傘下に入った（『永禄以来年代記』）。後に信長に抵抗する波多野氏、赤井・荻野氏も義昭・信長方に属した模様である。一方、内藤氏は、貞虎のように、阿波へ逃れた細川京兆家の六郎（後の信良、昭元）に属して丹波から離れる者と（「赤井文書」）、義昭・信長方に服属して丹波に留まる者がいたようである。前者は、義昭・信長に抵抗する意思を示したと考えられる。一方、この後者は五郎貞弘、すなわちジョアンであったと考えられる。同年十一月、前述した姫宮岡御所領の佐伯荘と「くつれ北」荘は、義昭近臣の細川右馬頭藤賢が代官に当たったが、実際には現地において貞弘（ジョアン）が代官職を確保していたらしく、これを手放さなかった。そのため、木下秀吉の調整により五郎が改めて代官職に就き、以後八〇石の進納が定められたという（『言継卿記』）。

永禄十二年四月には曇華院《どんげいん》雑掌《ざっしょう》に対して請文を提出する（『曇華院文書』）。この時、貞弘は信長の「御助言」によって代官職に就いたと記し、改めて定納八〇石の請米を担当した。貞弘は一代官として、毎年十一月の運上を約束する請文を提出している。

一荘園の代官職を担う貞弘が、この当時丹波守護代家の当主の座に就いていたかは明確ではない。ただ、織田信長の後援を得て、勢力基盤を再興しつつあったことは確認し得る。逆に義昭近臣の細川藤賢と代官職をめぐって争ったことから、義昭とは微妙な関係となっていた可能性がある。

次に、近年紹介された史料を検討する。

［史料1］(12)

当所之事、近年雖令宇津押領、今度被遂御糺明、永禄六年之誓紙・同七月廿三日任条数之旨、如前々対

内藤五郎（貞弘）一途被　仰付、被成御朱印上者、年貢諸公事物等、郷代江可致其沙汰之由、被仰出候也、仍状如件、

　永禄拾弐

　卯月十六日　丹羽五郎左衛門尉長秀

　　　　　　木下藤吉郎秀吉

　　　　　　中川八郎右衛門尉重政

　　　　　　明智十兵衛尉光秀

新庄　世木村　山科（階）村

西田村　日置村　氷所村

田原村　大谷村　四万村

広瀬村

　名主百姓中

これは永禄十二年四月に織田氏の家臣四名が丹波十カ村の名主百姓中へ発給した連署状である。これらの村落では、丹波宇津（京都市右京区京北町）を本貫地とする宇津氏が押領していたが、義昭・信長政権になって改めて糺明することになり、「永禄六年之誓紙・同七月廿三日任条数之旨」を根拠に、内藤五郎に対して「一途」の管轄が、信長によって仰せ付けられた。一方、信長の「朱印」を根拠に各村に対して直接「年貢諸公事物等」を「郷代」へ沙汰するよう命じている。残念ながら「郷代」の存在形態は不明であるが、この史料では丹波で

は相対的に強い荘園領主が主体として登場せず、その存在が希薄なイメージを持つ。あくまでも、緊急時の文書と捉えておきたい。

以下、本史料で確認できる点を箇条書きでまとめてみる。第一に、当史料が丹羽長秀・木下秀吉・中川重政・明智光秀という、四名の織田氏部将の連署で出された点である。一般に、この当時、織田家奉行人とも言うべき部将四名による連署状が発給されているが、同年と推定される四月十六日、および十八日付の同一の四名連署状が出されている。すなわち禁裏御料所山国荘（京都市右京区京北町）に対する宇津氏の違乱停止を求めたものであり（「立入家文書」[13]）、同じ宇津氏の押領について取り扱っている。一般に義昭との二重政権時、四名体制による織田氏奉行人連署の形で文書が出されているが、本史料のパターンはその典型事例である。当時、彼ら四名が丹波における宇津氏の押領停止を担当していた様子がわかる。

第二に信長が「永禄六年之誓紙・同七月廿三日任条数之旨」を根拠に内藤五郎（ジョアン）の各村落の管轄を認めていたことである。すなわち、信長は、内藤宗勝時代に交わされたと考えられる誓紙を根拠に、宇津氏の押領停止に乗り出そうとしている。「誓紙」「条数之旨」の具体的内容は不明であるが、内藤氏と宇津氏は当時から激しい抗争を続けており[14]、それを和睦させるための「誓紙」だったのではないだろうか。同時に、宗勝の戦死以降、宇津氏の攻勢が強まり、宛名となる内藤氏膝下の村落にまで押領が進んでいたものと考えられる。

第三に、信長の指令によって、宛名となる十カ村が、内藤氏の管轄下に置かれた点である。新庄、西田村、日置村、氷所村、広瀬村（南丹市）、山階村（亀岡市）は、大堰川《おおいがわ》左岸の村落であり、守護所八木の近隣地である。特に西田・広瀬村は大堰川を挟んで八木城下の対岸にあたる。これらの村落の北東側には、標高四〇〇～六〇〇メートルの丹波山地が広がっており、山林を挟んで、宇津氏の勢力圏とも接する地域であった。一方、大谷村・世木村・田原村（南丹市）は、八木から見れば大堰川上流に位置するが、やはり宇津氏と内藤宗勝の抗争が繰り広げられた地域として史料上登場する。[15]隣接する複数の村落を勘案した時、織田権力が内藤氏の広域な統治権を認めたことになる。姫宮岡御所領の佐伯荘と「くつれ北」荘の代官職任官では、義昭の近臣細川藤賢を差し置いて、あるいは曇華院領の代官職についても、信長の「御助言」によって代官職に就いていることから、この永禄十一～十二年の時期、ジョアンは信長の後援が得られる立場であったとわかる。ちなみに、当史料は写しであるため、文書様式は明確ではないが、十カ村の名主百姓中宛で直接発給されている。

以上の検討から、永禄十一～十二年頃、内藤ジョアンは、織田信長から積極的に後援や「助言」を得ていたことがわかる。そして「永禄六年之誓紙・同七月廿三日任条数之旨」という宗勝時代の文書が認められ、八木城膝下の集落を管轄するなど、守護代職の権限が再興されつつあったものと考えられる。

三、イエズス会との関わり

次に五郎貞弘がキリシタンとなっていく時期について検討してみたい。断片的であるが、キリシタン関係史料を詳細に見ていきたい。

フロイス『日本史』によれば、周防山口出身の「貴婦人」が丹波に赴き、丹波内藤氏の「家を司っていたある年をとった人」と結婚したという。この女性の影響を受けて、夫である「（内藤）家を司っていたある年をとった人」がキリシタンに改宗し、ジョアンら二〇〇名が京都でフロイスによって受洗したという。キリスト教受容の契機が、こうした有力者間の人間関係によってもたらされたことが理解できよう。なお、この当時、内藤氏当主は「霜台（松永久秀）の甥、すなわちその兄弟の息子」にあたると記している。これは、言うまでもなく、久秀の弟長頼・内藤宗勝の子息という意味であり、まさしくジョアンが宗勝の子息であったことを示している。

ところで松田毅一氏は一五七二年（元亀三）九月二十三日付のフランシスコ・カブラルの書翰を挙げて「丹波の内藤家でキリシタンになったのは、内藤如庵（ジョアン）が最初であり、それまで彼の家臣は一人もキリシタンでなく、その後、ロレンソ修道士が丹波に伝道に行って、ようやく内藤家の人々や家臣らの中にキリシタンになる者が現れた」としており、ジョアンが信仰の中核を担っていたとする。

このように内藤ジョアンによるキリスト教受容の経過について、若干の齟齬《そご》が見られる。ただ、本来十五世紀前半より京都の権門による禅宗文化が色濃く、京都の経済圏の内にあった丹波において、外来宗教や南蛮文化を受容する素地が本来なかったものと思われる。その意味で、前述してきた三好権力との関わりは、こうした外来文化が入る契機になったものと思われる。

次に貞弘が改宗した直後の事蹟について紹介する。

［史料2］一五七三年四月二十日（和暦元亀四年三月十九日）付、パードレ・ルイス・フロイスよりパードレ・フランシスコ・カブラル書翰(16)

ジョアン・内藤殿は神の思召しにより、丹波国の支配を大いに広げつつあり、尊師が去って以後、今までに絶えず諸城と戦さを行ない、徐々にそれらを殲滅した。彼の家臣らは尊師が当地に滞在していた時に殺された彼の異教徒の母のため葬儀を行なうこと、および彼女は禅宗の信徒であった故に異教徒の習慣に従って、紫（大徳寺）の仏僧らに多大な進物を送ることを切に請うた。彼は彼女に裨益せずとも彼とそのキリシタンの兄弟たちに利益をもたらす葬儀を行なうであろうと答えた。年来、母が殺された日に彼は丹波国の貧者のうち来ることを希望する者をことごとく城下に招き、およそ千名が集まると全員に食物をふんだんに与え、その後、各人に喜捨したので、異教徒はこれに驚嘆した。

これは、ジョアン（貞弘）が自らの母親を弔う際の様子を記した内容である。彼の母親は内藤氏出身と考えられるが、この前後の様相について、松田氏は以下のようにまとめている。すなわち「内藤ジョアンの母は殺害されたが、彼女を処刑した仏僧の長は、このことがあった後、イエズス・マリアの御名を唱えながら刑死した。数多の異教徒は感動し、キリシタン宗門に対する熱意が丹波の国で昂るに至った」とする[17]。また、彼女は「都（付近）」で殺害されたという[18]。

以上の内容から、次のことが確認し得る。第一に、当時内藤ジョアンが元亀四年までに「丹波国の支配を大いに広げ」つつあり、積極的に丹波国内に攻勢をかけていた事実である。宗勝没後の内藤氏の政治的動向は史料が限定されるが、織田権力の後援を受けつつあった内藤氏が「徐々に」勢力を拡大し、丹波国内の諸勢力の城に攻撃できる存在となっていた。これは天正三年六月以降の明智光秀の丹波攻略直前、すなわち永禄十一年九月から元亀四年三月までの桑田・船井郡の政治情勢を考える上で興味深い。かつて、松田氏はフロイス『日本史』の「合法的にその丹波の国の支配者」という記述から「『現実には』丹波の領主でないという意味に解すべきであろう」と評価し、内藤氏の守護代職が一国単位に及ばず、有名無実化していたと捉えていた[19]。しかし、ジョアンは、それに甘んじていたわけでなく、織田権力の後援を取り付け、失地回復に取り組んでいたものと思われる。もっとも、こうした動向を織田権力、あるいは足利義昭がどのように見ていたかは、

八木城下にある内藤ジョアンゆかりの地石碑(左)、八木城下龍興寺(右)

残念ながら不明である。

第二にジョアンの母が「禅宗の信徒」であった事実である。前稿で記したように丹波では、室町幕府による禅宗寺院の保護もあり、十五、十六世紀に数多くの禅宗寺院が建立された。この傾向は現在にもつながり、丹波国にあたる地域では、宗派別の比率において禅宗の割合が相対的に高いといわれている。[20] また内藤宗勝、ジョアンの居城である八木城下には、城に先んじて建立されていた龍興寺があり、禅宗に対する影響力が強かったものと思われる。禅宗信徒の彼女が「仏僧の長」に殺害された理由も、また明確ではない。ただ、殺害した「仏僧の長」も「イエズス・マリアの御名を唱えながら刑死」したとすれば、当時内藤家中において宗派・信仰をめぐって複雑な抗争や葛藤が惹起《じゃっき》されていたものと思われる。こうした経過から想定して、貞弘＝ジョアンのキリスト教改宗は、内藤氏のもとで決して平穏な状態で移行されたものではなく、宗教的な反発や副作用を伴って展開されたものと考えられる。

第三にジョアンが母親の葬儀にあたり、禅宗寺院への寄付を止め、八木城下に貧者を集めて喜捨を行った点である。これについては仏教徒が驚嘆した事実が記されており、当時のキリスト教徒と仏教徒の喜捨に対する考え方の相違が明確に出ている。これも禅宗寺院が強い丹波の人々から、強い当惑と警戒感が示されたものと考えられる。

四、ジョアンの上洛と足利義昭との関係

前述してきたように、丹波内藤氏は、丹波守護職細川京兆家の内衆であり、十五世紀前半から同国守護代職を世襲してきた。そのため、基本的には細川京兆家の傘下に属していた。十六世紀前半から中葉には、京兆家が澄元系と高国系に分裂したため、守護代職をめぐって、内藤国貞と、その職を狙う波多野秀忠との間で争われた。内藤宗勝も高国系の細川氏綱に従う形で、丹波守護代に入っており、基本的に細川京兆家に従う態度では一貫していた。ただ、これは永禄十一年九月の義昭と信長の上洛の際に変化する。前述したように、京兆家の細川六郎（信良、昭元）は畿内を離脱しているが、この時内藤貞虎がこれに随伴している。一方、ジョアン（貞弘）らは、丹波八木に留まったと推定されるため、内藤家中でも事態の捉え方をめぐり分裂を遂げたものと思われる。

次にジョアンが表舞台に登場するのが、元亀四年における信長と義昭の対立の局面である。両者はすでに蜜月の時期を過ぎ、同三年九月には信長が意見十七条を提出し（『尋憲記』『年代記抄節』）、義昭の姿勢を強く批判するなど、ほぼ不和の状態が決定的となっていた。

年が変わって同四年正月、奈良の僧侶尋憲は「天下近国軍之事」と題して、畿内・近国の政治情勢を一国単位で簡潔にまとめている（『尋憲記』）。その際「一、山城京都　将軍義秋《（昭）》」としている。和泉は守護代「松浦」氏、あるいは北河内が「三好左京大夫義継」、南河内は「高屋畠山屋形」、摂津は「池田・伊丹」などの名前が挙がっ

ており、おおむね妥当な評価である。ところが、丹波国は「一、丹波　信長衆」とまとめており、「内藤」の名前がない。これは内藤氏の存在感が希薄になっていると同時に、彼が織田権力に服していたと捉えられた可能性がある。

さて、義昭は朝倉・浅井氏と手を結び、二月に光浄院暹慶《せんけい》らを西近江において挙兵させた。さらに三月には村井貞勝の邸宅を取り囲むような実力行使に出ている。義昭は、畿内・近国の国衆たちに積極的に働きかけ、京都における将軍への近侍と、信長に対する抵抗を呼びかけていた。

［史料３］『年代記抄節』三月

摂津国池田、丹波内藤、シホ川、宇津、下田、室町殿御番ニ罷上ル、池田御供衆ニ被成候、

ここで、義昭の「御番」として登場するのは、摂津の池田氏、塩川氏、丹波の内藤氏、宇津氏、下田氏である。近年、義昭期の奉公衆や側近の研究が進展しているが、(21)これら五氏の名前は見られない。池田氏は、摂津池田城（大阪府池田市）を拠点とする有力国衆である。この池田氏の入城は重視されたらしく、当史料でも将軍の「御供衆」に命じられたことが記されている。「顕如上人御書礼案留」同年四月四日付(22)には「洛中之儀此度安危之境候、摂州池田遠江守公儀へ参候」とあり、実名は不詳ながら池田遠江守なる人物だったようである。塩川氏も摂津の国衆であり、天文二十二年頃、三好長慶と戦う細川晴元の側近として塩川国満が現れる。ただし、特に幕府の役職は見られない。宇津氏は前述したように丹波国桑田郡宇津（京都市右京区京北町）の国衆である。十五世紀中葉から登場し、天文～永禄期、晩年の晴元の側近として活動している。前述したように永禄十二年までに、山国荘などで丹波国桑田郡・船井郡周辺の荘園・村落を押領しており、三好権力、

あるいは信長の奉行人によっても譴責《けんせき》、糾弾されている。下田氏は桑田郡野々村荘（南丹市美山町）にいた川勝氏の前身の名字である。川勝氏は、天正三年（一五七五）の明智光秀の丹波攻略時は、織田方として活動している。

この時、義昭に呼応して、上洛の意思を示した畿内・近国の勢力として、大和の松永久秀[23]、丹波の荻野直正[24]なども見られた。しかし、久秀は津田城（枚方市）、前線は宇治まで進んだところで退いている。また丹波は本願寺に「国侍奥口共以不和之国」と評されており、口郡と奥郡の間で不和が見られた。基本的に奥郡＝氷上郡の荻野直正と口郡＝桑田・船井郡の内藤ジョアンのことを指すのではないだろうか。ともに義昭方の傘下に入りつつも、同じ丹波の勢力同士では連携できなかったものと考える。

このように近隣の大名や有力国衆レベルでも、当時の政治情勢に制約され、上洛が叶わなかった。その意味でも、池田、塩川、内藤、宇津、下田（川勝）などは、それなりに熟慮のなかで入洛を果たしたものと思われる。義昭も、これらの国衆らを新たに「室町殿御番」あるいは「御供衆」へ加えようとした。当然対信長の緊急事態に応じようとするものであった。当時、義昭は自らの御所（「御構」）の補強に努め、石垣普請も進めつつあった。しかし、西岡川島（京都市）の革嶋氏は担当した「石蔵普請」に人足を派遣しないため、三月九日、義昭から詰問を受けている[25]。足下の国衆の間にも、信長との緊張を踏まえて、義昭の動静を冷静に見極めようとする、微妙な雰囲気が形成されつつあった。

それでは、義昭のもとに参陣した内藤ジョアンの様相に焦点を当ててみたい。

［史料4］一五七三年四月二十日（和暦三月十九日）付、パードレ・ルイス・フロイスよりパードレ・フランシスコ・カブラル書翰[26]

四月十三日、丹波のジョアン・内藤殿が十分に武装した兵二千名を伴ってこの都に来た。彼は尊師が当地で会った際に憐れむべき貧窮した姿とは打って変わり、都では少なからず目新しいことながら、彼の旗はことごとく十字架のそれであり、兜の上には大きなイエズスの金文字を付していた。彼は騎馬兵四百名と歩兵千六百名を率いて公方様のもとに向かった。その後、公方様は彼の到来を喜んだので、彼を訪問し、直ちに都の国の年額一万俵の俸禄を彼に与えるという恩恵を施した。彼は妙蓮寺と称する法華宗の大きな僧院に宿泊したが、仏僧らは兵士が御堂を厩にしたり、宿泊地の僧院で習慣的に悪ふざけをするのでほとんどこれを喜ばなかった。翌朝、さっそく上野殿が彼を訪れた。同人は信長と同じく、他に已れと並ぶ者がなかったが、公方様に代わり、書面にして与えるべき休戦誓約の覚書をジョアンのもとに持参した。この誓約はすべての神仏にかけて守られるのであり(もしこれに反した時は)永遠に釈迦と阿弥陀の栄光から追われ、厳罰と無限の苦しみを受けるというものであった。ジョアンは予め私に話すことなく、彼はキリシタンであり、その教えと唯一世界の創造主なるデウスを敬い崇めることにして、神仏を崇拝しないので決してそのような誓約を行なうことはできないが、公方様のもとに人質として残すため同じくキリシタンである彼の弟一人を連れて来たので、もし殿下がこれにより満足し、彼が求める正当な条件を守るならば、彼もまたキリシタンの習慣に従って書面により誓約を行なうであろうと答えた。上野殿はジョアン・内藤殿がキリシタンであることを知って驚き、公方様にこのことを報告すると、彼はジョアンの提案をすべて受け入れた。

この内容から義昭に呼応したジョアンの二千名の軍勢の様子がわかる。前稿で述べたように、入信時のジョアンが「憐れむべき貧窮した姿」であったことと対比して描写されており、丹波における社会的地位の向上がうかがえる。彼らの軍の旗は十字架であり、兜には「イエズスの金文字」の前立を付けており、明らかに信仰色を伴った出で立ちであった。ところが、仲介した義昭の側近上野氏（信秀か）は内藤ジョアンがキリシタンであったことに驚いている。これは、彼に関する情報自体、義昭側近が充分把握していなかったものと思われる。また、重要なことは、義昭が側近上野氏を介して、ジョアンとの間に「休戦誓約の覚書」を交わした点である。「休戦誓約の覚書」の起請文を交わしたのであれば、この時期まで義昭とジョアンの間には、何らかの不和、緊張関係が続いていたことになる。前述したように、永禄十二年四月、ジョアンと同一人物と考えられる内藤五郎貞弘は信長の口添えで代官職に任命されていた。したがって、その後、何らかのタイミングで義昭と対立し、音信不通の状況があったものと思われる。前述した丹波国内の城を攻撃していた事実などは、それと関連するのかもしれない。ジョアンは、覚書を交わすにあたり、キリシタンの弟を義昭に差し出している。

［史料5］一五七三年五月二十七日（和暦四月二十六日）付、パードレ・フランシスコ・カブラル書翰(27)

都には信長が当地に来ることが可能であると信じる者はなかった。またこれらの援軍を信頼していたことにより、（都の）警戒は徐々に緩み、油断が生じていたが、昇天祭の二日前、突如、信長はすでに近江国にいて、数日中に都に来るであろうと伝えられた。公方様は直ちに兵を城内に入らせた。彼の有する主たる援軍は丹波の領主ジョアン・内藤殿であったが、同人はさっそく千七百の兵を伴って城に入り、池田と伊丹、宇津の兵、および公方の兵およそ五千が来着した。彼らには千梃以上の鉄砲があった。橋はすべて外し、城の周囲に旗を立てたが、この城は三つの堀と幾つかの新たな稜堡を備え、周囲の道がすべて断たれているので、日本人にとっては落し難い城であった。

（中略）

信長が発って六日後、公方様は都の城にいても安全ではないことを認めたので再び恐れを抱き、己れの逃げ場とするために、ドン・ジョアンに丹後（福島注：丹波か？）の城を貸すよう請い、その代わりに彼をこの都に留め置いて所領の統治に当たらせるであろうと（言った）。ドン・ジョアンは喜んで丹波において獲得しているすべての城を提供し、何事においても彼に奉仕するつもりであったが、公方様のような偉大な君主がかくも軽々しく動き、小心ぶりを見せるのは適当なこととは思われなかった。然して、彼はこの（都の）ようないとも安全な城から逃れ、再び信長の敵となるのは公方様の地位と名誉にとってはなはだ不相応なことであると密かに助言した。公方様は、これでも落ち着かなかったので、考えを変え、当地から二里の所にある槇島に行くことにした。

これは、前述した『年代記抄節』と同じく、内藤ジョアンはじめ畿内・近国の国衆たちが義昭御所へ集結している様子を記す。この間、信長は義昭と対決するため、東山などに陣取り、上京《かみぎょう》の義昭御所を牽制《けんせい》するが、改めて義昭は和睦を図り、一旦対決は避けられた。しかし、義昭は上京の御所では心もとない状況だったらしく、内藤ジョアンに丹波の城の提供を求めた。これはジョアンの居城八木城のことである。ジョアンは「丹波において獲得しているすべての城を提供」する準備を進める一方で、将軍義昭に対し「安全な城から逃れ、再び信長の敵となるのは公方様の地位と名誉にとってはなはだ不相応なこと」と説得した。彼は、信長との対決が迫る中で、現実的な路線を取るよう助言していたものと考えられる。もっとも、結果的に義昭は上京を離脱し、側近真木嶋氏の本貫地槇島城（宇治市）へ御座所を変更した。そして、ここで挙兵したことで、かえって信長の大軍に攻められ、制圧されてしまう。

八木城跡（背後の城山一帯に残る）

さて、この当時、洛中洛外の各寺院は義昭と信長の対立を「錯乱」と認識していた。そのため、双方の実力者に礼物を贈呈し、軍勢による略奪などを最小限に食い止めようとした。嵯峨《さが》臨川寺では同年四月五日と十一日に「杉原紙四束壱貫百弐拾文分」が義昭、「内備」（内藤備前守＝ジョアン）、信長方の柴田勝家、武井夕庵の双方に贈られている。また、四月十一日には「公方様・内備へ之奏者」に「鐚銭五百文之代」「百弐拾五文」が贈られた[28]。これらの表記から、義昭方で内藤ジョアンが寺院から一目置かれる存在であったことがわかる。すでに前稿で記したように、当時彼は上京の阿弥陀寺に寄宿するにあたり、「如在存間敷候」と記して、寺院に対する配慮を示していた。その際彼は「内藤備前守貞弘」と署名しており、内藤氏の守護代職の官途ともいうべき備前守を名乗っていた（「阿弥陀寺文書」）。

このようにジョアン内藤貞弘は、信長と義昭の緊張が高まった元亀四年三〜四月の京都へ、軍勢二千をもって上洛し義昭を助けていた。彼の軍勢は、それなりに存在感があった模様で、臨川寺などは非常時の礼銭を贈呈する対象としていた。一方で義昭に軽挙な行動を慎むよう諫言しており、完全に心服していたわけでなく、一定の距離をあけて活動していたと推定される。実際、彼は風雲急を告げる京都において、在京するイエズス会宣教師らを保護し、あるいは避難を勧めていた。

五、変化する信長との関係

このように内藤ジョアンは、義昭と信長の対立時に上洛し、義昭傘下で活動していた様子がうかがえる。しかし、彼が義昭に諫言したように、完全に心服していたわけでなく、一定の距離をあけて活動していたと推定される。

実際、これを示すように、内藤氏が、一方で信長とも誼《よしみ》を通じていた可能性がある。義昭と信長が対立した時期の文書を見ていきたい。

［史料6］「細川家文書」織田信長黒印状(29)

（前略）

一、灰方・中嶋両人儀、内藤馳走を以一味之由尤候、内藤かたへも甚深ニ入魂可然之由、堅信長申由可被仰伝候、一廉可令馳走候、（第11条）

一、丹波宇津事、御供衆ニ被召加之由候、内藤無興無余儀候、何たる忠節を仕候哉、無冥加次第ニ候、自然之時可被移御座ための由候、天に咎をうる時ハ、祈るニ所なしと聞伝候、（第12条）

（中略）

三月七日　　信長（黒印）

（宛名欠）

これは元亀四年と推定される三月七日付の信長黒印状の一部である。宛名欠であるが、細川藤孝宛である。同史料の十一条目には、西岡衆と考えられる灰方氏、さらに中嶋氏が、内藤氏の馳走によって、信長方へ帰属したと記されている。ここでは内藤氏が信長のもとで活動している。一方、第十二条目には、丹波宇津氏について、義昭が「御供衆」に加える方向性にあり、内藤氏がこれについて興味を示さないため、余儀ない状況になっているという。信長は、宇津氏が将軍に対して「何たる忠節を仕候哉」と疑問を示し、「自然之時可被移御座ための由候」と記している。すなわち義昭の御座所を宇津氏の本貫地へ移すため、宇津氏を任命しているからであろうと見抜いている。前述したように、宇津氏の本貫地は丹波宇津であり、十六世紀中葉に細川晴元が上洛をうかがった城がある。義昭は内藤ジョアンに対しても、その居城（丹波八木城）の借用を求めていた。当史料では、同じことを宇津氏に求めていた可能性を信長が指摘している。この元亀四年段階で義昭が国衆たちへ協力を求めてきた背景には、自らの御所の改修によって防衛力を強化するだけでなく、万一の際は彼ら国衆の本拠地を避難所として活用できる態勢をとっておきたかったという事情がある。そのため、内藤氏の八木城、あるいは宇津氏の宇津城などを将軍避難の際の拠点として活用しようとしていた様子がわかる。

また、ここでは内藤氏が宇津氏の「御供衆」に加わることに関心を示さないため、余儀ない状況であると指摘している。つまり、当初丹波で守護代職であり、宇津氏の上位権力であった内藤氏が義昭の姿勢に反発しなかったため、信長が余儀ないことと認識したと解釈したい。ここで信長は、この「内藤」を宇津氏の上位権力として認めており、宇津氏が御供衆に入ることを遮ることができる立場にありながら、それをしなかったと認識していたと思われる。この当時、ジョアン内藤貞弘は「備前守」を名乗っており、守護代職を意識していた。そうなれば、ここでいう「内藤」は、やはり丹波守護代職のジョアン内藤貞弘と考えられよう。

なお、やや遡るが、同年二月二十六日付細川藤孝宛信長朱印状には「朱印遣候ハんかた候者、可承候、只今内藤かたへの折帋遣之候」と記しており、二月段階でも「内藤」へ折紙を贈っていたことがわかる。[30] その際、仲介していたのが、当時勝龍寺城を拠点に乙訓《おとくに》郡の一職支配を担当していた細川藤孝であった。

以上の検討から、この信長と義昭の緊張が一気に高まった元亀四年二～三月、内藤ジョアンは義昭に呼応しつつも、信長方とも音信を交わしていたことがわかる。前述したように、『年代記抄節』やキリシタン関係史料によって、義昭方に服属したことは確実だが、この藤孝宛の文書では、彼が信長のために画策していた様子がうかがえる。ジョアンが義昭に属しつつも、決して心服していたわけではなく、諫言を述べるような立場であったことも、こうした要因があるのではないだろうか。いずれにせよ、この大事な局面において、ジョアンは義昭と信長の双方に属していたこともあり、義昭と心中することなく、丹波を維持できたようである。

さて、松田氏が取り上げた天正二年（一五七四）九月八日付のフロイス書翰では、丹波に在国しているジョアンは、告白のために、京都の司祭と修道士の派遣を願い出た。フロイスは、ロレンソ修道士とともに丹波の山道を越えて、ジョアンの城へ迎えられた。彼らはキリシタンのために、一日に二度の説教を行ったが、フロイスは告白を聞くことに専念し、八日間に七〇名の兵士が告白したという。[31] つまり、ジョアンは天正二年段階も丹波八木城に居り、信者を増やしていたことなどがうかがえる。

この天正二年段階における信長との関係は不明であるが、少なくとも、この時点まではジョアンの丹波国船井郡周辺の統治が確認できる。

ところが、天正三年三月、信長は来秋の大坂本願寺攻めを見据えて、「丹州舟井・桑田両郡之国侍」を藤孝に付け、統率するよう命じている。[32] これは、ある意味ジョアンと膝下の国衆との関係に、藤孝が介入してくるものであり、彼の守護代職としての基盤を突き崩す政策でもあった。当然内藤氏の大きな反発を惹起したものと思われる。

そして、同年六月、内藤氏は前述した宇津氏とともに、織田信長による攻撃対象として名指しされることになる。信長は内藤氏、宇津氏に対して「先年京都錯乱之刻、対此方逆心未相止歟、無出頭之条」と、信長への抵抗と出頭のない状況を強く非難した。「京都錯乱」とは、前述した元亀四年四月における京都上京の義昭と信長の対立のことである。ここでは信長と通じていたことは一切記していない。そして信長への「逆心」を止めず、「出頭」もしない点が強調されている。その上で、信長は明智光秀を差し向ける旨を桑田郡の川勝氏、船井郡の小畠氏に伝えている(33)。明智光秀と丹波八木城攻め、あるいは内藤氏との戦闘については、一次史料がないため、具体的な動向はわからない。ただし、この天正三年を境にして、内藤氏の丹波における政治的動向は史料上現れなくなる。

その後、内藤氏は再び分裂を遂げていく。ジョアンは、毛利方の庇護を受けて鞆津《とものつ》（広島県福山市）に滞在した義昭のもとへ奔《はし》ったようである。一方、天正九年（一五八一）頃、内藤氏一族のコバドノ、ベントらは信長の有力部将柴田勝家に仕官し、越前国で禄をもらっていた(34)。したがって、反信長の義昭方に奔ったジョアン貞弘と、織田方部将柴田勝家の傘下に入った内藤一族のコバドノ、ベントに分かれたことになる。前稿でも記したように、丹波に在住していた一族も、越前へ移住したという。

前稿でも述べたように、以後ジョアンは、豊臣権力下で小西行長の家中に入り、十七世紀の徳川権力下では加賀の前田氏のもとへ寄寓した。信長との接触のなかで、離散した一族が、その後糾合されていったか否かはわからない。

おわりに

以上、本稿では、内藤ジョアンと織田信長の関係を中心に論じてきたが、以下簡単に内容をまとめていきたい。

第一に、永禄十二年頃、内藤ジョアンは積極的に織田権力の支援を受けていた点である。信長の「助言」による佐伯荘・「くつれ北」荘の代官職確保、あるいは桑田・船井郡の一〇村に対して、宇津氏の押領を停止し、ジョアンの統治権を認めるなど、両者の関係は良好であった。その際、宗勝時代の「永禄六年之誓紙・同七月廿三日任条数之旨」などを根拠に、ジョアンの「一途」の統治を認めた形となっている。後に信長が内藤ジョアンを宇津氏の上位に位置すると認識するなど、基本的に守護代職を維持するような対応をしている。ただし、あくまでも信長に統治されるもとでの守護代であったと思われる。元亀四年正月に尋憲が丹波国を「信長衆」と評したことも、内藤氏の存在感の希薄さを示すとともに、同氏がすでに信長方に服していたことの表れであるのかもしれない。なお、ジョアンは父宗勝の戦死後、衰退していた内藤氏の再興を図り、丹波各地で転戦を続けていた。

第二に、元亀四年の信長と義昭の対立時には、ジョアンは両属的な存在であった。ジョアンは二千の兵力で上洛しており、彼が並々ならぬ姿勢で義昭のもとに参陣したことがうかがえる。しかし上京を守る一方、信長とも音信を交わし、乙訓郡の土豪を切り崩すなど、反義昭の工作にも加担していた。つまり、この大事な局面で双方に属した形で活動していたことになる。

第三に、ジョアンのキリスト教入信の際、内藤家中でさまざまな混乱があった点である。すなわち、原因は不明だが、禅宗信者だった彼の母親が殺害されたこと、逆に殺害した僧侶が「イエズス・マリアの御名を唱えながら刑死」したこと、ジョアンが八木城下において貧者へ喜捨した際、多くの者が驚嘆、困惑したことなどが挙げられる。当時の具体的様相は不明であるが、さまざまな混乱があったことは否めないであろう。一般にイエズス会の報告に見られるように、キリスト教の布教には、仏教界などの激しい抵抗や反発があったことが知られている。ただ、河内キリシタンのように、実際に武家領主が改宗した区域では、その抵抗は低く見られがちである。丹波の状況は、そうした葛藤や抵抗を具体的に示す動きとして注目したい。

以上、述べたように、断片的史料ながらも、ジョアンと織田権力の関係を追究してきた。永禄十二年（一五六九）から天正二年（一五七四）という短い期間であるが、両者は基本的に協調関係にあったと思われる。元亀四年の義昭追放の際も、ジョアンはこれに追随することなく、丹波に戻り、自らの立場を保持していた。しかし、実際に室町幕府体制が完全に消滅すると、ジョアンの守護代職としての地位も、次第に動揺していく。ある意味、旧来の幕府体制が内藤氏、あるいは内藤ジョアンの政治的立場を保障していたのかもしれない。天正三年（一五七五）、信長が大坂本願寺攻めを本格化していくと、乙訓郡の一職支配を担当していた細川藤孝が桑田・船井郡の国衆を統率するよう命じられる。こうした守護や守護代の枠組みを越えるような命令系統が生まれてくることになる。こうしたなか、内藤ジョアンの立場も大きく動揺したものと思われる。同年六月の明智光秀による丹波攻略の時期に入ると、内藤氏の守護代職は、完全に否定されていくことになる。内藤一族は、ジョアンのように義昭へ服属した者と織田方に属した者とに大きく分かれた。ただし、一族はキリシタンであることを守っていたようである。今回は丹波出国後については、まったく検討できなかった。改めて、内藤一族の史料を蒐集《しゅうしゅう》し、今後に期したい。

〈註〉

(1)木越邦子『キリシタンの記憶』(桂書房、二〇〇六)。
(2)松田毅一「丹波八木城と内藤如庵について」(『COSMICA』Ⅶ、一九七七)。
(3)今谷 明『守護領国支配機構の研究』(法政大学出版会、一九八六)。
(4)拙稿「丹波内藤氏と内藤ジョアン」(中西裕樹編『高山右近』宮帯出版社、二〇一四)。以下、前稿とは当論文を指す。
(5)なお、その後刊行された天野忠幸編『戦国遺文』三好氏編三(東京堂出版、二〇一五)の索引も如安(ジョアン)を「貞弘」としている。
(6)今谷 明『戦国三好一族』(新人物往来社、一九八〇)、拙稿「文書解題」(『丹波船井郡小林家文書調査報告書』南丹市日吉町郷土資料館、二〇〇六)。
(7)以下の政治的な概略については、拙著『畿内・近国の戦国合戦』(吉川弘文館、二〇〇九)。
(8)拙稿「丹波波多野氏の基礎的考察」上・下(『歴史と神戸』一九九九・二〇〇〇)。
(9)拙稿「数掛山城」(『新修亀岡市史』資料編一、二〇〇〇)。
(10)前掲(4)。
(11)前掲(6)。なお、前掲(5)の「『戦国遺文』三好氏編三」で紹介された、後三月十八日付内藤宗勝書状(「畠山義昭所蔵文書」)があり、閏年から永禄四年と断定されている。この史料には「備　宗勝」とあり、永禄四年閏三月段階では備前守を名乗っていた可能性がある。そうなれば、宗勝と子息貞勝はともに「備前守」を任官していたことになる。ただ、この史料では「備」のみの表記であり「備前介」などの可能性も捨てきれない。ここでは結論を保留しておきたいが、いずれにせよ「備前守　宗勝」と「備　宗勝」の署名は区別する必要がある。
(12)岩瀬文庫「古文状」一。当史料は名古屋市博物館編『豊臣秀吉文書集』一(吉川弘文館、二〇一五)で紹介された。なお、西尾市岩瀬文庫のマイクロフィルムから、一部読みを改めた。
(13)奥野高廣『増訂織田信長文書の研究』上(吉川弘文館、一九八八)、前掲(12)名古屋市博物館編『豊臣秀吉文書集』一。
(14)前掲(5)。
(15)前掲(5)。
(16)松田毅一監訳『十六・七世紀イエズス会日本報告集』第Ⅲ期第四巻(同朋舎出版、一九九八)。

(17)松田毅一『近世初期日本関係南蛮史料の研究』(風間書房、一九六七)。
(18)前掲(2)。
(19)フロイス『日本史』。
(20)前掲(4)。
(21)川元奈々「将軍足利義昭期における幕府構造の研究」(『織豊期研究』十二、二〇一〇)。
(22)『大日本史料』一〇編一五冊。
(23)『尋憲記』元亀四年二月十八日条。
(24)「顕如上人御書札書留」元亀四年正月二十七日条。
(25)仁木　宏「細川藤孝と革嶋秀存」(大山喬平教授退官記念会編『日本国家の史的特質』古代・中世、思文閣出版、一九九七)。
(26)松田毅一監訳『十六・七世紀イエズス会日本報告集』第Ⅲ期第四巻(同朋舎出版、一九九二)。
(27)松田毅一監訳『十六・七世紀イエズス会日本報告集』第Ⅲ期第四巻(同朋舎出版、一九九二)。
(28)『臨川家文書』(『大日本史料』一〇編一五冊)。
(29)永青文庫叢書『細川家文書』中世編(吉川弘文館、二〇一〇)織豊期文書一六。
(30)永青文庫叢書『細川家文書』中世編(吉川弘文館、二〇一〇)織豊期文書一四。
(31)前掲(17)。
(32)永青文庫叢書『細川家文書』中世編(吉川弘文館、二〇一〇)織豊期文書二六。
(33)拙稿「明智光秀と小畠永明」(藤田達生・福島克彦編『史料で読む戦国史　明智光秀』八木書店、二〇一五)。
(34)「一五八一年五月二十九日付、北庄発信、フロイス書翰」(松田毅一監訳『十六・七世紀イエズス会日本報告集』第Ⅲ期第五巻、同朋舎出版、一九九二)。

明石掃部

大西泰正

はじめに

伝説的な人物である。確実な史料はわずかで、当人の肉声もほとんど伝わってこない。それでもなお、慶長このかた四百余年、この人物が忘れ去られることなく、人々の口の端に上り続けているのは何故だろう。管見に触れた史料をもとにこの人物の小伝をものして、右の疑問を解く糸口としたい。なお、記述の一々は各種の史料や相応の考証の上にあるが、紙幅の関係上ほとんどこれを省いている。小稿は基本的に拙著『明石掃部の研究』での検討に基づいているから、より委曲な伝を欲する読者は、後述の参考文献、およびこの拙著をご参照願いたい。筆者とは種々見解を異にするが、近年刊行された小川博毅『史伝明石掃部―最後のキリシタン武将―』（橙書房、二〇一二）も掃部その人を叙すること詳細である。一読されたい。

※欧文史料（宣教師の書簡類）の日付はすべて西暦。それ以外の日付は特に断らない限り和暦である。
※各種史料の出典等は既出拙著『明石掃部の研究』も参照のこと。

一、前半生

明石掃部《かもん》の生年はいまだ詳《つまび》らかにし得ないが、『戸川家譜』(十七世紀後半成立)によれば、天正十年(一五八二)六月の「明智合戦」(羽柴秀吉による明智光秀討伐。宇喜多氏は秀吉に加勢したという)の折、富川秀安(宇喜多氏重臣)の娘と「明石掃部幼少」が、宇喜多方の人質として播州姫路城にあったらしい。この時点で元服前ならば、同年正月に家督を継いだ宇喜多秀家(一五七二〜一六五五)とは同年輩といえようか。

掃部の父は、恐らくは明石行雄(飛騨守、のち伊予守)という備前の小領主である。『備前軍記』(安永三年〔一七七四〕成立)などの編纂物には明石「景親」として登場する人物だが、備前に威を張る浦上宗景に従っていたらしきこと以外に、確かなことはよくわからない。岡山藩士大沢惟貞の労作『吉備温故秘録』は、この明石「景親」とその嫡子という掃部の本拠として磐梨郡保木城(現、岡山県赤磐市・岡山県岡山市東区)を挙げるが、信憑《しんぴょう》すべき根拠を欠く。

浦上宗景に仕えた行雄は、秀家の父直家(?〜一五八二)が宗景を攻め降すにあたって宗景に背いた。小早川隆景が「明飛現形」(『小早川家文書』)と書き留めたこの行動は、宗景方には大きく響いたらしく、

ほの〳〵と　明石か今朝の　裏切に　身を隠し行　宗景そうし

宗景没落(天正三年〔一五七五〕九月頃)の折には、『古今集』に材を得た、右のような落首があったという(『備前記』)。また、本能寺の変の直後、備中高松城を開かせ、上方に取って返す羽柴秀吉を、備前野田村まで出

迎えた幼少の秀家は、「明石飛騨守」（行雄）に抱かれていたという（『浦上宇喜多両家記』延宝五年〔一六七七〕成立）。明石行雄の隠然重きをなした形跡はこうした伝承からも窺われる訳で。

成人した掃部が史上に現れるのにそれから約十年。第一次の朝鮮出兵（文禄の役）の際、朝鮮在陣諸将のうちに、秀家幕下の明石掃部が見出せる。この戦時にしたためられた掃部の書状（写し）も伝来する（「美作牧山家所蔵文書」）。掃部が行雄から家督を引き継いだのもこの文禄年間（一五九二～九六）の辺り。文禄三年（一五九四）十一月付の行雄書状（小早川秀秋の補佐役・山口正弘宛）には、その衰えが自らの言葉でこう記されている。自身の「老足」と、要件があれば今後は「掃部頭」に連絡するようにと（『萩藩閥閲録』）。慶長年間（一五九六～一六一五）初頭の宇喜多氏家中の構成を伝える『慶長初 宇喜多秀家士帳』といった分限帳に、行雄の名が見えず、三万三一一〇石の知行で掃部が記される点を見ても、この時期の備前明石氏が掃部をもって代表されていたことを瞥見《べっけん》できる。

その掃部は宇喜多氏家中でいかな立場にあったのか。断片的な残存史料から考えるに、富川（戸川）・長船・岡といった譜代重臣とは一線を画する、「客分」とでもいうべき立ち位置を占めたのではなかろうか。掃部（や行雄）を「客分」と表現すること自体は、『吉備温故秘録』にすでに見出せるし、『浦上宇喜多両家記』は、掃部を「国の小大の用にも構わず」・「家老分」と表現する。掃部の知行高や、この二史料から推せば、掃部は家老の立場にあったが、領国支配には具体的に携わらなかったというところか。

また、さきの分限帳に書き上げられた掃部の与力が、わずかに掃部の同族と思しき明石四郎兵衛一人というのも、数十人から百人超の与力を付けられていた戸川達安《みちやす》（秀安の子）や岡越前守（家利の子）といった他の有力家臣との立場の相違を明確に物語っている。

要するに、大名秀家の軍事的従属下にはあるが、宇喜多氏家中から半独立の立場にあって、領国支配の実務にも主体的に関わらず、さらに宇喜多忠家（秀家叔父）のように豊臣秀吉に直属して豊臣政権による大名統制策の一端を担うこともなかった、そうした存在を筆者は「客分」と表現し、これを掃部の立場に見合うものと考えておきたい。

さて、掃部を語る上で欠かせぬのがキリスト教である。イエズス会宣教師の瞥見談をもとにこれを略述する。掃部入信の時期・経緯は、宣教師ルイス・フロイスの報告書（一五九六年十二月十三日付）に詳しい。すでにキリシタンであった浮田左京亮《さきょうのすけ》（宇喜多忠家の子）の屋敷（大坂城下か）において、左京亮が招いたイエズス会士から説教をうけたのがきっかけである。左京亮は、オルガンティーノの書簡（一五九五年二月十四日付）によれば齢二十四というから、秀家や掃部と同年輩の青年であった。掃部は大坂城の拡張工事（惣構の普請）に従事していたらしく上方に在った。掃部は、さらに説教を聴いた上で洗礼を受けると約束し、この後、大坂において洗礼を授かった。文禄五年（一五九六）十月以前のことである。

この洗礼から間もなく、掃部らキリシタンに試練の時が訪れる。この年八月のサン・フェリペ号漂着事件を発端として秀吉が禁教令を再公布し、捕縛したキリシタンを長崎へ送って処刑したのである（長崎二十六聖人殉教事件）。

禁教令の公布直後（十月二十日の夜）、掃部・左京亮は大坂の教会を訪れ、イエズス会司祭二人に泉州堺への退避を求めている。はじめは固辞した司祭たちも、掃部らの説得に折れて難を逃れたという。この掃部の行動は当然フロイスの書簡上でも称賛されるところとなる（一五九七年三月十五日付）。

掃部はこのあと国許に向かった。捕縛されたキリシタンは京・伏見・大坂・堺を引き回された上で陸路長崎へ送られた。その途上、宇喜多氏の領分たる播磨国赤穂郡から備中国川辺川（高梁川）まで、掃部がキリシタンの護送役を担ったのである。大坂で捕縛されたイエズス会の三木パウロは、護送役の掃部が自身の手を取って落涙したことを書き留めている（一五九七年三月十五日付フロイス書簡）。

この時の禁教令によって掃部が罰せられることはなかった。以後の掃部はどうか。イエズス会士の報告書に基づく『一五九九―一六〇一年、日本諸国記』によれば、秀家の義兄弟で「ドン・ジョアン」（ドンは尊称）と呼ばれる掃部は、教説への深い知識と強い熱情とをもって、イエズス会の修道院に同輩を連れて行き、数年のうちに宇喜多氏家中の主立った者を改宗させたという。掃部は「今一人」の高山右近とさえ見なされていたらしい。こうした手放しの賛辞は鵜呑みにすべきではなかろうが、掃部をして（伴天連追放令の折に改易された）高山右近の替人《たいじん》たらしめんとするイエズス会側の意識や、掃部が布教に努めたこと、掃部が秀家の義兄弟（秀家の姉妹婿）であった点などがこの記録から確認できる。

かかる掃部の立場が一変する。いわゆる「宇喜多騒動」の勃発である。秀家のもとでその支配体制の強化を進めた長船紀伊守や中村次郎兵衛（家正）らの出頭人と、その流れに反発する浮田左京亮・戸川達安・岡越前守・花房秀成らとの関係は悪化の一途をたどった。ことに文禄三年（一五九四）、惣国検地の断行は家中に大きな動揺を与えたようで、知行地の変更や分散相給が進んだことで、秀家の権力は強化されたが、或る者は困窮し、また或る者は秀家の差配に不満を覚え、中村ら検地の主導者に怨嗟《えんさ》が集まった。

慶長三年（一五九八）八月、太閤秀吉が伏見城に病没した。これに加え、くだんの長船紀伊守がこの頃死没する。家中の混乱はこの二人の死を契機に「宇喜多騒動」に転換する。秀家に不満の浮田左京亮・戸川達安らの一党が大坂において、武装のうえ左京亮邸に立て籠もった。秀家は家康の仲裁を頼って事態を収めるが、慶長五年（一六〇〇）五月頃の騒動終結までに、達安ら有力家臣の過半が秀家のもとを去り、中村次郎兵衛もまた遭難、失脚した。秀家の求心力も著しく低下した。

秀家を輔《たす》けてこの家中の混乱を鎮めるには、秀家と縁続き（義兄弟）で、「客分」として家中の党派対立の埒《らち》外《がい》にあったと思しき掃部を措《お》いて他に登用すべき者はない。掃部の立場は、ここに「客分」からいわゆる仕置家老に一転する。ただ、腰を据えて何事かを成すには、残された時日があまりにも少なかった。

東西両軍の決戦が迫るこの年の八月。前月に挙兵した石田三成ら（西軍）に与同した秀家は京から草津へ、掃部は伊勢国安濃津へ出張っていた。

掃部のもとに戸川達安から来簡一通（「備前水原岩太郎氏所蔵文書」）。騒動後、秀家のもとを去った達安は、徳川家康方（東軍）の先遣隊として西上し、尾張国清須に在った。

敵味方となった互いの立場を遺憾とする達安は、その書簡中かく述べている。家康は程なく勝利する。したがって秀家は滅亡するだろう。ただ、家康は秀家の嫡男「侍従殿」（宇喜多秀隆）を「むこ《（婿）》」として取り立てる意向であるから、宇喜多氏の存続如何は掃部の分別次第であると。宇喜多氏の滅亡は本意でないとする達安は、「惣別秀家御仕置にては国家相立たずとは天下悉くしりふらし申す事に候」と秀家を激しく批判もする。達安は掃部の寝返りを促していた。

しかし掃部は、達安の誘いを軽くいなした上で、「秀頼様御勝手に仰せ付けらるべき事は案中に候」云々と、家康との対決姿勢を崩さず、自陣についても「上方に於いて人の存じたる衆余多相抱えられ候」云々と、その補強を書き添えて軒昂《けんこう》を示している（「備前水原岩太郎氏所蔵文書」）。

その後、掃部は伊勢から、秀家は近江から美濃へ入り両者は合流した。関ヶ原合戦は間近に迫っていた。

二、後半生

慶長五年(一六〇〇)九月十五日、美濃国関ヶ原にて。宇喜多秀家のもと明石掃部も戦っていた。宣教師ヴァレンティン・カルヴァーリョの記録(一六〇一年二月二十五日付)によると、敵軍勢に取り囲まれ死地に陥った掃部は、旧友黒田長政に遭遇し、その説得によって投降したという。

かくて丁重に生け捕られた掃部は、二、三日大坂にとどまって当地のイエズス会士から送別され、黒田長政の領国、筑前へ移ることになる。長政は家康にこう願い、容れられたという。掃部を助命し、自らの配下に加えたいと。

筑前に移ったのは掃部ひとりではない。宣教師の伝では、およそ三百人のキリシタンが掃部に付き従ったという。黒田長政は当初この掃部一行を善遇したが、彼らの閑日月は長くは続かなかった。

宣教師フランシスコ・パシオの報告(一六〇一年九月三十日付)によれば、西暦一六〇一年六月、掃部は長崎を訪れている。その目的は「俗世を離れる」ことにあり、掃部はイエズス会司祭の館での生活を望んだらしい。主家の滅亡に加え、この頃のことと思しき妻(秀家の姉妹)との死別が、掃部をして隠棲者たらんと欲せしめたのかもしれない。

現役の領主である掃部が一介の修道士となれば、これまでのようなキリシタンへの援助も失われる。そう考えたイエズス会の司祭たちは掃部の願いを斥けている。

それから程なく、掃部に所領没収の沙汰が下った。掃部が多数のキリシタンを召し抱えていたことが、黒田長政を警戒させたものか。事明白を欠くが、家来十人のみを連れて山中に隠棲すること、それが長政の指示であった。

しかし長政は何故変心したのか。残存史料はその辺りの事情を語らないが、けだし宇喜多秀家の動向が関係しているのかもしれない。関ヶ原合戦後、秀家の家臣進藤正次は主君の死を届け出て、徳川方もその報告の事実たるを認めていた。ところが、慶長六年（一六〇一）の六月、生ける秀家が薩摩半島の山川港に現れた。領主島津忠恒は困惑したがそれも一時のこと、それから二年余り、大隅国牛根に秀家を匿うことになる。出家して「休復」と号した秀家は、再起（大名復帰）の機会をうかがい続ける。秀家の生存情報を長政がつかんでいたとすれば、その秀家と掃部主従が呼応して何等かの行動を起こすことを、この筑前福岡の新城主は恐れたのかもしれない。

掃部の逼塞をめぐる私見はここまで。以下、先ほどの宣教師の瞥見談から経過をさらうと、長崎から筑前に戻った掃部には、黒田惣右衛門直之（長政の叔父）の領地へ居を移すよう指示があった。加えて、一部の領地（掃部の息子宛という）は従前通りとのこと。掃部に同情した黒田如水（長政の父）の配慮という。黒田如水・惣右衛門兄弟もまたキリシタンで、掃部とは旧知の間柄であったらしい。

没収を免れた知行については、福岡藩に記録が残っている。いく種類かの黒田家分限帳を手繰ると、「明石道斎《掃部》家来」＝掃部の家臣名義で一二五四石の知行が確認できる。いずれも筑前国下座郡においてである（「明石家文書」など。なお、一部の分限帳に見える「道斎名全登」といった註記は、けだし後代の加筆）。掃部を引き取った黒田惣右衛門の領地は筑前国夜須郡秋月とその周辺域であり、夜須郡に隣接する下座郡の掃部家来の知行地もまた、惣右衛門の差配が及んでいた可能性が高かろう。「道斎」と改称したらしき掃部はかくて致仕したが、結局のところ一族郎党、惣右衛門の厄介になったといえようか。

筑前における掃部の話は、遺憾ながらここで打ち切らざるを得ない。慶長十四年（一六〇九）、黒田惣右衛門が病没した。宣教師は当然この敬虔なキリシタンの死を詳しく報じたが、言及あって然るべき掃部については一切何事をも記さない。推測するに、惣右衛門の死没以前に、何等かの事故があって掃部は当地を離れていたのではないか。

掃部は何処へ。西暦一六一二年、京のイエズス会施設に匿われていた掃部が、同会の会計から一万二千クルザードを受領していたことが確認できるという（チースリク「明石掃部とその一族」ほか）。使途は定かでないが、潜伏を強いられるキリシタンの援助に宛てられたものだろうか。後年の大坂の陣における掃部の手勢はこうした資金による所産なのかもしれない。少なくとも、掃部自身が幕府のキリシタン弾圧をかいくぐるために使われたことは間違いあるまい。徳川幕府は慶長十八年（一六一三）の年末から翌年の年初にかけて、大規模なキリスト教徒の弾圧に踏み切り、京坂のキリシタンを多数捕縛していた。

幕吏のキリシタン捜索を巧みにかわしきった掃部が、世間の耳目をそばだてる時は程なく訪れた。慶長十九年（一六一四）十一月、大御所徳川家康、将軍徳川秀忠は全国の諸大名を動員して、大坂城の淀殿・豊臣秀頼親子を包囲・攻撃した。大坂冬の陣である。

大坂城には真田信繁・後藤又兵衛・長宗我部盛親ら没落大小名やその旧臣、牢人が集まっていた。掃部もその一人である。掃部ら牢人たちは、十月六日から七日にかけて大坂城に入ったという（『駿府記』）。禅僧として幕政に深く関わった以心崇伝は思い思いに参集した彼らのことを「むさとしたる躰」と伝え聞いている（『本光国師日記』）。

しかし掃部は何故大坂城に入ったのか。宣教師の談（「一六一五・一六年度日本年報」）によればこうである。幕府のキリシタン弾圧に対し、あまたの老練なるキリシタンが、その名誉と信仰とを守り、なおかつ武器を取って抵抗すべく、豊臣秀頼のもとに参集した。掃部はこの時こう明言した。右の人々と同じ熱情に動かされた結果、公儀に弓引くことになったと。すなわち、信仰上の問題をもって掃部は参戦に踏み切ったと言い得よう。或る伝承によれば、「黒地に白き丸三つずつ」を染め抜いた旗幟《きし》を翻し、当初四千の人数を抱えて入城した掃部のもとには、「出所」不明の人々がさらに加わっていったという。掃部の入城を伝え聞いたキリシタンであろうか（『大坂御陣山口休庵咄』）。

大坂冬の陣・夏の陣いずれにも掃部は参戦、その動向は詳悉《しょうしつ》することを得ないが、大坂方知名の将として、最終盤まで奮闘にこれ努めたらしい。慶長二十年（一六一五）五月七日、天王寺・岡山での会戦に敗れた豊臣方は大坂城に退き、同日夜半、大坂城天守が焼け落ちる。翌五月八日、大坂城中において淀殿・秀頼母子が自害して戦いは終わった。

さて、掃部の生死は、――古来議論の的である。五月七日、大坂城より西方、船場に陣取った掃部は、主戦場（天王寺・岡山）での味方の頽勢《たいせい》をうけて南へ進み、藤堂高虎隊を攻撃、次いで水野勝成・本多忠政らの諸隊と交戦した。もとより三百ほどの小勢であったというから、その手勢はやがて霧消し、掃部もまた雲散した。

戦後すぐの書簡類でも、京都所司代板倉勝重は、明石掃部の討死を伝え聞いたようであるし（「徳川美術館所蔵文書」）、細川忠興も討死説を採る（『綿考輯録』）。その一方で毛利秀元は、明石掃部ら数多くの者が落ち延びたといい、掃部の戦死に疑問を抱いていた（『萩藩閥閲録遺漏』）。安藤直次も掃部が「平岡《（枚）》筋」へ逃れたとの報告をうけている（『古文書』）。

後代の編纂史料でも見方は定まらない。たとえば、水野勝成は掃部の手勢三百を破り、水野の家来汀三右衛門が掃部を討ち取ったとする（『徳川実紀』）。生存説も根強い。掃部は御禁制キリシタンの張本であった。掃部をよく知る戸川達安は、幕命によって西は九州、東は関東まで捜索したという。だが、掃部の生死を知る者はなく、南蛮へ渡ったとの伝も流れていた（『戸川家譜』）。また、幕府は黒田長政の二家来から、筑後柳川の領主田中忠政の家臣田中長門守のところへ掃部が逃れたとの情報をつかんでいる。しかし長門守は何事をも白状せず拷問のため落命し、掃部の消息もこれで途絶えたという（『武家事紀』）。雑説紛々と言わざるを得まい。

おわりに

掃部の略伝は以上でほぼ尽きるのであるが、冒頭に掲げた疑問がこれで解けるだろうか。掃部を叙したこの文章のなかに、読者の琴線に触れる要素が何事か一つでもあれば、それをもって一応の解答とすべきか。最後に、掃部の身上事歴につきまとう俗説について、二点その実例を示して私見を述べ、この拙い小伝の結びに代えたい。

第一に、掃部の生存を恐れた徳川幕府が、掃部の捜索を全国規模で行い、これを「明石狩り」と称したとの説（小林久三『明石掃部の謎』ＰＨＰ研究所、一九九七ほか）。よしんば掃部追捕の探索自体は認められるにせよ、少なくともこの「明石狩り」という語句は、管見の限り、フーベルト・チースリク氏の文章（「キリシタン武将―明石掃部」）が初見で、史料上の用語ではない。あくまでも史家の創見、一表現である。

次いで、掃部のことを一般に明石「全登」と表現する点について。これも同時代の史料には見出せない。掃部当人もそう名乗らぬし、秀家やイエズス会宣教師といった周囲の人々もそうは呼ばず、掃部の死後、――といっていいであろう、大坂の陣後まとめられた編纂史料でしか確認できない。従って、諸説ある「全登」の読み方にはこれといった正解は存在しないし、掃部を「全登」と書くのは、真田信繁を「幸村」と称するような問題を孕んでいる。厳密に過ぎるとの批判もあろうが、目下この「全登」呼称に積極的確実な根拠の見出し得ない点を指摘しておく。

〈参考文献〉

福本日南『大阪城の七将星』（文會堂書店、一九二一）
松田毅一「一条兼定・明石掃部について」（海老沢有道監修・基督教史学会編『切支丹史論叢』小宮山書店、一九五三）
R.Galdos編・新井トシ訳註「フロイス日本二十六聖人殉教記」四（『日本文化』三五、一九五五）
フーベルト・チースリク「キリシタン武将—明石掃部」（『歴史読本』三二九、一九八一）
松田毅一監訳『十六・七世紀イエズス会日本報告集』一-二（同朋舎出版、一九八七）
松田毅一監訳『十六・七世紀イエズス会日本報告集』一-三（同朋舎出版、一九八八）
松田毅一監訳『十六・七世紀イエズス会日本報告集』一-四（同朋舎出版、一九八八）
松田毅一監訳『十六・七世紀イエズス会日本報告集』二-二（同朋舎出版、一九九六）
フーベルト・チースリク「明石掃部とその一族」（髙祖敏明監修『秋月のキリシタン』教文館、一〇〇〇）
『新修大阪市史』史料編五（大阪市、二〇〇六）
大西泰正『明石掃部の研究』（明石掃部の研究刊行会、二〇一二）
大西泰正「宇喜多秀家の処分をめぐって」（『晴歩雨読—和田萃先生古稀記念文集—』藤陵史学会、二〇一四）

〈付記〉

二〇一五年正月の小稿提出後、拙著『宇喜多秀家と明石掃部』（岩田書院、二〇一五年五月）が刊行され、拙稿「明石掃部の娘」（『宇喜多家史談会会報』五九、二〇一六年七月。増補して拙著『論文集　宇喜多秀家の周辺』増補版〈宇喜多家史談会、二〇一六年一二月〉に収録）を執筆した。ことに後者では、本文中に触れた「明石狩り」表現がチースリク氏の修辞ではないかとの指摘とあわせて、新出史料によって掃部の娘を芳春院（前田利家後室）が加賀において匿っていた事実を紹介した。あわせて参照されたい。

安威了佐（重純）

金子　拓

一、出自と名前

安威《あい》了佐は豊臣秀吉・秀頼に仕えた武士である。摂津国安威（現大阪府茨木市）に拠る中世以来の在地土豪に安威氏があり、了佐はこの家に出自を持つと考えられている。戦国時代の室町幕府管領細川高国に属した安威弥四郎の子という説もあるが、詳細は不明である。

生没年は未詳。通称は五左衛門尉、のち摂津守を名乗る。発給文書のうえでは、天正十五年（一五八七）八月まで五左衛門尉の名乗りが確認でき（「小早川家文書」四二九号）、同十七年十一月の山城国上賀茂社領検地では検地帳に「安威摂津守」と署判するので（「賀茂別雷神社文書」）、この間摂津守の受領官途を得たと思われる。

諱は守佐《もりすけ》とする説があるものの、この名での発給文書は確認されていない。別に「了佐」と読める署名の文書が多く確認され（「多賀神社文書」・「小早川家文書」四二九号・「吉川家文書」一一八九号など）、最初の諱はこの「了佐」であったと考えられる。桑田忠親氏も了佐とする（桑田　一九七五）。読みは音読みで「リョウサ」とされることが多い。読みが不明の場合の音読みならまだしも、法号ではないことに注意しなければならない。

あえて読むとすれば「ノリスケ」だろうか（『大漢和辞典』『茨木市史』）。のちいずれかの時点で「重純」と改名する（「浄土寺文書」、「重胤」とする説もあり）。

なお『言継卿記』永禄十一年（一五六八）十月二十二日条や『兼見卿記』元亀三年（一五七二）三月二十二日条に登場する「安威兵部少輔」を了佐とする記述があるが、こちらは室町幕府奉行人の系譜を引く安威藤治を指すので別人である（「革嶋家文書」二〇号）。

二、秀吉治下における活動

了佐が秀吉に仕えた時期ははっきりしない。秀吉と連絡を取りあっていることが確認されるのは天正十一年一月頃だから（「エヴォラ屏風文書」七A号　海老沢・松田　一九六三所収）、すでに本能寺の変直後から秀吉に属していたことが推測される。三鬼清一郎氏によれば、秀吉朱印状の末尾に「猶何某可申候也」と記される「何某」がその朱印状を伝達する使者もしくは添状発給者であり、了佐の場合同十二年から十六年のあいだにその活動が検出されるという（三鬼　一九九八）。

また桑田忠親氏は、『信長記』の作者太田牛一の著作である『大かうさまくんきのうち』のなかで、秀吉の名護屋出陣に供奉《ぐぶ》した「御物かき衆」の第一に「あいつのかみ」（安威摂津守）が見えることや、秀吉朱印状の筆跡などから、彼が秀吉の右筆《ゆうひつ》であったことを明らかにしている（桑田　一九七五）。

前述のように、摂津守の官途を得た直後の天正十七年から十八年にかけて、了佐は賀茂別雷神社（上賀茂神社）領の検地を担当した。同社に了佐が署判を据えた検地帳が伝来するほか、同十七年十一月六日に同社氏人たちが了佐を饗応し「薄皮饅頭」などを贈った際の算用状も残されている(「賀茂別雷神社文書」)。以上のように、秀吉家臣としての了佐は、武将というよりは奉行人・右筆のような吏僚《りりょう》として仕えていたと言うことができる。

さて、了佐のキリシタンとしての洗礼名はシモンである。入信は天正十一年九月以前とされている。ルイス・フロイス『日本史』によれば、了佐はもともと高山右近に仕えていたという(『日本史』五 第六五章、以下『日本史』は「五―六五章」のように松田毅一氏・川崎桃太氏訳の中央公論社刊本冊次と章番号のみを掲げる)。摂津の武士として、高槻城主であった右近の配下で活動し、キリスト教への入信も右近の縁によるものだろうか。もっとも前述のとおり、秀吉が織田信長没後の「天下」のゆくえを左右する立場になってからは、秀吉に直接仕えていた。

天正十一年九月に都教区長オルガンティーノが秀吉と面会した際、そのあいだを取りもったのが、小西ジョウチン立佐(行長父)と了佐であった(一―一章)。フロイスが作成した「一五八三年日本年報」(『十六・七世紀イエズス会日本報告集』第Ⅲ期第六巻)は、「彼(秀吉―引用者注)がもっとも寵愛し、またもっとも信頼する者の内に五名のキリシタンが含まれている」とし、第一に高山右近、第二に「彼の秘書役で、キリシタンで(イエズス)会の忠実なる友人」、第三に小西立佐をあげているが、この第二にあげられた人物こそ、了佐であった。

また同十四年にイエズス会準管区長コエリョが秀吉を訪問した時も、彼ら宣教師たちを秀吉に紹介したのは了佐であった(一―九章)。このような記事から、了佐がこの時点で秀吉とキリスト教(宣教師たち)をむすぶ重要な立場にあったことがうかがえる。イエズス会側の記録で了佐は、多く秀吉の「秘書(役・官)」「側近」と表現される。

了佐が秀吉の側近であり、かつキリシタンであったことは、イエズス会側にどのように思われていたのだろうか。高山右近は天正十三年閏八月に高槻から播磨明石に移封された。右近移封後の高槻は秀吉の蔵入地となり、その代官として置かれたのが了佐であった。『日本史』には、了佐を「その職務による多大の臨時収入のためにきわめて裕福である」としたうえで、了佐が代官となって右近移封後の支配を委ねられることになったことを「その地の賤民や農民たちの暮しにとって、偉大なデウスの御摂理であった」と喜び、その理由を「（その地の支配が）異教徒の奉行の掌中に帰しておれば、（農民）は、少なくとも表向きは、決して信仰を守り得なかったであろう。だが安威殿の庇護の許に置かれたために信仰を保つことができるのである」（五－六五章）と述べている。

了佐は蔵入地代官として、高槻領だけでなく、その名字の地を含む茨木領も管轄していたらしい。秀吉権力下においてもともと茨木城主は中川清秀・秀政父子であったが、やはり天正十三年に秀政が播磨三木へ移封となった後、了佐が入ったという（中村 二〇〇七）。同年十一月二十七日付で摂津箕面寺（瀧安寺）・勝尾寺（いずれも現大阪府箕面市）の山林年貢を定め、寺域を安堵した了佐の判物が残っている（「瀧安寺文書」「勝尾寺文書」『大日本史料』第十一編之二十二所収）。代官としての仕事の一環であろう。

江戸時代享保年間に編まれた茨木の地誌『茨木町故事雑記』（中村博司編『よみがえる茨木城』所収）には、天正十四年以降茨木城に了佐が移り、翌十五年に「茨木市町牛馬等の赦免状」が、同十九年に「茨木町宜しく繁昌すべきの書簡」が発給されたとある。同書は文禄元年（一五九二）了佐が茨木を離れ「矢田部郡」に移ったという説を記

茨木城櫓門復元（大阪府茨木市・茨木小学校提供）
茨木小学校の北西あたりに茨木城の本丸があったと伝えられている。

す。摂津矢田部村（現大阪市東住吉区）にあたるだろうか。慶長六年（一六〇一）頃と推測されている書状からは、摂津兵庫津の豪商正直屋（棰井《たるい》家）の船役納入などに関与していることがわかるので（「棰井文書」、福田千鶴氏のご教示による）、秀吉没後もなお摂津に影響力を持っていたと思われる。

もうひとつ、了佐のキリシタンとしての活動で特筆されるのは、天正十五年六月に出されたいわゆる伴天連追放令をコエリョに伝達する役割を果たしたことである。このときの伝達役には、了佐のほか小西行長の家臣一名があたったという（一―一六章）。この重要な役目を担った背景として、了佐がすでに棄教していたとする説があったが、五野井隆史氏が指摘するように、発令以後も了佐が信仰を守っていたことは明らかであり（五野井 二〇〇二）、秀吉は了佐がキリシタンだからこそ、追放令の伝達を彼に命じたと考えるべきだろう。五野井氏によれば、了佐が文禄元年に名護屋に下ったときも、ドミニコ会修道士と秀吉の謁見の様子をイエズス会に報じるなど、イエズス会に対する好意的姿勢は一貫して変わることがなかったという。

秀吉の死後は秀頼に仕え、慶長十六年（一六一一）の禁裏普請のおり、普請役を課せられた武士のうち「大坂衆」のなかに千石の所領高と安威摂津守の名が記されている。その後の活動の痕跡は史料上確認されていない。なおこの時代の医師曲直瀬玄朔の診療記録『医学天正記』下の「眩暈」項に、「安威摂津守、七十余才、常過酒須眩暈上熱下冷」という症状が記載されている。いつ頃診療を受けたか不明だが、七十歳を超えてから過度の飲酒を原因とする眩暈《めまい》に悩まされていたようである。

三、リスボン・エヴォラの屏風文書

了佐のキリシタンとしての活動について、見逃してはならない重要な史料群がある。一九〇二年(明治三十五)に村上直次郎氏によってポルトガル・リスボン国立図書館で見いだされ、その後一九八三年(昭和五十八)に中村質氏が全貌を調査し翻刻公開した「リスボン屏風文書」、および一九六〇年(昭和三十五)に松田毅一氏が同国エヴォラ図書館に蔵されていた屏風の下張り文書群を調査し、海老沢有道氏とともに翻刻公開した「エヴォラ屏風文書」である。

村上直次郎氏以来、海老沢有道氏・松田毅一氏・中村質氏・五野井隆史氏ら南欧交渉史研究の碩学《せきがく》たちが熱意をかたむけて調査・研究に取り組んだこれら屏風の下張り文書群は、天正十一年から十四年までのあいだに書かれたものであり、了佐に関係する文書(了佐宛の文書・覚書など)が全体の四割を占めるとされている。この屏風はもともと六曲一隻のものであり、下張り文書の年代から、製作は天正十四年から翌年にかけて行われたと推測されている。了佐関係の文書が多いことから、了佐が屏風製作にも何らかのかたちで関わった可能性が考えられる。下張り文書は破損したり一部が失われたりしているものも多いが、了佐の、キリシタンとしてではなく秀吉家臣としての活動を示す文書も散見されるため、その側面からの研究も望まれる。

最後に、近年新たに見いだされた了佐の関係文書を紹介したい。ひとつは、国立歴史民俗博物館所蔵「水木家資料」に含まれる五月二十四日付の了佐書状(古代・中世文書一九三号)。京極高次(大津少将)に宛て、翌日の「秀頼様・太閤様」に対する公家衆参礼の進物や装束について相談する内容で、文禄五年(慶長元＝一五九六)五月二十五日の伏見城における公家門跡衆の参礼のおりのものと断定できる。なおこの文書が文禄五年のものでよければ、秀吉の子拾の諱が「秀頼」であることを示す初見文書となる(金子 二〇一六)。

この参礼直前の五月十三日、秀頼は秀吉とともに伏見より上洛して参内するが(『孝亮宿禰記』『義演准后日記』など)、長束正家が了佐にこの供奉を命じた文書も確認される(「佐藤行信氏所蔵文書」)。

ほか、織豊期に五山禅院を統括する鹿苑僧録として秀吉・家康の外交政策の顧問的存在であった相国寺僧西笑承兌《せい(さい)しょうじょうたい》の発給文書案文を集成した「西笑和尚文案」の紙背文書として、了佐の書状二通が知られる（島津亮二氏のご教示による）。いずれも慶長五年に比定される十月二日・同五日付のもので、同年九月十五日の関ヶ原合戦直後に出されたことになる。「つミもむくひも無之」「身上儀、有中（有馬則頼）へも頼申儀候」といった文言から推すと、自身や秀頼家臣衆の身の安全を承兌に依頼するものと思われる。以上に紹介した文書は、秀吉あるいは秀頼に近仕した了佐の立場を明らかにするもので興味深い。

〈参考文献〉

伊藤玄二郎編『エヴォラ屏風の世界』（「エヴォラ屏風」修復保存・出版実行委員会、二〇〇〇）
伊藤真昭・上田純一・原田正俊・秋宗康子編『相国寺蔵西笑和尚文案』（思文閣出版、二〇〇七）
海老沢有道・松田毅一『エヴォラ屏風文書の研究』（ナツメ社、一九六三）
金子拓「豊臣秀頼の諱をめぐる史料」（『古文書研究』八一、二〇一六）
桑田忠親『豊臣秀吉研究』（角川書店、一九七五）
五野井隆史「秀吉の周辺におけるキリシタンの活動」（同『日本キリシタン史の研究』吉川弘文館、二〇〇二）
中村質「豊臣政権とキリシタン―リスボンの日本屏風文書を中心に―」（同『近世長崎貿易史の研究』吉川弘文館、一九八八）
中村博司「豊臣秀吉と茨木城」（中村博司編『よみがえる茨木城』清文堂出版、二〇〇七）
福田千鶴『豊臣秀頼』（吉川弘文館、二〇一四）
三鬼清一郎「豊臣秀吉文書の概要について」（『名古屋大学文学部研究論集』史学四四、一九九八）
村上直次郎「エボラの大司教と金屏風」（日葡協会編『日葡通交論叢』協和書房、一九四三）
『大日本史料』第十一編之二十二（東京大学史料編纂所編纂）
『大日本古文書　家わけ第九　吉川家文書』（東京大学史料編纂所編纂）

『大日本古文書 家わけ第十一 小早川家文書』（東京大学史料編纂所編纂）
「革嶋家文書」（『京都府立総合資料館紀要』五、一九七四）
「榧井文書」（『兵庫県史』史料編中世三 兵庫県、一九八八）
「多賀神社文書」（東京大学史料編纂所架蔵影写本）
「浄土寺文書」（東京大学史料編纂所架蔵影写本）
「佐藤行信氏所蔵文書」（東京大学史料編纂所架蔵影写本）
『医学天正記』（東京大学史料編纂所架蔵謄写本）
『孝亮宿禰記』（宮内庁書陵部所蔵壬生本）
『義演准后日記』（『史料纂集』続群書類従完成会）
松田毅一・川崎桃太訳『フロイス日本史』（中央公論社、一九七七～一九八〇）
松田毅一監訳『十六・七世紀イエズス会日本報告集』第Ⅲ期第六巻（同朋舎出版、一九九一）

牧村利貞（秀光・政吉）

金子　拓

一、出自・生没年・諱など

牧村利貞像（部分・妙心寺雑華院 蔵）

牧村利貞は織田信長・豊臣秀吉に馬廻として仕えた美濃の武士である。通称・官途名は長兵衛尉・兵部大輔。諱については後述する。祖父は美濃の有力国衆稲葉良通（一鉄）で、その庶長子重通（勘右衛門尉・兵庫頭）の子として生まれた。同国斎藤氏に仕えた国衆牧村牛之助政倫の息女が生母（重通室）にあたる縁から、外祖父政倫の養子となり牧村家を嗣いだ（『稲葉家譜』五・『寛政重修諸家譜』巻六〇七）。別に斎藤伊予守の子（斎藤利三の兄弟）という説もある（川上一九七五）。

武将としての経歴は、谷口克広『織田信長家臣人名辞典第二版』の記述がもっともまとまった成果である。以下主として谷口氏の研究をふまえ、彼の武将としての一生を概観し、キリスト教との関わりを見てゆきたい。

生年は未詳、没年月日は文禄二年（一五九三）七月十日とされる。いわゆる「唐入り」、文禄の役に従軍し、朝鮮陣中にて病没したと『稲葉家譜』『寛政重修諸家譜』などにあるが、それ以上具体的なことは不明である。利貞は妙心寺雑華院《ざっけいん》の開基であり（『正法山誌』九）、同院に肖像画が蔵されている。法名雑華院殿英運常雄大居士。肖像画には、同じ美濃出身であり、祖父良通の帰依も厚く（『稲葉家譜』五、川上 一九七五）、「安土山記」などでも知られる妙心寺僧南化玄興が賛を書いた。賛には「先鋒軍塁、跋扈武門、徳及兄弟、威振子孫」とある（『妙心寺』）。なお、雑華院開祖一宙東黙は利貞の兄弟という説もある（川上 一九七五）。『稲葉家譜』は、遺命により家臣たちが利貞を雑華院に葬ったとする。後述するキリシタンとしての利貞の活動を考えると、この記事をそのまま鵜呑みにすることはためらわれる。

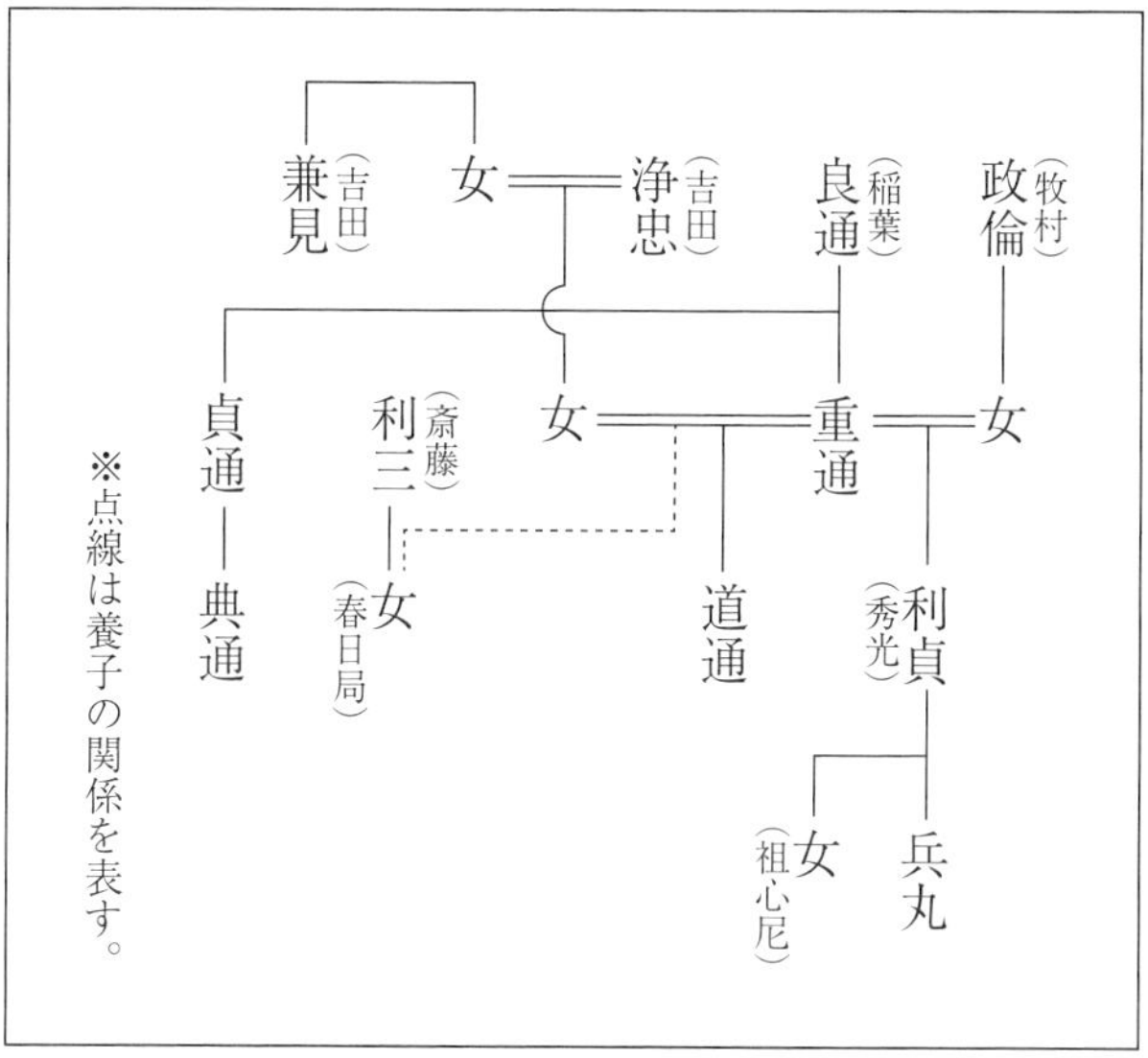

牧村利貞関係系図

『美濃国諸家系譜』三（大河内系図）では、系譜上利貞（政吉）を政倫の弟とし、室を重通息女、享年を六十とする。しかし父重通は、天文十五年（一五四六）生の良通嫡男貞通（重通弟）の五歳上、つまり天文十年（一五四一）生まれとされており（『稲葉家譜』五）、こちらのほうが『美濃国諸家系譜』の記事よりも蓋然性が高い。なお、重通継室である吉田浄忠息女を母として生まれた利貞の弟で、のち彼の遺領を継承した道通は、元亀元年（一五七〇）生まれとされている。

太田牛一の『信長記』（一般的には『信長公記』と称されるが、ここでは岡山大学附属図書館池田家文庫所蔵の自筆本外題によりこう表記する）巻十、天正五年（一五七七）三月二日のくだりに、信長の紀州雑賀攻めの記事がある。ここで信長より根来口に派遣された武将が列挙されており、堀秀政らとともに「牧村長兵衛」の名が見える。また同書巻十一、翌天正六年十二月に荒木村重を攻めるため摂津に出陣した信長の軍勢のうち、高槻城に番手として置かれた武将として、側近大津長昌らとともに「牧村長兵衛」がいる。これらが利貞にあたると思われる。

年少の頃より信長に仕えていたとしても、右の戦にしかるべき武将らとともに名を連ねていることや、父重通および異母弟道通の生年から考えれば、利貞は永禄年間、一五六〇年代頃の生まれであると推測することができよう。すると、没したのは三十歳前後となる。雑華院蔵の肖像画は若々しい青年武将といった面持ちであり、享年を推測するよすがともなろう。

『稲葉家譜』によれば、利貞没後、子息兵丸が幼少だったため、秀吉の命で遺領は異母弟道通に給された。『稲葉家譜』五所収文禄二年九月十四日付秀吉朱印状には、伊勢多芸郡二万五五七石および同国度会《わたらい》郡岩手一五〇石の計二万六五七石とある（石高は朱印状の文面そのまま、うち兵丸への堪忍分三〇〇石）。系図・地誌（『伊勢名勝志』）類では利貞を伊勢岩手（出）城主（現三重県玉城町）としている。

諱は、署判のある文書正文から「秀光」「利貞」の二つが判明する。系図など後世の史料には政吉ともある。天正十三年（一五八五）に発生した伊勢神宮内宮と外宮が遷宮実施の前後を争った相論において、秀吉の判断を神宮に伝える立場だったのが、稲葉勘右衛門尉重執（重通の前名）および牧村長兵衛尉秀光の父子であった（「天正十三年両宮先後争論関係文書」『大日本史料』第十一編之十九所収、以下『大日本史料』第十一編所収史料は、「大一九」の要領で略記する）。

同時期の伊勢神宮関係の文書を収めた『引付』（『三重県史』資料編中世一上補遺）所収（天正十五年）二月十四日付連署状写は、神宮から秀吉に祈禱一万度の御祓や長鮑《ながあわび》・鰹《かつお》を献上したことへの返礼を記したものだが、署名は稲葉勘右衛門尉「名乗」・牧村長兵衛尉「利長」となっている。いっぽう天正十五年正月一日付で諸大名に九州出陣を命じた秀吉朱印状には「牧村兵部大夫」とあり（「大阪城天守閣所蔵文書」）、同じく九州出陣に関する同年四月九日付の秀吉朱印状の宛名の一人に「牧村兵部太輔」がいる（「松下文書」）。また天正十九年六月二十日付で前記した妙心寺一宙東黙に伊勢度会郡佐田郷三橋村（現三重県多気郡明和町）五〇石を安堵した文書では「牧村兵部大輔／利貞（花押）」と署判している（『淡交別冊 利休と七哲』）。

『引付』は写しなのであくまで参考史料とすれば、右の史料より天正十五年時点で官途名乗りを長兵衛尉から兵部大輔に改めたことがわかり、諱を秀光から利貞に改めたのもほぼ同時期（あるいは官途より先）であったのかもしれない。

ところで利貞は、千利休の高弟「利休七哲」にも数えられている（『江岑《こうしん》夏書《げがき》』、『茶人大系図（譜）』）。茶人としての活動の痕跡はかならずしも多くはないが、堺の豪商・茶人津田宗及の茶会記『天王寺屋会記』を見ると、その「他会記」天正六年四月二十一日の妙覚寺における織田信忠の茶会に宗及らと名を連ね、信長存命中には、同七年十二月八日の吉田久二郎の茶会における「牧村長兵衛釜開」、同八年正月十四日の安土における長兵衛の茶会（参会者宗及・佐久間信栄）の記録がある。宗及が開いた茶会では、天正三年・四年に長兵衛が招かれていることがわかる（「自会記」）。生年未詳とはいえ、先の推測にしたがえば、かなり若年の頃より茶事を嗜《たしな》んでいたことがうかがえる。

信長没後は、宗及の「他会記」によれば、同年十一月二十八日に山崎の秀吉座敷における「夜放（咄）」に富田知信と「牧長」（牧村長兵衛）が同席した。秀吉関白就任後の天正十三年十月における秀吉座敷の茶会にも名が見える。

二、秀吉治下における活動

利貞が秀吉に従ったのは、天正十年の信長没直後とみられる。天正十二年の小牧・長久手の戦いのおりには、四〇〇ないし五〇〇人の軍勢を率い秀吉に与した(「徳川美術館所蔵文書」「秋田文書」など)。祖父稲葉良通と父重通は合わせて二五〇〇人の軍勢を率い秀吉方の先手を務めた。このとき利貞と同陣したのは「勢州衆」一二〇〇人および「甲賀衆」一〇〇〇人である。

その後同年十月における徳川家康の東美濃攻めに対し、近江勢多の一柳末安(直末)に出陣を要請する秀吉の使者として派遣され(「伊予小松一柳文書」大九所収)、同十三年三月の秀吉による雑賀攻めに長谷川秀一・稲葉典通・池田照政・甲賀衆らと参陣した(「反町文書」大一四所収)。また同十五年の九州攻めにも五〇〇人の兵を率いて従い(「大阪城天守閣所蔵文書」)、同十八年の小田原北条氏攻め陣立書では、二〇〇〇人の「四番組」を率いてのものか、「牧村」の名がある(「毛利家文書」一五六一号)。

陣没することになる朝鮮出兵において、天正二十年三月の渡海陣立書には、石田三成・大谷吉継らとともに名護屋における船奉行として「牧村兵部太輔」が見え(「毛利家文書」八八六号ほか)、その後朝鮮に渡海したのだろう。十月に牧村兵部大輔は長岡忠興・長谷川秀一らとともに、秀吉から昌原での戦いの戦功を賞され(「片桐文書」)、さらに翌文禄二年三月の牧使(晋州)城包囲軍として四〇〇人を率いて加わっている(「浅野家文書」二六三号)。

秀吉の軍役は一〇〇石につき五人とされているから（三鬼 二〇一二）、右の動員兵力から換算すれば利貞の所領高は一万石程度となって、前述した二万石余とは開きがあり、なお検討を要する。

秀吉家臣としての軍事活動以外の事蹟としては、前述した伊勢神宮遷宮に関わる奉行（奏者）としての活動がある。父重通（重執）とともに神宮への使者として派遣され、また連署での文書発給、連名での文書受給が多く確認される（「慶光院文書」「藤波文書」大一三所収・「松木文書」大一九所収など）。京都吉田神社神主吉田兼見の日記『兼見卿記』を見ると、遷宮に際しての奉幣使参行料下行をめぐるやりとりに重通の名が見えるいっぽうで、利貞は登場しない（天正十三年十月二十七日条など）。重通継室が兼見の姪であったこともあろうが、この職務において利貞は父を補佐するような役割であったのかもしれない。

三、キリシタンとしての活動

さて、利貞がキリスト教に入信したのは、信長没後、秀吉に仕えるようになってからのことと考えられる。一五八四年（天正十二）のことを記したルイス・フロイス『日本史』のなかに、彼の入信経緯について記載があるからである（以下『日本史』は松田毅一氏・川崎桃太氏訳の中央公論社刊本に拠る）。塔所である雑華院の開創は天正十一年とされており（『妙心寺』）、その後に入信したということになるだろうか。洗礼名は未詳。

『日本史』第二部五七章によれば、一五八三年に初めて大坂でなされたミサ以後、きわめて身分の高い人たちがキリシタンに」なり、そのなかに「年齢十八、九歳の身分の高い若者」がいた。彼は「（羽柴）筑前殿のもっとも親近の間柄にある側臣で、学問にも秀で、デウスのことに精通するようになってからは自らがキリシタンであることを公言し、仲間たちに対して説教を聞きに(教会へ)赴くように勧告してやまなかった」という。結城了悟氏はこの人物を「北政所に仕えていたマグダレナ・キャクシンの息子」とするが、それはともかく、この人物の勧めによりキリスト教に入信した十数名の秀吉側近のうちの一人が、牧村利貞であった。

利貞のこともフロイスは「若者」と表現し、「天下の主(秀吉)の馬廻衆の頭、(すなわち)つねに主君に随行する騎兵隊の隊長」と記す。また利貞は彼の「親友」高山右近からも入信を勧められ決断したのだという。

利貞の場合、自身がたんに入信しただけでなく、キリスト教の教義を実生活において実践し、さらに他の者にも勧めたことがわかっている点、注目されよう。

「彼は万人に愛好され、多くの武将たちの前で進んで自らがキリシタンであることを公言し、従前とは異なった生き方を示すことで(人々に)大いなる影響を与え」、「その助言と相まち、他の仲間たちに感化を及ぼして、すでに二名の貴人をキリシタンになるよう説得するに至った」という。また、家臣のうち幾人かにも洗礼を受けさせることに成功し、全家臣をキリシタンにする決意を示したともされる。利貞は、彼に入信を勧めた右近と一緒に、やはり利休七哲の一人である蒲生氏郷を説得し、氏郷の入信に成功したという(一五八五年八月二十七日付フロイス書簡、松田毅一監訳『十六・七世紀イエズス会日本報告集』第Ⅲ期第七巻、以下同報告集所収史料は期・巻のみを掲げる)。

利貞が傍輩や家臣たちにキリスト教を受け入れさせることに成功した要因は、右の引用文にあるように彼が「万人に愛好され」るという性格だったからなのだろう。彼については「一同から非常に愛されていたので、他の貴人たちは彼を友とし、彼と語らうことに満足した」とも記されている。フロイスによる一五八四年年報では、「はなはだ行状よく何事にも熟達しているので彼に勝る者は少な」く、「人望厚」いとも賛美されている(第Ⅲ期第六巻)。宣教師フロイスによる好意的人物評であることを加味する必要はあるものの、日本側に残る記録や文書からはなかなかわからない人物像である。

教義の実践という面では、受洗後、複数いた妻のうち「最初の婦人一人だけを（正妻として）残すことを決意した」という。前掲一五八五年八月二十七日付フロイス書簡によれば、洗礼を受ける前には四人の妻がいたが、三人を外に出して最初の妻だけを残したと具体的である。また、「大いに悪習に染まっていた」が、それとも訣別したという。

その結果として残された正室のことを指すと思われるが、一五八四年年報のなかで、フロイスは彼女をもまた「同地方でもっとも慎み深く、また、気立ての良い女性の一人であり、今は（彼女が）洗礼を受けるため夫が戦さから帰還することを待ち望んでいる」と好意的に描いている。フロイスの論理でいえば、利貞の真《しん》摯《し》な性格と「万人に愛される」人間性が、妻や傍輩、家臣たちが彼の導きにより入信する（あるいはそう志向する）大きなきっかけとなったのだろう。

フロイスをはじめとする宣教師の記録には、利貞の所領規模をうかがわせる記載がある。『日本史』第二部五七章には「二万俵（一万石）近い封禄を得ていたようである」とあり、一五八四年年報では「二万クルザードを超える俸禄」（ポルトガルの金貨単位であるクルサードは日本の銀一〇匁とされる）とある。先に利貞が率いた軍勢から彼の所領を一万石程度としたが、それとさほど開いていない。

ただしそのいっぽうで、一五八五年八月二十七日付フロイス書簡では、「羽柴がふたたび戦さに戻る日、すなわち昨一五八四年九月五日の前の日に、以前彼に与えていた禄の外に、千五百名の兵を付け加えて戦さに出す義務を課して、新たに一万五千俵の禄を彼に与えた」と、おそらく小牧・長久手の戦い以前における加増の情報があり、軍勢の人数も多い。また同年（一五八五年）十月三十日付の宣教師セスペデス書簡写では、利貞について「馬廻衆の頭で、寵遇を受け、近江に米二万五千俵の収入があり」と、近江に領地があったことが報告されている（第Ⅲ期第七巻）。

前述のように、利貞没後、遺児兵丸は幼少だったため、三〇〇〇石の堪忍分を給されたほかは叔父道通（利貞弟）に秀光遺領が与えられた。兵丸はその後孫右衛門と名乗り（諱未詳）、家康に仕え、慶長十二年（一六〇七）七月に駿府において殺害されたという。ほか息女一人がおり、彼女は豊臣秀頼家臣渡辺糺《ただす》の室となった。しかしながら糺は大坂夏の陣で討死してしまう。その後叔母春日局（重通養女）の縁で徳川家光の大奥に出仕し、のち出家して祖心尼と名乗り、江戸牛込に済松寺を開いた（『稲葉家譜』五）。済松寺の寺伝では、祖心尼は父利貞没後、茶の湯を介して利貞とつながりがあった前田利家の縁で前田家に引き取られたとのことであり（済松寺ホームページ）、稲葉家の所伝とは異なる。

〈参考文献〉

五野井隆史『日本キリシタン史の研究』（吉川弘文館、二〇〇二）
谷口克広『織田信長家臣人名辞典 第二版』（吉川弘文館、二〇一〇）
三鬼清一郎『豊臣政権の法と朝鮮出兵』（青史出版、二〇一二）
結城了悟『キリシタンになった大名』（キリシタン文化研究会、一九八六）
横山住雄『織田信長の尾張時代』（戎光祥出版、二〇一二）
川上孤山『増補妙心寺史』（思文閣、一九七五）
『淡交別冊 利休と七哲―それぞれの茶風を知る』（淡交社、二〇一二）
『開山無相大師六五〇年遠諱記念 妙心寺』（読売新聞社、二〇〇九）
『三重県史』資料編中世一上補遺（三重県、一九九九）
『大日本史料』第十一編之十九（東京大学史料編纂所編纂）
『大日本古文書 家わけ第二 浅野家文書』（東京大学史料編纂所編纂）

『大日本古文書 家わけ第八 毛利家文書』（東京大学史料編纂所編纂）
『稲葉家譜』五（東京大学史料編纂所架蔵謄写本）
「大阪城天守閣所蔵文書」（東京大学史料編纂所架蔵写真帳）
「松下文書」（東京大学史料編纂所架蔵影写本）
「片桐文書」（石川武美記念図書館成簣堂文庫所蔵）
「徳川美術館所蔵文書」（『豊臣秀吉文書集』二〈吉川弘文館、二〇一六〉一二九五号）
「秋田文書」（前掲『豊臣秀吉文書集』二 一二九九号）
『江岑夏書』（『江岑宗左茶書』主婦の友社、一九九八）
『茶人大系図（譜）』（東京大学史料編纂所架蔵写本）
『天王寺屋会記』（永島福太郎編『影印本天王寺屋会記』淡交社、一九八九）
『正法山誌』九（東京大学史料編纂所架蔵謄写本）
松田毅一監訳『十六・七世紀イエズス会日本報告集』第Ⅲ期第六巻・第Ⅲ期第七巻（同朋舎出版、一九九一・一九九四）
松田毅一・川崎桃太訳『フロイス日本史』（中央公論社、一九七七～一九八〇）

熊谷豊前守元直―メルシオル熊谷元直の殉教―

小川國治

はじめに

平成十九年（二〇〇七）三月、ローマ教皇ベネディクト十六世は、翌四月に江戸時代初期に日本各地で殉教したカトリック信者一八八人を福者に列すると布告した。福者は聖人に準じてカトリック信者から尊崇される。その福者一八八人の中にメルシオル熊谷豊前守元直がいる。

熊谷元直については、すでに、H・チースリク氏が『熊谷豊前守元直―あるキリシタン武士の生涯と殉教―』（以下、「チ」と略記する）で明らかにされている。これは主として当時の宣教師の報告書などを用いた優れた研究書である。拙稿では、同氏が取り扱われていないわが国の史料を加えて、筆者なりに考究してみたい。

一、熊谷氏と高松城

熊谷元直は弘治元年(一五五五)に誕生した。名を二郎三郎という。これは熊谷惣領家の嫡男に与えられる嘉名である。熊谷二郎三郎は、永禄十二年(一五六九)に十五歳(数え年)で石見国佐波《さわ》城主の佐波常陸助隆秀の娘と結婚した。十五歳になった二郎三郎は、結婚前に二郎三郎元直と称するようになったと考えられる。天正四年(一五七六)五月十三日には、元直は、父熊谷兵庫頭高直とともに足利義昭の御内書を受け取った(「熊谷家文書」一六八。以下、「熊」と略記する)。この年の四月に義昭は、備後国沼隈郡鞆(現広島県福山市鞆町)に下向して小松寺に入り、毛利輝元の重臣たちへ織田信長を討てとの御内書を発給したのである。その御内書の宛名は、「熊谷次郎三郎殿」と二郎三郎の名が用いられている。

七十三歳の祖父熊谷伊豆守信直は、出雲国に出陣中の孫のために、天正七年(一五七九)九月十二日に同家に伝わる宝刀の錆《さび》を落として鞘も新調している(熊一六四)。この年の十月二十六日に父高直が四十三歳で死去するので、家督相続の準備と思われる。だが、二郎三郎元直が家督を相続した年月は定かではない。熊谷元直は、同年十一月に祖父熊谷信直とともに出雲国月山・富田城(現島根県安来市広瀬町)に入り、吉川《きっかわ》駿河守元春軍の一翼を担って伯耆国へ向かっている。

毛利元就の次男元春は、天文十六年(一五四七)二月に母妙久の実家吉川家を継ぎ、同月に熊谷信直の長女と結婚する。これは元就の要請によるもので、安芸国の有力国人領主として強勢を誇ってきた熊谷氏を元春の支えにする意図があった。翌年には長男鶴寿丸を授かる。鶴寿丸は、長じて吉川元長となり、吉川家の家督を相続するが、弟吉川広家とともに、従兄弟の熊谷元直と良好な関係を持ち続ける。元春の室(信直の長女)は、吉川氏の居城の地名・新荘にちなんで、新荘方(新荘大方)と呼ばれた。

熊谷信直は、備後国における最有力大身外様の山内新左衛門尉《やまのうちしんざえもんのじょう》隆通に次女を嫁がせ、安芸国で熊谷氏に匹敵する勢力を有する大身外様の天野中務大輔隆重の嫡男元明に三女を嫁がせている。これらは安

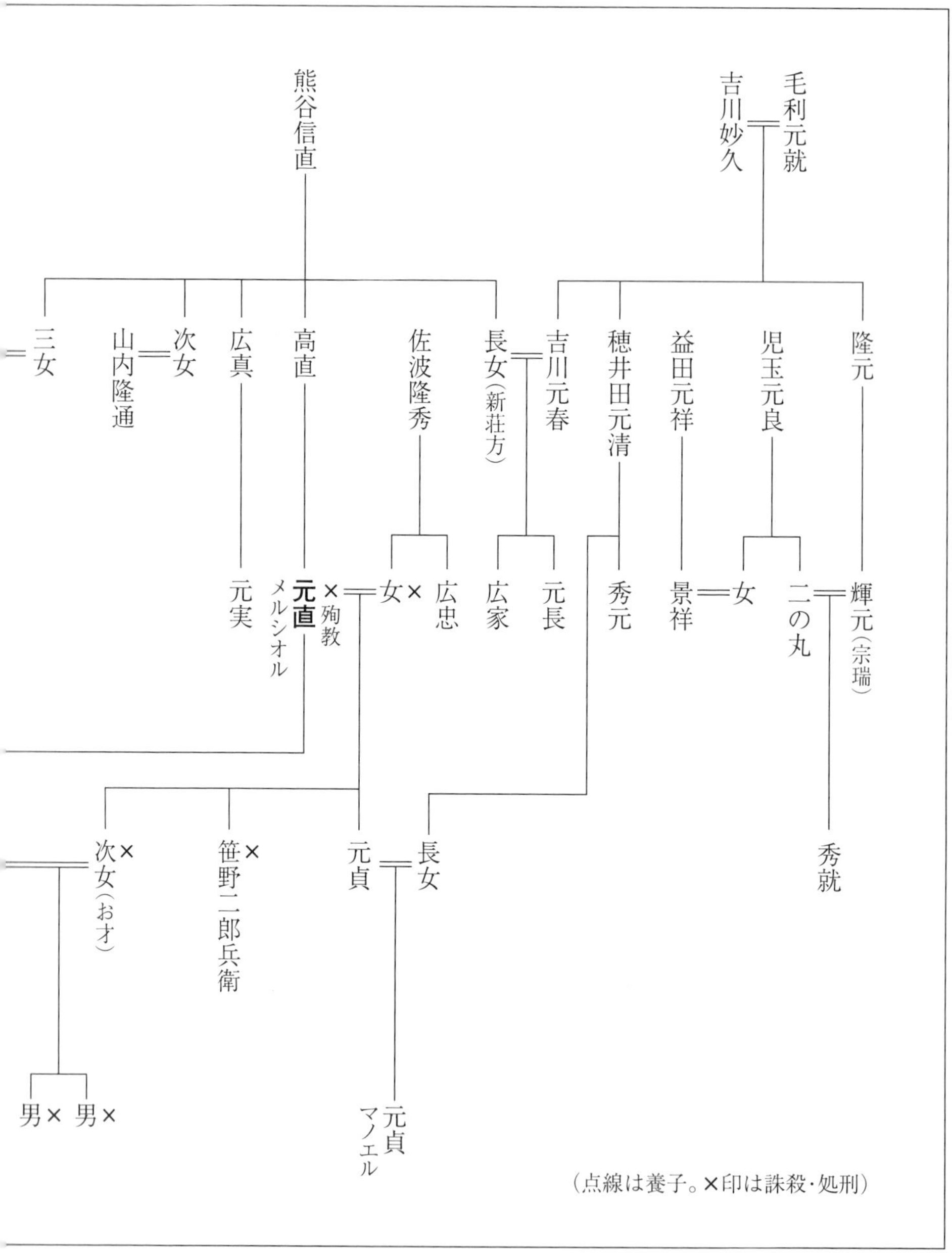
毛利元就
吉川妙久
熊谷信直
隆元
児玉元良
益田元祥
穂井田元清
吉川元春
長女（新荘方）
佐波隆秀
高直
広真
次女
山内隆通
三女
輝元（宗瑞）
二の丸
女
景祥
秀元
元長
広家
広忠
女×
×殉教
元直
メルシオル
元実
秀就
長女
元貞
笹野二郎兵衛×
次女×（お才）
元貞
マノエル
男×
男×
（点線は養子。×印は誅殺・処刑）

熊谷元直関係系図

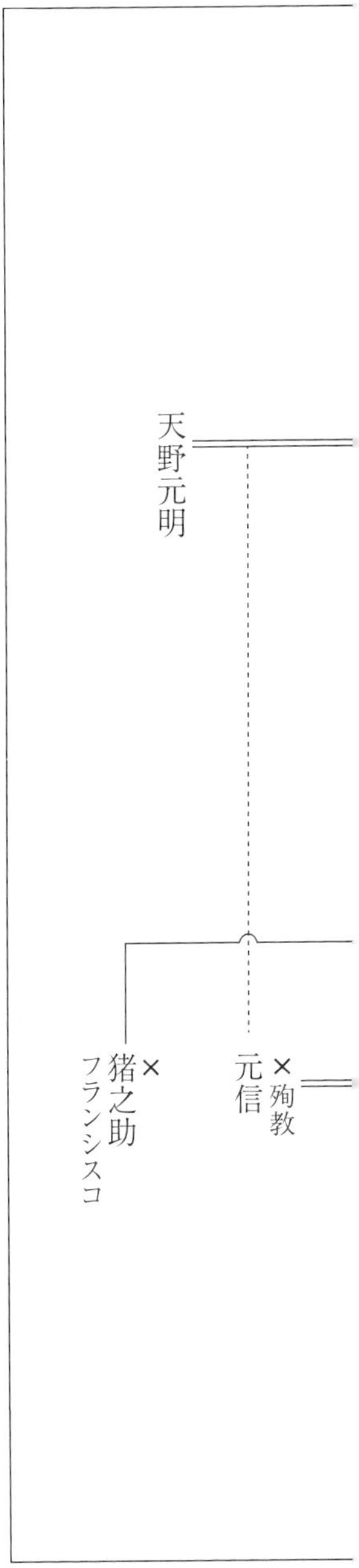

芸・備後両国の地盤を固める毛利元就の意向に添ったものである。なお、天野元明は男子に恵まれず、末弟の元信を養子にして天野惣領家を継がせる。この天野五郎右衛門元信に熊谷元直の次女お才が嫁ぎ、熊谷氏と天野氏は重縁を結ぶが、後述のように、熊谷元直と天野元信は、毛利輝元に討たれて殉教する。

熊谷氏の祖熊谷次郎直実は、源頼朝に臣従して武功を挙げ、寿永元年（一一八二）に武蔵国大里郡の熊谷郷（現埼玉県熊谷市）を安堵されて地頭職を得た。元暦元年（一一八四）の一ノ谷の戦いで、熊谷直実が平家の公《きん》達《だち》・平敦盛を討ち取ったことは有名である。その様子は、『平家物語』の「敦盛最期」の段に書かれて、人口に膾炙《かいしゃ》している。晩年、直実は法然房源空の弟子になって法力房蓮生と称した。

直実の孫熊谷二郎直国は、承久の乱で京に向かう途中、勢多（瀬田）の戦いで討ち死にした。しかし、彼の戦功によって、嫡男の熊谷二郎三郎直時は、承久三年（一二二一）九月六日に安芸国三入荘（現広島市安佐北区可部町）の地頭職を得た（熊七）。その後、熊谷直時は三入荘に移居し、安芸熊谷氏の祖となる。

三入荘に本拠を移した熊谷氏は、鎌倉期・室町期を通して支族を分出し、周辺の豪族を従え、戦国期には安芸国の有力国人領主となり、むしろ毛利氏を凌駕《りょうが》する威勢を有するに至った（『可部町史』）。熊谷元直の祖父信直は、はじめは毛利元就と同盟関係にあったが、やがて臣従して元就の中国制覇に大きく寄与する。彼は三入荘南端の高松山に城を築き、それまでの伊勢が坪城（別名塩が坪城）から移った。以後、この高松城は熊谷信直・高直・元直三代の拠城となる。

熊谷惣領家を継いだ元直は、天正九年（一五八一）九月から十年五月にかけて祖父信直とともに、吉川治部少輔元春が率いる軍に属して、因幡国鳥取城（現鳥取市）の救援に向かい、さらに、備中の国境に転陣した。いずれも、織田信長の部将・羽柴筑前守秀吉の中国侵攻に対抗するものである。同年六月に羽柴秀吉との和議が成立したため、高松城に帰還したが、これらの戦いを通して、熊谷元直は、大身外様の部将として地位を固めた。

二、入信

天正十四年（一五八六）五月、黒田官兵衛孝高《よしたか》は、安芸国の吉田の郡山城（現広島県安芸高田市吉田町）を訪れ、毛利輝元と島津征討の打ち合わせを行ったが、その際、周防国山口（現山口市）におけるキリスト教の布教を許可するように頼んだ。黒田孝高が熱心なキリシタンであることは、すでに知られていた。豊臣秀吉の側近で検使役である黒田孝高の要請は重く、輝元は、山口での布教を許可した。山口はフランシスコ・ザビエルが布教活動をした地である。しかし、孝高の要請は、その故ではない。フランシスコ・カブラル神父は、天正二年（一五七四）に山口を通行中に、多くの信者と出会って驚き、彼らを励ました。それをカブラル神父から聞いたフランシスコ・カリオン神父は、イエズス会総長宛の報告で、「その首都（山口）と近郊の他の町に二つの教会と五百名以上のキリシタンがいる。彼らは今日までデウスの御慈悲と、ほとんど奇跡によって信仰を保持してきた」（『十六・七世紀イエズス会日本報告集』。以下、「報」と略記する）と賞賛している。「近郊の他の町」は宮野であり、山口と宮野に教会があったことがわかる。その地の信仰を絶やさないために、孝高は、布教の許可を要請したのである。

九州渡海の途中、孝高は、山口に立ち寄り、すでに布教を始めていたクリストヴァン・モレイラ神父の希望を聞き、司祭館・教会などの地所を選定した。また、毛利輝元は、天正十四年九月九日に下関に着いたが、そこで副管区長ガスパル・コエリョ神父に下関での布教を許可し、地所を与えて教会の建設も承認した。九州渡海の慌ただしい中で、孝高は、家来を派遣して教会の建設に従事させている（「日本史」）。

下関に滞在していた輝元は、同年十一月三日に吉川元春・元長父子、小早川左衛門佐《すけ》隆景とともに大軍を率いて、島津征討のため九州に渡海した。小早川隆景の軍に属す熊谷元直も、手勢を率いて門司に渡った。毛利軍・吉川軍・小早川軍は、小倉城を猛攻して、翌四日には早くも陥落させた。これを知った領主たちは、続々と和を請い、豊前国は瞬く間に、毛利氏の支配下に入った。しかし、豊後国では、大友宗麟の嫡男義統《よしむね》が家臣でさえ掌握することができず、大友方の諸城主も、島津軍の進軍を恐れて島津氏へ寝返る始末であった。この情勢に意を強くして、豊前国の宇留津城（現福岡県築上郡築上町）が再び毛利氏に背き、豊前国と豊後国の連絡を絶とうとした。これを防止するため、小早川隆景は、毛利軍・吉川軍・小早川軍を率いて、十一月八日に宇留津城を攻撃し、わずか一日で落城させた。この攻撃に加わった熊谷元直は、毛利氏の有力武将たちとともに、秀吉から武功を称える感状を授かった。なお、病の身で出陣した吉川元春は、十一月十五日に小倉城で他界した。

戦いが一段落し、豊臣秀吉と弟豊臣秀長（大和大納言）の大軍が到着するまで、束の間の休息が訪れたが、この間、大友義統は、黒田孝高の勧めで、天正十五年三月の初旬に豊前の妙見城でペドロ・ゴメス神父から洗礼を受けた。小倉に滞在していた熊谷元直は、三月中旬にゴメス神父から洗礼を受け、メルシオルの洗礼名を授かった。このとき、毛利家中でも多くの者が受洗している。これも孝高の影響による。

島津征討を終えて博多に着いた豊臣秀吉は、天正十五年六月二十日に筥崎宮《はこざきぐう》の本営に諸大名を招集し、キリスト教の禁止と宣教師（パードレ）の追放を宣言した（定の日付は十九日）。これを受けて、毛利輝元が山口と下関の教会と関連施設を閉鎖したため、神父たちは平戸へ去った。

その後、熊谷元直は、天正十五年八月には肥後国一揆の鎮圧、同十八年三月には北条征討のために小田原出陣、同二十年（一五九二、十二月八日に文禄と改元）四月には朝鮮渡海など、戦塵にまみれる日々を送り、信仰から遠ざかった。しかし、小田原の陣から帰国した元直は、加増されて知行高が一万四四五三石になった。

三、回心

豊臣秀吉は、東国の諸大名を動員して伏見城を築き、文禄五年（一五九六、十月二十七日に慶長と改元）三月にほぼ完成すると、淀川を伏見城と大坂城を結ぶ交通路とするため、大規模な土木工事を開始した。これも彼らに負担させたが、淀川の流路を変更し、堤を抜本的に強化するため、工事は困難を極めた。なお、東国の諸大名が動員されたのは、朝鮮出兵を免除されていたからである。

工事の遅滞を憂慮した秀吉は、また毛利氏を頼り、毛利輝元・小早川隆景・吉川広家（兄元長の死去によって家督を相続）の三人に淀川堤の普請を命じた。その箇所は、山城国乙訓《おとくに》郡山崎から大坂の天満までの堤、山城国紀伊郡鳥羽から大坂の天満までの堤、淀川支流の天ノ川と大和川の堤で、両岸に堤防を築く大工事であった。ちなみに、最も短い区間の堤を普請する吉川広家でさえ、山崎より下手の右岸で四〇〇〇間であった。

秀吉の奉行増田《ました》右衛門尉長盛は、文禄五年八月十日に吉川広家へ宛てた書状で、「仰せ如く今度之大地震大風雨打ち続き正躰無く候、其れに就て堤御普請之儀、御油断無き之由、尤もに存じ候」（「吉川家文書」九三三。原文は漢文混じり。以下、「吉」と略記する）と述べている。もちろん、熊谷元直も淀川堤の普請を分担し、大地震と大風雨の中で懸命に普請を行った。毛利・小早川・吉川三家の普請は、十一月に完成した（「一斎留書」）。結局、秀吉は、大大名毛利輝元の動員力と小早川隆景の優れた統率力に頼ったのである。

文禄五年五月十二日、熊谷元直は、従五位下・伊豆守（十月十二日に豊前守）に叙任されて、大身外様の地位を不動のものとした。この日、一門の天野元政（毛利元就の七男）が讃岐守、大身外様の益田元祥が玄蕃頭、輝元の側近榎本元吉が中務大輔に任ぜられ、元直と同じ従五位下に叙されている。後に、益田元祥は、元直の殉教と深い関わりを持つ。

この普請で上方に滞在中、元直は、神父たちと会い、不信心の日々を過ごしてきたのを悔い、信仰を取り戻し、「自分は今後は、一度受け入れた信仰にふさわしい生活をしようと望んでいる」（報）と述べた。回心である。神父や修道士たちは、貧窮を厭《いと》わず、清廉な生活を送りながら、孤児を養い、病を治療するなど、慈善にも惜しみなく力を注ぎ、困窮や病に苦しむ人々に救済の手を差し伸べていた。また、彼らが一途《いちず》に伝道を行う姿に感銘を受け、畏敬の念を抱くようになった。仏教の各宗派が大名を頼って教線を拡張し、民衆の救済を蔑《ないがし》ろにしている状態を知っているだけに、元直は、「デウスの御教《みおしえ》」に惹かれたのである。

元直と同じ日に平賀新四郎元相《もとすけ》は、従五位下・兵庫頭に叙任されて兵庫頭元相と改称するが、この年にキリシタンになった。オルガンティノ神父は、「毛利から高禄を得ているお気に入りのもう一人の貴人パウロ・ヒラカン（平賀）殿もキリシタンになった」（報）と、報告している。また、元直の婿の天野五郎右衛門尉元信（次女お才の夫）・従兄弟の熊谷与右衛門元実（叔父広真の子）・義兄の佐波越後守広忠（室の兄）らをはじめ、毛利家中の多くの者も改宗してキリシタンになった。ちなみに、安芸国の頭崎城主（現広島県東広島市高屋町）平賀元相が一万八三八三石、安芸国の金明山城主（現広島県東広島市福富町）天野元信が一万二四〇石、出雲国の須佐城主（現島根県出雲市佐田町）熊谷元実が三六〇〇石、石見国東部の大身外様の佐波広忠が七七八四石を領有している。

慶長三年（一五九八）、毛利輝元は、広島と山口への神父の派遣を要請した。翌四年に神父たちが広島に赴くと、教会・修道院・学院などを建てる「非常に広大な地所」を与えた（報・チ）。これは大身外様の熊谷元直・平賀元相・天野元信・佐波広忠をはじめ、家中のキリシタンたちの希望を受け入れた故であろう。山口は翌四年に毛利右京大夫秀元の領地となる。毛利秀元は、天正二十年（一五九二）二月に毛利輝元の継嗣となり、四月には豊臣秀吉からも毛利氏の継嗣として承認されたが、文禄四年（一五九五）十月に輝元に実子松寿丸（秀就）が誕生したので、継嗣を辞退して別家を建てた。慶長四年六月、毛利秀元は、長門国一三万三七九〇石余、周防国吉敷郡三万三九〇九石余および父毛利伊予守元清（毛利元就の四男）の遺領一万三一五六石余の合計一八万八五五石余を領し、山口に本拠を置いた。毛利秀元は、山口と下関での教会・修道院・学院などの建設を許可し、神父を厚遇して援助もした。

慶長四年十月（または十一月）にチェルソ・コンファロニエーリ神父が広島の教会に来着したが（チ）、布教活動をする暇はなかった。

四、萩築城と名族出奔

慶長五年九月の関ヶ原の戦いで、実質的に敗者になった輝元は、剃髪・隠居して徳川家康に恭順の意を表し、十月に法諱を宗瑞と称した。周防・長門両国がわずか六歳の毛利秀就に与えられたが、翌六年六月末に彼は証人（人質）として江戸へ下向した。そのため、宗瑞が領国の支配を行う。

防長移封によって、熊谷元直は、高松城を失い、所領も五分の一に削減された。この削減割合は、すべての家臣に適用されている。関ヶ原の戦いで大領を得た大名たちは、新たに有能な武士を召し抱えようとし、毛利氏の有力部将にも手を伸ばした。徳川家康でさえ、井伊兵部少輔直政・大久保石見守長安・彦坂小刑部元正を使って、福原広俊・益田元祥・熊谷元直・吉見広行・山内広通の五人の大身や、井上元義・根来勢祐を誘っている。吉見広行は石見国三本松城主（現島根県鹿足郡津和野町）、井上元義は精強を誇る井上党の頭領、根来勢祐は強力な鉄砲衆を率いる頭領である。宗瑞と近い毛利一族の福原広俊に対してでさえも、鞍置きの馬を贈り、三万石で召し抱えたいと触手を伸ばしている。

慶長六年三月十四日、元直は、毛利氏の旧領安芸・備後両国の先収貢租を処理する責任者に任ぜられた。関ヶ原の戦いに出陣する際に、毛利氏は、貢租を先収して戦費に充てており、新領主へ返納する義務があった。その返納額は、合計一五万石から一六万石に達する。翌七年六月頃にはすべて返済して解決するが、元直の働きは目を見張るものであった。

伏見城の普請役が課されたので、宗瑞は、五月七日に熊谷元直と益田元祥を物頭に任じ、五月二十日までに伏見に到着するよう命じた。伏見に到着した元直は、二十日に福原広俊・益田元祥とともに、普請奉行の藤堂和泉守高虎から普請の丁場を受け取り、七月二十日に完成させた。

また、江戸城の普請役が課された。慶長八年正月十二日付の書状で、宗瑞は、元直に「普請奉行」を命じている（熊一七九）。今度は元直一人で普請奉行を務めなければならない。この普請は、江戸城を大規模に拡張するだけでなく、神田山を掘り崩し、その土で豊島の干潟を埋め立てて町場を造り、外堀川も整備する大工事である。普請奉行の元直は、懸命に督励し、予定よりも早く、五月十二日に丁場の工事を完成させた。

　元直が大任を果たしている間に、宗瑞は、キリシタンへの態度を一変する。慶長七年に相国寺の西笑承兌《せい(さい)しょうじょうたい》は、徳川家康が神父たちの布教に不満を漏らしたのを知り、有力大名に書状を送ってキリシタンの排除を始める(片岡 一九七九)。キリシタンを忌諱《きき》する承兌が家康のブレーンの一人で、寺社行政と外交通商文書を作成したことは広く知られている。承兌から書状を受け取ると、宗瑞は、ただちに山口の留守居役佐世石見守元嘉へ神父・修道士の追放を命じた。

　これは宗瑞の怯《おび》えが表出したものである。関ヶ原の戦いで西軍の盟主となり、激しい弾劾文を書き、諸大名へ檄《げき》を発した宗瑞は、敗者として、いまだに伏見に留め置かれている。しかも、幼い嫡男の秀就は、証人(人質)として江戸へ赴いた。宗瑞の生殺与奪の権は家康に握られている。宗瑞が家康の意向に過剰な反応を示すのはやむを得ない。

　八月の中旬、佐世元嘉は、神父・修道士を追放し、教会も閉鎖した。そして、自分の家来二人にキリスト教の棄教を迫ったが、彼らは頑として聞き入れず、近くのキリシタン衆に助けを求めた。キリシタン衆は、二人を守るため、武装して結集し始めた(チ)。この事件は、熊谷元直と益田元祥の説得で収まったが、キリシタンに棄教させることの難しさを改めて浮き彫りにした。

　これまで毛利輝元(宗瑞)が広島の教会に神父を招くなど、キリスト教の布教活動に寛容であったので、防長移封後も山口ではキリシタンが増えていたのである。神父たちが多くの家臣に洗礼を授けており、その中には政権の中枢に関わる身分の高い者の親族も含まれていた。このような状況下でも、熊谷元直は、「このキリスト教団の最大の柱は、メルシオル豊前どのである」と報告されている(報・チ)。

伏見に在城する徳川家康は、宗瑞が江戸城に赴き、徳川秀忠に拝謁して服従の態度を示したのを見届け、慶長八年八月中旬に領国入りを許した。その喜びを宗瑞は、江戸の国司隼人佐元蔵（秀就の補佐役）へ宛てた、慶長八年八月十八日付の書状で、「大慶安堵此時候」と述べている。身辺を整理した宗瑞は、九月二十一日に伏見を発ち、十月四日に山口の覚皇寺（現山口市糸米）に入り、仮の居所とした。

慶長九年六月一日、宗瑞は、萩の指月で縄張りを行い、待望の築城を開始した。指月の選定は幕府の意向による。毛利家中の最有力者、宗休・宍戸《しど》元続（元次）・熊谷元直・益田元祥が二人ずつ交代で築城の采配をとった。宗休とは、毛利元就の七男で輝元の叔父、毛利讃岐守元政のことで、輝元が宗瑞になったときに、剃髪・隠居して宗休と称した（一門右田毛利氏の祖）。一門筆頭の宍戸元続は、毛利元就の娘しんの孫で、元就の曽孫にあたる。

阿武川下流の三角州に位置する萩は、当時は葭《あし》や竹が茂る湿地で、指月山の麓《ふもと》にも海水が入り込んでいた。阿武川を三角州の頭部で松本川と橋本川の二つにわけて水流を制御するとともに、指月山の麓を埋め立てて陸続きにし、内堀と外堀に囲まれた地に本丸と二の丸を築いていった。熊谷元直たち四人の懸命な督励によって、城の作事は順調に進捗し、宗瑞は、慶長九年十一月十一日に萩城に入って家臣とともに祝った。しかし、本丸の作事はまだ半ばで、「漸々宗瑞様御座之間・御対面所・式台計ニて候、御広間も御造作も相調はず、こもかこひ《（菰囲）》ニて候」（『毛利三代実録考証』）という状態であった。

ところが、その祝賀の雰囲気に冷水を浴びせるような事件が出来《しゅったい》した。ほぼ一か月後の十二月十四日に吉見広行が家老ら八人を連れて出奔したのである。萩築城に際して、広行は、父三河守広頼の隠居所（指月城）を譲ったにもかかわらず、なにも見返りがなかったので、不満を爆発させて出奔した。広行の出奔は、「家中取締不行届」の名目で幕府の介入を許し、毛利家の存続を危うくする可能性があったが、聞次（幕府との交渉役）福原広俊の懸命な働きによって、無事に落着した。

　この事件の前にも、平賀元相・勝次郎父子の出奔があった。その原因は、先収貢租の返却や度重なる普請役による家産の破綻と、まことしやかに囁《ささや》かれた。だが、熊谷元直たちは、宗瑞の意を受けた留守居役佐世元嘉によるキリシタンの迫害とみた。前述のように、元嘉が山口で神父・修道士の追放、教会の閉鎖を強行し、領国のキリシタンに棄教を迫っていた故である。平賀勝次郎は、紀州和歌山城主の浅野紀伊守幸長《よしなが》のもとで寄食していたが、連れ戻されて帰参を許された。慶長九年五月三日、宗瑞は、幕府の介入を防ぐため、勝次郎を清兵衛尉に任じ、三〇〇石を与えた。平賀父子が出奔した年月は不明であるが、他の史料などから前年の九月頃と推定できる。なお、平賀元相は京都に隠棲して茂庵と号したが、後に、同地におけるキリシタンの代表者の一人として、「平賀茂庵はう路」と署名・花押している（チースリク一九七二）。

五、熊谷元直の殉教

　吉見広行が出奔した直後、宗瑞は、吉川広家を熊谷元直のもとに遣わして、「諸事談合を益玄（益田元祥）同前申聞《もうしきけ》」との意向を伝えた。前述のように、広家は元直の従兄弟である。その内容は、加判役への就任であったと考えられる。だが、棄教を迫られている元直は、加判役が務まるはずもないと考えて断った。宗瑞の意向が元直の出奔を防ぐためであることは明らかである。平賀元相と吉見広行に続いて熊谷元直まで出奔すれば、幕府が介入して毛利家を断絶させる可能性が高い。宗瑞の意図は容易に察することができる。広家の報告を受けた宗瑞は、「然《しかれ》とも豊前一円に同心なく、結句、御家の御ゑんつき候て、御奉公なるましき二相澄《(ママ)》候と申し候て、合点なく候」（毛利輝元自筆熊谷元直罪状書「毛利家文書」一二七九。原文は漢文混じり。以下、「毛」と略記する）と、赫怒《かくど》した。これを機に、宗瑞と元直の間が険悪となり、宗瑞のキリシタンに対する迫害も強まる。

慶長十年三月十四日、天野元信は、本丸御門側の有倉松の下に置いていた五郎太石《ごろたいし》がなくなっている、と知らされた。その数は二一〇〇荷に達する。五郎太石は石垣前面の大石の背後に詰める「小荒《こあら》き石」である。石垣の普請は、大身の者が率いる組ごとに担当箇所が割り当てられており、天野元信には、熊谷元実・三輪八郎兵衛元祐・佐波次郎左衛門尉善内・牧野次郎右衛門尉（実名不詳）・中原善兵衛（実名不詳）の五人が属していた。この内、牧野次郎右衛門尉を除く四人と元信は熱心なキリシタンであった。

五郎太石を盗んだ犯人は、益田修理亮景祥の手の者三人と判明した。益田景祥は、元祥の次男で、宗瑞の側室二の丸（秀就の母）の妹を室に迎えている。この事件を穏便に処理するため、天野元信は、盗人の三人を益田元祥・景祥父子に渡し、毛利家の筆頭奉行井原四郎右衛門元以にも事件の詳細を報告した。当時、元信は、井原元以の右手子（補佐役）を務めていたのである。ちなみに、井原惣領家の井原豊前守元直（元以の甥）に熊谷元直の四女が嫁いでいる。

翌十五日に益田組の肝煎（工事請負人）栗山三郎右衛門が熊谷元直の肝煎生駒三郎兵衛のもとを訪れ、元直の周旋を願った。築城の采配をとる益田元祥が事件の当事者なので、手立てがなく、元直を頼ったと考えられる。三郎右衛門の願いを聞き入れ、元直は、次男の二郎兵衛（笹野二郎兵衛）と肝煎生駒三郎兵衛に両者の調停をさせることとした。だが、これによって、元直は、事件に巻き込まれてゆく。

十六日の朝、肝煎栗山三郎右衛門は、謝罪して五郎太石の返済を約束したが、天野組の下肝煎たちとの交渉過程で、石の数をめぐって紛糾し始める。奉行井原元以の依頼で宍道《しんじ》政慶と宍戸善左衛門が調停に乗り出し、一五〇〇荷の返済を提案したが、折り合わなかった。ところが、翌十七日に事態が一変する。益田景祥が犯人二人を誅殺したのである。それは犯人を誅殺すれば盗品の数を論ぜずの慣例に則ったものという。益田元祥も、「我等者《は》一人助置候ても詮なく候之間、同前ニ相果し候て」（益田景祥目安状、毛一二七四）と、手元の犯人一人を誅伐した。これで穏やかに内済で収めようとしていた元直の努力も虚しくなった。十八日には、宗瑞の近臣柳沢三左衛門尉景祐が天野元信の屋敷を訪れて、先の一五〇〇荷に自分が負担して二〇〇荷を加え、一七〇〇荷とするので、折り合って欲しいと諭したが、態度を硬化させた天野組は、もはや納得しなかった。

三月二十一日、益田元祥は、「益田景祥目安状」に「栗山三郎右衛門目安状」（毛一二七五）を添えて、奉行中へ提出した。それを知った天野組も、三月二十四日に「天野元信外五名連署目安状」（毛一二七六）を奉行中へ提出した。彼らは逐一反論したが、特に、盗人の誅殺について、盗人を奉行衆へ渡すべきなのに誅殺したため、事件の糾明ができなくなったと論難した。また、天野組は、「第一此節御上洛之砌《みぎり》と存じ、用捨仕り候へ共、益玄《(益田元祥)》仰せ達せらる之由申され候条」と述べ、宗瑞が上洛するときなので遠慮していたのに、益田元祥が目安状を奉行中へ提出したことに強く反発した。

ところが、益田元祥・景祥父子は、三月二十八日に宗瑞の近臣榎本元吉へ起請文を提出した。それには「只今仰せ聞けられる之旨、承り届け、少しも他言仕る間敷候」（毛一二三一）とある。その内容は明らかでないが、一連の動きからすると、すでにこの時点で熊谷元直・天野元信たちの誅殺が決まっていたと推定できる。やがて、キリシタンが築城を遅らせているという、悪意に満ちた噂が流れ始める。

この事件が未解決のまま、宗瑞は、新将軍になった徳川秀忠を祝賀するために上洛した。四月十六日に伏

熊谷元直殉教碑（左）、**天野元信殉教碑**（右）
（明治22年にビリオン神父が萩カトリック教会の墓地に建立）

見城で徳川家康に謁して賀し、二十三日に京都の二条城で秀忠に謁して賀詞を述べた。萩城に帰着した宗瑞は、熊谷元直・天野元信たちを誅殺する準備を始め、毛利氏の主柱である毛利秀元・吉川広家・福原広俊の三人に起請文を求める。長府藩主毛利秀元の妹は、元直の嫡男元貞（家督相続の前に死去）に嫁ぎ嫡孫二郎三郎元貞をもうけている。また、福原広俊の叔母二人は、平賀元相と熊谷元実（元直の従兄弟）の妻である。

宗瑞の留守中、熊谷元直や天野元信組の面々は、係争中を理由に普請場に出向くのをやめてしまった。宗瑞が萩に到着したとき、慣例によって元直も路上で出迎えたが、大変な用心ぶりであった。家中の主立った者は、宗瑞の帰城を祝して出仕したが、元直は、霍乱《かくらん》（暑気あたりで吐いたり、下痢をしたりする病気）と称して登城しなかった。宗瑞が家臣を遣わして見舞わせたが、そのような気配はなかったと言う。元直は上意討ちを警戒していたのであろう。「六七日ほと間をおき候て召よせ候へハ漸々罷り出」たが、両者の関係修復は叶わなかった（宗瑞書状『福原家文書』。以下、「福」と略記する）。

慶長十年七月一日、宗瑞は、「一日の夜はんまへニおほせかけられ候」と、熊谷元直・天野元信たちを討つ決心をし、元直の屋敷へ討手を差し向け、使者として柳沢景祐・妙悟寺の住持西堂（東嶺玄暘《とうれいげんよう》）・熊谷しょかんの三人を派遣した（桐原物右衛門覚書、熊二五四）。熊谷しょかんは、その場にいた桐原物右衛門にとって、自明の人物であったと思われるが、現在ではわか

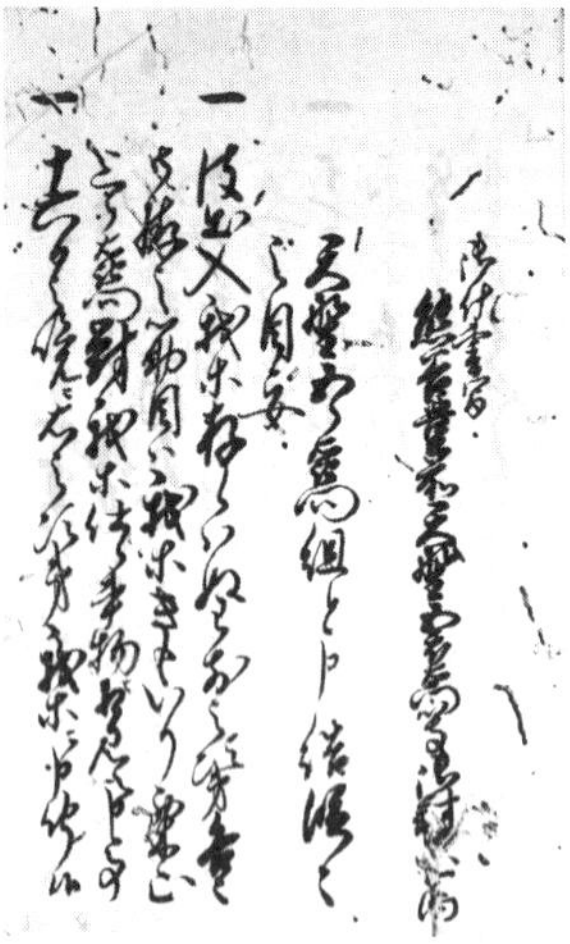

熊谷豊前 天野五郎右衛門等伏誅一件（毛利家文庫・山口県文書館蔵）

らない。使者の柳沢景祐は、罪状を言い渡したが、その中で「あくきやくをたくミ候て、今夜はしり申よしきこしめされ候」（桐原惣右衛門覚書）とも述べている。宗瑞は、福原広俊へ宛てた書状で、熊谷元直・天野元信たちがキリシタンであり、棄教しなかったことを強調しているが、やはり出奔を恐れていたのである。

使者の三人は、人質として嫡孫の二郎三郎（マノエル）と庶子の猪之助（フランシスコ）を受け取り、元直に切腹を要求した。元直がキリシタンは自裁が許されないと説明すると、討手の宍戸弥十郎元富が元直に太刀を振るった。「七月二日之卯のこく（午前六時）なり」とある。人質の二郎三郎と猪之助は、まず差し向かいにある宗休の屋敷に入り、後に場所を移るが、その途中で猪之助が殺害される。こうして、元直の家族は、室・次男二郎兵衛（笹野二郎兵衛）・猪之助の三人が討たれた。また、元直の屋敷に宿泊していた佐波善内（室の甥）も誅殺された。

同日、「山口用所」（旧山口政庁）へ出張《でばり》を命じられた天野元信は、山口の宿で桂三郎兵衛元綱・三浦平右衛門元棟に討たれ、萩では室のお才と男子二人の家族も誅殺された。三輪元祐（元直の姪の夫）は、香川彦左衛門景貞・河野太郎兵衛元辰・宍戸十郎兵衛元円に討たれ、中原善兵衛は、庄原一郎兵衛元信・山県市兵衛元則に誅殺された。元直以外の者は、激しく抵抗し、討手側にも死者と重傷者が出ている。また、元直と元信に与《くみ》した面々も追放された。熊谷元実・熊谷元吉（元直の又従兄弟）・天野元因・天野元重・湯佐渡守（名不詳）・二郎右衛門尉父子の六人である。宗瑞は、福原広俊宛の書状で、元実はキリシタンなので討ち果たすべきであるが、広俊に免じて追放にしたと述べている（福）。

宗瑞は、「対熊谷豊前守存分之条々」で、熊谷元直の罪状を十三箇条も掲げているが、「宗躰之儀」の他は、いずれも誅殺に値するようなものはない（毛利輝元自筆熊谷元直罪状書）。結局、誅殺の理由は、元直がキリシタンの頭領的存在であったことと出奔への危惧であったと言える。

おわりに

嫡孫二郎三郎は、桐原惣右衛門に守られて生き延び、母（毛利秀元の妹）とともに長府へ移り、秀元に庇護されて長府で成長する。しかし宗瑞は、猪之助ではなく、嫡孫二郎三郎こそ誅殺すべしと考えていた。彼は福原広俊へ与えた書状で、「二郎三郎ハはたし候ハて順に叶はざる儀候へとも、秀元に対してこそ助け候へ」（福）と、明確に述べている。秀元が二郎三郎の命を救ったのである。

二郎三郎すなわち熊谷元貞は、元和三年（一六一七）十二月に藩主毛利秀就から丹後守を受領し、二〇〇〇石の所領を拝領して、一門に次ぐ寄組に属することとなる。惣領家熊谷氏が断絶してから十二年後である。これも長府藩主毛利秀元の後ろ盾による。

〈参考文献〉

小川國治「毛利輝元とキリシタン」（『山口県地方史研究』一〇五、二〇一一）
片岡弥吉『日本キリシタン殉教史』（時事通信社、一九七九）
H・チースリク編著『芸備キリシタン史料』（吉川弘文館、一九六八）
H・チースリク「平賀家のキリシタン」（『芸備地方史研究』八七、芸備地方史研究会、一九七一）

H・チースリク『熊谷豊前守元直―あるキリシタン武士の生涯と殉教―』（キリシタン文化研究会、一九七九）
渡辺世祐監修『毛利輝元卿伝』（マツノ書店、一九八二）
『可部町史』（広島市、一九七六）
「毛利家文書」（『大日本古文書 家わけ八』東京大学出版会、一九九七〈復刻〉）
「吉川家文書」（『大日本古文書 家わけ九』東京大学出版会、一九九七〈復刻〉）
「熊谷家文書」（『大日本古文書 家わけ十四』東京大学出版会、一九九九〈復刻〉）
「三浦家文書」（前掲『大日本古文書 家わけ十四』）
「平賀家文書」（前掲『大日本古文書 家わけ十四』）
『福原家文書』上巻（渡辺翁記念文化協会、一九八三）
「十六・七世紀イエズス会日本報告集」（『山口県史』史料編中世一、山口県、一九九六）。これは『十六・七世紀イエズス会日本報告集』（松田毅一監訳、同朋舎出版）から山口県に関する記事を抜粋したものである。
「日本史」（前掲『山口県史』史料編中世一）。これは『完訳フロイス日本史』（松田毅一・川崎桃太訳、中央公論社）から山口県に関する記事を抜粋したものである。
「毛利三代実録考証」（『山口県史』史料編近世一上下、山口県、一九九九）
「熊谷豊前天野五郎右衛門等伏誅一件」（毛利家文庫・諸臣四六、山口文書館蔵）
「嶋村淡路守覚書」（毛利家文庫・叢書一一、山口文書館蔵）
「一斎留書」（毛利家文庫・叢書四九、山口文書館蔵）

大谷吉継

狹間芳樹

一、生涯

大谷吉継（紀之介、吉隆）は安土桃山時代の武将であり、関ヶ原の合戦における西軍側での奮戦が高く評価されたことで知られるが、その出自は定かではない。一説には大友宗麟の家臣であった大谷盛治の子だとするものもあるが、近年の研究では、そもそも宗麟の家臣のなかに盛治という名前を持つ者はおろか、大谷姓も確認できないといったことなどから、吉継の父は近江国小谷村《おおたにむら》（滋賀県伊香郡余呉町大字小谷）の大谷吉房であるとの説（池内 一九九〇）が有力である。

永禄二年（一五五九）に生まれ、幼年期は紀之介などと呼ばれていた吉継は、やがて秀吉の信任を受け、天正十三年（一五八五）、二十七歳のとき従五位下・刑部少輔に叙任された。大谷刑部としても知られる所以《ゆえん》である。さらにその四年後には越前敦賀城主となり、五万石を領する有力な領主となった。

さて、イエズス会の書簡において彼が登場するのは、ルイス・フロイスが日本準管区長ガスパール・コエリョや都地方区の修院長オルガンティーノ・ソルドといったそうそうたる顔ぶれと連れだって大坂城を訪れ、秀吉に謁見した際の報告である。

金に塗った脚付の盆を二つ、一つには美濃国の柿 Figos（日本において最良なるもの）また一つには一種の果物を載せて持来った。これを運んだ人は秘書官と紀之助殿〔大谷吉継〕Quinossuquedono といふ最も寵愛した青年貴族で、両人ともキリシタンであった。

（村上　一九六九）

これは天正十四年（一五八六）にフロイスが当時のインド管区長ヴァリニャーノに宛てて送った報告書[1]のなかの一節である。原文であるポルトガル語のエーヴォラ版『日本書簡集』に「Quinossuquedono（キノスケ殿）」と記されていた人名を、キノスケ（紀之介）とも呼ばれていた大谷吉継であると村上直次郎氏は推定した。なお、このフロイスの報告は松田毅一氏監訳のもと、有水博氏によっても翻訳がなされている。

金色の脚のついた二種類の盆を持ってきたが、一方の盆には美濃国の柿《フイゴ》〔日本で最良のもの〕を、もう一方には果物のようなものを載せて来、それらを運んで来たのは両方ともキリシタンで、一人は秘書、もう一人は（大谷）紀之助（吉継）殿という名の、もっとも側近の若い貴人であった。

（有水　一九七四）

膨大なキリシタン史料の分析を手がけ、きわめて正確な翻訳に努めた松田氏が同定している以上、ここでのキノスケが大谷吉継であることは断定されてよいが、これまで吉継を扱った書物のなかで彼がキリシタンであったとの記述は、管見のかぎり皆無にひとしい。たとえばミカエル・シュタイシェンの『切支丹大名』（一九三〇）では吉継の名前が一箇所確認できるものの、単に日本史上の人物として触れられているに過ぎず、また結城了悟氏が作成した「キリシタン大名一覧」（結城 一九九九）のなかにも吉継の名前はあがっていない。

もっとも、洗礼を受けた程度のことしかわかっていないキリシタン大名は決して少なくない。くわえて小和田哲男氏が「家譜」の限界を指摘しているように、家譜が必ずしもすべてを網羅した史料的価値の高いものであるとは限らず、たとえば質量ともに秀逸とされる福岡藩黒田家の家譜であっても「マイナスイメージになることは削除されたり、筆が曲げられたりして」おり、『黒田家譜』に「官兵衛がキリスト教に入信したことも、晩年まで教会に援助していたことも書かれていない」（小和田 二〇一四）。キリシタン大名としてよく知られる黒田孝高（官兵衛）でさえそうであるならば、吉継についてキリシタンであると記述した史料が残されていないことも不思議はない。

豊臣秀吉から「吉」の字を賜り吉継と名乗るようになったとの逸話があることからもわかるように、吉継は秀吉の直臣として大いに活躍し、秀吉の没後は、徳川家康との関係を深めていた。そうしたなか慶長五年（一六〇〇）、家康にしたがい会津征伐へ赴く途中、吉継は石田三成に向けて使者を遣わしている。その用件は三成の子、重家の同道をうながすことにあった。ところが家康の討伐を目論んでいた三成はこれを受け入れるどころか、その謀略への協力を吉継に求めたのであった。三成の謀略がきわめて無謀であると認識していた吉継は佐和山城に出向き、思いとどまるよう三成を説得しようとした。しかし諫めても三成の考えは一向に変わらず、吉継は最終的に三成の要請に首肯し、家康打倒を決心したのである。そして関ヶ原の合戦での小早川秀秋の背信、さらに朽木元綱や脇坂安治らも寝返り、家康に内応したことを知ると、衆寡敵せず自らの死を決意し、家臣に介錯させ、四十二年の生涯を終えることとなった。

ところで彼が盲目の状態で奮戦したという話がある。もっとも目がまったく見えない状況で指揮をとったとは考えにくいため、眼病による弱視ということだったのかもしれない。また、吉継の肖像画として頭を白布で覆った姿が描かれることがある。これは病を患っていた彼がそれを隠すための頭巾であったと説明されるが、その病については諸説あるものの、おそらくハンセン病であったと推察される。日本では古来、神罰や仏罰といった穢れに起因する病であるとの誤った理解がなされてきたことから当時も忌み嫌われ、その病を患った者は、社会はもとより家族からも、さらには神仏儒といった宗教からも見捨てられていた。そのようなとき、キリスト教の日本伝来により日本初のハンセン病治療が開始されたのである。

二、イエズス会と福祉事業

『鹿苑日録』（慶長二年九月二十四日の条）によれば、病がかなり進行し、外出もままならなくなっていたようであるが、関ヶ原の合戦の頃には彼の病状がいささか好転していたのであろうか。堺政所をつとめたキリシタン小西立佐《りゅうさ》によって設立されたハンセン病の病院が堺にあり、ここで吉継が治療を受けていたとも考えられる。

イエズス会は日本宣教において、今日でいうところの社会福祉事業を展開した。豊後国府内（現在の大分県大分市）では、ザビエル来日のわずか六年後の弘治元年（一五五五）に育児院が設置されたことに始まり、弘治三年（一五五七）には外科医療を施術するための手術室や薬局を備えた病院が作られている。そうしたなか近世の日本において日本人ハンセン病患者の救済に取り組んだことは、日本の医療史上きわめて画期的なことであった。

イエズス会が長崎で出版した『スピリツアル修行』（一六〇七年）は、キリシタンに対して目指すべき信仰態度を説いた修養書である。そのなかには「シマンレポロゾ（Siman Leproso）が家に御座しますところに、ある女人アラバストロの香箱に値高き薬を持ち来たって飯台に向ひ給ふゼズスの御髪に掛け奉られれば、み弟子たちこれを見て怒りをなして」という一節がある。「シマンレポロゾ」とはハンセン病を患っているシモンという意味であるが、とくに留意したいのは、この場面でハンセン病患者が隔離されることなく生活している様子が描かれていることである。

堺の病院ではイエズス会宣教師や日本人のキリシタンたちが同住していた。病身の吉継は、誰よりも病者や弱者に寄り添う宣教師たちの姿に心を動かされたであろう。戦国の世にあって無私無欲を貫き、義や徳を重んじた吉継の生涯を想起するとき、それはキリストの教えと重なり映るのである。

また、よく知られた逸話として、茶会で石田三成と同席した際、吉継の病を知る周りの者たちが茶碗をうけとることをためらったのに、三成はまったく気にもかけず飲み干したと伝えられている。この話の典拠は不明であり、後世に創出されたとも考えられるが、そうした三成の人となりに敬慕の念を抱いたからこそ、吉継は関ヶ原の合戦で勝算がないなか挙兵を決断したのではないだろうか。

今日、関ヶ原にある吉継顕彰碑にも刻まれているように、彼の名声を何よりも高めたのは、敗北が明らかななかで、三成に加勢した忠義の武将という出処進退のいさぎよさであろう。その吉継もまたキリシタン武将の一人であった。

〈註〉

（1）『十六・七世紀　イエズス会日本報告集』の共訳者である東光博英氏から、エーヴォフ版『日本書簡集』の日付（十月十七日）が誤りであり、正しくは十月四日であるとのご教示をいただいた。ここに感謝して記させていただく。

〈参考文献〉

有水 博訳「一五八六年十月十七日付フロイスのヴァリニャーノ宛書簡」（松田毅一監訳『十六・七世紀イエズス会日本報告集』第Ⅲ期第七巻、同朋舎出版、一九九四）
池内昭一『智将大谷刑部』（新人物往来社、一九九〇）
海老沢有道編著『スピリツアル修行』（教文館、一九九四）
小和田哲男『戦国大名と読書』（柏書房、二〇一四）
ミカエル・シュタイシェン著 吉田小五郎訳『切支丹大名記』（大岡山書店、一九三〇）
花ケ前盛明編『大谷刑部のすべて』（新人物往来社、二〇〇〇）
ルイス・フロイス著 松田毅一・川崎桃太訳『完訳フロイス日本史』第十巻（中央公論新社、二〇〇〇）
松田毅一『近世初期日本関係南蛮史料の研究』（風間書房、一九六七）
村上直次郎『新異国叢書四 イエズス会日本年報』下（雄松堂書店、一九六九）
結城了悟『キリシタンになった大名』（聖母の騎士社、一九九九）
ヨハネス・ラウレス『日本初期基督教史 高山右近の生涯』（エンデルレ書店、一九四八）
『鹿苑日録』（国立国会図書館 デジタルコレクション）

前田秀則・茂勝

狭間芳樹

一、キリスト教への入信

豊臣政権の五奉行の一人である前田玄以は、秀吉からの信頼が篤く、延べ十七年という長きにわたり京都所司代をつとめたことでひろく知られている。玄以はキリシタンではないが、長男の秀則（一五七六〜一六〇二）および次男の茂勝（一五七九？〜不明）はきわめて篤信なキリシタンであった。

都地方区の修院長オルガンティーノは、イエズス会総長に宛てた一五九四年九月二十九日付の書簡のなかで、秀則が「すばらしい才能と非常に好感のもてる態度の少年で、二ヶ月前に洗礼を授かったが、その時少年は十五歳であった」（松田　一九八七）と記している。もっとも一五九四年の七月ならば秀則の年齢とは合致せず、くわえて彼の受洗は一五九五年であるとの史料もあるため、これはおそらく茂勝の誤りであろう。ともかくこの頃二人の兄弟は洗礼を受けたようで、秀則はパウロ、茂勝はリアン（レアン）との霊名を授かった（なお、茂勝は一五九七年以降、コンスタンチノと呼ばれた）。

彼らがキリスト教への入信を望んだ頃の様子については、翌年二月十四日付のオルガンティーノの書簡に詳述されている（松田　一九八七）。それによれば、九七《きゅうしち》（茂勝）は、時を同じくして受洗することになる従兄弟の主水（霊名はミゲル）とともに司祭館を訪れ、司祭の説教を聴いたあと大変満足し、すぐにキリシタンになることを希望している。これはイエズス会にとって大変喜ばしいことに思えるが、オルガンティーノは対応に苦慮し、一旦は態度を保留したのであった。その理由は少年たちの身分、すなわち玄以の息子たちである彼らを受洗させれば秀吉の怒りを買うのではないか、ということを恐れたのである。なお、そうした不安に対して茂勝は「私たちはすでに長いこと、あなたたちと親しくしていることを明らかにしていますから（中略）関白殿は喜ばれる」はずであり、また、「玄以が不興を被る」（松田　一九八七）ことはないと応えたのでオルガンティーノは彼らに洗礼を授けた。もっともその後二十六聖人殉教事件が起こると、こうした思惑は外れてしまうのだが、もちろんそれはまだ知るよしもなかった。

さて、キリシタンとなった兄弟はきわめて短期間のうちに「諸祈禱を暗記」し、さらに「通常の祈禱文だけでは満足せず、キリシタンの教義に関する、他の多くのことを学んだ」。しかしその熱心さがかえって仇となる。「普通の熱心さ以上に進んで、キリシタン教育のおかげで生活（態度）を改めた」ことで、彼らがキリシタンとなったのではないかと訝《いぶか》しがられたのである。しかし「賢明な少年であったので、毎日の祈禱を欠かさず続けながら」（松田　一九八七）も入信したことをうまく隠して、その事態をのりきったのであった。

そのような状況ゆえ、彼らは自らがキリシタンであることが露見しないためにも周りの者たちをキリシタンに入信させることに専心した。たとえば茂勝は、付き添いの者たちにキリスト教の教えについて手ほどきをおこなっているが、このとき彼らは茂勝が「やさしく人間的に、あたかも息子たちに対するようにしてくれる」ことに大いに感謝した上で入信に至っている。なぜなら茂勝は幼年の頃より荒々しい性格だったからである。こうした茂勝の変化は両親に対しても現れ、かつては非常に不従順な子どもであったのに、受洗後は「大いなる心境の変化をきたし」、きわめて「従順」になった。こうした変化に両親が気付かないとは考えにくいのであるが、先述のように受洗したことを隠そうと努めていたことが功を奏し、そして何よりも親からすれば、まさか子どもたちがキリシタンになったとは思わなかったのか、気付かれることはなかった。

二、二十六聖人殉教事件

こうして順風満帆な信仰生活を送っていた彼らであったが、一五九六年十一月、二十六聖人殉教事件がおこったことで環境は一変する。事件の第一報として「秀吉が神父の処刑を命じた」との報せが届いた当初、神父のみならず信徒たちも殺されるとの噂が広まったため茂勝も死を覚悟した。このときの茂勝の様子を記したルイス・フロイスの報告を見ると「時期が到来した。そのような大きな恵みを受ける功徳はないが、この度、殉教者の数から除外されないようにしよう」とあり、また秀則は自らの身分がわかれば「神父の弟子であると言っても（中略）誰も私に手をかけないであろう」から、そうとはわからないように「頭を剃り、教会で勤めている同宿《どうじゅく》のような服」（フロイス　一九九五）を着て殉教する覚悟を周囲の者に語っている。結果的にはこのとき二人の少年たちは殉教を免れたのであるが、その後イエズス会準管区長宛てに秀則が送った手紙には、自らが殉教を免れたことについて「このようなよい機会を失ったことを悲しみました」とあることから、彼が殉教をまったく恐れていなかったどころか望んでいたことがうかがえる。

かたや茂勝は自らの口から父玄以にキリシタンであることを伝えることにした。息子がキリシタンであることを聞かされた玄以はおもわず呆然としたが、そのあと茂勝を抱きながら、秀吉の宣告はフランシスコ会の宣教師が対象であり、イエズス会が含まれていないこと、くわえてオルガンティーノについては以前から奉行の決定で長崎に行くことが決まっているので安全であろうと述べた。ただし、オルガンティーノにも危険がおよぶ可能性も否めず、その場合、「お前がキリシタン故、もし太閤がキリシタン全部の処刑を命じれば、私の仲介で許されると考えないでほしい。昔も今も、主君の命令に従って親が子を殺した例があるように、私もお前に対して同様に行う」と茂勝に述べている。それに対し茂勝は「私が望んでいることです。私が今キリシタンであることを申し上げたのは救われるためではなく、貴方の敵が、息子がキリシタンであるということをきっかけにして私達の死刑の前に貴方を滅ぼそうと企んでいると聞いた」からであると応えたのであった（フロイス　一九九五）。

三、その後

秀則は二十六歳の若さで早世したが、死の直前にも告白や聖体拝領をおこなうなど、その信仰が終生揺らぐことはなかった。一方、茂勝は秀頼に仕え、関ヶ原の合戦を経た慶長七年（一六〇二）に玄以が没すると、遺領を継ぎ、丹波に移封され八上《やかみ》藩主となっている。この頃周りから「禅宗になるか、せめて外面だけでもキリシタンではないふりをするよう」強く勧められた茂勝は「そのようなことをするよりもむしろ生命を投げ出し、あらゆる権勢を放棄する」（フェルナン・ゲレイロ編イエズス会年報集）と答えている。そしてその決意はキリシタンではない玄以の葬儀の際に、多くの異教徒の前で自らの信仰を公言するかたちで示された（松田一九八八）。

ロドリゲス・ジランがイエズス会総長に宛てた一六〇九年の年報には、茂勝の人物像について次のようにの信仰〔茂勝〕という名のキリシタンは若い頃、特別強い精神力の持ち主で（中略）信仰のために生命を棄てようとした」にもかかわらず、「成長するにつれ父君玄以法印の身に生じた事態のせいで幾分熱が冷め、異教徒であった両親の働きかけによって疑いなく外見からも判るような具合に背教し（中略）果てしない転落への道を辿った」（松田　一九九〇）。

実際、丹波に移ってからの茂勝は次第にキリスト教と距離を置き始め、教会からも足が遠のいたようであるが、「果てしない転落」とはどういうことなのか。これについて年報には「或る異教徒の家来が彼をキリシタンだと公方に訴えるよう取り計らい給うた」ことに激昂し、家来を殺《あや》めた茂勝が、「厳罰に処せられはしまいかと恐れてあたかも正気を失った者のように見知らぬ地を独りで徘徊した」（松田　一九九〇）ことが記されている。

茂勝が発狂して重臣を殺め、さらに多くの家臣を切腹させたというこの一件は日本側の史料にも確認でき、『寛政重修諸家譜』には、慶長十三年（一六〇八）、「六月、狂気して家臣尾池清左衛門某を殺害し（中略）家臣等数多切腹せしめし事により所領を没収せられ、堀尾山城守忠晴にめしあずけらる」（一一四〇巻）とある。

その顚末として除封されるも、かろうじて死罪を免れた茂勝について、ジランは、茂勝の不行状がひきおこした「大きな苦悩」が結果的には「分別なく目先の利かないこの若者の心を目覚めさせる」契機になったと述べている。そして、デウス（神）の導きにより自らのつまずきに気づくと、茂勝はただちに司祭のもとを訪れ、激しく涙を流しながら自らの犯したあらゆる過ちを告白し、以後「それまでの快楽とはすっかり縁を切り」「堅実なキリシタンの婦人と暮らしている」と、年報には報じられている。

〈参考文献〉

ミカエル・シュタイシェン著 吉田小五郎訳『切支丹大名記』（大岡山書店、一九三〇）
レオン・パジェス著 吉田小五郎訳『日本切支丹宗門史』（岩波書店、一九三八）
ルイス・フロイス著 結城了悟訳『日本二十六聖人殉教記』（純心女子短期大学長崎地方文化史研究所、一九九五）
ルイス・フロイス著 松田毅一・川崎桃太訳『完訳フロイス日本史』第四巻（中央公論新社、二〇〇〇）
堀田正敦編『寛政重修諸家譜』（国立国会図書館 デジタルコレクション）
松田毅一監訳『十六・七世紀 イエズス会日本報告集』第Ⅰ期第二巻、第Ⅰ期第四巻、第Ⅱ期第一巻（同朋舎出版、一九八七〜一九九〇）
結城了悟『キリシタンになった大名』（聖母の騎士社、一九九九）
ヨハネス・ラウレス著 山辺二郎訳『きりしたん大名』（弘文堂書房、一九四八）

付録

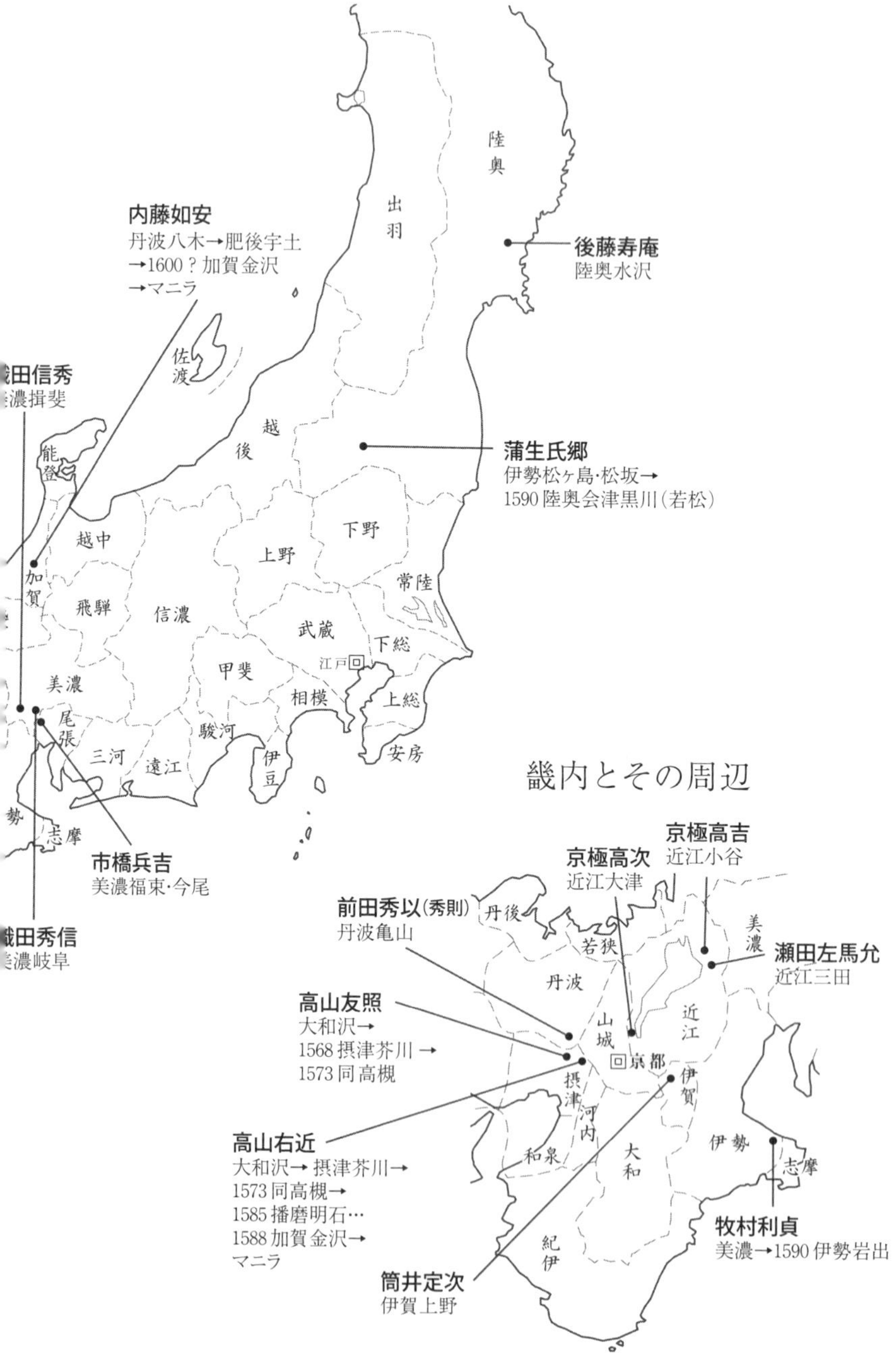

キリシタン大名・領主の受洗当時の所領地および異動地

西海道（対馬·壱岐を除く）

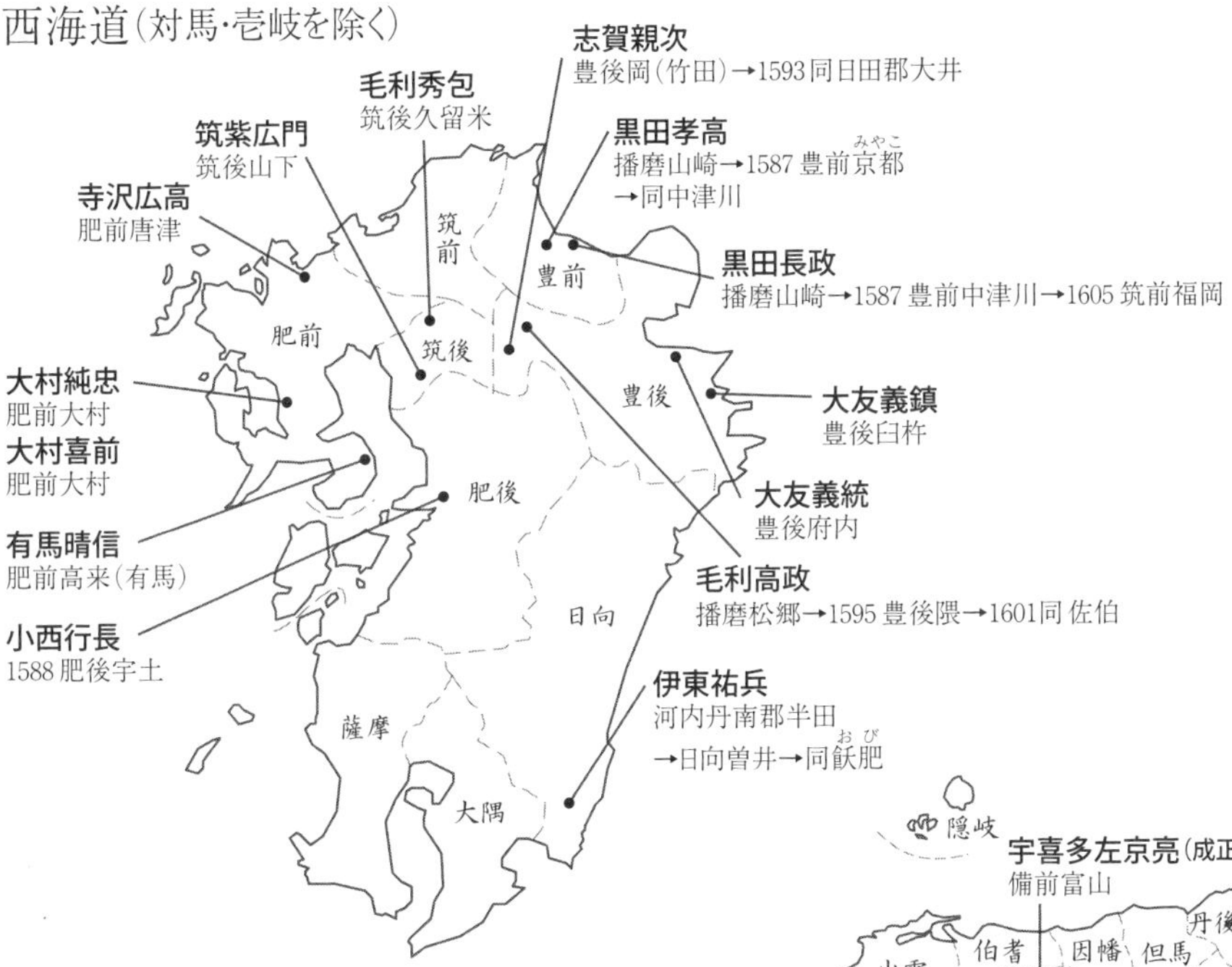

志賀親次
豊後岡（竹田）→1593 同日田郡大井
毛利秀包
筑後久留米
筑紫広門
筑後山下
寺沢広高
肥前唐津
黒田孝高
播磨山崎→1587 豊前京都《みやこ》
→同中津川
黒田長政
播磨山崎→1587 豊前中津川→1605 筑前福岡
大村純忠
肥前大村
大村喜前
肥前大村
有馬晴信
肥前高来（有馬）
小西行長
1588 肥後宇土
大友義鎮
豊後臼杵
大友義統
豊後府内
毛利高政
播磨松郷→1595 豊後隈→1601同 佐伯
伊東祐兵
河内丹南郡半田
→日向曽井→同飫肥《おび》
筑前
豊前
肥前
筑後
豊後
肥後
日向
薩摩
大隅

隠岐
宇喜多左京亮（成正）
備前富山
出雲
伯耆
因幡
但馬
丹後
丹波
美作
播磨
石見
備後
備中
備前
摂津
安芸
長門
周防
淡路
和泉
河内
讃岐
阿波
紀伊
伊予
土佐
対馬
宗 義智
対馬府中
壱岐
筑前
豊前
肥前
筑後
豊後
肥後
日向
薩摩
大隅
蜂須賀家政
阿波徳島
一条兼定
土佐幡多

キリシタン大名・領主・武将 関連年表

※年・月は西暦による。

西暦	年号	事項
一五三四	天文 三	イグナティウス、ザビエル等とパリで信心会「イエズス会」を結成。
一五四〇	九	教皇パウロ三世、聖職者修道会としてイエズス会を認可。
一五四九	一八	八月、ザビエルの一行、鹿児島に到着。
一五五一	二〇	ザビエル、平戸・山口を経て、一月中旬京都に着き十一日間滞留。四月、山口の大内義隆を正式に訪問し、布教許可を得る。九月、府内に行き大友義鎮に謁し、十一月、ゴアに向け府内を出発。
一五五三	二二	バルタザール・ガーゴ、大友義鎮寄進地に教会(顕徳寺)を建てる。
一五五九	永禄 二	ガスパール・ヴィレラ、日本人ロウレンソ等を伴い京都の宣教に着手。
一五六〇	三	小西立佐、この頃キリスト教に改宗。
一五六二	五	肥前大村の横瀬浦にポルトガル船が来着し、横瀬浦開港。
一五六三	六	大村純忠受洗。結城忠正、清原枝賢、高山友照等奈良で受洗。
一五六四	七	三箇頼照、飯盛城で受洗。
一五六五	八	将軍足利義輝殺され、ヴィレラとフロイス追放されて堺に移る。
一五六六	九	天草島の志岐鎮経、アルメイダより受洗。
一五六八	一一	織田信長、足利義昭を奉じて入京。この年、五島純定の庶子純尭受洗。
一五六九	一二	フロイス、信長の許可を得て三月京都に帰還。この年、丹波内藤忠俊(貞弘)フロイスより受洗。
一五七〇	元亀 元	長崎開港。六月、新布教長フランシスコ・カブラル志岐に着く。
一五七一	二	ポルトガル船、長崎に初来航。長崎六町が創建される。九月、カブラル上洛のため長崎を発ち、十二月、河内国の三箇頼照の教会で降誕祭を迎える。この年、天草河内浦の天草鎮種受洗。
一五七二	三	一月、カブラル岐阜に信長を訪問。河内国岡山城主結城氏、カブラルより受洗。
一五七三	天正 元	四月、高山友照・右近(友祥)父子、和田惟長を討ち高槻城を収め、この秋、右近城主となる。信長、将軍義昭を放逐し、室町幕府滅ぶ。

一五七六	四	京都の南蛮寺、八月に落成。この年受洗した有馬義貞、十二月に病死。
一五七八	六	八月、大友義鎮受洗。十月、日向に遠征し島津勢に敗れる。十二月、有岡城主荒木村重が信長に謀反し、オルガンティーノが信長に命じられて高山右近の説得に当たる。
一五七九	七	七月、イエズス会東インド巡察師アレシャンドロ・ヴァリニャーノ、口之津に到着し、有馬氏を救援。
一五八〇	八	三月、有馬鎮純（晴信）ヴァリニャーノより受洗。
一五八一	九	三月、ヴァリニャーノ上洛し、本能寺に信長を表敬訪問。
一五八二	一〇	二月、ヴァリニャーノ、天正遣欧使節を伴い長崎を発つ。七月（和暦六月二日）、本能寺の変で信長自害。
一五八三	一一	豊臣秀吉大坂に築城。オルガンティーノ、秀吉に謁見して城下に教会敷地を付与される。
一五八四	一二	五月、肥前の龍造寺隆信、有馬・島津連合軍と戦い島原沖田畷で戦死。この年、河内岡山の教会を大坂に移築。秀吉の馬廻衆牧村利貞（政治）受洗。
一五八五	一三	四月、伊勢・松ヶ嶋城主蒲生氏郷、大坂でオルガンティーノより受洗。四月以降（八月までに）、播磨山崎城主黒田官兵衛（孝高）受洗。
一五八六	一四	五月、イエズス会日本準管区長ガスパール・コエリョ、大坂城に秀吉を表敬訪問し宣教保護の朱印状を与えられる。同月、大友宗麟秀吉に謁し、島津氏の豊後侵攻に対して助勢を請う。同月末、黒田官兵衛九州攻めの先遣として出陣。
一五八七	一五	四月、秀吉島津征伐のため大坂を出発。同月、大友宗麟嫡子義統、黒田官兵衛の説得を受け豊前・妙見岳でゴメスより受洗。五月頃、大村純忠死没。六月、宗麟津久見で死去。七月、秀吉筑前博多に凱旋。同月、高山右近を改易し伴天連追放令を発令。大友義統等キリシタン大名多数が棄教。その頃、細川忠興の妻玉子、大坂の自邸で受洗。
一五八八	一六	七月、小西行長宇土城主になり、肥後半国を支配。
一五九〇	一八	七月、ヴァリニャーノ、インド副王の使者として遣欧使節を同行して長崎に着く。同月、秀吉小田原城を制圧し奥州仕置のため会津黒川に至る。蒲生氏郷、伊達政宗に代わって黒川城主となる。
一五九一	一九	三月、ヴァリニャーノ、遣欧使節と共に京都聚楽第で秀吉に謁見。この頃、対馬国主宗義智京都で受洗。十一月、秀吉フィリピンに入貢を促して服属を命じる。

一五九二	文禄元	二月、秀吉九州の諸大名に朝鮮への出陣を命じる。五月、第一軍の大将小西行長、肥前・肥後のキリシタン領主等を率いて釜山に上陸。八月、フィリピン総督使節のドミニコ会士ファン・コーボ、肥前名護屋城で秀吉に謁す。同月、高山右近名護屋城で秀吉に謁見。九月初旬、高山右近、蒲生氏郷と共に長崎にヴァリニャーノを訪問。伊賀上野城主筒井定次、長崎で受洗。
一五九三	二	六月、フィリピン総督使節のフランシスコ会士ペドロ・バプティスタ、名護屋城で秀吉に謁し上洛の許可を得る。同月、黒田官兵衛、秀吉の判断を仰ぐため朝鮮より名護屋に戻るが、対面できず朝鮮に戻る。七月、明との講和使内藤如安(忠俊)、沈惟敬と共に釜山を発って北京に向かう。
一五九五	四	三月、蒲生氏郷伏見の自邸で病死。
一五九六	慶長元	十月、マニラ・ガレオン船サン・フェリーペ号土佐浦戸に漂着。この年、信濃飯田城主京極高知、大坂で受洗。津軽信枚大坂で受洗。
一五九七	二	フェリーペ号事件により二月、長崎・西坂でフランシスコ会士六名を含む二六名が処刑される(二十六聖人殉教事件)。
一五九八	三	八月、日本巡察師ヴァリニャーノ、府内司教ルイス・セルケイラと共に長崎に着く。九月(和暦八月十八日)、秀吉没す。
一五九九	四	徳川家康、江戸でフランシスコ会士に教会用地を与える。五月、ヘロニモ・デ・ヘスース、江戸に教会を建てる。
一六〇〇	五	十月(和暦九月十五日)、関ヶ原の合戦。西軍の小西行長、石田三成等と共に京都六条河原で処刑される。
一六〇一	六	家康、キリシタン大名有馬・大村両氏の信仰を認知。
一六〇二	七	九月、マニラ船エスピリト・サント号土佐清水港に漂着。この時家康フィリピン総督にキリスト教禁止を通達。フランシスコ会士、江戸浅草の鳥越に施療院を開設。この年、ドミニコ会とアウグスティノ会日本で宣教を開始。
一六〇三	八	家康征夷大将軍となり江戸に幕府を開く。
一六〇四	九	四月、黒田孝高伏見で病没。この年、家康、小笠原一庵を長崎奉行として派遣。
一六〇五	一〇	大村氏支配の長崎外町の一部と幕府の天領浦上とを交換。
一六〇六	一一	大村喜前、浦上・長崎替地に関わってイエズス会宣教師を領外追放とし、自らも棄教。この年、司教セルケイラ伏見に家康を訪問。
一六〇七	一二	一月、津軽信建、京都で病没。この年、イエズス会準管区長フランシスコ・パシオ、駿府に家康を表敬訪問し、さらに江戸城において将軍秀忠に謁見。この年、津軽信建大坂で受洗。

一六〇九	一四	ドミニコ会修道士、島津氏に逐われて教会を京泊から長崎に移築。
一六一〇	一五	一月、ノッサ・セニョーラ・ダ・グラサ号、有馬晴信の軍船と戦い長崎沖で爆沈。
一六一二	一七	岡本大八事件を期に、四月、幕府は禁教令を江戸・駿府・京都及び肥前有馬領に発布。同事件に関与した有馬晴信が、六月甲斐で賜死。
一六一三	一八	十月、支倉常長、伊達政宗に派遣され、陸奥月浦よりメキシコに渡航。
一六一四	一九	一月(慶長十八年十二月)、幕府全国的禁教令を発布。十一月、幕府宣教師と高山右近・内藤如安等をマカオとマニラに追放。長崎市中の教会一一を破毀。十二月(和暦十一月)、大坂冬の陣始まる。
一六一五	元和 元	二月、高山右近マニラで死没。五月(和暦四月)、大坂夏の陣始まる。
一六一六	二	六月(和暦四月十七日)、家康駿府城で死没。九月、オランダ・イギリスの貿易を平戸・長崎に制限。この年、松倉重政大和五条より肥前高来へ入部。
一六一九	五	十月、京都六条河原でキリシタン五二名が火刑に処せられる。
一六二〇	六	九月、遣欧使節支倉常長、マニラ経由で長崎に帰着し、伊達領内に禁教令が出る。
一六二二	八	九月、長崎・西坂で宣教師とキリシタン五五名が処刑される(元和の大殉教)。
一六二三	九	十二月、江戸・札の辻で宣教師二名と原主水を含む五〇名が火刑となる。
一六二四	寛永 元	二月、仙台広瀬川で宣教師・キリシタン七名殉教。水沢領主ジョアン後藤南部に赴く。
一六二六	三	六月、長崎奉行に着任した水野守信、長崎住民に棄教を命じる。この年、ジョアン内藤貞弘(忠俊)マニラで死没。
一六三三	一〇	二月、新任の長崎奉行に日本人の海外渡航等を禁じる老中奉書が交付される(第一次鎖国令)。
一六三五	一二	七月、「寛永十二年令」により日本人の海外渡航が全面禁止となる。
一六三六	一三	出島築造によりポルトガル人隔離される。
一六三七	一四	十二月、有馬の百姓蜂起し天草領民呼応して、原古城に籠もる。
一六三八	一五	四月、原城の一揆軍全滅。
一六三九	一六	八月、幕府ポルトガル船の来航を禁止。
一六四一	一八	幕府平戸のオランダ商館に長崎・出島への移転を命じる。

参考文献

［概説書・通史・一般書］

姉崎正治『吉利支丹伝道の興廃』（同文館、一九三〇）
海老沢有道『日本キリシタン史』（塙書房、一九六六）
五野井隆史『日本キリスト教史』（吉川弘文館、一九九〇）
高瀬弘一郎『キリシタンの世紀』（岩波書店、一九九三）
浅見雅一『概説 キリシタン史』（慶応義塾大学出版会、二〇一六）
吉田小五郎訳註『レオン・パジェス 日本切支丹宗門史』全三巻（岩波書店、一九三八、復刊一九八三）
新井トシ訳註『グスマン 東方伝道史』全二巻（時報社、一九四四）
片岡弥吉『日本キリシタン殉教史』（時事通信社、一九七九。復刊：智書房、二〇一〇）
清水紘一『キリシタン禁制史』（歴史新書一〇九、教育社、一九八一）
新村 出『日本吉利支丹文化史』（地人書館、一九四一）
岡田章雄『南蛮宗俗考』（地人書館、一九四二）
木下杢太郎『日本吉利支丹史鈔』（中央公論社、一九四三）
岡田章雄『キリシタン・バテレン』（至文堂、一九五五）
海老沢有道『南蛮文化』（至文堂、一九五八）
岡田章雄『南蛮史談』（人物往来社、一九六七）
　同　『バテレンの道』（淡交社、一九七〇）
アルマンド・マルティンス・ジャネイラ著 松尾多希子訳『南蛮文化渡来記』（サイマル出版会、一九七一）
松田毅一『キリシタン時代を歩く』（中央公論社、一九八一）
紙谷威広『キリシタンの神話的世界』（東京堂出版、一九八六）
海老沢有道『キリシタン南蛮文学入門』（教文館、一九九一）
竹井成美『南蛮音楽 その光と影』（音楽之友社、一九九五）

米井力也『キリシタンの文学』（平凡社、一九九八）
五野井隆史『キリシタンの文化』（吉川弘文館、二〇一二）
豊島正之編『キリシタンと出版』（八木書店、二〇一三）

［研究書］

海老沢有道『南蛮学統の研究』（創文社、一九五八）
松田毅一『近世初期日本関係 南蛮史料の研究』（風間書房、一九六七）
高瀬弘一郎『キリシタン時代の研究』（岩波書店、一九七七）
海老沢有道『キリシタンの弾圧と抵抗』（雄山閣出版、一九八一）
五野井隆史『徳川初期キリシタン史研究』（吉川弘文館、一九八三）
村井早苗『幕藩制成立とキリシタン禁制』（文献出版、一九八七）
岸野 久『西欧人の日本発見―ザビエル来日以前 日本情報の研究―』（吉川弘文館、一九八九）
高瀬弘一郎『キリシタン時代対外関係の研究』（吉川弘文館、一九九四。新訂増補：八木書店、二〇一七）
井手勝美『キリシタン思想史研究序説』（ぺりかん社、一九九五）
宮崎賢太郎『カクレキリシタンの信仰世界』（東京大学出版会、一九九六）
岸野 久『ザビエルと日本』（吉川弘文館、一九九八）
大橋幸泰『キリシタン民衆史の研究』（東京堂出版、二〇〇一）
清水紘一『織豊政権とキリシタン』（岩田書院、二〇〇一）
高瀬弘一郎『キリシタン時代の文化と諸相』（八木書店、二〇〇一）
　同　　『キリシタン時代の貿易と外交』（八木書店、二〇〇二）
五野井隆史『日本キリシタン史の研究』（吉川弘文館、二〇〇二）
川村信三『キリシタン信徒組織の誕生と変容』（教文館、二〇〇三）
皆川達夫『洋楽渡来考 キリシタン音楽の栄光と挫折』（日本キリスト教団出版局、二〇〇四）
浅見雅一『キリシタン時代の偶像崇拝』（東京大学出版会、二〇〇九）

岡 美穂子『商人と宣教師 南蛮貿易の世界』（東京大学出版会、二〇一〇）
清水有子『近世日本とルソン―「鎖国」形成史再考―』（東京堂出版、二〇一二）
中島楽章編『南蛮・紅毛・唐人』（思文閣出版、二〇一三）
岸野 久『ザビエルと東アジア』（吉川弘文館、二〇一五）
高瀬弘一郎『キリシタン時代のコレジオ』（八木書店、二〇一七）
五野井隆史『キリシタン信仰史の研究』（吉川弘文館、二〇一七）

［キリシタン大名・武将関連書］

スティシェン著 ヴィリオン訳『切支丹大名史』（三才社、一九二九）
シュタイシェン著 吉田小五郎訳『切支丹大名記』（大岡山書店、一九三〇。改訂版：『キリシタン大名』乾元社、一九五二）
吉田小五郎『キリシタン大名』（至文堂、一九五四）
岡田章雄『キリシタン大名』（教育社、一九七七。復刊：吉川弘文館、二〇一五）
結城了悟『キリシタンになった大名』（キリシタン文化研究シリーズ二七、キリシタン文化研究会、一九八六）
吉永正春『九州のキリシタン大名』（海鳥社、二〇〇四）
松田毅一『大村純忠公と長崎甚左衛門』（親和銀行済美会、一九七〇）
　同　『大村純忠伝 付・日葡交渉小史』（教文館、一九七八）
外山幹夫『大村純忠』（静山社、一九八一）
鳥津亮二『小西行長 史料で読む戦国史』（八木書店、二〇一〇）
片岡弥吉『高山右近大夫長房伝』（カトリック中央書院、一九三六）
ヨハネス・ラウレス著 松田毅一訳『高山右近の生涯―日本初期基督教史―』（エンデルレ書店、一九四八）
海老沢有道『高山右近』（人物叢書、吉川弘文館、一九五八）
中西裕樹編『高山右近』（宮帯出版社、二〇一四）
外山幹夫『大友宗麟』（人物叢書、吉川弘文館、一九七五）
渡辺澄夫『豊後大友氏の研究』（第一法規出版、一九八一）

竹本弘文『大友宗麟』（大分県先哲叢書、大分県教育委員会、一九九五）
加藤知弘『バテレンと宗麟の時代』（石風社、一九九六）
野村義文『キリシタン大名有馬晴信』（新波書房、一九八二）
外山幹夫『肥前 有馬一族』（新人物往来社、一九九七）
宮本次人『ドン・ジョアン有馬晴信』（海鳥社、二〇一三）
今村義孝『蒲生氏郷』（新人物往来社、一九六七。復刊：吉川弘文館、二〇一五）
高橋富雄編『蒲生氏郷のすべて』（新人物往来社、一九八八）
小和田哲男編『黒田官兵衛』（宮帯出版社、二〇一四）
川崎桃太『フロイスの見た戦国日本』（中央公論社、二〇〇三）
別府大学文化財研究所編『キリシタン大名の考古学』（思文閣出版、二〇〇九）

［翻訳史料］

村上直次郎訳註『耶蘇会士日本通信 京畿篇』全二巻（異国叢書、駿南社、一九一三。復刊：雄松堂、一九六六）
同　『耶蘇会年報』第一巻（長崎叢書、長崎市役所、一九二六）
同　『耶蘇会士日本通信 豊後篇』全二巻（続異国叢書、帝国教育会出版部、一九三六）
同　『イエズス会士日本通信』全二巻（新異国叢書、雄松堂、一九六八・六九）
同　『イエズス会日本年報』全二巻（新異国叢書、雄松堂、一九六八・六九）
松田毅一監訳『イエズス会日本報告集』全一五巻（同朋舎出版、一九八七～九八）
東京大学史料編纂所編『イエズス会日本書翰集』一〈上下〉・二〈上下〉・三（東京大学出版会、一九九一～二〇一四）
柳谷武夫訳『日本史』全五巻（東洋文庫、平凡社、一九六三～七八）
松田毅一・川崎桃太訳『フロイス 日本史』全一二巻（中央公論社、一九七八～八〇）
松田毅一・佐久間 正訳『ヴァリニャーノ 日本巡察記』（桃源社、一九六五）
松田毅一・佐久間 正・近松洋男編訳『日本巡察記』（東洋文庫、平凡社、一九七三）
佐久間 正・会田 由訳『アビラ・ヒロン 日本王国記』（大航海時代叢書、岩波書店、一九六五）

佐久間 正・出崎澄夫訳『大村キリシタン史料』（キリシタン文化研究シリーズ、キリシタン文化研究所、一九七五）
佐野泰彦・池上岑夫・土井忠生訳註『ジョアン・ロドリーゲス 日本教会史』全二巻（大航海時代叢書、岩波書店、一九六七〜七〇）
高瀬弘一郎訳註『イエズス会と日本』一（大航海時代叢書、岩波書店、一九八一）
高瀬弘一郎・岸野 久訳註『イエズス会と日本』二（大航海時代叢書、岩波書店、一九八八）
佐久間 正訳『ディエゴ・サン・フランシスコ報告・書簡集』（キリシタン文化研究シリーズ、キリシタン文化研究会、一九七一）
井手勝美訳 ホセ・デルガード・ガルシア註『オルファネール 日本キリシタン教会史 一六〇二―一六二〇』（雄松堂書店、一九八〇）
井手勝美訳 J. D. ガルシア註『コリャド 日本キリシタン教会史補遺』（雄松堂書店、一九八〇）

著者略歴

序章

五野井隆史（ごのい たかし）

一九四一年、北海道生まれ。上智大学大学院博士課程修了。現在東京大学名誉教授。文学博士。著書に『日本キリスト教史』『徳川初期キリシタン史研究』『日本キリシタン史の研究』『支倉常長』『キリシタンの文化』『島原の乱とキリシタン』『キリシタン信仰史の研究』（いずれも吉川弘文館）、『ペトロ岐部カスイ』（教文館）、『大航海時代と日本』（渡辺書店）。

第一章

岸野久（きしの ひさし）

一九四二年、東京都生まれ。立教大学大学院文学研究科博士課程修了。文学博士。前桐朋学園大学短期大学部教授。著書に『西欧人の日本発見―ザビエル来日前日本情報の研究―』『ザビエルと日本―キリシタン開教期の研究―』『ザビエルと東アジア―パイオニアとしての任務と軌跡』『ザビエルの同伴者アンジロー―戦国時代の国際人』（以上、吉川弘文館）など。

岡美穂子（おか みほこ）

一九七四年、兵庫県生まれ。京都大学大学院人間・環境学研究科後期博士課程修了。博士（人間・環境学）。東京大学史料編纂所准教授。著書に『商人と宣教師 南蛮貿易の世界』（東京大学出版会）、共著に『大航海時代の日本人奴隷』（中央公論新社）、

『海域アジア史研究入門』（岩波書店）、『海から見た歴史』（東京大学出版会）、『岩波講座 日本歴史 近世一』（岩波書店）など。

第二章

松本 和也（まつもと かずや）

一九七二年、埼玉県生まれ。早稲田大学大学院教育学研究科博士課程修了。現在、早稲田実業学校教諭、学術博士。論文に「宣教師史料から見た日本王権論」（『歴史評論』六八〇号、二〇〇六年）、「フランシスコ・ザビエルの天皇・将軍認識」（『歴史学研究』六九七号、二〇〇五年）などがある。

清水 有子（しみず ゆうこ）

一九七二年、京都府生まれ。東京都立大学大学院人文科学研究科博士課程単位取得退学。博士（史学）。現在、明治大学文学部専任講師。著書に『近世日本とルソン―「鎖国」形成史再考―』（東京堂出版）、共編著に『キリシタン関係法制史料』（蒼穹出版）、共著に『日本、キリスト教との邂逅―二つの時代に見る受容と葛藤―』（オリエンス宗教研究所）ほか。

大橋 幸泰（おおはし ゆきひろ）

一九六四年、新潟県生まれ。早稲田大学大学院文学研究科博士後期課程満期退学。現在、早稲田大学教育・総合科学学術院教授、博士（文学）。著書に、『近世潜伏宗教論―キリシタンと隠し念仏』（校倉書房）、『検証 島原天草一揆』（吉川弘文館）などがある。

第三章

久田松 和則（くだまつ かずのり）

一九四九年、長崎県生まれ。皇學館大学文学部国史学科卒業。現在富松神社宮司。博士（文学）。著書に『伊勢御師と旦那―伊勢信仰の開拓者たち』（弘文堂）、『キリシタン伝来地の神社と信仰』（富松神社再興四百年事業委員会）、『大村史―琴湖の日月』（国書刊行会）など。

大津 祐司（おおつ ゆうじ）

一九六一年、大分県生まれ。同志社大学文学部卒。大分大学大学院教育学研究科修了。現在、大分県立先哲史料館館長。著書に展示図録『豊後キリスト教史』（大分県立先哲史料館、二〇〇一年）、共著に『国東・日田と豊前道』（吉川弘文館、二〇〇二年）、『大分県の歴史散歩』（山川出版社、二〇〇八年）、論文に「豊後国大野郡野津院下藤村の村落構造―指導者リアンとキリシタン墓地―」（『史料館研究紀要』一九号、大分県立先哲史料館、二〇一五年）がある。

清水 紘一（しみず ひろかず）

一九四二年、北京生まれ。中央大学大学院文学研究科後期課程中退。中央大学元教授。博士（史学）。著書に『織豊政権とキリシタン』『日欧交渉の起源』（岩田書院）、共同編集に『大村見聞集』（高科書店）、『近世長崎法制史料集1』（岩田書院）などがある。

中西 裕樹（なかにし ゆうき）

一九七二年、大阪府生まれ。立命館大学文学部史学科日本史学専攻卒業。高槻市教育委員会文化財課主幹。しろあと歴史館では特別展「三好長慶の時代」「北摂の戦国時代 高山右近」「城下町高槻のはじまり」「高山右近の生涯」などを担当。著書に『大阪府中世城館事典』（戎光祥出版）、編著に『高山右近 キリシタン大名への新視点』（宮帯出版社）など。

鳥津亮二（とりづ りょうじ）

一九七七年、兵庫県生まれ。岡山大学大学院文学研究科修士課程修了。現在、八代市立博物館未来の森ミュージアム学芸係長。著書に『小西行長―「抹殺」されたキリシタン大名の実像』（八木書店、二〇一〇年）、最近の主な論文に「小西立佐と小西行長―秀吉側近キリシタンの一形態―」（中西裕樹編『高山右近 キリシタン大名への新視点』、宮帯出版社、二〇一四年）、「小西行長家臣団についての基礎的考察」（『うと学研究』第三六号、二〇一五年）など。

狹間芳樹（はざま よしき）

一九六九年、京都府生まれ。大谷大学大学院文学研究科博士後期課程満期退学。博士（文学）。大谷大学、京都大学非常勤講師。著書に『キリシタンが見た真宗』（東本願寺出版部、共著）、『比較宗教学への招待―東アジアの視点から―』（芦名定道編、晃洋書房、共著）などがある。

中野 等（なかの ひとし）

一九五八年、福岡県生まれ。九州大学大学院文学研究科博士後期課程中途退学。九州大学大学院比較社会文化研究院教授。著書に『豊臣政権の対外侵略と太閤検地』（校倉書房）、人物叢書『立花宗茂』（吉川弘文館）、『秀吉の軍令と大陸侵攻』（吉川弘文館）、戦争の日本史『文禄・慶長の役』（吉川弘文館）、『石田三成伝』（吉川弘文館）など。

鹿毛敏夫（かげ としお）

一九六三年、大分県生まれ。九州大学大学院人文科学府博士後期課程修了。現在、名古屋学院大学国際文化学部教授、博士（文学）。著書に『アジアのなかの戦国大名』（吉川弘文館）、『大航海時代のアジアと大友宗麟』（海鳥社）、『アジアン戦国大名大友氏の研究』（吉川弘文館）、『戦国大名の外交と都市・流通』（思文閣出版）、編著に『描かれたザビエルと戦国日本』（勉誠出版）、『大内と大友』（勉誠出版）、『戦国大名大友氏と豊後府内』（高志書院）などがある。

長谷川 成一（はせがわ せいいち）

一九四九年、秋田県生まれ。東京大学大学院人文科学研究科修士課程修了。弘前大学名誉教授、元弘前市立博物館長、博士（文学）。著書に『近世国家と東北大名』（吉川弘文館）、『日本歴史叢書六二 弘前藩』（吉川弘文館）、『北奥羽の大名と民衆』（清文堂）、『北の世界遺産 白神山地の歴史学的研究―森林・鉱山・人間―』（清文堂）などがある。

須藤 茂樹（すどう しげき）

一九六三年、東京都生まれ。國學院大學大学院文学研究科日本史学専攻博士課程後期修了。信玄公宝物館、徳島市教育委員会博物館建設準備室、徳島市立徳島城博物館等の学芸員を経て、現在四国大学文学部日本文学科教授・附属言語文化研究所所長。編著に『戦国武将変わり兜図鑑』、『戦国武将の肖像画』、『徳島県謎解き散歩』（以上、新人物往来社）などがある。

安高 啓明（やすたか ひろあき）

一九七八年、長崎県生まれ。中央大学大学院文学研究科博士後期課程修了。博士（史学）、博士（国際文化）。現在、熊本大学大学院人文社会科学研究部准教授。著書に『近世長崎司法制度の研究』（思文閣出版）、『新釈犯科帳』全三巻（長崎文献社）、『歴史のなかのミュージアム―驚異の部屋から大学博物館まで』（昭和堂）、『浦上四番崩れ―長崎・天草禁教史の新解釈』（長崎文献社）などがある。

第四章

滝澤 修身（たきざわ おさみ）

長崎純心大学教授。前国際日本文化研究センター客員教授。マドリード・コンプルテンセ大学地理・歴史学科博士課程修了。同大学歴史学博士。著書に、『Historia de los Jesuitas en Japón en los Siglos XVI-XVII』(Universidad de Alcalá, 2010). "Los Proncipios Religiosos de la Mentalidad Japonesa en el Siglo XVI. Interpretación a partir de los Textos de Luis Frois",

Boletín de la Real Academia de la Historia, 2013, 〝La Continuidad de la Mentalidad Medieval Europa en la Misión de Japón en torno a la Política de Evangelización〟, Hispania Sacra del Consejo Seperior de Investigaciones, 2010.『Los Jesuitas en el Japón de los Samuráis (Siglos XVI-XVII)』(Degital Reason, 2018) 等。

鶴田 倉造（つるた くらぞう）

一九二二年、熊本県生まれ。慶応義塾大学卒業。キリシタン文化研究会、熊本史学会、熊本中世史研究会などに所属。「原史料で綴る天草島原の乱」「天草島原の乱とその前後」（『上天草市史』大矢野町編）、『栖本町誌』『五和町史』など天草キリシタン関係論文多数。

平田 豊弘（ひらた とよひろ）

一九五七年、熊本県生まれ。駿河大学大学院文化情報学研究科修士課程修了。天草市天草キリシタン館館長。共著『歴史資料の保存と地域史研究』（岩田書院）、「天草の近世仏教史」（熊本県立美術館）、「天草のキリシタン史」（天草切支丹館）、『天草代官鈴木重成鈴木重辰関係史料集』『苓北町史』『栖本町誌』などがある。

佐々木 徹（ささき とおる）

一九七四年、青森県生まれ。東北大学大学院国際文化研究科博士課程修了。博士（国際文化）。現在、仙台市博物館学芸員。著書・論文に「慶長遣欧使節をめぐる諸問題―大使支倉の名乗りと「震災復興派遣説」について―」（『仙台市博物館調査研究報告』第三四号、二〇一四年）、「戦国期奥羽の宗教と文化」（『東北の中世史四 伊達氏と戦国争乱』吉川弘文館、二〇一六年）などがある。

第五章

福島 克彦（ふくしま かつひこ）

一九六五年、兵庫県生まれ。立命館大学文学部史学科西洋史学専攻卒業。大山崎町歴史資料館館長・学芸員。著書に『畿内・近国の戦国合戦』（吉川弘文館）、共編著に『史料で読む戦国史―明智光秀』（八木書店）、論文に「伏見城の機能とその破却について」（『ヒストリア』二二二）、「中世大山崎の都市空間と『保』」（仁木宏編『日本古代・中世都市論』吉川弘文館）など。

大西 泰正（おおにし やすまさ）

一九八二年、岡山県生まれ。京都教育大学大学院修了。現在石川県金沢城調査研究所所員。著書に『豊臣期の宇喜多氏と宇喜多秀家』（岩田書院）、『宇喜多秀家と明石掃部』（同）、『論文集 宇喜多秀家の周辺』増補版（宇喜多家史談会）、編著に『論集戦国大名と国衆⑫ 備前宇喜多氏』（岩田書院）、分担執筆に中西裕樹編『高山右近 キリシタン大名への新視点』（宮帯出版社）など。

金子 拓（かねこ ひらく）

一九六七年、山形県生まれ。東北大学大学院文学研究科博士課程後期修了。博士（文学）。現在東京大学史料編纂所准教授。著書に『織田信長権力論』『中世武家政権と政治秩序』（吉川弘文館）、『記憶の歴史学』『織田信長〈天下人〉の実像』（講談社）、『織田信長という歴史』（勉誠出版）、編著に『『信長記』と信長・秀吉の時代』（勉誠出版）など。

小川 國治（おがわ くにはる）

一九三六年、広島県生まれ。広島大学大学院文学研究科博士課程退学。現在山口大学名誉教授・前山口県地方史学会名誉会長。著書に『江戸幕府輸出海産物の研究』（吉川弘文館）、『転換期長州藩の研究』（思文閣出版）、『毛利重就』（吉川弘文館）、共著に『産業の発達と地域社会』（渓水社）、『山口県の教育』（思文閣出版）、編著に『山口県の歴史』（山川出版社）など。

キリシタン大名

―布教・政策・信仰の実相―

2017年9月1日 第1刷発行
2019年3月1日 第2刷発行

監修者 五野井隆史
発行者 宮下玄覇
発行所 株式会社宮帯出版社
京都本社 〒602-8157
京都市上京区小山町908-27
営業(075)366-6600　編集(075)803-3344
東京支社 〒160-0004
東京都新宿区四谷3-13-4
電話 (03)3355-5555
http://www.miyaobi.com/publishing/
振替口座 00960-7-279886

印刷所 モリモト印刷株式会社

 ISBN978-4-8016-0018-8 C3021